KB124387

유창성장애

평가와 치료

심현섭 · 신문자 · 이은주 · 이경재 · 이수복 공저

Fluency Disorders

Assessment & Treatment

학지사

머리말

최근 20년 동안 전 세계적으로 유창성장애 분야에서 학문적 및 임상적 측면으로 많은 발전이 있었다. 우리나라에서도 유창성장애 아동 및 성인에 관한 연구논문이 다양한 연구주제로 꾸준히 발표되었고, 2004년에는 표준화 유창성 검사인『파라다이스-유창성 검사(Paradise-Fluency Assessment: P-FA)』(심현섭, 신문자, 이은주, 2004)가 개발되었다. 현재 P-FA를 수정 · 보완한 P-FA-II를 사용하여 유창성장애 여부와 정도를 평가할 수 있게 되었다. 또한 2015년에 〈말더듬과 함께하는 사회적 협동조합〉이 보건복지부의 인가를 받았다. 이 협동조합은 세계 말더듬의 날(International Stuttering Awareness Day: ISAD) 행사를 진행하고 있으며, 말더듬 책자와 DVD 보급 그리고 ISAD와 같은 워크숍 개최 등 말더듬에 대한 사회인식 개선과 말더듬 치료 발전을 위한 노력을 기울여 왔다. 최근에는 말더듬에 대한 인식을 개선하기 위해 짝수 달의 마지막 주마다 다양한 주제로 말더듬과 함께하는 카드 뉴스 〈궁금한 말더듬 Y〉를 페이스북(facebook)과 인스타그램(instagram)에 게시하고 있다. 이와 같은 유창성장애 분야의 발전에도 불구하고 언어치료 전공생들을 위한 유창성장애 교재는 외국교재의 번역본이 주로 사용되었다. 하지만 번역교재에는 한국어의 언어적 특수성 및 임상현장의 실제가 반영되지 않았기 때문에, 교육적 측면에서뿐만 아니라 교육과 임상의 연계적 측면에서도 많은 한계점이 지적되어 왔다. 이에 이 책의 저자들은 우리나라의 유창성장애에 대한 학문적 · 임상적 연구 결과를 기초로 한 교재가 조속히 개발되어야 한다는 상황적 인식을 공유하게 되었다.

집필의 방향과 내용에 관한 회의를 여러 차례 실시한 결과, 저자들은 이 책을 학부생을 대상으로 가능한 한 쉽게 기술하기로 하였다. 분량도 1학기 동안에 모두 다룰 수 있도록 총 10개의 장으로 구성하였다. 10개 장의 주제와 집필자를 세부적으로 살펴보면, 심현섭 교수가 제1장 '유창성장애의 특성', 제2장 '말더듬의 원인 및 이론'을, 이경재 교수가 제3장 '유창성장애 임상의 기초', 제6장 '청소년 및 성인의 평가'와 제9장 '청소년 및 성인의 치료'를, 신문자 교수가 제5장 '학령기 아동의 평가'와 제8장 '학령기 아동의 치료'를, 이수복 교수가 제4장 '학령 전 아동의 평가'와 제7장 '학령 전 아동의 치료'를, 이은주 교수가 제10장 '비전형적 유창성장애의 평가 및 치료'의 집필을 담당하였다. 제2장 '말더듬의 원인 및 이론'에 관한 내용은 너무 광범위하고 쉽게 이해하기 어려운 의학, 해부 용어를 지양하였으며, 가능한 한 최근의 외국 및 한국의 유창성장애 관련 연구 결과를 포함하였다. 한편, 저자들은 임상현장에서 이루어지는 평가 및 치료활동에서 학생들에게 실제적 도움을 줄 수 있도록 노력하였다. 이를 위해 유창성장애의 평가 및 치료 시 학생들이 기본적으로 갖추어야 할 것을 안내하는 제3장 '유창성장애 임상의 기초'를 마련하였으며, 아울러 유창성장애 평가 및 치료를 다룬 제4~9장에서는 실제 임상사례를 제시하여 임상현장과의 연계성을 도모하였다.

이 책이 언어치료를 전공하는 학생들과 유창성장애에 관심이 있는 언어치료사에게 실제적 도움이 될 것을 기대한다. 유창성장애 치료에는 지식의 습득도 중요하지만, 언어치료사와 치료대상자와의 관계성 또한 중요하다. 이러한 맥락에서 말더듬 치료의 권위자인 Van Riper 교수는 말더듬 치료를 위해서는 언어치료사에게 공감, 따뜻함, 진실성 및 권위가 요구된다고 조언하였다. 이 책의 독자들이 유창성장애의 지식 습득은 물론, 이와 같은 인성의 개발을 통해 말을 더듬는 사람들의 고통을 덜어 주고 그들과 함께 걸어가는 언어치료사로 성장할 수 있기를 기대한다.

신·언어임상연구소의 성진아 소장이 제3장부터 제9장까지 내용을 꼼꼼하게 읽고 감수하였기에 따로 감사의 말을 전한다.

마지막으로, 이 책의 출판을 허락해 주시고 오래 기다려 주신 학지사의 김진환 사장님과 저자가 놓친 부분까지 세심하게 챙겨 주신 이영민 과장님을 비롯한 편집부 선생님들, 교정에 도움을 주신 단국대학교 대학원 하은빈, 황지은 선생에게 감사의 말을 전한다.

2022년 9월
심현섭, 신문자, 이은주, 이경재, 이수복

차례

제2부 유창성장애의 평가

제4부 비전형적 유창성장애

제 **1** 부

유창성장애의 개요

유창성장애의 특성

  유창(流暢)하게 말을 할 수 있는 것은 축복이다. 말을 더듬는 사람들은 매일 이러한 축복을 받기를 갈망하며 살아간다. 말더듬(stuttering)은 인류 역사 수천 년 동안 존재해 왔으며, 가장 오래된 의사소통장애(communication disorder)이다. 과거나 지금이나 시대를 막론하고 유창하게 말하는 것은 개인의 직무를 수행하는 데 중요한 요소 중 하나이다. 하지만 말더듬으로 인해 힘든 시절을 겪었고 자신에게 주어진 임무를 수행하는데 어려움을 겪은 유명인이 많다. 예를 들면, 영국의 Churchill 수상, 영화배우 Marilyn Monroe, 미국의 Joe Biden 대통령 등이다. 이 외에도 많은 역사적 인물이 있는데 이들은 말더듬이라고 하는 의사소통장애에 굴복하지 않고 극복한 사람들이다. 말더듬을 연구하는 많은 학자가 말을 더듬는 사람 중에 가장 오래된 사람으로 성경의 출애굽기에 등장하는 Moses를 꼽는다. Moses는 하나님으로부터 이집트(애굽)에 살고 있는 수많은 이스라엘 백성을 데리고 이집트를 떠나 지금의 이스라엘 땅인 가나안으로 가라는 명령을 받는다. 이러한 엄청난 명령에 Moses는 자신은 적임자가 아니라면서 하나님에게 다음과 같이 항변한다. "여호와여, 저는 말을 잘하는 사람이 아닙니다. 예전에도 그랬고 주께서 주의 종에게 말씀하신 후에도 그렇습니다. 저는 말이 어눌하고 혀도 둔합니다." (출애굽기 4:10) 다만 이 성경구절은 Moses가 구조적 · 기질적 장애로 인한 의사소통장애 (communication disorder)를 갖고 있음을 말하는 것이지 말을 더듬는(stuttering) 사람이었다고 보기는 어렵다는 주장도 있다(Attanasio, 1997).

  2011년에 전 세계에 개봉된 영화 〈킹스 스피치(The King's speech)〉는 제2차 세계대전으로 인한 전시상황에서 영국 왕으로 취임한 George 6세가 말더듬을 극복하는 과정을 생생하게 묘사하였다. George 6세의 성공적인 말더듬 치료에 결정적인 역할을 한 사람은 아내인 Elizabeth 왕비와 언어치료사 자격증이 없는 치료사 Logue이다. 왕비는 조지 6세가 말더듬 치료를 받도록 설득하는 인도자 역할을 했고, Logue는 George 6세와 진정한 신뢰 관계를 형성함으로써 성공적인 말더듬 치료를 가능하게 했다. 물론, 이 영화에서 Logue가 말더듬 치료를 위해 사용한 치료기법 중에는 과학적으로 검증되지 않은 치료기법이 있음에 유의할 필요가 있다.

말을 더듬는 많은 사람이 매일 힘든 삶을 살고 있지만, 불행하게도 왜 말을 더듬는지는 아직 정확하게 밝혀지지 않은 상황이다. 수없이 다양한 말더듬 치료법이 개발되고 시도되고 있지만, 소위 완치(cure)를 보장하는 치료법은 없는 실정이다. 다행히 말더듬의 원인에 대한 유전적 · 생리학적 접근을 통해 새로운 사실이 밝혀지고 있다. 또한 치료사와 학자들이 편협하고 비과학적인 치료보다는 종합적이고 과학적인 치료적 접근을 강조하고 있다. 따라서 향후 말더듬의 원인과 진단 및 치료법에 대한 혁신적인 발전이 기대된다. 이러한 맥락에서 제1장에서는 말더듬의 정의, 출현율, 특성 및 발달에 대해 개괄적으로 살펴보려 한다.

'말더듬'이란 용어는 나라마다, 언어권마다 다르다. 예를 들면, 미국에서는 'stuttering'이란 용어가 사용되며, 유럽에서는 'stammering'이라는 용어가 사용된다. 하지만 어느 나라를 막론하고 '말더듬' 용어에는 말을 더듬는 사람들에 대한 부정적인 고정관념(stereotype)이 스며들어 있다. 이로 인해 대부분의 일반인은 말을 더듬는 사람의 성격, 기질 및 능력에 대해 왜곡된 편견을 갖는다. 말을 더듬는 사람에 대한 고정관념이 전 세계 모든 국가에 널리 퍼져 있다. 따라서 전 세계의 말을 더듬는 사람들이 직장생활이나 사회생활을 하는 데 많은 사회적 불이익(social handicap)을 경험하고 있다. 이러한 말더듬에 대한 부정적 인식을 개선하고자 하는 사회적 운동이 전 세계 곳곳에서 민간단체를 통해 현재 진행되고 있다. 예를 들면, 미국에서는 'Stuttering Foundation of America'와 'National Stuttering Association', 영국에서는 'British Stammering Association'이 말을 더듬는 사람들의 권익 및 인식 개선을 위해 활발한 활동을 하고 있다. 글로벌 단체로는 'International Stuttering Association'이 있으며, 이 단체는 10월 22일을 '세계 말더듬의 날(International Stuttering Awareness Day)'로 지정하여 1998년부터 매년 다양한 주제로 행사를 주관해 오고 있다. 한국에서도 1998년 제1회부터 매년 다양한 행사를 해 오고 있다. 이 행사를 주관하던 모임이 2015년 5월에 보건복지부로부터 '말더듬과 함께하는 사회적 협동조합'으로 공식적인 인가를 받아, 세계 말더듬의 날 행사, 부모교육, 워크숍 및 인식개선 사업 등을 현재까지 지속하고 있다.

1. 말더듬이란 무엇인가

1) 유창성과 비유창성

　말더듬에 대한 정의를 살펴보기 전에 우선 유창성(fluency)과 비유창성(disfluency)에 대한 정의를 먼저 살펴보려고 한다. '말이 유창(流暢)하다'는 것은 물이 흘러가듯 말에 막힘이 없다는 의미이다. 반면, '말이 비유창(非流暢)하다'는 것은 말의 흐름(flow)이 끊김을 뜻한다. 예를 들면, 일반적으로 정치가의 말은 유창하다. 반면에 말을 배우기 시작하는 아이의 말은 비유창하다. 어떤 사람의 말이 유창한지 여부는 사람의 청지각적 판단에 의해 이루어진다. 따라서 유창함에 대한 기준이 사람마다 달라서 어떤 말이 과연 유창한가를 결정하는 것은 쉬운 일이 아니다.

　이러한 맥락에서 Starkweather(1987)는 말의 유창성을 속도(rate), 노력(effort), 리듬(rhythm) 및 연속성(continuity)을 기준으로 평가할 것을 제안하였다. 첫 번째 기준인 말속도는 1초당 또는 1분당 산출된 음절의 수를 의미한다. 즉, 말속도가 빠르다는 의미는 초당 산출된 음절수가 많다는 의미이다. 유창한 말을 하려면 적절한 말속도가 유지되어야 하는데, 이를 위해서는 호흡 및 조음 기관의 통제가 정상적으로 이루어져야 한다. 예를 들면, '할아버지'를 말할 때, '할∨아∨버∨지'와 같이 음절마다 끊어서 말하는 것이 아니라 음절 사이가 부드러운 조음운동(articulatory movement)으로 연결되어야 한다. 즉, 동시조음(co-articulation)이 이루어져야 한다. 두 번째 기준인 노력은 객관적으로 수량화하기 어려운 기준이다. 노력의 의미는 두 가지 측면에서 살펴볼 수 있다(Ingham & Cordes, 1997). 하나는 말을 할 때 얼마나 많은 노력을 기울였는가, 즉 인지적으로 얼마나 주의집중을 했는가이다. 일반적으로 유창하게 말하는 사람은 말할 때 자신이 말하려고 하는 내용에만 많은 주의를 기울인다. 반대로, 말을 하면서 자신의 '말'에 많은 주의를 기울이면 실제 말하는 시간은 짧아지고 의사소통이 비효율적으로 이루어진다. 다른 하나는 말 산출과 관련된 근육들이 얼마나 긴장되어 있는가이다. 말하는 동안 조음기관, 호흡기관 및 발성기관의 긴장 정도는 청지각적으로뿐만 아니라 시각적으로 확인할 수 있다. 실제로 말 산출 기관이 긴장되면, 혀가 움직이지 않거나 입술이 오랫동안 달라붙어 있거나, 성대에서의 공기의 흐름이 원활하지 못해서 말의 흐름이 끊기게 된다. 세 번째 기준인 리듬 및 연속성은 말 산출 시 부적절한 쉼(pause)이 과도하게 발생하지 않고 말이 물이 흘러가듯 자연스럽게 산출되는 정도를 지칭한다. 쉼은 관습적인 (conventional) 쉼과 특이한(idosyncratic) 쉼으로 구분된다(Clark, 1971). 관습적인 쉼은 말을 할 때 중요한 부분을 강조하는 데 유용하게 사용되지만, 특이한 쉼은 단어 선택에 대한 불확실성과 주저함을 반영한다고 한다.

2) 말더듬 정의

'말더듬이 무엇인가?'에 대한 질문에 정확하게 답을 하는 것은 쉽지 않다. 말더듬에 대한 정의는 학자마다 다르다. 언어치료사가 말더듬에 대한 어떠한 정의를 취하느냐에 따라, 말더듬에 대한 진단 및 치료 방향뿐만 아니라, 말더듬 연구에도 영향을 미친다. 한편, 언어치료사들이 말더듬에 대한 편협한 정의에 근거하여 진단 및 치료를 한다면, 치료효과에 부정적인 영향을 미칠 수 있다.

나아가 말더듬에 대한 정의는 말더듬 출현율(유병률, prevalence)과 발생률(발병률, incidence)의 연구에도 영향을 미칠 수 있다. 이와 관련하여 감기와 비교하면 좀 더 쉽게 이해할 수 있다. 예를 들면, 콧물과 인후염을 보이는 감기가 있을 수 있고, 기침과 코막힘을 보이는 감기가 있을 수도 있다. 감기 증상이 이처럼 다양하기 때문에 감기의 출현율과 발생률은 어떠한 정의를 따르느냐에 따라 차이가 날 수 있다. 이러한 문제가 말더듬 분야의 연구에서도 나타날 수 있다. 왜냐하면 학령전기 아동은 다양한 비유창성 유형을 보이는데 과연 어떠한 유형이 몇 회 나타나야 말더듬이라고 할 수 있는가에 관해 모든 학자가 동의하고 합의한 보편적 정의가 없기 때문이다.

말더듬에 관한 정의는 두 개의 유형으로 나눌 수 있다(Yairi & Seery, 2015).

첫 번째 정의 유형은 말더듬을 말장애 현상(disordered speech phenomena)으로 간주한다. 이러한 정의는 말더듬에 대한 고전적(classical) 정의로서, 반복(repetition)과 연장(prolongation)만을 말더듬이라고 보며, 비유창성 유형에 대한 청지각적 판단에 기초한다. 즉, 일반인들에게 다양한 유형의 비유창한 말을 들려준 후에 어떤 비유창성 유형이 말더듬에 속하는가를 판단하라고 하면, 대부분 사람들은 소리/음절 반복(sound/syllable repetition)과 말소리 연장(sound prolongation) 또는 막힘(block), 단어 내의 말소리 또는 음절 사이의 멈춤(pause)을 말더듬이라고 판단한다. 하지만 모든 청자의 판단이 동일한 것은 아니다. 이러한 청자들 간 판단의 불일치 문제는 실제로 치료사들이 말더듬을 진단하기 위한 청지각적 평가를 할 때도 발생한다.

두 번째 정의 유형은 말더듬을 복잡한 장애(complex disorder)로 간주한다. 이러한 입장에는 '말더듬은 다차원적이다(multi-dimensionality).'라는 전제가 깔려 있다. 이러한 맥락에서 Yairi와 Seery(2015)는 말더듬을 정의할 때 다음과 같은 여섯 가지 차원을 고려할 것을 제안하였다. 첫째, 말소리 반복, 연장 및 막힘과 같은 외현적으로 관찰 가능한 비유창성 유형이 포함된다. 둘째, 말을 더듬는 동안 관찰되는 머리 움직임, 조음기관의 긴장 또는 팔과 다리 움직임 등과 같은 소위 부수행동(secondary behaviors)들이 포함된다. 셋째, 말을 더듬는 순간 나타나는 혈류 변화, 피부 반응, 동공 반응, 뇌파 반응 등과 같은 생리적 활동이 포함된다. 넷째, 말을 더듬을 것 같은 상황에 대한 회피, 불안 및 공포, 아동의 기질적으로 민감한 성격과 환경 변화에 대한 적응능력 등과 같은 정서적 요소가 포함된다. 다섯째, 말더듬 아동의 부모에 의하면 아동의 말속도는 느리지만, 생각의 속도는 빠르다고 한다. 이러한 부모의 말이 암시하는 바와 같이, 아동이 자기 생각을 빠르게 말로 옮기기 위한 언어적 · 인지적 처리에서의 문제가 포함된다. 여섯째, 말더듬 때문에 다양한 사회적 활동에 참여가 제한되고, 직업을 선택할 때 겪는 어려움 등과 같은 축소된 일상생활 영역의 반경이 포함된다.

또한 말더듬 행동은 정적(static)이고 안정된 행동이 아니라 역동적(dynamic)으로 변화하며, 자기 생각대로 통제 불가능(uncontrollable)하고 불수의적(involuntary)인 특성을 가지고 있다. 이러한 특성으로 인해 말더듬 행동의 빈도는 시간과 장소에 따라 변화한다. 예를 들면, 말을 더듬는 사람 본인도 언제 말을 덜 더듬을지 또는 많이 더듬을지 예측하기 어렵다. 학령 전 말더듬 아동을 치료할 때 치료 초반에 부모가 아동의 말더듬이 좋아졌다고 하면, 그것은 치료사가 치료를 잘했기 때문에 나타난 치료효과가 아닐 수 있다. 왜냐하면 아동이 치료받고 있던 바로 그 시기가 말더듬이 잠시 완화된 시기일 수 있기 때문이다. 이러한 불수의적 · 역동적 변화의 특성이 말더듬을 정의할 때 포함되어야 한다. 이러한 맥락에서 유창한 말 산출 과정에는 언어적 · 인지적 · 운동적 요소와 신경해부학적 구조(neuronatomical structure)가 관여되어 있기 때문에, 유창성장애를 단순히 말장애(speech disorder)로 간주하는 것에는 문제가 있다. 특히 발달성 말더듬은 말 · 언어

발달이 활발하게 진행되는 시기에 발생되기 때문에, 언어형성(language formulation)과 말 산출(speech production)이 상호 연결되어 있음을 간과한다면 말더듬의 복잡성을 파악하기 쉽지 않다(Ludlow & Loucks, 2003).

3) 말더듬의 낙인과 고정관념

네이버 국어사전에 '말더듬'을 검색해 보면, 말더듬이란 "말을 유창하게 하지 못하는 일. 상대방과 대화가 불가능할 정도로, 낱말이나 음절의 첫 자음을 자주 멈추고 반복하며 발음하는 등의 증상이 나타난다."라고 정의되어 있다. 여기서 '상대방과 대화가 불가능할 정도로'라는 표현은 말을 더듬는 사람과의 대화가 어렵다는 것을 전제하고 있다. 이처럼 '말더듬'의 용어설명에도 말을 더듬는 사람에 대한 부정적인 편견이 은연중에 담겨 있다. 따라서 말을 더듬는 사람을 지칭하는 '말더듬이'라고 하는 용어는 사회 곳곳에서 부정적 의미를 포함하는 낙인(labeling)을 위한 용어로 사용되고 있다. 미국 말·언어·청각협회(ASHA)에서 발간되는 학술지에서는 말더듬이를 지칭하는 용어인 'stutterer'가 낙인효과를 유발시킬 수 있다는 판단하에 말더듬 행동 자체를 강조하는 중립적인 용어인 '말을 더듬는 사람', 즉 'person who stutter(PWS)'를 사용하는 것을 권고하고 있다. 또한 말더듬을 정의할 때 말더듬 행동에 동반되는 말을 더듬는 사람의 심리 및 정서적 측면이 포함되어야 한다. 나아가 말더듬을 정의할 때 말을 더듬는 사람이 일상생활에서 겪게 되는 사회적 불이익의 특성도 고려되어야 한다.

현재 전 세계에 말을 더듬는 사람들에 대한 부정적인 고정관념이 다양한 집단에 널리 퍼져 있다. 예를 들면, 언어치료사, 학생, 상점 점원, 교사를 포함하여 여러 집단에 이러한 고정관념이 존재한다. 나아가 말더듬에 대한 고정관념은 문학작품과 영화, 아동도서에도 나타난다(Benecken, 1994; Bushey & Martin, 1988). 이처럼 말더듬에 대한 고정관념으로 인해 말더듬 성인은 취업뿐만 아니라 승진에 불이익을 받을 수 있으며 직장동료와의 인간관계에서 소외될 수도 있다. 사회의 모든 구성원이 말을 더듬는 사람들에 대한 긍정적이고 포용적인 태도를 보이지 않으면, 말더듬 치료를 받아도 치료효과가 계속적으로 유지되기 어려울 수밖에 없으며, 말을 더듬는 사람의 삶의 질이 향상될 수 없다.

한국 말더듬 성인의 고정관념에 관한 심현섭(2000)의 연구에 의하면 일반인들은 말을 더듬는 사람들에 대해 항상 긴장된 상태에 있으며 폐쇄적이고 자기비하적이며 융통성이 없다는 부정적인 고정관념을 갖고 있었다. 특히 '말을 더듬는 사람들이 항상 긴장하고 있다'는 고정관념은, 대중매체나 문학작품에서 말을 더듬는 순간의 긴장된 얼굴 표정과 신체적 움직임을 생생하게 묘사하고 있어서 일반인들의 뇌리에 각인되었기 때문에 형성되는 것으로 본다(Kalinowski, Stewart, & Armson, 1996).

말더듬에 대한 일반인들의 부정적인 고정관념이 말을 더듬는 사람에게 영향을 많이 미치므로 임상적인 측면에서 볼 때 말더듬 아동의 부모가 말더듬에 대해 어떠한 생각을 가지고 있는지를 파악하는 것이 중요하다. 왜냐하면 부모의 말더듬에 대한 부정적 고정관념은 말더듬 치료에 방해가 되는 요인이 될 수 있기 때문이다. 이러한 맥락에서 김윤지와 심현섭(2011)은 말더듬 아동 어머니 44명과 말더듬 아동과 성별 및 생활연령을 일치시킨 일반 아동 어머니 44명을 대상으로 말더듬에 대한 고정관념을 조사하였다. 그 결과, 두 집단 간 말더듬 고정관념의 정도에서 유의한 차이가 없었다. 또한 말더듬 아동 어머니 집단의 경우 말더듬 지속기간과 치료기간이 말더듬에 대한 고정관념에 미치는 영향이 미미하였다. 하지만 이 연구의 대상자 수가 적으며 아동의 말더듬 중증도 및 부모의 말더듬에 대한 지식에 따라 영향을 미칠 수 있기 때문에, 말더듬에 대한 부정적인 고정관념이 없다는 것으로 연구 결과를 일반화할 수는 없다.

2. 말더듬의 하위유형

말더듬의 하위그룹을 파악하는 것은 변별 진단뿐만 아니라 개별화 치료에 도움을 준다. 말더듬이 언제 발생하였는가에 따라 하위그룹을 둘로 나눌 수 있다. 발달성 유창성장애(developmental fluency disorder)는 학령전기에 말더듬이 발생한 경우의 유형이고, 후천성 말더듬(acquired stuttering)은 학령전기 이후부터 성인기에 발생한 유형이다. 후천성 말더듬은 원인론에 근거하여 신경성과 심인성으로 나뉜다. 오랫동안 말빠름증(cluttering)은 말더듬과 유사한 장애로 인식되어 왔으나, 현재는 말더듬과는 별개의 장애로 분류된다.

1) 발달성 유창성장애

발달성 유창성장애는 학령전기에 발생되는 말더듬 현상이며 자연회복이 되지 않을 경우에는 지속될 수 있다. 이와 같은 말더듬 발생의 발달적 측면이 강조되어 DSM-5 (Diagnostic and Statistical Manual of Mental Disorders, 5th edition, APA, 2013)에서는 '말더듬'이라는 용어 대신 아동기-시작 유창성장애(Childhood-onset Fluency Disorder)라는 새로운 용어가 사용되고 있다. 또한 DSM-5에서는 아동의 발달적 측면을 고려하여 아동이 본인의 나이에 맞지 않게 정상적 비유창성과 말의 시간적 패턴(time patterning)에 많은 문제를 보일 경우라고 명시하고 있다. DSM-5는 DSM-IV에 포함되어 있었던 "음", "아"와 같은 간투사를 일상적으로 많은 사람이 사용하는 비유창성 유형이기 때문에 말더듬 진단기준에서 제외하였다. 반면, 말을 더듬는 사람들이 보이는 심리적 특성인 불안(anxiety)과 회피(avoidance)가 진단기준에 포함되었다. 또한 DSM-5는 아동기-시작 유창성장애를 늦게 말더듬이 시작하는 경우인 성인기-시작 유창성장애(Adult-onset Fluency Disorder)와 구분하였다. 또한 아동기-시작 유창성장애는 언어·운동 결함 또는 감각결함, 신경학적 손상(예: 뇌졸중, 종양, 외상)으로 인한 비유창성 또는 다른 의학적 상태(medical condition)로 인한 것이 아니며, 다른 정신질환(mental disorder)으로 인한 것이 아니라고 하였다. 이 책에서는 DSM-5에서 사용한 아동기-시작 유창성장애라는 용어를 사용하지 않고 일반적으로 많이 사용되는 '말더듬'이라는 용어를 사용하였으며, 말더듬이라는 용어는 발달성 유창성장애를 의미함을 미리 밝혀 둔다.

2) 후천성 말더듬

후천성 말더듬은 다음과 같이 신경성 말더듬과 심인성 말더듬으로 나뉜다. 정의 및 특성과 간단한 사례를 살펴보려 한다.

(1) 신경성 말더듬

신경성 말더듬(neurogenic stuttering)은 신경학적 질병 또는 신경학적 손상으로 인한 유창성장애를 뜻한다. 비유창성의 발생 원인이 신경학적 손상에 있으며, 주로 성인기에 발생된다. 하지만 신경학적 말더듬이 특정한 부위의 손상이 원인이 되는 것은 아니다.

신경학적 말더듬은 뇌의 거의 모든 부분과 관련이 있다. 신경학적 말더듬의 원인은 다양하며 하위유형도 다양하다. 뇌졸중, 두부손상, 파킨슨병, 종양, 치매 및 약물의 독성으로 인하여 말더듬이 나타날 수 있다. 최근에는 전쟁에 참전한 군인 중 뇌손상을 입었거나 외상후 스트레스 장애(Post Traumatic Stress Disorder: PTSD)와 함께 나타난다는 보고가 있다(Guitar, 2014). 이러한 말더듬 증상은 일시적으로 나타나지만 지속될 수도 있다.

Canter(1971)는 신경학적 말더듬 유형을 세 가지로 분류한다. 첫째 유형은 파킨슨병이나 소뇌의 손상으로 인한 신경근육 통제의 문제로 발생하는 말운동 말더듬(dysarthric stuttering)이다. 둘째 유형은 말운동 계획(speech motor planning)의 문제로 인해 발생되는 실행증 말더듬(apraxic stuttering)이며, 셋째 유형은 실어증을 동반하는 건망성 말더듬(dysnomic stuttering)이다. 임상에서 많이 관찰되는 또 다른 신경성 말더듬 유형으로는 동일한 단어 또는 구를 계속하여 반복하는 현상인 동어반복증(palilalia)이 있으며, 자폐 또는 중도의 발달장애 아동들에게서 관찰되는 상대방의 말을 그대로 따라서 말하는 반향어(echolalia)가 있다. 이러한 동어반복증과 반향어는 단어, 구, 문장 등을 반복하는 행동을 보이기 때문에 발달성 말더듬인 것처럼 보이지만, 근본적으로 비유창성의 원인은 다르다.

Helm-Estabrooks(1999)는 발달성 유창성장애와 변별될 수 있는 신경성 말더듬의 특징을 다음과 같이 정리하였다. 첫째, 상황에 따라 비유창성 정도가 변화하지 않으며, 둘째, 말더듬 현상이 첫 단어뿐만 아니라 발화의 모든 위치에서 일어나며, 셋째, 내용어(content word)뿐만 아니라 기능어(function word)에서도 말을 더듬으며, 넷째, 말더듬으로 인해 좌절은 하지만 불안 및 공포심은 갖고 있지 않으며, 다섯째, 말을 더듬는 동안에 눈 깜박임이나 고개 젖힘과 같은 부수행동이 거의 나타나지 않으며, 여섯째, 동일한 문단을 5번 연속하여 읽을 때, 반복횟수가 증가함에 따라 말더듬 빈도가 감소하는 적응효과(adaptation effect)가 거의 나타나지 않는다.

하지만 앞서 언급한 전형적인 특성을 모든 신경성 말더듬 환자가 보이는 것은 아니고 개인마다 보이는 특성이 다르기 때문에, De Nil, Jokel과 Rochon(2007)은 전통적인 변별 진단기준이 수정되어야 한다고 제안하였다. 또한 노래하기와 합창하기와 같은 유창성증진 상황에서 비유창성이 개선되지 않으며 숫자 세기, 요일 말하기와 같은 자동발화 과제에서도 말을 더듬는 현상은 신경성 말더듬의 특징이다(Manning & DiLollo, 2018). 외국 학술지에 발표된 신경성 말더듬 사례를 간단히 소개하면 다음과 같다.

사례 1: 오른손잡이 16세 남학생으로 1996년 11월 자전거를 타고 학교에 가다 교통사고를 당했다. 사고 당시 의식을 잃었으나 1997년 1월부터 점차 의식이 돌아왔다. 치료 당시 MRI 검사 결과 우측 교뇌(pons)와 좌우 조가비핵(putamen)에 병변이 발견되었다. 1997년 4월부터 말속도가 갑자기 빨라지거나 또는 늦어지는 증상을 보였으나 언어치료를 통해 1998년 2월 후에는 말속도가 안정되었다. 하지만 이 무렵부터 마지막 음절을 빨리 반복하는 증상을 보이다가 점차 사라지고, 말소리, 음절 및 단어 반복은 계속 남아 있었다. 말더듬 증상은 대화 상황보다 읽기를 하는 동안에 더 많이 관찰되었다. 발달성 말더듬인 사람에게서 관찰되는 적응효과는 없었으며 말을 더듬는 동안 부수행동은 관찰되지 않았다. 실어증 증상은 없었으며, 언어성 지능은 102이었다고 한다(Tani & Sakai, 2011).

사례 2: 65세 여성으로 20년 동안 고혈압과 당뇨병을 가지고 있었으며 갑자기 우측 마비와 말문제가 발생하여 병원에 입원하였다. CT 촬영을 실시한 결과, 좌측 측두엽(parietal lobe)의 대뇌피질에서 작은 경색(infarct)이 보였고, 신경언어검사에서 특이한 문제는 없었다. 입원 이틀 후에 마비와 감각이상 증상이 사라졌으나, 단어의 첫 부분에서 반복, 연장 및 막힘을 보였다고 한다. 또한 얼굴 찡그림과 눈 깜박임, 주먹쥐기와 입술떨림과 같은 부수행동을 보였다. 발달성 말더듬에서 관찰되는 적응효과는 나타나지 않았다. 이름대기(naming)는 정상적이었다(Sahin, Krespi, Yilmaz, & Coban, 2005).

(2) 심인성 말더듬

심인성 말더듬(psychogenic stuttering)은 발달성 말더듬에서 보이는 반복, 연장 및 막힘과 같은 비유창성 유형을 보이며, 심리적 · 정서적인 문제로 인해 갑자기 발생하는 보기 드문 비전형적(atypical) 유창성장애이다. 과거에는 '히스테리성 말더듬(hysterical stuttering)'으로 불리었으며, 발생 빈도는 성별에 따라 차이가 없다(Baumgartner & Duffy, 1997). 심인성 말더듬은 정서적 트라우마(emotional trauma), 극도의 스트레스, 전환반응(conversion reaction), 불안 및 우울증과 관련이 있는 것으로 파악된다(Mahr & Leith, 1992). 하지만 심인성 말더듬을 보이는 사람 모두가 심리적 병리현상을 보이는 것은 아니다(Baumgartner, 1999). 심인성 말더듬은 발달성 말더듬과는 대조적으로 노래하기, 합창하기와 같은 유창성증진 상황에서도 말더듬 행동을 보이며, 숫자세기와 같은 자동발화에서도 말더듬을 보인다. 과거에는 말더듬에 대한 부정적인 정서적 반응을 보이지 않는다고 알려져 있었다. 하지만 최근에는 일부 심인성 말더듬 환자는 자신의 말에 대해 매우 걱정을 한다는 보고도 있다(Ward, 2010). 일반적으로 심리정서적인 문제가 사라지면 말더듬 증상도 사라진다고 한다(Baumgartner, 1999; Baumgartner & Duffy, 1997; Mahr & Leith, 1992). 외국 학술지에 발표된 심인성 말더듬 사례를 간단히 소개하면 다음과 같다.

사례 1: 33세 남성이며 심한 말더듬으로 병원에 내원하였다. 내원하기 10일 전에 말더듬이 시작되었으며, 아침에 잠에서 깨어났을 때 지남력 상실(disorientation), 즉 시간과 장소, 사람을 정확하게 인식하지 못하였다. 10일 동안 치료를 받았으나 더 악화되었다. 신경심리검사를 실시한 결과, 인지 및 언어에서 특별한 이상이 없었으며 뇌촬영 검사에서도 이상소견이 발견되지 않았다. 유창성증진을 위한 다양한 접근을 3회기에 걸쳐 시도했으나 뚜렷한 효과가 나타나지 않았기 때문에 치료를 받지 않으려고 했다(Ward, 2010).

사례 2: 37세 여성이며 오랫동안 정서적 문제를 갖고 있었다. 이러한 심리적 문제로 남편과 별거 중이었는데 남편이 다른 여자를 만난다는 사실을 알았다. 이혼 문제를 논의하기 시작하였을 때, 갑자기 말을 더듬기 시작했다고 한다. 반복과 연장을 보였으며 머리를 뒤로 젖히는 행동과 몸 움직임과 같은 부수행동을 보였다. 천천히 명확하게 말을 하라고 요구하면 말더듬 빈도는 많이 감소되었다. 병원에 입원한 동안에 이혼 절차가 종결되었는데, 그 후부터 말을 더듬지 않았다(Mahr & Leith 1992).

(3) 말빠름증

말빠름증(cluttering)은 말속도가 빠르고 불규칙적으로 바뀌며, 발음이 부정확하여 말을 이해하기 어렵다. 또한 간투사, 단어 및 구 반복, 수정 및 주저 등과 같은 비유창성 유형을 보인다. 하지만 말더듬과의 차이점은 말을 더듬을 때 긴장된 상태가 아니라는 것이다. 말빠름증에 관한 전문서적은 Weiss에 의해 『Cluttering』이란 제목으로 1964년에 처음으로 출간되었다. 하지만 말더듬 권위자인 Van Riper 등의 소수 학자만이 말빠름증에 관한 관심을 보였을 뿐, 말빠름증은 언어병리학 분야에서 외면받았고 언어치료사들에게 널리 알려지지 않았다(Myers & St. Louis, 1986). 왜냐하면 말빠름증이 보이는 주요 비유창성 유형이 반복유형이기에 말더듬의 하위유형으로 생각해 왔기 때문이다. 하지만 현재는 말빠름증을 독립적으로 존재하는 장애로 보는 것이 보편적이다(Myers & St. Louis, 1986). 말빠름증에는 말더듬, 주의집중, 과잉행동, 학습장애 및 조음장애가 동반되기도 한다. 말빠름증을 보이는 사람의 문제 중 하나는 자기의 생각을 논리정연하게 문장으로 표현하지 못하는 것이다. 즉, 논리에 맞지 않게 일단 말을 시작하고, 이미 산출된 말을 성급히 수정하며, 주저와 반복이 너무 많이 나타난다. 따라서 청자는 그 사람이 말하는 바가 무엇인지를 파악하고 대화의 내용을 따라가기 어렵다. 말빠름증을 보이는 사람은 말을 더듬는 사람과는 다르게 자신의 문제를 인식하지 못하기 때문에, 말빠름증으로 인한 의사소통을 회피하는 현상을 거의 보이지 않는다. 또한 대화차례를 지키지 않고 있는 것을 자각하지 못한 상태에서 말을 길게 한다. 이와 같이 말빠름증은 인지, 언어, 화용, 말, 운동적 측면에서 다양한 증상을 보이기 때문에 Daly와 Burnett(1999)는 말빠름증을 다차원적 장애(muliti-dimensional disorder)로 볼 것을 제안했다.

3. 말더듬의 발병률, 유병률 및 자연회복

말더듬의 발병률(incidence)은 평생에 걸쳐 말더듬을 경험한 사람의 비율을 의미한다. 반면에 말더듬의 유병률(prevalence)은 말더듬 조사가 시행될 당시에 말을 더듬고 있는 사람의 비율을 의미한다. Andrew와 Harris(1964)는 1,000명을 대상으로 태어나서부터 16년 동안 계속 관찰한 결과, 대상 아동 중에서 평생 동안 말더듬이 발생한 사람은 45명이었다고 한다. 이 경우, 말더듬의 발병률은 4.5%라고 말할 수 있다. 하지만 이 연구가 끝날 무렵에 말을 더듬는 아동은 10명이었다고 한다. 이 경우는 말더듬의 유병률은 1%라고 말할 수 있다. 이러한 연구가 보여 주듯이 말더듬의 발병률은 유병률보다 훨씬 높게 나타난다. 특히 원인론 차원에서 볼 때, 말더듬 성비의 분포와 자연회복(natural recovery) 비율은 말더듬 발생에 유전요인이 기여한다는 주장을 지지해 준다. 나아가 말더듬의 발병률 및 유병률은 말더듬의 원인에 관한 이론뿐만 아니라 말더듬의 진단 및 치료에 관한 의사결정, 말더듬의 예방 및 사회인식 개선에 중요한 정보를 제공해 준다. 하지만 많은 말더듬 관련 문헌에서는 발병률과 유병률이 혼동되어 사용되고 있기 때문에 항상 확인이 요구된다. 한편, 말더듬의 유병률과 발병률에 관한 선행연구의 결과는 일치하지 않는다. 관련 연구를 종합해 보면 말더듬 유병률은 0.61~4.70%, 그리고 말더듬 발병률은 0.70~17.0%로 범위가 매우 넓다(Bloodstein & Bernstein Ratner, 2008; Yairi & Ambrose, 2013). 이와 같은 선행연구 결과의 불일치는 표본 샘플의 특성 차이와 말더듬에 관한 정의의 차이에서 기인한다고 본다(Yairi & Seery, 2015).

말더듬은 아동의 언어발달이 급속하게 빠른 속도로 이루어지는 시기인 30~48개월(평균 33개월) 사이에 주로 시작된다. 학령전기 아동의 유병률은 5~8%이고, 학령전기 말더듬 아동의 남녀 비율은 대략 1.5 : 1이다(Bloodstein & Bernstein Ratner, 2008; Yairi & Ambrose, 2005, 2013). 하지만 80% 정도의 아동이 말더듬 치료를 받거나 또는 받지 않고 회복되는 것으로 보고 있다(Yairi & Ambrose, 2005). 반면에 청소년과 성인의 말더듬 유병률은 전 세계적으로 1%이며, 남녀 비율은 학령전기 아동집단과는 다르게 4 : 1 정도이다. 이와 같이 학령전기 아동의 발병률과 청소년 및 성인의 발병률이 많은 차이를 보이는 것은 남성보다 여성에서 매우 많은 말더듬 회복이 이루어진다는 것을 의미한다.

말더듬 발달에 관한 중요 이슈는 치료를 받지 않았는데도 불구하고 말더듬 행동이 사라지는, 소위 자연회복(natural recovery)에 관한 것이다. 말더듬 자연회복에 관한 연구를 살펴보면 다음과 같다. 현재 많은 학자가 동의하고 있는 자연회복의 기준은 적어도 1년 동안은 말더듬이 나타나지 않아야 하며, 공식적인 치료를 받지 않은 경우이다(Yairi & Seery, 2015). 말더듬이 자연회복되는 사례가 얼마나 많은가에 대한 연구방법은 두 가지로 나눌 수 있다. 하나는 과거에 많이 사용되었던 방법으로 부모에게 말더듬 유무에 대해 질문을 하는 방법이다. 말더듬 연구의 학문적 기초를 마련한 Johnson과 동료들(1959)은 부모 보고를 통해 2세부터 7세 아동 118명을 대상으로 시간의 흐름에 따라 말더듬이 어떠한 변화를 보이는가를 조사하였다. 1차 부모 면담 후 36개월이 된 시점에서 2차 면담을 실시한 결과, 대상 아동의 88%가 유창성 향상을 보였고, 36%는 완전회복을 보였으며, 4%는 오히려 말더듬이 악화되었다. 한편, Craig 등의 연구(2002)에 의하면 모든 연령대 12,000명을 대상으로 대규모 설문조사를 실시한 결과 67% 정도가 자연회복되었다고 한다. 말더듬 자연회복에 관한 최근 연구에 의하면, 자연회복은 학령전기뿐만 아니라 학령기에서도 관찰된다고 한다(Howell et al., 2008; Howell & Davis, 2011).

　자연회복에 관한 가장 최근에 이루어졌으며 대단위 모집단위로 시행된 미국 일리노이 대학의 종단적 연구에 의하면 대략적인 자연회복률은 79%이다(Yairi & Seery, 2015). 이러한 연구 결과는 영국과 덴마크에서 발표된 자연회복률과 거의 비슷하다고 한다. 하지만 이 자연회복률을 해석할 때 주의해야 할 사항은, 말더듬 발생 후 1년 이내에 완전히 회복된 비율은 9%에 지나지 않는다는 것이다. 2년 후 샘플의 22% 아동이 추가로 회복되었고, 4년 후에 전체 샘플의 74%가 회복되었으며, 5년이 지났을 때 전체아동의 79%가 완전회복되었다. 이러한 연구 결과는 말을 더듬기 시작한 아동의 부모에게 말더듬의 자연회복에 대해 설명할 때 참고할 필요가 있다. 또한 적은 수이지만 성인이 되고 나서 자연회복되는 경우도 있다(Wingate, 1976).

　또 다른 방법은 최근에 사용되고 있는 방법으로 말더듬 아동을 대상으로 말더듬 회복과 지속에 영향을 미칠 수 있는 요인들을 종단적으로 파악하는 것이다. 취학 전 아동 58명을 대상으로 말더듬 회복집단과 지속집단의 변별 요인을 파악하기 위한 Ambrose 등(2015)의 종단연구에 의하면 아동의 부정적인 감정 및 태도가 말더듬 지속에 기여한다고 한다. 후향적(retrospective) 연구방법으로 한국에서도 언어적 요인과 말더듬 회복의 상관성을 밝히려는 연구가 진행되고 있다.

　이수복과 심현섭(2015)은 말더듬 발생 1년 이내의 2~5세 말더듬 아동을 대상으로 18개월간 치료를 하는 동안 발화 길이가 어떻게 변화하는지 그리고 발화 길이가 말더듬 빈도에 어떠한 영향을 미치는지 종단적으로 살펴보았다. 이 연구에 의하면 지속집단 및 회복집단의 발화 길이가 치료 기간 중 변화하는 중요한 언어학적 요인이며, 언어치료사는 말더듬 치료 시작 후 12~18개월 기간 동안 아동의 언어 및 비유창성 변화에 주의를 기울여야 한다고 하였다. 한편, 화용적인 측면에서 예측변인을 조사한 박혜연과 이수복, 심현섭(2015)의 연구에 의하면 아동의 자기주장적인 의사소통 행동(self assertive communicative behaviors)은 말더듬 치료 시 회복집단과 지속집단을 예측하는 화용적 지표로서 사용될 수 있다. 즉, 회복집단의 말더듬 아동은 치료가 진행됨에 따라 독립적으로 자신의 의견을 제시하는 자기주장적인 의사소통을 하고 있다는 것을 알 수 있다.

　또한 이수복과 심현섭의 연구(2016)에서 부모의 발화 길이, 부모의 지시/간섭, 부모의 반응시간, 부모의 조음속도가 말더듬 회복과 높은 상관이 있는 부모요인으로 파악되었다. 이 연구 결과는 초기 말더듬 아동의 유창성 회복에 부모의 영향이 크다는 것을 시사한다.

최근 이수복과 이다연, 심현섭, 임동선(2019)의 연구는 아동의 언어능력 중 초기 말더듬 아동의 회복과 지속을 예측할 수 있는 한국어만의 특성이 있는지를 살펴보았다. 이 연구에 의하면 한국어 격조사와 연결어미의 사용능력이 말더듬 회복과 지속을 예측하는 것으로 나타났다.

4. 말더듬의 특성

말더듬의 특성을 파악하기 위해서는 가능한 한 말을 더듬기 시작한 시점에서 아동이 보이는 말더듬 행동을 파악하는 것이 중요하다. 말을 더듬기 시작할 때 2~3세의 말더듬 아동 22명의 비유창성 유형을 부모 보고를 통해 조사한 Yairi(1983)의 연구에 의하면, 부모의 86%가 아동이 짧은 단어와 음절을 3~6회 정도 반복했다고 한다. 일부 부모는 아동이 연장과 막힘을 보였다고 보고하였다. Ambrose와 Yairi(1999)는 최초로 1세 11개월부터 5세 사이의 학령전기 말더듬 아동(90명)과 일반 아동(50명)을 대상으로 수집한 발화샘플을 수집하여 진성 비유창성(Stuttering Like Disfluencies: SLD)과 일반적 비유창성(Other Disfluencies: OD) 유형의 빈도를 자세히 분석하였다(자세한 설명은 다음의 Yairi가 제시한 비유창성 유형 참조). 말더듬 아동이 보인 비유창성을 일반 아동과 비교했을 때, 양적으로뿐만 아니라 질적으로도 뚜렷한 차이를 보였다고 한다. 부모와 언어치료사에 의해 말더듬으로 진단받은 아동은 일반 아동보다 더 많이 진성 비유창성을 보였으나, 일반적 비유창성 유형에서는 두 집단 간 차이가 없었다. 또한 진성 비유창성의 빈도에 가중치(weight)를 주어 비유창성 빈도를 계산했을 경우에 아동이 말을 더듬는지 여부를 더 정확하게 판별할 수 있었다. 이러한 진성 비유창성에 가중치 공식을 적용했을 경우, 일반 아동을 말더듬 아동이라고 잘못 판별한 경우는 한 명도 없었다.

Yairi의 연구 결과가 발표되기 이전에는 말더듬 발달 과정에 대한 일반적인 견해는 초기 말더듬은 아주 약하게 시작되고, 시간이 흐름에 따라 약한 정도에서 심한 말더듬으로 점차 발전된다고 보았다(Bloodstein & Bernstein Ratner, 2008; Johnson & Associates, 1959). 하지만 Yairi와 Ambrose(1992)의 연구에 의하면 말더듬 아동의 36%가 말더듬이 시작될 때 말소리 연장을 보였고, 23%의 아동은 긴 멈춤(pause)을 보였고, 14%는 막힘

(blocking)을 보였다고 한다. 나아가 부모의 20% 이상은 아동이 자신의 말더듬에 대해 인식을 하고 있다고 하였다. 이러한 Yairi의 초기 말더듬에 대한 연구는 말더듬 증상이 약함에서 심함으로 점진적으로 발전되어 간다는 기존의 이론을 반박하며, 언어치료사가 임상현장에서 부모교육을 할 때 많은 시사점을 제공한다.

1) 정상적 비유창성과 말더듬 변별

말을 시작하면서부터 유창하게 말하는 아동도 있겠지만 비유창하게 말하는 아동도 많다. 하지만 비유창하게 말하는 아동도 항상 비유창한 것은 아니다. 어떤 날은 유창하게 말하고 어떤 날은 더 많은 비유창성을 보인다. 언어발달이 시작될 때 아동이 많이 보이는 비유창성 유형은 단어 반복(word repetition)이다. 예를 들면, 엄마를 부를 때 "엄마, 엄마"라고 하거나, 먹을 것을 달라고 요청할 때 "맘마, 맘마"라고 한다. 하지만 아동의 언어발달이 빠르게 진행되는 3세 이후에는 비유창성 유형이 다양하게 나타난다. 말을 할 때 발화 중간에 /아/, /음/과 같은 삽입어를 사용하거나 또는 자신이 한 말을 수정하기도 한다. 이러한 언어발달 초기에 보여 주는 비유창성은 아동의 언어발달 정도, 말운동 능력 및 환경적인 요인과 관련성이 있다. 언어발달 시기에 아동들이 보여 주는 비유창성 유형을 '정상적 비유창성(normal disfluency)'이라고 한다. '정상적 비유창성'이라는 용어는 비록 아동의 말이 약간 비유창하지만 발달적 측면에서 정상적 수준임을 의미하기 때문에, 이 용어는 임상현장에서 초기 말더듬에 대한 진단 결과를 부모에 설명할 때 사용된다. 아동이 정상적 비유창성을 보였을 때 어떤 부모는 특별한 주의를 기울이지 않고 그냥 지나치고, 어떤 부모는 예민하게 반응하기도 한다. 다음 제2장에서 언급하겠지만, Johnson의 진단착오이론(diagnosogenic theory)에 의하면 부모 스스로 아동이 보이는 정상적 비유창성을 '말더듬(stuttering)'이라고 진단하였기 때문에 아동의 정상적 비유창성이 말더듬으로 발전된다고 한다. 즉, 언어발달 시 아동이 보여 주는 초기 비유창성의 유형은 정상적인데 부모가 이것을 말더듬이라고 판단하고 잘못 반응하였기 때문에 말더듬으로 발전된다는 것이다.

정상적 비유창성 개념은 학령전기 아동이 보이는 비유창성이 과연 말더듬인가 여부를 정확히 진단하는 데 기여한다. 말더듬 여부를 판단하기 위해서는 과연 어떠한 비유창 유형이 정상적 비유창성 유형에 속하고 어떤 비유창성 유형이 말더듬에 속하는가를 결정해야 한다. 이러한 결정은 언어치료사가 말더듬과 정상적 비유창성을 변별하는 데 있어서 매우 중요한 문제이다. 일반적으로 아동이 보이는 비유창성 유형은 다양하며 분류체계는 학자마다 다르다. 또한 비유창성 유형에 관련된 용어에 대한 평가자들 간 서로 합의된 조작적 정의가 마련되지 않은 상황이라 말더듬을 진단 및 평가할 때에 문제가 발생하는 경우도 있다. Ambrose와 Yairi(1999)가 초기 말더듬의 변별적 진단을 위한 규준을 마련하기 위해 말더듬이 시작된 지 6개월 이내인 2~5세 말더듬 아동 90명과 일반 아동 54명의 발화를 비교분석하기 위해 사용한 비유창성 분류체계를 예를 들면 다음과 같다. 이 분류체계는 임상연구에서 널리 쓰이는 분류체계 중 하나이다.

- 삽입(interjection): 선생님, 저요 음 햄버거 살 거예요.
- 수정(revision): 엄마는 설겆 어 엄마는 설거지를 하구 간데 인제.
- 구 반복(phrase repetition): 이제 성은이는 이제 성은이는 포도 쥬스 이만큼 먹을 거야.
- 부분 단어 반복(part-word repetition): 악악악어가 잡아먹어.
- 단음절 단어 반복(single syllable word repetition): 왜왜왜 이렇게 늦게 왔어?
- 비운율적 발성(disrhythmic phonation):
  - 연장(prolongation): 이건 나~눠 먹으라고 준거야.
  - 막힘(block): 여기 으-읍 물 속에 살잖아.
  - 단어깨짐(broken word): 갈증˘이 나˘서 미미한테 줘. (˘은 pause 표시임)

 말더듬 여부를 진단하기 위해서는 앞에 제시된 유형 중 어떤 유형이 정상적 비유창성 유형에 속하는가를 결정해야 한다. 이를 위한 해결방법에는 두 가지 방법을 제시할 수 있다. 한 가지 방법은 비유창성 유형의 빈도를 말더듬 아동집단과 일반 아동집단을 대상으로 비교했을 경우, 어떤 유형이 말더듬 아동집단에서 훨씬 더 많이 나타나는 비유창성 유형인가를 확인하는 것이다. Yairi와 Ambrose(1999)의 연구에 의하면 말더듬 아동집단이 일반 아동보다 10배 많은 음절 반복을 보였고, 5배 많은 단음절 단어 반복을 보였다고 한다. 두 집단 간의 차이는 이러한 반복의 빈도 이외에 반복속도(repetition rate)에서 차이를 보였다고 한다. 즉, 말더듬 아동의 반복속도는 일반 아동보다 3배 이상 빨랐다고 한다(Throneburg & Yairi, 1994, 2001). 또한 말더듬 아동집단에서 반복의 횟수가 더 많았고 반복을 하는 동안 막힘이 동시에 나타나는 경우가, 소위 비유창성 무리 (clustering)가 6배 많이 관찰되었다(LaSalle & Conture, 1995). 또 다른 분류방법은 성인에 게 다양한 비유창성 유형을 청지각적으로 제시한 후에, 그들에게 방금 들은 발화가 말 더듬인가 아닌가를 판단하게 하는 것이다. Young(1984)에 의하면 청자들은 음절 반복과 단음절 단어 반복을 말더듬이라고 판단하였다고 한다.

2) 말더듬의 특성

Wingate(1976)는 말더듬의 핵심적이고 보편적인 특성으로 앞에서 언급한 말의 특성 (speech features)만을 포함해야 한다고 주장하였다. 그러나 말더듬 행동의 다차원성과 복잡성을 고려할 때 이러한 극단적인 주장을 받아들이는 것에는 문제가 있다. 따라서 대부분의 학자와 치료사는 말더듬의 특성을 말더듬의 핵심행동(core behaviors), 부수행 동(accessory behaviors), 느낌과 태도(feelings and attitudes)로 나누어서 보는 것에 동의 한다. 핵심행동 및 부수행동은 직접 눈으로 관찰 가능하지만 느낌과 태도는 그렇지 못 하다. 각 특성의 평가에 대한 설명은 진단 및 평가를 다루는 장에서 자세히 다룬다. 이 러한 말더듬 특성의 분류 방식은 말더듬을 진단하고 치료할 때 기본적 틀을 제시한다. 말을 더듬는 사람마다 각 특성에서 나타나는 문제의 심각성은 다르다. 따라서 체계적이 고 효과적인 말더듬 치료를 위해서는 이러한 세 가지 특성을 진단 시 세심하게 파악해 야 하며 치료계획에 포함해야 한다.

(1) 말더듬의 핵심행동

말을 더듬는 아동에게 전형적으로 많이 나타나는 비유창성 유형을 Van Riper(1971)는 '핵심행동(core behaviors)'이라고 명명하였다. 핵심행동(core behaviors)은 일반인들이 말 더듬이라고 청지각적 판단을 내린 비유창성 유형으로서 말소리의 반복(repetitions), 연 장(prolongations) 등의 유형으로 나뉜다. 핵심행동은 말더듬의 기본행동이기에 일차적 행동(primary behaviors)으로 불리며 또는 말을 더듬는 모든 사람이 보이는 행동이기 때 문에 공통행동(universal behaviors)으로 불리기도 한다.

① 반복(Repetition)

말더듬 초기에 가장 많이 나타나는 유형이 반복이며, 일반적으로 반복에는 소리/음절 반복, 낱말 일부 반복 및 낱말 반복 등이 있다. 주로 소리 및 음절 반복은 낱말의 첫소리에서 나타난다. 소리/음절 반복은 낱말 내 반복(within-word repetition)에 속하며 정상적 비유창성과 변별되는 행동이다. 음절, 낱말 또는 구의 반복은 정상적 비유창성의 유형에 해당되고 말소리의 강세 및 길이가 규칙적이며 긴장되지 않은 상태로 산출된다.

② 연장(Prolongation)

일반적으로 막힘(block)이라는 용어와 혼용되지만, '막힘'의 의미가 말더듬 행동을 기술하는 용어로서 적절하지 않아 가능한 한 임상에서는 '연장'을 사용하는 것이 권고된다. 말더듬의 발달적 측면에서 볼 때 연장은 반복보다 나중에 출현하는 좀 더 중증의 유형이며, 유성연장(Audible Prolongation: AP)과 무성연장(Inaudible Prolongation: IP)으로 나눌 수 있다. 이 두 유형 모두 정상적 비유창성 아동에서는 거의 관찰되지 않는 유형이다. 유성연장은 조음기관의 움직임이 순간적으로 멈추지만 성대의 진동은 계속되어 발성이 지속되는 상태를 말한다. 반면, 무성연장은 호흡, 발성 또는 조음기관의 근육이 긴장되어 조음기관의 움직임도 갑자기 멈추고 또한 성대의 진동도 일어나지 않아 발성이 지속되지 않는 상태를 말한다. 유성연장보다는 무성연장을 좀 더 중증의 유형으로 본다. 연장의 길이는 매우 짧을 수도 있고 심한 경우 10초 이상 지속되기도 한다.

(2) 부수행동

말더듬과 함께 발생하는 신체수반행동(physical concomitant behaviors)을 칭하는 용어는 다양하다. 예를 들면, 부수행동 또는 이차행동(secondary behaviors)이라고도 불린다. Wingate(1964)에 의해 '부수적(accessory)'이라는 용어는 처음 사용되었으며, 이 행동이 말더듬의 필수요소가 아님을 시사하는 용어이다. 다양한 신체행동(body movement)과 자세(posture)가 말더듬 행동에 동반된다. 특히 말을 더듬는 순간 머리와 목 부분이 많이 긴장한 상태를 보인다. 심하게 말을 더듬는 사람의 경우는 입술 및 턱에서 일종의 떨림(tremor)현상을 보인다. 이러한 부수행동은 탈출행동(escape behavior)과 회피행동(avoidance behavior)의 두 가지 유형으로 나뉜다. 탈출행동은 말을 더듬는 상황에서 빠져나오기 위한 대처행동(coping behaviors)으로 말더듬을 멈추게 하기 위해 눈을 깜빡인

다던가 고개를 젖히거나 손을 움직이는 등의 행동을 포함한다. 회피행동은 말을 더듬을 것 같은 생각이 들거나 말더듬과 관련된 과거의 부정적인 감정이 살아날 때, 말을 더듬지 않기 위해 눈맞춤을 회피하며 다른 곳을 바라보거나, 자주 더듬는 단어를 다른 단어로 대치하는 것과 같은 다양한 행동을 말한다. 또는 자신이 유창하게 말을 할 수 있을 때까지 일종의 지연전략, 즉 '아', '음'과 같은 간투사를 사용하기도 한다. 또한 말을 시작하기 전에 '내가 있잖아.'와 같은 말을 사용하여 준비시간을 확보하는 경우도 있다. 이러한 부수행동을 취함으로써 일단 말더듬의 순간으로부터 일시적으로 벗어날 수 있으며 또한 순간적으로 감정적인 안정을 누리게 되는 심리적 보상(reward)을 받기 때문에 시간이 지남에 따라 부수행동은 더욱 강화되어 소거되기 쉽지 않다.

부수행동은 조작적 조건화를 통해 오랜 시간에 걸쳐 학습된 행동으로 알려져 있다. 실제 말을 더듬는 성인들의 경우 부수행동을 말더듬에 대한 인식 및 잦은 노출로 인한 조작적 조건화에 의해 습관화된 행동으로 보아 왔다. 아동도 다양한 부수행동을 보이는데, 자주 보이는 부수행동으로는 눈 깜박임, 눈 찡그리기, 눈동자를 바깥쪽으로 움직이기, 눈동자를 위아래로 움직이기, 눈맞춤 피하기 등이 있다(Zebrowski & Kelly, 2002). 3~5세 한국 말더듬 아동이 보이는 부수행동을 분석한 이혜란 등의 연구(2008)에 의하면 학령 전 어린 아동들도 비유창한 동안에 부수행동을 자주 보였으며, 아동의 말더듬이 시작되기 3개월 이전에도 보였다고 한다. Conture와 Kelly(1991)에 의하면, 부수행동은 아동이 막혀서 빠져나오려는 노력으로 볼 수 있고, 말더듬에 대한 대처 전략일 수 있으며, 대화 차례를 유지하려는 또는 포기한다는 신호로 볼 수 있다. 특히 아동의 눈 깜박임은 인지적 활동의 변화 혹은 불안 수준과 관련이 있다고 본다. 따라서 부수행동은 말더듬에 대한 인식을 간접적으로 측정할 수 있다.

부수행동은 국내의 유창성 평가도구인 『파라다이스-유창성 검사-II(Paradise-Fleuncy Assessment-II, 심현섭, 신문자, 이은주, 2010)』 및 외국에서 많이 사용하는 『말더듬 중증도 평가(Stuttering Severity Instrument-4: SSI-4, Riley, 2009)』에서 말더듬 중증도를 평가할 때 중요한 요소로 사용된다.

(3) 느낌과 태도

느낌과 태도(feelings and attitude)는 말을 더듬는 사람이 자신의 말더듬에 대하여 내면화(internalization)한 정도를 나타낸다. 일반적으로 말더듬에 대한 정서적 반응은 나이가 어린 초기 말더듬 아동에게 나타나는 경우는 드물다. 정서적 반응은 말더듬의 중증도가 심해지고 아동의 연령이 증가함에 따라 심해진다. 말더듬에 대한 정서적 반응은 말을 더듬기 전, 말을 더듬는 동안, 그리고 말을 더듬은 후로 나누어 볼 수 있다(Yairi & Seery, 2015). 말을 더듬기 전에는 두려움과 공포가 발생하고, 말을 더듬는 동안에는 좌절, 머리가 백지상태인 느낌(blankness), 덫에 걸린 것 같은 느낌이 발생하고, 말을 더듬고 난 후에는 수치심, 창피함, 분노와 후회의 감정이 생긴다고 한다.

　말을 더듬는 사람의 어려움은 '말이 유창하지 않다'에 국한되지 않는다. 말을 더듬는 사람들에게 개인마다 차이가 있지만 적어도 서너 개의 '어려운 단어(difficult word)'가 있다. 이러한 단어들은 말더듬이 시작된 이후 어느 정도 시간이 지난 후에 생기게 된다. 만일 어떤 단어를 더듬어서 심한 창피함이나 모욕을 느낀 경험이 있다면, 그 단어는 그 후에도 더듬을 확률이 높다. 즉, 나중에 그 단어를 다시 말하려고 할 때 더듬을 것 같다고 예측이 되면, 이러한 예측은 실제로 말더듬 행동을 유발시킬 수 있다. 예를 들면, 말을 더듬는 대학생이 커피점에서 '카페라떼'를 주문하려고 '크크크 커페라떼'이라고 말했을 때 점원의 찡그린 얼굴을 보는 순간 너무 창피했다고 하면, 이 대학생에게 '카페라떼'는 일종의 공포단어(fear word)가 된다. 그래서 다음에 커피점을 방문할 경우, 카페라떼 대신 아이스 커피를 주문할 가능성도 있다. 이러한 경험이 반복이 된다면 '카'로 시작하는 단어들을 회피하게 될 수도 있다. 영리하게 말을 더듬는 사람은 '걸어 다니는 사전(walking dictionary)'처럼 자신의 공포단어를 순간순간 빠르게 유사한 단어로 대치하기도 한다. 하지만 이런 사람의 경우도 대화를 하면서 더듬을 것 같은 단어를 순간 확인하고 대치어를 찾아야 하는 인지적 과정이 요구되기 때문에, 심리적으로 편안한 상태에서 자연스럽게 의사소통을 하는 행복을 누릴 수 없다.

　한편, 말을 더듬는 사람이 겪는 사회적 불이익(social penalties)은 그들의 감정과 태도에 매우 부정적인 영향을 미친다. 이러한 불이익은 말더듬에 대한 부정적인 고정관념과 말더듬에 대한 주위 사람들의 부정적인 반응으로 인해 발생한다. 예를 들면, 학령전기 아동의 경우, 또래 친구들이 말더듬을 흉내 내면서 놀리고 따돌리는 경우가 많다. 성인의 경우를 보면 구직면접에서 부당한 대우를 받거나, 직업 선택의 폭에 제한을 받게 된다. 따라서 말더듬으로 인해 오랫동안 자신의 말에 대한 부정적인 경험을 하면, 말더듬 문제가 내면화되어 말에 대한 공포, 두려움, 좌절, 죄의식 및 저항감을 가지고, 나아가 자아개념도 낮아진다.

일반적으로 부정적인 심리와 태도는 심하게 말을 더듬는 아동 또는 성인에게만 나타난다고 알려졌으나, 나이가 어린 초기 말더듬 아동에게도 나타난다(Yairi & Seery, 2015). 초기 말더듬의 경우는 말에 대한 부정적인 심리와 태도가 확고히 형성되어 있지 않으나, 말더듬의 정도가 점점 심해질수록 말을 하는 것이 어렵다고 생각하여 또래와의 상호작용을 회피하며 사회성 발달에도 영향을 미칠 수 있다.

말더듬에 대한 부정적인 느낌 및 태도는 핵심행동 또는 부수행동과는 달리, 눈으로 직접 관찰할 수 없고 수량화하여 측정하는 것도 어렵다. 하지만 말을 더듬는 사람의 느낌 및 태도는 진단 및 치료에서 간과될 수 없는 요소이며, 말더듬 치료의 효과가 지속적으로 유지되기 위해서는 반드시 진단 및 치료에서 세심하게 고려되어야 한다.

(4) 말더듬 발생 빈도의 경향성

말더듬의 빈도는 가변적이며, 예측하기 어렵다. 하지만 같은 문단을 연속적으로 읽기를 했을 때의 말더듬 빈도의 변화를 살펴보면, 빈도의 변화 경향성을 나타내는 적응효과와 일관성 효과를 관찰할 수 있다. 이러한 말더듬 빈도의 경향성에 대한 연구는 미국 아이오와 대학교(The University of Iowa)에서 Johnson 교수와 동료들에 의해 1930년부터 1940년대 중반까지 진행되었다. 이러한 두 효과는 말더듬이 학습된 행동이라는 주장을 지지하는 증거로서 제시되었다.

적응효과(adaptation effect)는 Johnson과 Knott(1937)가 처음 제시한 개념으로 말을 더듬는 사람에게 특정한 문단을 연속적으로 반복하여 읽도록 할 때, 반복 횟수가 증가함에 따라 말더듬의 빈도는 감소하는 현상을 의미한다. 반복 횟수에 따른 감소효과는 초반에는 매우 뚜렷하나 후반부 네 번째, 다섯 번째에는 적게 일어난다. 하지만 이러한 말더듬의 빈도 감소효과는 지속적으로 유지되는 것이 아니고 일시적이다. 이러한 적응효과가 일어나는 이유를 살펴보면 다음과 같다. 먼저, 심리·정서적인 측면에서는 첫 번째 읽기에서 말더듬 행동이 일단 발생하면, 그다음 읽기에서는 말더듬에 대한 공포의 정도는 감소되기 때문에 말더듬 빈도가 감소한다고 본다. 한편, 감각·운동적 측면에서는 크게 소리를 내어 동일한 문단을 반복하여 읽음으로써 조음운동이 학습되었기 때문에 말더듬 빈도가 감소한다고 본다.

Tetnowski와 Douglass(2009)는 8명의 말더듬 성인에게 반복하여 읽기를 시행한 후에 반구조화된 면접을 통해 경험을 조사하였다. 그 결과, 말더듬 성인들은 반복하여 읽는 동안 본인이 어떠한 단어를 더듬을 것 같다는 예측을 한다고 말하였다. 또한 더듬을 것 같은 단어를 더듬지 않으려고 노력하고, 일부 사람은 반복하여 말을 더듬을 때는 말더듬에 대한 공포가 증가한다고 했다. 이러한 적응효과는 말더듬 성인들이 신입사원 면접이나 발표하기 전에 반복적으로 시연을 하는 것에 대한 이론적 근거를 제시한다. 하지만 말을 더듬는 사람이 모두 적응효과를 보이는 것은 아니며, 주의집중, 피로의 정도 및 단어 기억력과 같은 요인으로 인해 적응효과 정도는 말을 더듬는 사람마다 다르게 나타난다(Conture, 1990).

다른 말더듬 발생빈도의 경향성은 일관성 효과(consistency effect)이다. 이 효과는 동일한 문단을 여러 번 반복하여 읽을 때, 첫 회에서 더듬은 단어를 후속 읽기에서도 더듬는 현상을 의미한다. 일관성 정도를 파악하기 위해 일관성 지수(index)를 사용할 수 있다. 일관성 지수는 첫 회 읽기부터 계속하여 더듬은 단어의 개수를 첫 회 읽기에서 더듬은 단어의 총 개수로 나누어 산출할 수 있다. 즉, 지수가 1에 가까울수록, 첫 번째 더듬은 단어를 다음 읽기에서도 더듬는다는 것을 뜻한다. 이러한 일관성 효과는 앞에서 언급된 적응효과의 이유와 같이, 학습이론적 측면에서 설명할 수 있으며, 한번 말을 더듬은 단어는 추후에도 말더듬을 유발하는 자극으로 작용할 수 있음을 시사한다.

앞에서 언급한 적응효과 및 일관성 효과는 기대감(expectancy) 현상과 관련이 있다. 이 기대감 현상은 말을 더듬는 사람들은 미리 어떤 단어는 더듬을 것 같다고 정확하게 예측할 수 있다는 것이다. 즉, 말을 더듬는 사람에게 실제 더듬을 것 같은 단어를 표시하게 하고, 그 후 그 표시를 제거한 후에 문장을 읽으라고 하면, 자신이 표시한 곳에서 말을 더듬는 현상을 보인다. 이러한 기대감은 말을 더듬는 사람들에게 공통적으로 보이는 현상이며, 말을 더듬기도 전에 말에 대한 공포심을 유발할 수도 있다. 한국에서도 성인을 대상으로 이와 관련된 실험을 진행한 결과는 다음과 같다. 하나(2019)의 연구는 말을 더듬는 남성 16명을 대상으로 말더듬 예측평정과 구어반응 시간(verbal response time) 사이의 상관관계를 분석하였다. 구어반응 시간을 측정하기 위하여 문장읽기 과제를 시행하였으며, 문장이 화면에 나타난 후 발화가 시작된 시간을 측정하였다. 그 결과, 자신이 더듬을 가능성이 높다고 예측한 단어에서 구어반응 시간이 더 길게 나타났다. 이러한 연구 결과는 말을 더듬을 것 같은 단어가 문장에 포함되어 있다면 발화를 시작하는 데 부정적 영향을 줄 수 있음을 시사한다.

5. 말더듬의 발달

말을 더듬기 시작한 후에는 어떠한 경로를 밟는가? 이러한 질문에 대한 정보는 말더듬의 기본적 특성을 이해하는 데뿐만 아니라 실제 임상에서 의사결정을 해야 할 때 필요하다. 말더듬의 발달 과정에 대한 지식은 치료사가 말더듬 치료를 바로 시작해야 할지, 아니면 지켜보면서 추후 결정해야 하는지, 그리고 현 시점에서 어떠한 치료적 접근법이 적합한지를 결정하는 데 중요한 정보를 제공해 준다. 치료사는 초기 말더듬 아동이 치료실을 방문했을 때, 부모가 가장 궁금해하는 사항, 즉 "말더듬이 얼마나 오래 지속될까?", "말더듬이 좋아질까, 아니면 악화될까?" 등과 같은 여러 가지 질문에 답을 해야 한다. 말더듬의 발달 과정에 관한 전통적인 견해는 직선적으로 일정한 방향으로 진행된다는 것이다. 즉, 말을 더듬기 시작할 당시는 말더듬 중증도가 약하지만, 시간이 경과하면서 점점 더 심하게 말을 더듬는 것이다. 이러한 전통적인 견해는 비체계적이고 주관적 인상에 기초하여 만들어졌다(Yairi & Seery, 2015). 최근의 초기 말더듬에 관한 연구는 말더듬 초기에 말더듬은 긴장이나 정서적 반응이 나타나지 않으며 단순히 편한 반복(easy repetition)이 주를 이룬다는 전통적 견해를 부정하는 연구 결과를 제시하고 있다.

1) 말더듬 발달에 따른 하위집단 유형

Bloodstein(1960)은 말더듬 발달이 통일성 있게 한 방향으로 진행된다고 보았다. 그는 비유창성 유형, 비유창성 위치, 신체적 긴장, 말더듬에 대한 인식(awareness) 및 말더듬에 대한 정서적 반응을 고려하면서 말더듬이 4단계에 걸쳐서 발달한다고 보았다. Bloodstein은 2세부터 16세까지의 말을 더듬는 사람에 대한 진단보고서에 포함된 다양한 정보들을 6개월 간격으로 16개 하위그룹으로(각 그룹당 30명) 나누어 분석하여 각 그룹의 핵심적인 특성을 파악하였다. 이러한 특성을 기초로 하여 발달 4단계의 특성을 다음과 같이 제시하였다.

1단계는 학령전기에 해당되는 단계로 짧은 기능어 반복 및 첫음절 반복을 보이고, 말더듬 증상의 호전과 악화가 주기적으로 나타나며, 아동이 말더듬 문제에 대해 인식하지 않고 있는 단계이다.

2, 3단계는 학령기에 해당되는 단계로, 말더듬이 만성화되고, 본인이 말을 더듬는 사

람인 것을 인정하고, 막힘과 연장의 유형이 보이면서 말더듬 중증도가 높아지고, 모든 문장에서 그리고 모든 종류의 단어에서(명사, 동사, 형용사, 부사) 말더듬이 나타나며, 말더듬에 대한 공포심이 나타나는 단계이다.

4단계는 청소년 및 성인기에 해당되며, 말더듬에 대한 정서적 반응으로 말을 회피하려는 행동을 보이며 수치심과 당혹감을 보이는 단계이다.

앞에서 설명한 바와 같이 Bloodstein의 발달단계에서는 말더듬 시작 이후 시간이 지남에 따라 말더듬 증상이 악화된다고 본다. 하지만 Bloodstein의 발달단계를 임상에 적용하는 것에 문제가 있다. 왜냐하면 학령전기에 말더듬 증상을 보인 아동 중 많은 아동이 자연회복되기 때문이다. 즉, Bloodstein이 사용한 연구방법은 특정 시점에서 자료를 수집하는 횡적인 연구(cross-sectional study)이기 때문에, 많은 초기 말더듬 아동의 자연회복에 관한 자료가 포함되어 있지 않다. 이러한 문제를 해결하기 위해서는 말더듬의 시작부터 종단적으로 말더듬 아동을 추적관찰해야 한다. 따라서 Bloodstein이 제시한 말더듬의 발달 과정을 임상에 적용하는 데 주의가 요구된다(Yairi & Seery, 2015).

한편, Van Riper(1971)는 44명의 말더듬 아동을 추적하여, 말더듬의 시작 시기: 초기-후기, 초기 말더듬 유형: 점진적-갑자기, 말더듬 패턴: 반복-막힘-긴장, 동반되는 말·언어장애: 유·무와 같은 네 가지 말더듬 위험요인을 고려하여, 말더듬 발달유형을 4개의 하위유형으로 분류하였다. 하위유형 ①은 대상 말더듬 아동의 48%가 보인 유형으로, 말더듬 초기로서 편한 반복이 주로 보인다. 하위유형 ②는 대상 말더듬 아동의 25%가 보인 유형으로, 유형 ①보다 늦게 시작되며 말·언어발달의 지연을 보이고 부분 및 전체단어 반복을 보인다. 하위유형 ③은 대상 말더듬 아동의 11%가 보인 유형으로, 유형 ②보다 늦게 그리고 갑자기 말더듬이 나타나며 막힘, 연장 및 긴장을 보인다. 마지막으로 하위유형 ④는 대상 말더듬 아동의 9%만 보인 유형으로, 4세 이후에 갑자기 말더듬이 발생하며 즉시 말더듬 치료가 필요한 유형이다. Van Riper의 말더듬 발달유형은 말더듬 위험요인을 고려하였기 때문에, 말더듬 치료 및 상담을 할 때 임상적 결정을 하는 데 도움을 준다.

하지만 말더듬의 발달 과정은 획일적이지 않으며 단순하지 않다. 개인마다 발달경로(developmental pathway)가 다르며, 다양한 경로가 존재함이 밝혀졌다. 일부 아동은 말더듬이 완전히 회복되는 경로를 보이고, 일부 아동은 말더듬의 정도가 시간이 지남에 따라 거의 변화하지 않는 경로를 보이기도 하며, 말더듬 초기부터 심하게 말을 더듬는 아동도 있다.

한편, Conture 교수는 말더듬 아동의 말 산출 능력에 관한 연구를 기반으로 말더듬 아동 집단을 3개의 하위그룹으로 나눌 수 있다고 보았다(Conture, 1990). 즉, ① 말더듬 치료 없이 회복될 수 있는 집단, ② 말더듬 치료를 받아야 회복될 수 있는 집단, ③ 갑자기 말더듬이 시작되고 심리평가가 요구되는 집단으로 나누었다. 첫 번째 하위집단은 알파단계와 베타단계로 구분된다. 알파단계에 나타나는 비유창성은 아주 순간적이고 짧아서 일반인들이 인식하기 어렵다. 이 단계가 지속되면 성대가 열려야 할 때 성대가 닫히는 행동을 보이며 성대가 닫혀 있는 시간이 점차 길어진다. 이러한 상태에 도달되면 다음 베타단계로 넘어가는데, 이 단계의 아동은 음절 반복을 보이며 일반인도 아동의 비유창성을 인식하게 된다. 다행히 대부분 아동의 비유창성은 이 단계에서 다음 단계로 발전되지 않는다. 즉, 비유창성의 빈도에 약간의 변화가 있지만 점차적으로 비유창성은 사라진다. Conture에 의하면 알파단계와 베타단계에 있는 아동들은 치료를 받지 않고도 말더듬이 회복될 수 있다고 본다.

두 번째 하위집단은 감마단계와 델타단계로 구분된다. 감마단계는 베타단계의 발전된 형태로, 말소리 막힘 및 연장이 나타난다. 그리고 막힘의 시간이 길어지고 후두와 조음 기관의 긴장이 나타난다. 마지막 단계인 델타단계는 감마단계에서 나타나는 비유창성을 관리하면서 나타나는 단계이며, 막힘뿐만 아니라 다양한 말더듬 행동에 대한 비언어적 반응행동인 눈 깜박임 및 시선회피와 같은 다양한 부수행동이 나타난다. Conture에 의하면 감마단계와 델타단계에 속해 있는 아동들은 치료를 받아야만 회복될 수 있다고 본다.

세 번째 하위집단은 감마행동을 갑자기 보이는 그룹인데 첫 번째와 두 번째 하위집단과 비교해 볼 때, 말더듬의 원인뿐만 아니라 말더듬 발달 과정도 다르다고 한다. 이 하위집단에 속하는 아동들은 아마도 사회심리적인 측면에서 적응문제가 있을 가능성이 높고, 말더듬을 치료하기 전에 아동과 가족들 모두 심리적 평가를 받을 필요가 있다고 본다.

2) 연령에 따른 말더듬 발달의 특성

일단 말더듬이 시작되면 말더듬은 아동의 환경과 복잡한 상호작용을 하면서 발달하게 된다. 따라서 연령에 따른 말더듬 특성을 정확하게 이해하기 위해서는 말더듬 행동 이

외에 해당 연령대의 심리정서적 발달, 환경적 특수성 등이 고려되어야 한다.

　일반적으로 말더듬의 특성은 연령에 따라 설명된다. 하지만 앞에서도 이미 언급하였듯이 말더듬은 점진적(progressive)으로 발달하지 않는다. 즉, 연령이 증가함에 따라 항상 말더듬 증상이 악화되는 것은 아니다. 말더듬 초기라고 해서 말더듬 중중도가 '약함(mild)'이고, 학령기 말더듬이라고 해서 말더듬 중중도가 '심함(severe)'이거나, 성인 말더듬이라고 해서 '아주 심함(very severe)'이 아니다. 실제로 점진적 말더듬 발달을 보이는 사례는 많지 않다(Wingate, 1976). 임상현장에서 치료사가 말더듬 아동이 어떠한 발달과정을 따를 것인가를 정확하게 예측하는 것은 어려운 일이다. 여기에서는 학령전기, 학령기, 청소년기, 성인기로 구분하여 말더듬을 진단하고 치료할 때 일반적으로 고려해야 할 특성을 기술하였다.

(1) 학령전기 말더듬
　학령전기 아동의 말더듬은 정상적 비유창성 단계를 넘어 말더듬이 시작되는 연령대의 말더듬을 지칭한다. 말더듬 시작 이후의 발달양상에 대한 과거의 입장은 편안한 음절이나 낱말 반복이 점차적으로 나타나고 시간이 지남에 따라 그 빈도와 말더듬 중중도가 심해진다는 것이었다. 또한 말더듬 회피, 에두르기 및 신체적 부수행동은 말더듬 발달 후기에야 출현한다고 보았다. 그러나 Yairi의 초기 말더듬에 대한 대규모 연구에 의하면 이러한 입장은 수정되어야 할 필요가 있다.

　학령전기 말더듬의 특성을 파악하기 위해서는 가능한 한 말더듬이 시작된 지 얼마 지나지 않은 아동을 대상으로 해야만 한다. 또한 비유창성의 빈도나 비율(%)을 기준으로 말더듬 진단을 하면 아동의 말더듬이 과소평가가 될 위험이 있어서, Ambrose와 Yairi(1999)는 초기 말더듬을 진단할 때, 비유창성의 유형을 진성 비유창성(Stuttering Like Disfluency: SLD)과 일반적 비유창성(Other Disfluency: OD)으로 분류하고 두 유형의 비율을 고려할 것을 제안하였다. SLD 유형에는 부분단어 반복, 일음절 단어 반복 그리고 연장과 막힘 같은 운율이 깨어진 발성(disrhythmic phonation)이 포함되며, OD의 유형에는 구 반복, 간투사 및 수정(revision)이 포함된다. SLD의 유형은 말더듬 아동이 가장 많이 보이는 비유창성 유형이고 또한 일반인들이 말더듬이라고 지각할 확률이 가장 높은 유형을 뜻한다. 반면에 OD유형은 말더듬 아동에게서 많이 보이는 유형이 아니며 일반인들에 의해 말더듬이라고 지각될 확률이 낮은 비유창성 유형이다(Yairi & Seery, 2005).

변재원과 이은주, 심현섭의 연구(2004)는 초기 말더듬 아동과 일반 아동의 발화에 나타난 SLD와 OD 비율을 비교하였다. 연구대상은 말더듬이 시작된 지 6개월 이내에 있는 초기 말더듬 아동 10명과 성별, 생활연령을 일치시킨 일반 아동 10명이었다. 연구 결과, SLD의 빈도, SLD와 OD의 비율에서 집단 간 차이를 보여 SLD가 말더듬 진단 시 집단을 변별하기 위한 준거로 사용될 수 있음을 보여 주었다. 이러한 연구 결과는 초기 말더듬은 그 시작 시기부터 일반 아동과 큰 차이를 보이고 상대적으로 심한 정도의 비유창성을 보일 수 있음을 시사한다.

말더듬 아동의 의사소통 환경이 말더듬 발생 및 지속에 영향을 미친다는 사실은 여러 연구를 통해 밝혀져 왔다(Miles & Bernstein Ratner, 2001; Bernstein Ratner, 2004; Smith & Kelly, 1997; Starkweather & Gottwald, 1990; Zebrowski et al., 1996). 특히 취학 전 아동들은 언어 환경과 주 양육자의 언어적 습관의 영향을 많이 받는다. 따라서 취학 전 아동의 비유창한 발화의 시작에 부모의 영향을 배제할 수 없다. 부모의 인성, 아동에 대한 어머니의 지각, 아동양육의 실제 등이 말더듬의 발달 과정에 영향을 미친다고 한다. 한편 부모의 구어적·비구어적 의사소통 행동이 아동의 말더듬의 시작과 발달에 잠재적인 영향력을 미칠 수 있으며, 상호작용하는 동안의 부모의 의사소통 압박과 복잡한 언어의 사용과 같은 요소들이 아동의 말더듬을 악화시키는 데 영향을 미칠 수 있다.

학령전기 말더듬 아동의 말더듬 발달에서 고려되어야 할 사항은 과연 아동이 자신의 말더듬을 인식하고 있는가를 확인하는 것이다. 말더듬에 대한 인식이 유창성장애의 발달에 영향을 끼친다는 연구들은 크게 두 가지 입장으로 나눌 수 있다. 첫 번째 입장은 말더듬이 나타난 뒤에 자신의 말더듬을 인식하게 되면서 말더듬이 더 심한 단계로 이동한다는 것이다. 두 번째 입장은 초기 말더듬 아동도 말더듬 인식을 보인다는 입장이다(Yairi, 1983; Yairi, Ambrose & Niermann, 1993).

학령전기 말더듬 아동도 자신의 말에 대해 부정적인 태도를 보인다(Vanryckeghem & Brutten, 2002). 하지만 학령전기 아동의 비유창성에 대한 인식은 5~6세에 도달해야 측정하거나 관찰할 수 있다(Ambrose & Yairi, 1994). 따라서 3~5세인 학령전기 아동들이 자신의 말더듬을 인식하고 있는가를 평가하는 것은 어렵다. 이러한 맥락에서 민경미와 심현섭(2003)은 3~5세 11개월의 학령전기 말더듬 아동 집단과 일반 아동 집단 각 19명, 총 38명 아동에게 컴퓨터 모니터를 통해 두 인형의 유창한 말과 비유창한 말을 동영상으로 보여 주고, 자신의 말과 똑같다고(동일시) 생각되는 말이 어떠한 유형인지를 평가하게 하였다. 그 결과, 일반 아동 집단은 유창한 인형에 높은 동일시 반응을 보였는데, 반면에 말더듬 아동 집단은 비유창성 인형에 상대적으로 낮은 동일시 반응을 보였다. 말더듬 아동들이 비유창성 인형을 동일시하지 않은 이유는 이 아동들이 말더듬 치료를 받지 않고 있는 아동들이라 아직 자신의 말더듬에 대한 인식을 하지 않고 있기 때문이라고 보았다.

자신의 말에 대해 부정적인 태도를 보이는 학령전기 말더듬 아동들은 부모와의 대화 상황에서 소극적인 경향을 보인다. 최근 학령전기 말더듬 아동의 치료에서 부모와 아동 간의 상호작용이 아동의 말더듬 발생과 발달에 중요한 역할을 하고 있는 것으로 인식되고 있으며(Bernstein Ratner, 2004), 이러한 견해를 근거로 학령전기 아동의 말더듬 치료에서는 부모-아동 상호작용치료(parent-child interaction therapy)가 강조되고 있다(이경재 외 2003; 안정현 외, 2009).

(2) 학령기 말더듬

초등학교에 입학한 후에도 계속 말을 더듬으면, 말더듬 아동의 또래 관계는 물론 학업에도 영향을 미친다. 학령기에 들어서면서부터 또래에 의해 제공되는 환경은 말더듬의 발달에 중요한 역할을 한다. 말더듬 아동은 학령기에 접어들면 다른 사람이 자신을 어떻게 생각하는가에 민감하게 반응한다. 학령기 말더듬 아동은 자신의 말더듬에 대한 또래 집단의 다양한 부정적 반응에 예민하게 반응하고, 자신의 말에 부정적인 태도를 가지게 된다. 이러한 학령기 말더듬 아동의 태도는 일반 성인들과 비슷하게 학령기 아동이 말을 더듬는 학생에 대해 부정적으로 지각하고 있는 것에서 기인할 수 있다(Frank et al., 2003). 또한 주위 사람들이 자신의 말더듬에 대해 어떻게 생각하는가를 세심하게 분석하고 특정 사람 및 장소를 회피하는 현상이 늘어난다.

학령기 말더듬 아동의 경우 대략 2/3 정도가 동반문제를 가지고 있는 것으로 보고되었다. Blood와 Seider(1981)는 1,060명의 말더듬 아동을 치료한 언어치료사 358명을 대상으로 조사한 결과, 호흡조절(breath control)문제(60%)가 가장 많았으며, 조음(42%), 음성(29%), 대인관계에서 언어사용문제(27%), 청각기억문제(8%), 통사문제(4%), 의미문제(4%), 단어인출(2%)의 순서로 나타났다. 이렇게 동반장애가 있는 경우, 학령기 말더듬 아동은 학업성적 및 활동에 부정적인 영향을 미쳐서 자신의 능력에 대한 자신감이 저하될 수도 있으며 나아가 자아존중감도 저하될 수 있다. 이러한 말더듬과 관련된 학교에서의 심리적 부담을 긍정적인 가족 관계와 아동-부모 관계의 형성을 통해 줄일 수 있다 (Yovetich et al., 2000).

한편, 학령기 말더듬은 부모의 심리정서적 측면에도 영향을 미칠 수 있다. 부모는 아동이 말더듬 치료를 받았으나 뚜렷한 효과가 없어서 좌절한 상태일 수도 있다. 또한 부모가 치료사를 신뢰할 수 없다고 생각하면, 치료사는 말더듬 치료 시 적극적 협조를 얻기 어려울 수 있다. 이와 같은 부모의 부정적인 태도는 학령기 아동의 유창성 증진에 도움이 되지 못하는 환경요인이다.

(3) 청소년기 말더듬

청소년 시기는 부모의 영향에서 벗어나서 또래 집단에 소속되고 싶은 마음을 갖는다. 하지만 말더듬 청소년은 말더듬으로 인해 또래 집단에 속하는 것이 어려워 좌절감과 분노를 갖게 된다. 또한 또래친구들에게 자신의 말더듬을 감추려 하기 때문에 수치심과 고립감을 갖게 된다. 학업적인 측면에서도 학교생활에서 부과되는 다양한 집단 토의 및 구두 발표를 제대로 수행하지 못해 학업에 대한 자신감을 상실하게 된다.

말더듬 청소년의 경우 구어적 능력 측면에서 일반학생에 비해 취약하기 때문에 학교에서 부정적인 경험을 할 수 있고(Blood et al., 2001), 놀림(teasing)이나 괴롭힘(bullying)을 경험할 확률이 높다(Hugh-Jones & Smith, 1999). 특히 말더듬 청소년의 경우 비가시적 형태로 잘 드러나지 않는 내재화된 장애에 비하여 매우 쉽게 눈에 띄기 때문에 더욱더 괴롭힘에 취약하다고 볼 수 있다.

말더듬 청소년들을 대상으로 한 이현경과 이수복, 심현섭, 오인수의 질적 연구(2016)에 의하면, 말더듬의 행동과 소극적이고 자신감 없는 태도가 괴롭힘을 일으키는 요인이 된다고 한다. 말더듬 청소년들이 받은 괴롭힘의 형태는 신체적·관계적(사회적) 괴롭힘보다는 언어적 괴롭힘을 훨씬 더 많이 경험한 것으로 나타났다. 이들이 경험한 언어적 괴롭힘은 주로 말로써 말더듬 행동을 흉내 내고 놀리거나 비웃는 것으로, 말더듬 청소년에게는 언어폭력으로 인식되고 있었다. 이는 말더듬 청소년들이 구어능력이 취약하기 때문에 나타난 현상으로 보이며, 괴롭힘의 가해자들이 이러한 취약성을 집요하게 언어적으로 괴롭힘을 의미한다. 말더듬 청소년들은 언어적 괴롭힘으로 인해 불안과 분노가 증가하며 자아존중감이 저하되는 등의 정서적 충격을 받는 것으로 나타났다.

(4) 성인 말더듬

말더듬 성인은 오랫동안 매일매일 말더듬으로 인해 가정에서, 학교에서, 직장에서 의사소통의 어려움을 겪으며 살아왔다. 이들은 대화하는 동안 긴장하고 불안감을 보이며, 자신의 말더듬 행동을 노출시키지 않으려고 말의 내용(content)보다는 '어떻게(how) 하면 말을 더듬지 않을까'에 더 많이 주의집중을 한다. 따라서 상대방과 효과적이고 효율적인 의사소통을 하기 어려워진다. 궁극적으로 이들은 가능한 한 대인관계를 최소화하거나 회피하고 활동반경을 축소시킨다. 아울러 말더듬 성인은 말더듬 회피전략을 개발하게 된다. 예를 들면, 말더듬 때문에 수치와 모욕을 당했기 때문에 어떻게든 자신의 말더듬을 숨기려고 한다. 또한 중요한 사항을 결정해야 할 때 자신의 말더듬을 장애요소로 인식한다. 따라서 자신의 능력을 발휘할 수 있는 기회가 주어져도 도전하지 않으려 하며, 가능한 한 말을 적게 하는 직업을 찾으려 하기에 당연히 선택할 수 있는 직업의 폭도 좁아지게 된다. 실제로 어떤 말을 더듬는 청년은 본인의 꿈이 비행기 조종사인데, 관제탑과 지속적으로 말을 하면서 교신을 하여야 하기 때문에 조종사의 꿈을 포기할 수밖에 없었다.

제1장에서 언급한 내용을 정리하면, 말더듬은 단순히 우리의 눈으로 관찰할 수 있는 말더듬 행동(stuttering behaviors)에 국한된 의사소통 장애가 아니다. 말더듬의 경험은 심리 · 정서적으로 부정적인 영향을 끼칠 뿐만 아니라, 매일매일 사람과 환경으로부터 엄청난 스트레스를 받게 한다. 나아가 일상생활의 활동 영역을 축소시키며, 삶의 전반에 걸쳐 부정적인 영향을 미친다. 따라서 말더듬의 진단 및 치료의 항목에 이러한 전반적인 요소가 세심하게 고려되어야만 한다. 아울러 말을 더듬는 사람의 삶의 질(quality of life)이 향상될 수 있도록 말더듬에 대한 잘못된 고정관념을 줄이기 위한 사회적 인식개선이 병행되어야 한다. 이러한 노력을 통해야만 말을 더듬는 사람들이 의사소통 권리를 제대로 누릴 수 있을 것이다.

학습과제

1. 어떤 사람의 말이 청지각적으로 유창한가를 평가하는 요소들에 대해 설명하시오.

----

2. 후천적 말더듬의 유형에 대해 설명하시오.

----

3. 말더듬의 특성에 대해 설명하시오.

----

4. Van Riper의 말더듬 발달단계에 대해 설명하시오.

주요 용어

말더듬	발달성 말더듬
유창성장애	후천성 말더듬
유창성	신경성 말더듬
비유창성	심인성 말더듬
출현율	말빠름증
발생률	자연회복
핵심행동	일관성
부수행동	적응효과
느낌과 태도	

참고문헌

김윤지, 심현섭(2011). 말더듬 아동 어머니와 일반 아동 어머니의 말더듬에 대한 고정관념 비교 연구. 특수교육학연구, 45(4), 133-156.

민경미, 심현섭(2003). 학령전기 말더듬 아동과 정상아동의 비유창성 인식 비교. *Communication Sciences & Disorders, 8*, 163-178.

박혜연, 이수복, 심현섭(2015). 취학 전 말더듬 아동의 회복여부에 따른 의사소통행동 특성. 언어치료연구, 24(4), 237-248.

변재원, 이은주, 심현섭(2004). 초기 말더듬 아동의 비유창성 특성 연구. *Communication Sciences and Disorders, 9*(1), 1-14.

심현섭(2000). 한국 말더듬 성인에 대한 고정관념 연구. *Communication Sciences & Disorders, 5*, 1-17.

안정현, 신지철, 김향희, 심현섭(2009). 조음속도와 반응간격 조절에 따른 말더듬 발생비율의 변화. 언어치료연구, 18(4), 123-138.

이경재, 신지철, 김향희, 심현섭(2003). 대화 상대자의 말속도 변화에 따른 말더듬 아동의 변화. *Communication Sciences & Disorders, 8*, 134-148.

이수복, 심현섭(2015). 초기 말더듬 아동의 치료 후 말더듬 회복 예측요인에 관한 종단연구: 발화길이를 중심으로. *Communication Sciences & Disorders, 20*(2), 189-201.

이수복, 심현섭(2016). 초기 말더듬 아동의 치료효과 예측변인 연구. *Communication Sciences & Disorders, 21*(2), 382-386.

이수복, 이다연, 심현섭, 임동선(2019). 말더듬 회복 여부에 따른 초기 말더듬 아동의 언어능력. *Communication Sciences & Disorders, 24*, 141-153.

이현경, 이수복, 심현섭, 오인수(2016). 말더듬 청소년의 괴롭힘(bullying)에 관한 질적연구. 중등교육연구, 64(2), 417-450.

이혜란, 박은숙, 김향희, 심현섭(2008). 3~5세 말더듬 아동의 비유창성에 동반되는 수반행동의 특성. *Communication Sciences & Disorders, 13*, 654-676.

하나(2019). 말더듬 성인의 언어단위별 말더듬 예측 평정점수와 구어 반응시간(verbal response time, VRT)의 상관관계. 이화여자대학교 대학원 석사논문.

Ambrose, N. G., & Yairi, E. (1994). The development of awareness of stuttering in preschool children. *Journal of Fluency Disorders, 19*(4), 229-245.

Ambrose, N. G., & Yairi, E. (1999). Normative disfluency data for early childhood stuttering. *Journal of Speech, Language, and Hearing Research, 42*(4), 895–909.

Ambrose, N. G., Yairi, E., Loucks, T. M., Seery, C. H., & Throneburg, R. (2015). Relation of motor, linguistic and temperament factors in epidemiologic subtypes of persistent and recovered stuttering: Initial findings. *Journal of Fluency Disorders, 45,* 12–26.

American Psychiatric Association. (2013). *Diagnostic and statistical manual of mental disorders* (DSM-5®). American Psychiatric Publishing. Inc.

Andrews, G., & Harris, M. (1964). *The syndrome of stuttering.* Clinics in Developmental Medicine. 17. London: Spastics Society Medical Education and Information Unit in association with Wm. Heineman Medical Books.

Attanasio, J. S. (1997). Was Moses a person who stuttered? Perhaps not. *Journal of Fluency Disorders, 22*(1), 65–68.

Baumgartner, J. (1999). Acquired psychogenic stuttering. In R. F. Curlee (Ed.), *Stuttering and related disorders of fluency* (pp. 269-288). New York: Thieme.

Baumgartner, J., & Duffy, J. (1997). Psychogenic stuttering in adults with and without neurogenic disease. *Journal of Medical Speech-Language Pathology, 5,* 75-95.

Benecken, J. (1994). On the nature and clinical relevance of a stigma: "The stutterer". *Journal of Fluency Disorders, 19*(3), 154.

Bernstein Ratner, N. (2004). Caregiver–child interactions and their impact on children's fluency. *Language Speech and Hearing Services in Schools. 35,* 46–56.

Blood, G. W., & Seider, R. (1981). The concomitant problems of young stutterers. *Journal of Speech and Hearing Disorders, 46,* 31–33.

Blood, G., Blood, I., Tellis, G., & Gabel, R. M. (2001). Communication apprehension and self-perceived communication competence in adolescents who stutter. *Journal of Fluency Disorders, 26,* 161-178.

Bloodstein, O. (1960). The development of stuttering: II. Developmental phases. *Journal of Speech and Hearing Disorders, 25*(4), 366-376.

Bloodstein, O., & Bernstein Ratner, N. (2008). *A Handbook on Stuttering* (6th ed.). New York, NY: Thomson Delmar.

Bushey, T., & Martin, R. (1988). Stuttering in children's literature. *Language, Speech, and Hearing Services in Schools, 19(3),* 235-250.

Canter, G. J. (1971). Observations on neurogenic stuttering: A contribution to differential diagnosis. *British Journal of Disorders of Communication, 6*(2), 139-143.

Clark, H. H. (1971) The importance of linguistics for the study of speech hesitations In D. L. Horton & J. J. Jenkins (Eds.), *The perception of language* (pp. 69-78). Columbus, Ohio: Charles Merrill.

Conture, E. (1990). *Stuttering* (2nd ed.). Englewood Cliffs, New Jersey: Prentice Hall.

Conture, E. G., & Kelly, E. M. (1991). Young stutterer's nonspeech behaviors during stuttering. *Journal of Speech and Hearing Research*, 1041-1056.

Craig, A., Hancock, K., Tran, Y., Craig, M., & Peters, K. (2002). Epidemiology of stuttering in the community across the entire life span. *Journal of Speech, Language, and Hearing Research. 45*(6), 1097-1105.

Daly, D. A., & Burnett, M. L. (1999). Cluttering: traditional views and new perspectives. In R. F. Curlee (Ed.), *Stuttering and related disorders of fluency* (2nd ed.) (pp. 222-254). New York: Thieme Medical Publishers.

De Nil, L., Jokel, R., & Rochon, E. (2007). Stuttering associated with acquired neurological disorders: Review, assessment and intervention. In E. G. Conture & R. F. Curlee (Eds.), *Stuttering and related disorders of fluency* (3rd ed., pp. 326-343). New York, NY: Thieme.

Franck, A. L., Jackson, R. A., Pimentel, J. T., & Greenwood, G. S. (2003). School-age children's perceptions of a person who stutters. *Journal of Fluency Disorders, 28*(1), 1-15.

Guitar, B. (2014). *Stuttering: An Integrated Approach to Its Nature and Treatment*, Baltimore, MD: Lippincott Williams & Wilkins.

Helm-Estabrooks, N. A. (1999). Stuttering associated with acquired neurological disorders. In R. F. Curlee (Ed.), *Stuttering and related disorders of fluency* (2nd ed., pp. 205-219). New York: Thieme.

Howell, P., & Davis, S. (2011). Predicting persistence of and recovery from stuttering by the teenage years based on information gathered at age 8 years. *Journal of Developmental & Behavioral Pediatrics, 32*(3), 196-205.

Howell, P., Davis, S., & Williams, R. (2008). Late childhood stuttering. *Journal of Speech, Language, and Hearing Research, 51*(3), 669-687.

Hugh-Jones, S., & Smith, P. (1999). Self-reports of short-and long-term effects of bullying on children who stammer. *British Journal of Educational Psychology, 69*, 141-158.

Ingham, R. J., & Cordes, A. K. (1997). Identifying the authoritative judgments of stuttering: Comparisons of self-judgments and observer judgments. *Journal of Speech, Language, and Hearing Research, 40*(3), 581-594.

Johnson, W., & Associates. (1959). *The onset of stuttering: Research findings and implications.* Minneapolis, MN: U of Minnesota Press.

Johnson, W., & Knott, J. R. (1937). Studies in the psychology of stuttering: I: The distribution of moments of stuttering in successive readings of the same material. *Journal of Speech Disorders, 2*(1), 17-19.

Kalinowski, J., Stuart, A., & Armson, J. (1996). Perceptions of stutterers and nonstutterers during speaking and nonspeaking situations. *American Journal of Speech-Language Pathology, 5*(2), 61-67.

LaSalle, L. R., & Conture, E. G. (1995). Disfluency clusters of children who stutter: Relation of stutterings to self-repairs. *Journal of Speech, Language, and Hearing Research, 38*(5), 965-977.

Ludlow, C. L., & Loucks, T. (2003). Stuttering: a dynamic motor control disorder. *Journal of Fluency Disorders, 28*(4), 273-295.

Mahr, G., & Leith, W. (1992). Psychogenic stuttering of adult onset. *Journal of Speech Language and Hearing Research, 35*(2), 283-286.

Manning, W. H., & DiLollo, A. (2018). *Clinical Decision Making in Fluency Disorders* (4th ed.). San Diego, CA: Plural Publishing.

Miles, S., & Bernstein Ratner, N. (2001). Parental language input to children at stuttering onset. *Journal of Speech Language and Hearing Research, 44*, 1116-1130.

Myers, R. L., & St. Louis, K. O. (1986). *Cluttering: A clinical perspective.* San Diego, CA: Singular Publishing Group. Inc.

Oh, I., & Moss, J. M. (2012). School bullying of students with special needs: Counseling issues and effective interventions. *Journal of Asia Pacific Counseling, 2*(2), 1-12.

Olweus, D. (1993). *Bullying at school: What we know and what we can do.* Cambridge, MA: Blackwell.

Sahin, H. A., Krespi, Y., Yilmaz, A., & Coban, O. (2005). Stuttering due to ischemic stroke. *Behavioural Neurology, 16*(1), 37-39.

Smith, A., & Kelly, E. (1997). Stuttering: A dynamic, multifactorial model. *Nature and treatment of stuttering: New directions, 2*, 204-217.

Starkweather, C. W. (1987). *Fluency and stuttering*. Englewood Cliffs, NJ: Prentice-Hall, Inc.

Starkweather, C., & Gottwald, S. (1990). The demands and capacities model II: Clinical applications. *Journal of Fluency Disorders, 15*, 143-157.

Tani, T., & Sakai, Y. (2011). Analysis of five cases with neurogenic stuttering following brain injury in the basal ganglia. *Journal of Fluency Disorders, 36*(1), 1-16.

Tetnowski, J. A., & Douglass, J. E. (2009). Adaptation and consistency in PWS: How consistent is it. *Paper presented at the Annual Conference of the American Speech-Language-Hearing Association*, New Orleans, LA.

Throneburg, R., & Yairi, E. (1994). Temporal dynamics of repetition during the early stage of stuttering: An acoustic study. *Journal of Speech and Hearing Research, 37*, 1067-1075.

Throneburg, R., & Yairi, E. (2001). Durational, proportionate, and absolute requency characteristics of disfluencies. *Journal of Speech, Language, and Hearing Research. 44*(1), 38-51.

Van Riper, C. (1971). *The nature of stuttering*. Englewood Cliffs, NJ: Prentice Hall.

Vanryckeghem, M., & Brutten, G. (2002). *KiddyCAT: A measure of stuttering and nonstuttering preschoolers' attitude*. ASHA Leader, 7(15), 104.

Ward, D. (2010). Sudden onset stuttering in an adult: Neurogenic and psychogenic perspectives. *Journal of Neurolinguistics, 23*(5), 511-517.

Weiss, D. A. (1964). *Cluttering*. NJ: Prentice-Hall.

Wingate, M. (1964). A standard definition of stuttering. *Journal of Speech and Hearing Disorders, 29*(4), 484-489.

Wingate, M. (1976). *Stuttering: theory and treatment*. New York, NY: Wiley.

Yairi, E. (1983). The onset of stuttering in two-and three-year-old children: A preliminary report. *Journal of Speech and hearing Disorders, 48*(2), 171-177.

Yairi, E., & Ambrose, N. (1992). Onset of stuttering in preschool children: Selected factors. *Journal of Speech, Language, and Hearing Research, 35(4)*, 782-788.

Yairi, E., & Ambrose, N. (2005). *Early childhood stuttering*. Austin, TX: Pro-Ed.

Yairi, E., & Ambrose, N. (2013). Epidemiology of stuttering: 21st century advances. *Journal of Fluency Disorders, 38*(2), 66-87.

Yairi, E., & Seery, C. H. (2015). *Stuttering: Foundations and clinical applications*. Boston, MA:

Pearson.

Yairi, E., Ambrose, N. G., & Niermann, R. (1993). The early months of stuttering: A developmental study. *Journal of Speech, Language, and Hearing Research, 36*(3), 521-528.

Young, M. A. (1984). Identification of stuttering and stutterers. In R. F. Curlee & W. H. Perkins (Eds.), *Nature and treatment of stuttering: New directions*, 13-30.

Yovetich, W. S., Leschied, A. W., & Flicht, J. (2000). Self-esteem of school-age children who stutter. *Journal of fluency disorders, 25*(2), 143-153.

Zebrowski, P. A., & Kelly, E. M. (2002). *Manual of stuttering intervention.* Albany, NY: Delmar.

Zebrowski, P. M., Weiss, A. L., Savelkoul, E. M., & Hammer, C. S. (1996). The effect of maternal rate reduction on the stuttering, speech rates and linguistic productions of children who stutter: Evidence from individual dyads. *Clinical Linguistics & Phonetics, 10*(3), 189-206.

제2장

말더듬의 원인 및 이론

말더듬의 원인에 대한 체계적인 연구를 최초로 시도한 학자는 미국 아이오와 대학교의 Johnson 교수이다. 본인이 말을 더듬는 사람인 Johnson은 진단착오이론(disgnosogenic theory)을 주장하였다. 이 이론에 대해서는 이후 자세히 언급할 것이며, 먼저 Johnson이 말더듬의 원인을 찾고자 하는 학문적 열정을 어떻게 갖게 되었는가를 확인하기 위해 그의 인생 여정을 간단히 살펴보려 한다.

Johnson(1961)에 의하면, 본인은 5세 때까지 말에 문제가 없었다고 한다. 말더듬 문제를 처음으로 언급한 사람은 6살 때(1학년) 담임 선생님이었다. 어느 날 그 선생님이 집에 찾아와 아들이 말을 더듬기 시작해서 2학년으로 진급할 수 없다고 부모님에게 통보했다고 한다. Johnson의 회고에 의하면 그 당시에 부모님뿐만 아니라 누구도 자신이 말을 더듬는다고 생각하지 않았다고 한다. 그래서 왜 그 선생님만 그렇게 생각했는지에 대해 의문을 갖게 되었다. 과연 그 선생님이 생각하는 말더듬은 어떤 것이며, 또한 왜 '2학년 진급 불가'라는 결정을 했는지 이해할 수 없다고 회고했다.

Johnson의 부모님은 담임 선생님이 한 말을 믿고 의사를 찾아갔고 의사는 치료약으로 페퍼민트 향이 나는 알약을 주었다고 한다. 당연히 그 알약은 효과가 없었다. 그 후 Johnson의 아버지는 '말더듬 완치(cure)'를 보장하고, 만일 완치가 되지 않으면 치료비를 돌려준다는 신문광고를 보고서, Johnson에게 혀를 느슨하게(loosen) 하는 치료를 받게 하였다. 이번에도 치료효과는 전혀 없었다. 그 후에 Johnson은 집에서 멀리 떨어진 대도시에 있는 '말더듬 학교(stuttering school)'에서 3개월 동안 말더듬 치료를 받았다. 하지만 치료받기 전보다 더 많이 긴장하고, 말하는 것을 회피하게 되었다.

이와 같이 Johnson은 말더듬 치료에 대한 연속적인 좌절을 경험한 후, 캔자스주에 있는 맥퍼슨 대학(McPherson College)의 2학년 때인 1926년에 아이오와 대학교에 말더듬 연구 프로그램이 개설된다는 소식을 접하고 Orton과 Travis 교수를 찾아간다. 이 당시에 Travis 교수는 말을 더듬는 사람 중에 왼손잡이가 많다는 관찰에 근거하여 말더듬과 왼손잡이와의 관련성에 대한 가설을 증명하는 연구를 진행하고 있었다. Johnson은 1931년에 아이오와 대학교에서 언어병리학(speech pathology) 박사학위를 취득하였다. 불행하게도 학위 취득 후 얼마 지나지 않아 지도교수인 Travis 교수는 아이오와 대학교를 떠나고, Johnson은 홀로 남게 되었다. 하지만 실망하지 않고 말더듬 연구에 대한 열정을 갖고 1934년에는 과학적인 방법을 통해 '말더듬이 어떻게 발생을 하는가'에 대한 답을 밝히겠다는 결심을 한다.

Johnson은 말더듬이 어떻게 시작되는가를 설명할 수 없다면, 말더듬을 예방하고 치료할 수 없다고 생각했다. Johnson은 말더듬의 원인을 밝히기 위한 연구를 시행하기 위해 첫 번째로 해야 할 일은, 우선 말을 더듬기 시작한 지 얼마 되지 않은 아동들을 확보하여 그 부모들로부터 가능한 한 말더듬에 관한 정확한 정보를 자세히 수집하는 것이라고 생각했다. 하지만 말더듬 사례를 수집하는 것보다 우선적으로 해결해야 할 중요한 사항이 있었다. 즉, 과연 아동이 말을 더듬는지 여부를 결정할 수 있는 진단기준을 마련하는 것이었다.

하지만 그 당시 말더듬 여부를 결정하는 기준이 없었기 때문에, 일단 부모가 자기 아이가 말을 더듬는다고 생각해서 치료실을 방문하면, 그 아동을 '말더듬 아동'으로 간주하기로 했다. 따라서 Johnson의 최초 연구는 치료실에 방문한 말더듬 아동 42명과 일반 아동 40명을 대상으로 진행되었다. Johnson은 이 연구를 통해 말더듬 아동과 일반 아동의 비유창성 특성 및 다양한 정보를 수집하여 분석하였다. Johnson 교수의 이 연구는 지금의 말더듬 원인에 대한 연구의 초석이 되었고 말더듬 진단 및 예방에 학문적 근거를 제공하는 기여를 하였다.

학생들이 말더듬 이론(theory of stuttering)을 공부할 때 반드시 확인해야 할 사항이 있다. 첫째, 말더듬을 어떻게 정의하는가(define)를 확인해야 한다. 말더듬의 원인을 심리적인 측면 또는 환경적 측면, 아니면 생리적 측면에서 찾으려고 하는가를 확인해야 한다. 둘째, 말더듬의 시작 및 발달뿐만 아니라 말더듬 자연회복(spontaneous recovery) 및 지속(persistence)에 대해 언급하고 있는가를 확인해야 한다. 셋째, 말더듬 이론의 가설이 과학적으로 검증이 가능한가를 확인해야 한다. 넷째, 과연 임상적인 시사점을 제공하는가를 확인해야 한다. 말더듬 이론은 그 수가 많을 뿐 아니라, 이론마다 말더듬을 바라보는 입장도 서로 다르기 때문에 이와 같은 사항을 고려하지 않고 말더듬 이론을 공부한다면 말더듬에 대한 정리된 안목을 갖기 어렵다. 현재 많은 말더듬 이론은 말더듬의 다차원적 현상 중 일부분만을 설명하고 있을 뿐, 아직 총체적으로 설명할 수 있는 검증된 이론은 없는 실정이다.

결론적으로, 말더듬은 수천 년 전부터 모든 언어권에서 나타나는 보편적인 말장애 (universal speech disorder)이지만, 지금까지도 그 원인은 정확하게 밝혀져 있지 않다. 다만, 유전요인과 환경요인이 말더듬의 발생 및 발달에 영향을 미친다는 것에는 학자들 간에 의견이 일치하고 있다. 또한 특정한 요인으로 말더듬이 유발되는 것이 아니라 다양한 요인의 복합적인 상호작용의 결과로 말더듬이 발생하게 된다는 것이 일반적인 견해이다.

1. 말더듬의 하위유형

말더듬은 단일 장애(single disorder)가 아닌 복합적인 장애(complex disorder)이다. 즉, 말더듬의 시작 및 발생에 기여하는 요인은 다양하다. 아동의 유전적 · 언어적 · 인지적 · 사회적 · 정서적 · 생리학적 요인이 서로 얽혀 있기 때문에, 모든 말더듬 아동에게 동일한 방식으로 임상적 접근을 하는 것은 문제가 있다. 또한 말더듬에 동반되는 장애도 다양하다. 예를 들면, 조음 · 음운장애, 언어발달장애 및 주의력결핍 과잉행동장애 (ADHD)를 동반하는 경우가 있다. 이러한 경우에는 전형적 말더듬을 진단 및 치료할 때 사용되는 방식을 그대로 적용할 수 없다. 말더듬 아동마다 서로 다른 다양한 요인이 복합적으로 상호작용하여 말더듬의 발생에 기여하기 때문에, 말더듬 집단은 동질적이 아니라 매우 이질적이라고 본다(Smith & Kelly, 1997). 예를 들면, 말더듬 집단을 말더듬 유형(반복 vs. 연장), 말더듬 발생특성(갑자기 vs. 점진적으로), 언어능력(정상발달 vs. 발달지연), 조음 · 음운능력(정상발달 vs. 발달지연)의 기준에 따라 다양한 하위유형으로 나눌 수 있다. 이처럼 말더듬 발생에 기여하는 요인이 아동마다 다르기 때문에, 말더듬의 하위유형을 파악하는 것은 유창성장애의 변별 진단과 치료효과를 높이기 위해 요구된다.

2. 말더듬 발생 및 지속과 관련 요인

말더듬의 발생 요인은 다양하고, 말더듬이 진행됨에 따라 특정 요인의 영향력은 변화한다. 또한 기여요인 중에서 특정한 요인의 작은 변화가 아동의 유창성에 큰 변화를 초래할 수도 있다. 따라서 말더듬의 발달 방향은 우리가 예측할 수 있는 선형적인(linear) 방향으로 전개되는 것이 아니라 예측이 어려운 비선형적(nonlinear) 특성을 갖고 있다. 나아가 말더듬 발생 요인들은 말더듬의 회복 및 지속에도 영향을 미칠 수 있다. 말더듬의 발생과 관련이 있는 위험요인(risk factors)에는, ① 아동의 말운동 능력, ② 기질(temperament), ③ 가족력(유전), ④ 언어능력, ⑤ 인지능력, ⑥ 언어환경, ⑦ 일상생활에서 시간적 압박(time pressure), ⑧ 부모의 기대, ⑨ 말더듬에 대한 부모의 반응방식이 있다.

말더듬 발생과 관련된 요인을 자세히 살펴보기 전에 임상적인 시사점을 많이 제공하는 의사소통-정서 말더듬 모델(Communication-Emotional Model of Stuttering: C-E 모델)을 소개하려 한다(이론 부분에서 자세히 설명함). C-E 모델은 실제 말을 더듬는 순간(moment)에 초점을 둔다. 이 모델은 순간적 말더듬에 기여하는 요인을 말을 더듬는 순간을 기준시점으로 하여 과거요인(distal factor), 현재요인(proximal factor), 악화요인(excerbation)으로 구분하였다. 과거요인은 말더듬 행동을 유발시키는 것에 기초적 역할을 하는 선행사건이나 변인을 뜻하며, 가족력과 같은 유전요인, 아동의 말 산출 계획 능력과 말 산출 능력 발달에 영향을 미치는 환경요인을 포함한다. 이 모델에서는 유전요인과 환경요인이 상호작용하면서 말더듬의 발생에 기여한다고 본다. 현재요인은 말 계획 및 산출 순간에 직접적으로 영향을 미치며 말더듬 행동을 유발시키는 방아쇠(triggering) 역할을 한다. 악화요인에는 정서반응성(emotional reactivity) 및 정서조절(emotional regulation)이 포함된다. 만일 아동이 말하려고 할 때 이러한 정서조절의 문제가 순간적으로 발생하면 말 산출 계획 및 실행에 영향을 미쳐 말더듬이 더 악화될 수 있다. C-E 모델은 과거요인, 현재요인 및 악화요인이 상호작용하며 말더듬 행동의 유발에 영향을 미친다고 본다.

우선 유전요인과 환경요인을 살펴보면, 유전요인은 권총의 총알로 비유할 수 있고, 환경요인은 유전인자가 외부로 발현되게 하는 역할, 즉 권총의 방아쇠에 비유할 수 있다. 환경요인은 순간순간 변화한다. 따라서 어떤 환경 변화는 아동이 감당할 수 있는 적절한 수준일 때도 있지만, 어떤 환경 변화는 아동이 감당하기 힘든 수준일 때도 있다. C-E

모델에서는 환경요인의 예로 아동과 대화를 할 때 부모가 보이는 대화패턴을 든다. 부모의 대화패턴은 아동의 유창성 발달에 영향을 준다. 예를 들면, 부모가 아동의 말속도보다 훨씬 빠르게 말하거나 또는 대화 동안에 말하기 차례를 지키지 않고 중간에 끼어드는 행동을 오랫동안 지속하였다면 이러한 부모의 행동은 말더듬 발생에 기여할 수 있다고 본다. 하지만 말더듬 발생과 가정의 심리적 환경과 관련이 있다는 명확한 증거가 밝혀진 것은 아니다.

최근 요인에 포함되는 말 계획 및 산출요인에 대해서는 아직 명확하게 밝혀져 있지 않다. 하지만 말 산출에 요구되는 일련의 과정인 개념단계, 단어인출 단계, 조음단계 중 어느 한 단계에서 문제가 발생하면 말더듬 행동이 유발될 수 있다고 본다. 말 산출 단계에서는 문제가 발생하지 않아도, 아동의 정서반응성 및 정서조절 능력에 따라서 말이 유창할 수도 비유창할 수도 있다. 정서적 측면에서 취약한 아동들은 말을 더듬는 것을 시작하기 전부터 이미 일상적인 변화에 예민하게 반응하고, 낯선 사람 앞에서 매우 수줍어하며, 낯선 환경에서 말을 해야만 할 때 많이 긴장하며 말을 더듬는 경향을 보인다.

대부분 말더듬 아동의 경우, 말더듬 초기 단계에서는 정서요인이 말더듬 행동의 유발에 크게 기여하지 않는다. 하지만 말더듬이 악화되면 아동은 말더듬에 대한 부정적 정서반응 및 정서조절에 어려움을 갖게 된다. C-E 모델은 말더듬 발생 요인으로 유전요인, 환경요인, 악화요인을 포괄적으로 제시함으로써, 말더듬 아동의 개인적 특성을 파악할 수 있는 개별화 진단 및 치료에 대한 개념적 틀을 제공한다.

1) 유전요인

말더듬 아동 부모의 중요 관심사 중 하나는 과연 말더듬이 부모에게서 유전되는가이다. 국내 유창성장애의 유전요인에 관한 연구(신문자, 이성은, 2002)에 의하면, 말더듬으로 진단받은 2~45세 남녀 229명(남: 164, 여: 35)을 대상으로 가계력을 조사한 결과 전체 대상자의 55%가 유창성장애 가계력을 보였다. 세분하여 하위분석을 한 결과, 남자일 경우는 부계에서, 여자일 경우는 모계에서 더 높은 유전율을 보였다. 또한 가계력 영향을 직계와 방계로 나누어 분석한 결과, 전체의 41%는 직계에서, 35.7%는 방계에서, 23%는 직계 및 방계 모두에서 말을 더듬는 친척이 있다고 보고하였다. 이러한 보고는 말더듬의 유전요인이 직계 및 방계의 유전적 영향을 받을 수 있음을 시사한다.

말더듬 유전에 관한 쌍둥이 연구와 입양 연구를 살펴보면 다음과 같다. 쌍둥이 연구의 관심은 쌍둥이 중 한 명이 말을 더듬으면 과연 다른 아동도 말을 더듬을까에 있다. 관련 연구를 종합해 보면 이란성 쌍둥이보다 일란성 쌍둥이에서 말더듬이 더 많이 나타난다(Andrew et al., 1991; Godai, Tatarelli, & Bonanni, 1976). Howie(1981)는 성별이 동일한 쌍둥이 30쌍을 조사하였는데, 각 쌍둥이의 한 명은 말을 더듬은 적이 있다고 한다. 연구 결과, 일란성 쌍둥이인 경우 63%가 두 명 모두 말을 더듬었으며, 이란성인 경우 19%만이 말을 더듬었다고 한다. 하지만 한 명만 말을 더듬는 일란성 쌍둥이도 6쌍이 있었다. 이러한 연구 결과는 말더듬이 유전요인과 환경요인이 상호작용함으로써 발생한다는 것을 시사한다.

기존의 쌍둥이 연구들을 분석한 최근 연구(Frigerio-Domingues & Drayna, 2017)에 의하면 지난 40년 동안 9편의 말더듬 쌍둥이 연구가 다양한 언어권에서 시행되었는데, 연구마다 피험자의 수가 100명 미만부터 2만 명 이상까지 다양하고, 사용한 말더듬 기준 및 통계기법도 다르기 때문에 연구 결과를 직접 서로 비교하는 것에는 무리가 있다고 한다. 하지만 이 연구의 공통점은 이란성 쌍둥이보다 일란성 쌍둥이에서 두 명 모두 말을 더듬을 확률이 높다는 것이다. 이러한 연구 결과가 유전요인이 말더듬의 유일한 요인임을 시사하는 것은 아니다. 하지만 일부 연구(Fagani et al., 2011; Ooki, 2005; Rautakoski et al., 2012)는 0.8 이상의 유전율(heritability)을 보고하였다. 즉, 환경적인 요인보다는 유전적인 요인이 말더듬 발생에 강력한 영향을 미침을 시사한다.

말더듬 아동의 입양 연구도 말더듬 유전자와 환경요인의 상대적 기여도를 연구하기에 좋은 연구방법이나, 말더듬 관련 정보를 양부모뿐만 아니라 친부모를 추적하여 수집하여야 하는 어려운 점이 있다. 현재까지 시행된 말더듬 입양 연구는 소수이며, 대상자의 수도 적다. 따라서 연구 결과를 매우 조심해서 해석해야 한다. 하지만 양부모보다 친부모 중에 말을 더듬는 사람이 있는가의 여부가 입양아동의 말더듬 확률을 더 정확하게 예측할 수 있다고 주장하는 연구도 있다(Felsenfeld & Plomin, 1997).

2000년대 들어서면서 말더듬 지속과 관련이 있는 유전자가 보고되고 있다. kang 등의 연구(2010)는 GNPTAB, GNPTG, NAPGPA 유전자가 말더듬 지속에 관여한다고 보고하였다. 하지만 단일 유전자(single gene)가 말더듬을 발생시키는 것이 아니며 여러 유전자가 서로 영향력은 다르지만 모두 말더듬 발생에 기여한다는 의견도 제시되고 있다(Suresh et al., 2006).

현재 말더듬 유전에 관한 일반적인 견해는 다음과 같다. 단지 유전요인만이 말더듬의 발생에 기여하는 유일한 요인은 아니며, 환경요인과 상호작용을 통해 말더듬이 발생하게 된다는 것이다. 즉, 아동이 말더듬 유전인자를 부모에게 받았다고 하더라도, 환경요인이 유전인자가 작동하지 못하도록 한다면 아동은 말더듬을 피해갈 수 있다는 것이다. 언어치료사가 초기 말더듬 아동의 부모를 상담할 때, 말더듬 유전에 관련한 사항을 정확하고 조심스럽게 전달해야 한다. 특히 말더듬에 대한 유전요인을 지나치게 강조하다 보면 부모가 아동의 말더듬 발생에 대한 죄의식을 갖게 되어 말더듬 치료에 부정적으로 작용할 수 있기 때문이다.

2) 뇌신경학적 요인

유전요인 이외에 중추 신경계의 기능적 문제가 말더듬 발생과 관련성이 있는 것에는 학자들 간에 많은 의견의 일치를 보고 있다. 말을 더듬는 사람들의 뇌의 구조와 기능이 일반인들과 차이가 있는가를 확인하기 위한 연구가 CT, MRI, fMRI, PET 등과 같은 다양한 뇌영상(neuroimaging) 기법을 사용하여 진행되고 있다. 말더듬 성인과 아동을 대상으로 이루어진 뇌영상 연구의 주요 결과를 간략히 정리하면 다음과 같다.

우선, 뇌의 구조적인 측면의 차이를 살펴보면, 일반 성인의 경우 수용언어 및 청각정보 처리를 담당하는 베르니케 영역, 즉 좌반구 측두평면(left planuum temporale)의 크기가 우반구의 것보다 매우 크다. 하지만 말더듬 성인의 경우 이러한 좌반구 비대칭이 관찰되지 않는다. 좌반구 측두평면의 크기가 비슷하거나 우반구의 면적이 더 크다(Foundas et al., 2001). 또한 말더듬 성인의 우반구의 백질(white matter)의 부피는 일반 성인보다 더 크다(Jancke, Hänggi, & Steinmetz, 2004). 백질은 대뇌피질의 안쪽에서 위치하며 신경세포의 주요 구성 요소로서 흰색으로 보이는 조직(tissue)이고, 뇌세포의 정보를 전달하는 전화선과 같은 역할을 한다. 세부적으로 보면, 청각을 담당하는 측두 영역(temporal areas)과 운동을 담당하는 전두 영역(frontal areas)을 연결하는 좌측 하부 궁상다발(left inferior arcuate fasciculus)의 백질의 상태는 정상적이지 않다.

한편, 뇌의 기능적인 측면에서 연구를 살펴보면 다음과 같다. 일반인의 경우 유창한 말을 산출하는 동안에 좌반구가 우반구보다 더 활성화된다. 소위 좌반구 편향(left lateralization)이 나타난다. 하지만 말을 더듬는 동안 우반구 대뇌피질의 영역에서 과잉 활성화(over-activation)가 나타난다. 이 영역은 좌반구의 말 산출과 말 지각을 담당하는 영역에 상응하는(homologous) 우반구의 영역들이다. 예를 들면, 우측 전두 덮개(right front operculum)와 우측 뇌섬(right insula) 부위가 말을 더듬는 동안 과하게 활성화된다(Fox, 2003). 이러한 우반구 과잉 활성화가 일어나는 이유는 다음과 같다. 말을 처음 시작할 때는 좌반구가 관여하지만, 만일 제대로 작동하지 않게 되면 말더듬이 발생하는데, 이 경우 화자는 어떻게 하든 유창한 말이 산출되도록 하기 위한 보상적 방법으로 우반구를 끌어들이기 때문이라고 본다. 또한 우반구의 과잉 활성화가 많이 일어날수록 말더듬 증상도 심하게 나타난다고 본다. 왜냐하면 말을 많이 더듬으면 이를 벗어나기 위한 노력을 하기 때문에 우반구가 더 심하게 활성화된다는 것이다(Guitar, 2014). 이러한 우반구 편향이 말더듬 성인에게서 뚜렷한 이유는 말더듬이 시작되면서부터 오랜 기간 동안 우반구를 상대적으로 많이 사용했기 때문이라고 볼 수 있다(Chang et al., 2008).

앞에서 살펴본 것처럼 뇌 영상을 사용한 말더듬 연구는 주로 말더듬 성인을 중심으로 이루어져 왔다. 하지만 말더듬 성인이 보인 뇌의 구조적 차이는 아동기 동안의 뇌 발달 차이, 손잡이 정도(handedness) 및 말더듬 기간 등과 같은 요인이 통제되지 않았기 때문에, 말더듬의 원인으로 직접 관련성이 있는 것으로 보기에는 많은 문제가 있다. 따라서 말더듬과 뇌의 구조적 차이의 연관성을 정확히 설명하려면, 가능한 한 초기 말더듬 단계에 있는 학령전기 아동을 연구 대상으로 해야 한다. 이러한 취지에서 2000년 후반에 들어 학령전기 아동을 대상으로 진행된 Chang 등(2008)의 뇌영상 연구에 의하면, 말더듬 아동 집단(회복 집단과 지속 집단)이 일반 아동보다 말소리 지각을 담당하는 양측 측두엽(temporal lobe)과 좌반구 전두회(inferior frontal gyrus, 브로카 영역)의 회백질 용적(gray matter volume)이 적다고 한다. 따라서 회백질 용적이 축소된 아동은 말을 더듬을 가능성이 높다고 할 수 있다. 회백질은 대뇌피질의 바깥쪽 부분에 위치하며 신경세포체(cell body)가 모여 있어 육안으로 보면 회색으로 보이며, 다양한 기능을 가능케 하는 컴퓨터 칩(computer chip)에 비유할 수 있다. 또한 말더듬 아동 집단을 대상으로 뇌 백질의 미세구조에 손상이 있는가를 확인하기 위한 목적으로 확산 텐서 이미지(diffusion tensor image) 기법을 사용하여 조사한 결과, 말더듬 지속 집단의 경우 좌반구에 위치한 조음 및 발성기관의 운동을 담당하는 영역의 기저에 있는 백질 관(white matter tract) 속에 있는 물 분자의 움직임에 결함이 발견되었다. 즉, 말을 지속적으로 더듬는 아동의 경우, 뇌의 여러 부위의 정보를 주고받는 통신회로인 백질 관이 제대로 작동하지 않고 있음을 의미한다. 또한 말더듬 아동들은 일반 아동과 비교했을 때 말·언어 정보를 처리하는 좌반구의 실비우스 주위 영역(left perisylvian area)의 백질이 낮은 응집력(coherence)을 보여 주었다고 한다(Choo et al., 2016). 이와 같은 Chang 등의 연구 결과는 말더듬 성인을 대상으로 실시한 선행연구(Sommer et al., 2002)의 결과와 비슷하다.

또한 일반 아동과 비교했을 때 말더듬 아동은 대뇌피질의 운동 영역과 뇌의 안쪽에 위치한 피질하(subcortical) 영역의 조가비핵(putamen), 기저핵(badal ganglia), 시상(thalamus)을 연결하는 네트워크뿐만 아니라 대뇌피질의 청각 영역과 운동 영역을 연결하는 네트워크에서 기능적·구조적 차이를 보였다고 한다(Chang & Zhu, 2013). 결론적으로 말더듬 발생은 조음운동 및 발성을 담당하는 영역의 기능적·구조적 이상과 관련성이 있으며, 말운동 영역과 말소리 지각 영역의 연결이 정상적이지 않은 것이 말더듬 발생 요인으로 작용할 수 있음을 시사한다.

3) 인지요인

지적장애(intellectual disability)가 말더듬 발생에 영향을 미친다는 것은 오래전부터 알려져 왔다. 하지만 지적장애인 중에서 말더듬을 보이는 유병률(prevalence)은 연구마다 차이를 보인다. 초기 연구에서는 14~17% 정도가 말더듬을 보인다고 발표하였지만 (Gottsleben, 1955; Schlanger & Gottsleben, 1957), 후기 연구에서는 2.5~7.0% 정도가 말더듬을 보인다고 보고하였다(Chapman & Cooper, 1973; Schaeffer & Shearer, 1968). 말더듬의 유병률은 지적장애의 정도가 심할수록 높은 것 같다. 교육 가능 지적장애 수준(IQ 50~70)보다 훈련 가능 지적장애 수준(IQ 25~30)에서 말더듬 유병률이 두 배가 된다는 보고도 있다(Boberg et al., 1978).

지적장애 아동의 비유창성을 살펴보면, 말속도 발달패턴은 일반 아동과 비슷하지만 전체 말속도와 조음속도는 일반 아동에 비해 느린데, 지적장애 아동의 발화에서 주저, 간투사, 반복 등의 언어적 비유창성 빈도가 상대적으로 높기 때문이다(엄윤희, 2005).

배민영과 심현섭, 박희영(2018)의 연구는 언어적 요구 수준이 다른 세 가지 발화과제 (읽기, 이야기 다시 말하기, 그림 설명하기)를 통해 경도 지적장애(MID) 청소년과 일반 청소년의 비유창성 특성을 비교 분석하였다. 각 과제에서 집단 간 총 비유창성(TD)과 정상적 비유창성(OD), 비정상적 비유창성(SLD) 빈도의 차이를 분석한 결과, MID 청소년들은 세 가지 과제 모두에서 TD의 빈도가 일반 청소년보다 유의하게 높게 나타났으며, OD의 빈도는 읽기를 제외한 이야기 다시 말하기와 그림 설명하기 과제에서 일반 청소년들보다 유의하게 높게 나타났다. 또한 SLD 빈도의 집단 간 비교에서는 MID 청소년들이 발화과제의 종류와 무관하게 전반적으로 일반 청소년들보다 높은 비유창성 빈도를 보였다. 즉, 경도 지적장애 청소년의 전체 구어발화가 일반 청소년보다 유의하게 비유창하고, 무엇보다 말더듬 화자에게서 주로 나타나는 SLD의 비유창성 행동이 일반 청소년에 비해 높게 나타나고 있으며, 읽기 과정에서도 이러한 형태가 빈번하게 관찰되었다. 이러한 연구 결과는 경도 지적장애 청소년이 읽기를 포함한 전반적인 구어발화에 비유창성 문제가 나타나고 있음을 시사한다.

지적장애 하위유형으로 다운증후군(Down's syndrome) 아동에서는 말더듬의 유형율이 10~45%라고 보고되었다(Keane, 1970; Schlanger & Gottsleben, 1957). Otto와 Yairi(1974)는 다운증후군 성인과 일반 성인을 대상으로 자발화를 수집하여 비유창성을 비교하였다. 그 결과, 다운증후군 성인 집단이 일반 성인 집단보다 부분단어 반복, 비운율적 연장 및 긴장을 훨씬 많이 보였다고 한다. 또한 이러한 3개의 비유창성 유형이 총 비유창성빈도에서 높은 비율을 차지했다. 따라서 이 연구의 결과는 다운증후군 집단이 보이는 비유창성 유형이 전형적으로 말을 더듬는 집단이 보이는 비유창성 유형과 거의 유사함을 시사한다.

4) 말·언어요인

말더듬은 언어가 폭발적으로 발달하는 시기인 2~6세 사이에 주로 발생하기 때문에, 말더듬 아동의 언어발달에 관한 연구는 말더듬의 원인과 발생에 관한 많은 정보를 제공한다. 따라서 많은 연구자가 말더듬 아동의 언어발달에 관해 관심을 갖고 말더듬을 설명하고 있다.

기존의 연구에 의하면 일반적으로 말더듬 아동이 동일연령의 일반 아동에 비해 언어발달이 늦다고 한다. 반면에 일반 아동과 비교하여 뚜렷한 차이가 보이지 않음을 보고한 연구도 있다. 예를 들면, Johnson과 동료들(1959)이 말더듬 아동의 부모를 대상으로 실시한 대규모 연구에 따르면, 대부분 말더듬 아동의 부모가 자신의 아동이 일반 아동과 비교하여 언어발달이 늦다고 판단하였으나, 첫 단어와 문장이 관찰된 시기는 일반 아동과 비교하여 동일하였다. 따라서 Johnson 등은 말더듬 아동의 실제 언어능력이 부모에 의해 과소평가되는 경향을 지적하였다. 그러나 Accordi 등(1983)에 의하면, 일반 아동 집단에서는 전체 아동의 8.7%가 언어발달지체를 보이는 반면에, 말더듬 아동 집단에서는 28%가 언어발달지체를 보였다고 한다.

　말더듬 아동이 일반 아동과 비교하여 언어발달지체를 보이는가에 대한 답을 하기 위해, 일반 아동과 말더듬 아동 사이의 다양한 언어능력이 비교되었다. 지금까지 말더듬 아동의 언어능력을 또래 아동과 비교한 선행연구의 결과를 보면 일관적이지 못하다. 일부 연구에 의하면 말더듬 아동들에게 언어발달 문제가 함께 나타난다고 보고한 연구가 있다. 한편, 일부 연구는 집단 비교 차원에서 볼 때 말더듬 아동의 수용 및 표현언어 능력이 또래 아동과 차이가 없다고 보고하였다(예: Anderson & Conture; 2000; Watkins, Yairi, & Ambrose, 1999; Yaruss, LaSalle, & Conture, 1998). 예상과 다르게 말더듬 아동 집단에서 매우 우수한 언어능력을 보이는 하위집단도 관찰되었다. 아울러 만 3세에 들어서는 연령대에 있는 말더듬 아동의 경우 언어발달과 조음발달 간의 '불일치(mismatch)'가 관찰되는 하위집단도 있었다(Watkins, Yairi & Ambrose, 1999). 이러한 선행연구들의 방법론적 측면을 고려하여 기존의 연구를 종합해 보면, 말더듬 초기에는 언어능력에 있어 차이점을 보이는 것 같으나, 점차 차이가 줄어들어 마침내 두 집단 간에 차이가 있더라도 미세한 차이를 보인다고 한다(Bloodstein, 1995). 이와 같은 맥락에서 Bernstein Ratner(1997)는 일반 아동과 말더듬 아동의 언어능력을 보기 위해서는 표준화된 검사를 실시하는 것보다는 좀 더 세밀한 검사방법을 고안하여 사용할 것을 제안하였다.

　성수진과 심현섭(2002)은 말더듬 아동을 대상으로 문장의 길이 및 복잡성에 따라 말더듬 빈도수가 증가하는가를 확인하기 위해 3~5세의 말더듬 아동을 대상으로 발화 길이 및 통사적 복잡성에 따른 비유창성 빈도의 변화를 살펴보았다. 연구 결과, 발화 길이가 길어짐에 따라 비유창성의 빈도가 유의하게 증가하였고, 또한 통사적 복잡성이 증가함에 따라 비유창성 빈도가 유의하게 증가하였다. 최근에 Smith와 Weber(2017)는 일반적으로 말더듬 아동의 경우 평균 발화 길이와 SLD 빈도 사이에 상관관계가 있음을 보고하였다.

　한편, 말더듬 발생과 조음·음운 능력 간 상관이 있다고 보고되고 있다. 일반 아동보다 말더듬 아동에서 조음·음운 문제가 더 많이 나타나기 때문이다. 예를 들면, Yaruss와 LaSalle, Conture(1998)는 2~6세 말더듬 아동 100명 중 37%가 조음·음운장애를 보였다고 보고하였으며, Arndt와 Healey(2001)는 미국의 언어치료사를 대상으로 설문조사를 실시한 결과, 말더듬 아동의 30%가 조음·음운장애를 보인다고 보고하였다. 그러나 Nippold(2004)는 일반적으로 말·언어 장애를 동반한 말더듬 아동들이 치료에 더 많이 의뢰되기 때문에, 이러한 연구 결과의 신뢰성에 문제를 제기하였다. 이처럼 말더듬 아동과 조음·음운장애의 관련성이 명확히 증명되지 않았으나, 말더듬과 조음·음운능력과의 관련성을 증명하고자 하는 연구가 진행되었다.

2000년대에 들어서면서 어휘 빈도(word frequency), 어휘 친숙도(word familiarity), 음운적 근접 밀집성(phonological neighborhood density)과 같은 언어적 변인을 통제한 이름대기 과제를 사용하여, 정확성뿐만 아니라 반응시간 등을 분석하여 말더듬 아동의 언어능력을 상세하게 살펴보는 연구들(Arnold, Conture, & Ohde, 2005; Newman & Bernstein Ratner, 2007)이 이루어지고 있다. 또한 언어적 점화(priming) 조건에서 말더듬 아동의 언어처리과정에 결함이 있는지 살펴보는 연구들(Anderson & Conture, 2004; Hartfield & Conture, 2006; Melnick, Conture, & Ohde, 2003)도 활발히 진행되었다. Pellowski와 Conture(2005)도 말더듬 아동이 어휘와 관련된 의미적·문법적 형태소나 음운적인 정보를 처리할 때 미숙하거나 비효율적이기 때문에, 말·언어의 계획과 산출 과정에서 일반 아동에 비해 더 많은 어려움이 있을 것이라고 주장하였다. 이러한 연구들은 학령전기 말더듬 아동이 보이는 언어처리과정의 비효율성이 말더듬 발생에 영향을 끼칠 수 있다고 제안하고 있다.

이소연과 심현섭, 신문자, 이수복(2012)은 학령전기 말더듬 아동의 조음·음운능력을 확인하기 위해, 학령전기 말더듬 아동 집단과 일반 아동 집단을 대상으로 조음 복잡성에 따라, 즉 발음하기 어려운 정도에 따라 이름대기 정확률과 반응시간이 어떻게 달라지는가를 조사하였다. 연구 결과, 정확률에서는 두 집단 간 차이가 없었으나, 반응시간에서는 말더듬 아동 집단이 더 긴 반응시간을 보였다. 하지만 두 집단 모두 조음 복잡성이 높으면, 즉 발음하기 어려운 단어에서는 반응시간이 유의하게 증가하였다. 또한 말더듬 아동 집단의 경우, 비유창성 비율이 조음 복잡성 및 반응시간과 유의한 상관관계를 보였다. 이 연구의 결과는 조음 복잡성이 학령전기 아동들의 이름대기 반응시간에 영향을 주는 요인이며 말더듬 아동의 비유창성 발생에 영향을 끼칠 수 있는 요인임을 시사한다.

최근 Nippold(2019)가 2011년부터 2018년 사이에 발간된 말더듬 아동의 언어능력에 관한 논문들을 분석한 결과, 공식 언어검사에서 말더듬 아동들이 일반 아동과 비슷한 정도의 언어능력을 보였으며, 말더듬 아동의 언어능력이 일반 아동보다 열등하거나 또는 문제가 있는 것은 아니라고 주장하였다. 이러한 주장은 말더듬 아동이 일반 아동에 비해 언어능력이 열등하거나 또는 언어장애를 갖고 있다는 주장(Ntourou, Conture, & Lipsey, 2011)과 배치된다.

이와 같이 말더듬과 언어발달 및 조음발달과의 상호관련성이 정확히 파악된 것은 아니지만, 말더듬 아동의 평가 및 진단 시 항상 이러한 발달적 측면을 평가하는 것이 치료계획을 수립하는 데 도움이 된다.

말더듬 치료 시 언어치료사는 말더듬 아동의 부모에게 화용적인 측면에서 지켜야 할 사항을 알려 준다. 예를 들면, 아동의 유창성 증진을 위해 아동에게 말할 때 말속도를 줄이고, 아동에게 언어적 부담을 줄이기 위해 가능한 한 질문하는 빈도를 줄이며, 대화 시 차례를 주고 받을 때 아동에게 충분한 시간을 갖게 할 것을 제안한다. 이러한 임상적 제안에 대한 과학적 근거를 찾기 위해서 Weiss와 Zebrowski(1991)는 말더듬 아동과 일반 아동의 부모를 대상으로 자기 아이와 대화를 할 때 보이는 대화패턴을 비교하였다. 이를 위해 대화할 때 부모가 주도적인 역할을 하는지, 아니면 아동의 요청에 반응하는 수동적 역할을 하는지를 분석하였다. 연구 결과, 말더듬 아동의 부모와 일반 아동의 부모 사이의 대화패턴(conversation pattern)에는 큰 차이점이 없었다. 두 부모집단 모두 가장 많이 보이는 발화유형은 요구하기(request)이었다. 한편, Weiss와 Zebrowski(1992)는 말더듬 아동이 자기 말을 할 때보다 부모가 질문을 했을 경우에 과연 더 많은 비유창성을 보이는가를 분석하였다. 그 결과, 말더듬 아동은 자기주장을 할 때보다 부모의 질문에 답을 할 때에 훨씬 적은 비유창성을 보였다고 한다. Weiss와 Zebrowsi는 자기주장을 할 때 비유창성이 더 많이 나타난 이유는 이 경우에 산출된 발화의 길이가 길었기 때문이라고 볼 수 있다고 하였다. 한편, 자기주장적 발화는 요구하기, 의견 제시하기, 설명하기, 주장하기와 같은 발화를 의미하는데, 이러한 발화들은 아동에게 많은 참신성(novelty)의 부담을 주기 때문에 질문에 대답하기보다 많은 비유창성이 나타난다고 본다. 실제로 부모가 아동에게 건넨 질문유형은 간단한 문장으로 답할 수 있는 것이었다고 한다. 또한 부모의 요구 수준(level of demand)이 높으면 더 많은 비유창성을 보이는 경향을 보였다. 이러한 연구 결과가 말더듬 아동에게 가능한 한 질문을 하지 말라는 임상적 권고를 지지하지는 않는다. 그러나 아동과 대화하는 동안 부모의 말속도, 사용된 문장의 길이, 통사적 복잡성 및 화용적 특징 등을 분석하여 부모를 통한 간접치료 방법에 이용하기 때문에 이러한 화용적 측면 역시 진단에 포함되어야 한다.

5) 이중언어

한국사회에서도 다문화 아동이 증가함에 따라 언어치료사가 이중언어를 사용하는 말더듬 아동을 만날 가능성이 높다. 이중언어 아동이 말더듬을 보일 때, 언어치료사는 아동의 제2언어 습득 시기와 언어능력을 고려하면서, 과연 언어능력 문제로 인한 비유창성인가 아니면 일반적인 발달성 말더듬인가를 구별해야 한다. 이를 위해서는 언어치료사에게 이중언어 말더듬 아동의 비유창성 특성에 대한 이해가 필요하다.

과연 모국어 이외에 추가적으로 제2언어를 학습하면 말을 더듬을 확률이 높아지는가? 이와 관련된 연구는 매우 미약한 상태이다. Travis와 Johnson, Shover(1937)의 연구에 의하면 4,827명을 대상으로 분석한 결과, 이중언어 아동 집단의 말더듬 발생률(2.8%)이 단일언어 아동 집단의 발생률(1.8%)보다 높았다. 남아프리카 아동을 대상으로 연구한 Stern(1948)에 의하면 이중언어 아동의 2.16%, 단일언어 아동의 1.66%가 말더듬을 보였다.

이중언어 아동의 경우, 두 언어 중 능숙도가 낮은 제2언어에 노출이 되기 시작할 때 말더듬이 발생할 위험이 높다(Van Borsel, Maes, & Foulon, 2001). 하지만 말더듬이 발생할 확률은 제2언어의 노출 시점이 어릴수록 높다고 한다(Au-Yeung et al., 2000). 일반적으로 하나의 언어에서만 말을 더듬는 경우는 드물고 두 언어 모두에서 말을 더듬는다는 보고가 많다(Bernstein Ratner & Benitez, 1985; Nwokah, 1988). 말더듬 중증도는 모국어와 제2언어에 따라 다르지만 말더듬 유형과 분포는 비슷하며, 특히 언어발달이 충분히 이루어지기 전에 말더듬이 발생할 확률이 높다고 한다. 학령 전 한국어-영어 이중언어 아동(14명) 및 단일(한국어)언어 아동(14명)을 대상으로 연구를 실시한 이수복과 심현섭, 신문자(2007)에 의하면, 이중언어 아동이 단일언어 아동보다 3배 이상의 비유창성 빈도를 보였으며, 또한 간투사와 같은 정상적 비유창성 유형을 더 많이 보였다. 또한 이중언어 아동 집단은 우세언어(모국어)보다 비우세언어(제2언어)에서 더 많은 비유창성을 보였다. 나아가 표현언어 점수가 높을수록 비유창성 빈도가 적었으며, 제2언어에 노출된 연령이 어릴수록 비유창성 빈도가 높게 나타났다. 이러한 연구 결과는 이중언어 아동의 경우 단일언어 아동과 비교했을 때 비유창성의 양적 · 질적 차이가 있음을 시사한다. 따라서 단일언어 말더듬 아동을 진단할 때 사용하는 전형적인 말더듬 진단기준이 이중언어 아동의 말더듬 진단에 적용되는 것은 문제가 있다(Eggers, Van Eerdenbrugh, & Byrd, 2020).

　Fiestas 등(2005)에 의하면 비우세언어에서 비유창성을 더 많이 보이는 이유는 아동의 음운적 · 어휘적 · 의미적 능력이 충분히 발달하지 않았기 때문일 수도 있다. 한편, Starkweather(1987)의 요구-용량 모델(demand and capacity model)에 의하면, 아직 모국어의 발달이 온전히 이루어지지 않은 상태에서 2개의 언어적 환경이 아동에게 부과하는 인지적 · 언어적 운동능력, 정서적 요구(demand)를 아동이 감당할 수 있는 능력 또는 용량(capacity)을 초과하기 때문에, 아동의 말 산출 기제에 과부하가 걸려서 정상적으로 언어처리를 할 수 없어 더 많은 비유창성을 보인다고 추론할 수도 있다.

6) 심리정서요인

　심리정서 문제와 발달성 말더듬의 상관성에 대해서는 오랫동안 논의되고 있다. 즉, 말을 더듬는 사람들이 일반인들보다 심리정서적으로 더 불안정한가에 대한 답을 찾으려는 연구가 진행되어 왔다. 이에 관한 1950년대 연구에 의하면 말더듬 성인이 일반인에 비해 적응력에서는 차이가 없지만, 좀 더 불안하고, 긴장되어 있으며, 사회적으로 위축되어 있다고 한다(Goldstein, 1958). Sheehan(1958)은 정서장애로 진단된 사람들이 보이는 성격적 특성이 말을 더듬는 사람들에게서 관찰되지 않았다고 보고하였다. 따라서 심리정서요인이 말을 더듬게 하는 원인으로 보는 것은 경계해야 한다고 지적하였다.

　심리정서요인은 말더듬의 발생뿐만 아니라 유지 및 악화와도 관련된 중요한 요인이기 때문에 지속적으로 논의되어 오고 있다. 하지만 대부분의 연구는 말더듬 성인을 대상으로 하였고, 최근에 들어서 초기 말더듬 아동을 대상으로 연구가 진행되고 있다. 말더듬 성인을 대상으로 한 연구의 단점은 그들이 보이는 정서 문제가 긴 시간 동안의 말더듬 경험에서 발생한 것일 수 있기 때문에, 정서 문제가 말더듬의 결과이지 말더듬의 원인이라고 볼 수 없다는 것이다. 하지만 초기 말더듬 아동을 대상으로 한 연구는 아동이 말더듬에 대한 부정적인 정서반응을 할 수 있는 시간이 짧음으로 정서요인과 말더듬의 관련성을 신뢰성 있게 밝힐 수 있다.

　말더듬 아동의 정서와 관련된 연구에 의하면, 말더듬 아동은 일반 아동보다 새로운 환경자극에 더 민감하게 반응하고, 빨리 적응하지 못하며, 쉽게 산만해진다고 한다

(Schwenk, Conture, & Walden, 2007). 또한 말더듬 아동은 적절하지 못한 반응을 억제하는 능력이나 주의전환(attention shift) 능력이 일반 아동에 비해 많이 낮으며, 진행하고 있는 일을 중단시켰을 때 화를 많이 내는 특성을 보인다고 한다(Eggers, Luc, & Van den Bergh, 2010; Ntourou, Conture, & Walden, 2013). 한국의 취학 전 말더듬 아동의 기질(temperament)을 조사한 이은주와 심현섭(2007)의 연구에 의하면, 말더듬 아동 집단은 일반 아동 집단보다 적응성 요인에서 유의하게 낮은 점수를 보였다. 이 연구 결과는 말더듬 아동이 일반 아동에 비해 까다로운 기질을 갖고 있으며 새롭게 변화된 상황에 적응하는 데 어려움이 있음을 시사한다.

한편, 말더듬 빈도와 아동의 정서적 특성과의 관련성을 살펴본 연구(Choi et al., 2016)에 의하면 부정적 정서성 점수[아동행동검사(CBQ)에서 분노/좌절, 불편함, 공포, 슬픔 등의 점수합]와 말더듬 빈도는 서로 상관이 있다고 한다. 즉, 정서적으로 예민한 아동일수록 말을 더 많이 더듬는다는 것이다. 말더듬 아동이 어떠한 감정 상황에서 더 많이 더듬는지 알아보기 위해 한국의 학령기 말더듬 아동을 대상으로 연구한 결과에 따르면, 아동들과 게임을 하는 동안 인위적인 중립, 걱정, 기쁨, 좌절 상황 중 좌절 상황에서 가장 많은 말더듬을 보였다고 한다(김혜원, 2019). 정서적으로 예민한 아동의 경우 말을 더듬는 순간에 정서조절 능력이 부족하여 말더듬에 예민하게 부정적으로 반응함으로써 쉽게 통제불능감(feelings of loss of control)을 느낀다. 즉, 이러한 연구결과는 좌절 상황에 놓이면 말을 더 많이 더듬게 됨을 시사한다.

정서요인 중에서, 특히 말더듬과 불안(anxiety)의 관계는 지금까지 많은 연구가 시행되었지만 관련 연구 결과는 일관적이지 않다. 불안을 말더듬의 원인으로 보는 입장(Miller & Watson, 1992)과, 불안을 말더듬 원인이 아닌 말더듬의 결과로 보는 상반된 입장(Bloodstein, 1972)이 있다. 불안은 말더듬 발생과 발달에 중요한 영향을 미치고 있으나(Miller & Watson, 1992), 불안의 역할에 대한 명확한 증거가 발견되지 않고 있으며(Andrews et al., 1983; Bloodstein, 1987; Peter & Hulstijn, 1984), 말더듬과 불안의 관계성에 대한 이해가 부족한 실정이다(Craig et al., 2003).

말더듬과 불안의 관련성 연구의 방향은 다음 두 가지로 나눌 수 있다.

첫째 연구방향은 과연 불안이 말더듬 행동을 촉발시키는 데 기여하는가에 관한 것이다. 즉, 말을 더듬기 바로 전에 말을 더듬는 사람들의 불안감이 고조되었기 때문에 말을 더듬는다는 것을 증명하는 것이다. 하지만 말더듬과 불안의 관련성에 대한 연구 결과는 일관적이지 못하다.

둘째 연구방향은 말을 더듬는 사람들이 일반인들보다 심한 불안감을 가지고 있는가에 관한 연구이다. 말더듬 아동의 불안에 관한 연구는 말더듬 성인의 연구보다 늦은 1990년 대부터 시작되었다. 말더듬과 불안의 관계에 대한 연구가 많이 있으나 연구 결과는 일관적이지 않으며, 연구방법 측면에서 문제가 있음이 지적되어 왔다. Iverach 등(2016)은 7~12세 말더듬 아동 집단과 성별과 연령을 통제한 일반 아동 집단을 대상으로 구조화된 진단면담(structured diagnostic interview)을 통해 심리검사를 실시한 결과, 일반 아동 집단의 경우 5% 정도만 사회불안장애(social anxiety disorder)를 보였고, 반면에 말더듬 아동집단의 24%가 사회불안장애를 보였다. 사회불안장애를 보인다는 것은 사회성이 부족하고, 제대로 눈맞춤을 하지 못하며, 회피행동을 한다는 것을 의미한다. 따라서 이 문제에 대한 적절한 치료를 받지 않으면 말더듬 증상이 악화될 수 있으며, 치료효과가 제한적일 수 있다. 따라서 이러한 연구 결과는 말더듬 아동을 평가할 때 사회불안장애의 유무를 확인해야 하며, 만일 확인되면 사회불안장애를 해소해야만 말더듬 치료효과를 장기적으로 유지할 수 있음을 시사한다.

국내에서 실시된 말더듬 아동의 불안에 관한 연구(김우정, 이수복, 심현섭, 2014)는 학령기 말더듬 아동(말더듬 중증도 약함 12명, 중간 12명, 심함 12명)과 일반 아동 각 36명씩, 총 72명과 말더듬 아동 어머니 36명을 대상으로 학령기 말더듬 아동과 일반 아동의 불안특성과 의사소통태도를 비교하였다. 연구 결과, 말더듬 아동 집단이 일반 아동 집단보다 유의하게 높은 불안점수 및 부정적 의사소통태도를 보였다. 말더듬 아동 집단은 말더듬 중증도에 따라 불안점수와 의사소통태도 점수가 뚜렷하게 변화하지 않았다. 하지만 말더듬 아동의 불안점수가 높으면 의사소통태도가 부정적이었으며, 어머니의 불안점수가 높아졌다. 따라서 이러한 연구 결과는 말더듬 아동의 외현적 말더듬 중증도가 심하지 않더라도 불안 수준이 높고 의사소통태도가 부정적일 수 있으며, 학령기 말더듬 평가 시 아동 및 어머니의 불안이 동시에 고려되어야 하며, 이러한 측면이 치료 시에도 반영되어야 함을 시사한다.

한편, 학령기 말더듬 아동의 불안점수와 어머니의 불안점수 사이에 상관성이 있다는 이 연구의 결과는 말더듬 아동 어머니가 일반 아동 어머니보다 더 많은 두려움과 걱정을 보인다는 선행연구(이은주, 심현섭, 2007)에 기초해 보면, 말더듬 아동의 불안에 관련된 문제는 아동 개인의 차원보다는 부모 및 양육환경 등을 고려하여 접근해야 한다는 임상적 시사점을 제시한다.

말더듬 성인의 불안에 관한 연구는 오랫동안 실시되어 왔다. Bloodstein과 Bernstein Ratner(2008)에 의하면, 불안에 관한 기존 연구의 절반 정도는 말더듬 성인의 불안 정도가 일반인들과 비교했을 때 유의한 차이가 없다고 보고하였다고 한다. 하지만 Ezrati-Vinacour와 Levin(2004)에 의하면 말더듬은 불안감을 상승시킬 수 있으며, 상당수의 말더듬 성인이 일반인보다 높은 수준의 불안감을 보이지만, 말을 더듬는 사람들의 불안 수준은 동일하지 않고 높은 수준부터 아주 낮은 수준까지 광범위하다. 한편, 일부 말더듬 성인은 사회적 생활에서 일반 성인에 비해 높은 불안감을 보이지만, 사회공포(social phobia)에 해당하는 높은 불안 수준은 아니라고 한다. Ezrati-Vinacour와 Levin(2004)은 말더듬 성인이 보이는 불안감은 선천적인 것보다는 장시간 동안 쌓인 부정적인 말더듬 경험과 관련이 있는 것으로 볼 것을 제안하였다.

3. 말더듬 이론

1930년대에 들어서기까지 말더듬의 원인에 대해 생물학적 · 정신분석학적 관점이 주를 이루었다. 특히 이 시기에는 말더듬을 학습된 행동으로 보는 견해가 지배적이었다. 하지만 1930년대부터 아이오와 대학교에서 심리학적 배경을 갖고 말더듬 분야를 연구하는 사람들이 많이 배출되었다. 정신분석학적 관점은 지속적으로 관심을 받지 못하고 있으나, 생리학적 연구는 뇌의 영상기술이 발달함에 따라 말을 더듬는 성인 및 아동 뇌의 구조적 · 기능적 차이점을 밝히려는 연구가 지속되고 있으며, 언어심리학의 발전에 힘입어 말을 더듬는 사람들의 말 · 언어처리 능력에 관련된 이론들도 지속적으로 제기되고 있다.

현재 많은 일반인은 말더듬이 심리적인 문제가 있기 때문에 발생한다고 생각하고 있다. 하물며 말을 더듬는 성인과 소아과 의사도 이렇게 생각하는 경향이 많다고 한다(Yairi & Carrico, 1992). 기존의 말더듬 이론은 말더듬의 원인에 대한 접근법이 다양하지만, 이 장에서는 편의상 심리정서이론(psychoemotional theory), 심리행동이론(psychobehavioral theory), 심리언어이론(psycholinguistical theory) 및 생리학 이론(physiological theory)으로 나누어 기술하였다. 심리정서이론은 말더듬이 부적응과 관련된 심리적 문제, 즉 심리적 외상(trauma), 정서적 불안정 또는 성격의 문제로 발생할 수 있다고 본다. 심리행동이론은 말더듬이 일상적 습관처럼 점진적으로 학습된 행동이라는 입장을 취한다. 심리언어이론은 말더듬을 말 · 언어 산출의 기저에서 작용하는 인지 체계(cognitive system)와 관련하여 설명하려고 하며, 단어 인출(word retrieval) 또는 음운 및 언어 처리 능력(phonological and lingustic processing)과 말더듬의 연관성을 규명하려고 한다. 마지막으로 생리학 이론에서는 말더듬이 말을 산출하는 동안 좌반구 지배력의 약화 또는 호흡, 조음, 발성기관의 협응이 정상적으로 이루어지지 않는 것과 관련이 있다고 본다. 이 장의 마지막 부분에서는 말더듬의 심화이론 파트를 마련하여 말더듬에 대한 신경, 심리 및 운동생리학적 측면에 관련된 말더듬 이론을 소개하였다.

1) 심리정서이론

(1) 심리분석이론

이러한 입장은 Freud의 정신분석학의 영향을 받아 1920년대에 시작하여 1950년대 절정에 도달했다. 이 당시에 말더듬 치료는 주로 의사들에 의해 이루어졌는데, 일부 의사들은 말더듬에 대한 정신분석학적(psychoanalystic) 견해를 갖고 있었다. 이들의 기본 입장은 만일 사람들이 위협이나 트라우마를 경험하면 무의식 차원에서 억눌려 있는 것들이 의식적인 차원에서 생각이나 행동으로 표출된다는 것이다. 이들은 말더듬 행동을 신경증(neurosis)으로 보았으며, 억눌려 있는 무의식적 갈등(unconscious conflict) 때문에 발생한다고 보았다. 즉, 마음속 깊은 곳에 있는 심리적 문제가 밖으로 표출된 것이라고 보았다. 갈등의 진원지가 어디인가에 대해서 많은 의견이 제시되었다. 예를 들면, Coriat(1928)은 아동의 심리 발달이 정상적 단계로 진행되지 않고 구강기(oral stage)에 고착(fixation)되어 있기 때문이라 보았다. 즉, 말더듬은 무의식적 갈등을 해결하려고 할 때 나타난다고 본다. 좀 더 자세히 살펴보면, 어린 시절 나이에 비해 사회적으로 용인되지 않는 유아적 빨기행동(infantile sucking)를 계속하고 싶은 욕망과 더 적절한 행동이 필요한 상황 간의 갈등을 해결하려는 과정에서 외적으로 나타나는 상징적 증상(symbolic symptom)이라고 본다. 한편, Fenichel(1945)은 아동이 항문기(anal stage)의 욕구가 채워지지 않아서 대신 구강근육의 움직임을 통해 해결하려는 과정에서 말더듬 증상이 나타난다고 보았다.

또 다른 갈등의 원인은 부모와의 관계가 적절하게 형성되지 못하였을 때 말더듬이 발생할 수 있다고 본다. 예를 들면, 말더듬의 원인을 권위적인 아버지와의 관계설정 문제(Clark & Snyder, 1955)로 보거나 또는 부모의 과잉보호(Murphy & FitzSimmons, 1960)에서 찾는 학자들도 있었다. Travis(1957)은 유아의 기본적 욕구와 이러한 아동의 욕구에 대한 부모의 억제 사이에서 갈등을 해결하기 위한 과정 중에 말더듬 증상이 발생한다고 보았다.

정리해 보면, 정신분석학적 입장에서는 말더듬 증상을 부모와의 관계 속에서 무의식적 욕망이 의식적으로 표출되는 과정에서 나타나는 것으로 본다. 하지만 이는 초기 말더듬에 대한 입장으로 현재는 많은 지지를 받지 못하고 있는 실정이며, 또한 이러한 이론에 근거하여 치료를 했을 때 과연 얼마나 치료효과가 있었는가에 대한 사례가 부족하여 과학적으로 증명하기 어렵다.

(2) 의사소통-정서 말더듬 모델

최근에는 말더듬 아동을 대상으로 정서와 말더듬의 연관성에 대한 연구가 진행되고 있다(Conture & Walden, 2012; Johnson et al., 2010). 특히 학령전기 말더듬 아동에 대한 관심이 많아지고 있는데, 이는 말더듬이 아동기 초기부터 나타나기 시작하고 이 시기는 자신의 말에 대한 여러 가지 반응과 경험이 학습되기 이전이기 때문이다.

말더듬과 정서의 관계에 대해 주목하면서, Conture 등(2006)은 말더듬과 정서에 대한 의사소통-정서 말더듬 모델(Communication-Emotional Model of Stuttering: C-E 모델)을 제시하였다. 이 모델에 따르면 말 · 언어 계획과 산출은 정서반응성(emotional reactivity)과 정서조절(emotional regulation)과 같은 요인의 방해를 받아서 비유창성이 악화될 수 있다고 보았다. 말더듬 아동은 말을 더듬는 경험을 많이 할수록 정서반응성과 함께 자신의 정서를 조절하려고 시도한다. 이러한 정서조절의 시도로 자신의 정서를 안정시키거나 말에 대한 부정적 반응을 조절한다. 예를 들면, 말을 더듬으면 문장의 길이를 짧게 산출하거나 발화량을 줄이고 목소리 음도를 낮추는 등의 조절을 하게 된다. 따라서 이 모델은 정서반응성과 정서조절이 말더듬을 발생시키는 원인이 아니며, 말더듬의 양적인 측면에서뿐만 아니라 질적 측면에도 영향을 준다고 보았다.

이 결과를 종합해 보면, 말더듬 아동과 일반 아동 집단 간의 정서처리에 대한 차이가 있을 수 있으며, 이러한 정서처리의 차이가 말더듬 아동의 비유창성에 영향을 준다는 것을 알 수 있다.

2) 심리행동이론

(1) 진단착오이론

진단착오이론(diagnosogenic theory)은 미국 아이오와 대학교의 Wendell Johnson에 의해 1950년대에 제시된 이론이다(Johnson & Associates, 1959). 이 이론의 요점은 "말더듬은 아동의 입에서 시작되는 것이 아니라 부모의 귀에서 시작된다(Stuttering begins, not in the child's mouth, but in the parents' ear)."라는 문장에 잘 나타나 있다. 즉, 이 이론은 말더듬의 원인을 아동에게 두기보다는 아동의 말을 과도하게 걱정하는 부모에게 원인이 있다고 보았다. Johnson은 이에 대한 증거로서 말더듬 아동과 일반 아동의 부모 보고를 통해 말더듬의 가장 초기 증상으로 나타난 유형을 비교한 결과, 두 집단 간에 유사성이 많았다는 것을 제시하였다. 즉, 비유창성 유형에는 차이가 없는데 말더듬 아동의 부모가 일반 아동의 부모와 다르게 반응했다는 것이다.

Johnson은 말더듬 아동의 부모는 엄격하고 완벽주의적이며, 과보호를 하는 경향이 있다고 보았다. 아동에 대한 부모의 기대 수준이 높기 때문에 부모는 일반 아동들에서 보이는 소위, 정상적 비유창성(normal disfluency)에 대해 부정적으로 반응하게 된다. 한편, 아동은 부모가 싫어하는 비유창성을 피하기 위해서 노력하지만 실패하고 결국은 말을 더듬게 된다. 당시 Johnson은 정상적 비유창성과 말더듬(stuttering)이 어떻게 구별되는가에 대한 관심이 많았다. Johnson은 아동에 의해 산출된 말은 말더듬이라기보다는 실제로는 정상적 비유창성인데, 부모가 정상적 비유창성을 말더듬이라고 잘못 진단하여 아동의 말에 대해 부정적인 반응을 했기 때문에 아동이 말을 더듬게 된다고 가정하였다.

진단착오이론의 입증은 아동의 말에 대한 부모의 모든 반응을 관찰할 수 없기 때문에 과학적으로 검증하기는 쉽지 않다. 임상적인 측면에서 보면 진단착오이론은 오랫동안 잘못 이해되어, 부모는 아동의 비유창성에 대해서 전혀 반응하지 말아야 한다고 제안하였으며, 또한 초기 말더듬에 대한 직접적 치료(direct therapy) 기회도 제공하지 않는 부정적인 결과를 초래하였다. 그러나 이 이론은 최근의 부모의 역할이 강조되고 있는 말더듬 예방, 진단 및 직접치료의 이론적인 뒷받침이 되어 준다는 긍정적인 측면도 간과할 수 없다.

(2) 학습행동으로서 말더듬

말더듬을 학습행동(learned behavior)이라고 보는 증거는, 말을 더듬는 사람에게 동일한 읽기문단을 여러 차례 연속적으로 소리 내어 읽으라고 요구했을 때, 반복횟수가 늘어감에 따라 말더듬의 빈도수가 감소한다는 것이다. 5회 정도 반복하여 읽으면 2~3회에서는 말더듬 빈도가 50% 이상 감소하고 4~5회에 점차적으로 감소한다고 한다. 이러한 현상을 적응효과(adaptation effect)라고 부른다(Wischner, 1950). 이렇게 말더듬 빈도가 감소하는 이유는 읽기문단의 친숙도가 증가하였기 때문만 아니라 반복적인 조음-성대운동 및 감각훈련(articulatory-vocal movement-sensory)을 통한 훈련효과일 수도 있다.

이러한 입장에서는 말더듬을 '불안에 의해 동기화된 학습된 회피반응(a learned anxiety motivated avoidance response)'라고 정의한다. 말을 더듬을 것이라고 예측되면 불안감은 증폭된다. 만일 말을 더듬는 사람이 자주 더듬는 '어려운 단어'를 회피하지 않고 접근을 한다면 유창한 말이 산출될 것이라고 본다. 하지만 말을 더듬는 사람들은 이렇게 생각하지 않는다. 즉, 예전의 습관대로 말을 하여 말이 막히면, 순간적으로 자신의 불안감이 감소하는 이득을 얻기 때문이다. 이 경우 말을 더듬는 행동이 대화 상대자에게 표출이 되었기 때문에 일종의 사회적 불이익은 있을 수 있다. 하지만 말을 더듬는 사람들은 자신의 불안감을 감소시키는 것이 자신에게 더 중요하다고 생각한다는 것이다. 이러한 이론적 입장에 기초한 말더듬 치료는 말을 더듬는 사람으로 하여금 말을 회피하려고 하는 습관적 행동을 점차 약화시켜 궁극적으로 소거(extinction)하는 과정을 의미한다.

(3) 접근-회피 갈등으로서 말더듬

이 입장은 1953년 Sheehan에 의해 제기된 이론으로 말을 하고 싶어하는 욕구(접근)와 조용히 있으려고 하는 욕구(회피) 사이의 갈등에서 말더듬이 발생한다고 본다. 회피욕구가 접근욕구보다 더 클 때, 말을 더듬는 사람은 말을 하지 않고 조용히 있는다. 반면에 접근욕구가 상대적으로 더 크면 유창하게 말을 하게 된다. 하지만 두 개의 욕구가 평형을 이루는 상태일 때 말을 더듬게 된다고 본다. 말하기를 회피하려는 이유로는 단어 및 상황에 대한 공포, 말하려고 하는 내용에 대한 죄의식 또는 불안감, 청자와의 불편한 관계 이외에 여러 가지 심리적 요인이 있을 수 있다. 말더듬 치료를 할 경우, 말을 더듬는 사람으로 하여금 말을 회피하려고 습관을 버리게 함으로써 말을 하려고 하는 접근욕구가 회피욕구보다 상대적으로 커지게 하는 것이 치료 목표가 될 수 있다.

(4) 조건화 반응으로서의 말더듬

말더듬 행동을 조건화된 반응(conditioned response)으로 보는 입장이다. 예를 들면, 아동이 "지금 지금 갈게요."라고 편안하게 말을 더듬을 경우에는 아동 자신도 자신의 비유창성을 스스로 인식하지 못하고 있기 때문에 정서적으로 부정적인 영향을 받지 않는다. 하지만 비유창성 정도가 "즈즈 지지지금 가가갈게요."라고 말을 할 정도로 악화된다면 아동은 부정적인 정서반응을 보인다. 즉, 두렵고 불안해하며, 근육이 긴장되며 손에 땀이 나고 호흡도 불규칙해진다. 이러한 부정적인 정서반응은 정상적인 말운동을 방해한다. 또한 이러한 경험을 지속적이고 반복적으로 하게 되면, 아동은 말이 막히자마자 즉시 불안해지고 근육이 긴장하게 되어 말을 더듬게 된다. 이렇게 말더듬이 부정적인 정서반응과 짝(paring)을 이룬 상태를 조건화(conditioning)되었다고 한다. 이러한 조건화는 특정한 사람뿐만 아니라 특정한 단어 및 상황이 될 수도 있다. 예를 들면, 아동의 비유창성에 항상 부정적으로 반응하는 부모 앞에서는 항상 불안하여 말을 더듬거나, 특정한 단어에서 항상 더듬거나 또는 전화를 걸 때 항상 더듬는 경우이다. 하지만 조건화가 말을 더듬는 모든 사람에게 동일하게 나타나는 것은 아니다. 특히 말을 더듬는 아동의 경우, 기질(temperament)의 특성에 따라서 개인적인 차이를 보일 수 있다. 예를 들면, 기질적으로 불안에 취약한 아동은 그렇지 않은 아동보다 좀 더 쉽게 말더듬이 발생할 확률이 높다.

(5) 조작적 행동으로서 말더듬

이 입장은 아동의 비유창성 발달 과정이 청자가 말더듬에 어떠한 반응을 나타내는가에 달려 있다고 본다. 예를 들면, 부모가 아동이 말을 더듬을 때 아동에게 "말을 멈춰!"라는 언어적 처벌 또는 얼굴 찡그림과 같은 부정적 반응을 한다면 비유창성은 감소할 것이다. 반면에 아동이 말을 더듬었을 때 부모로부터 이전보다 더 많은 관심을 받게 된다는 것을 알아차린다면, 말더듬 행동이 부모가 더 관심을 갖게 하는 일종의 보상으로 작용하여 궁극적으로 아동의 비유창성 빈도가 증가할 수도 있다. 이러한 예를 설명하기 위해서는 정적 강화와 부적 강화라는 개념에 대한 이해가 필요하다. 특정행동의 출현 빈도가 증가하면 정적 강화(positive reinforcement)가 이루어졌다고 보고, 반면에 빈도가 감소하면 부적 강화(negative reinforcement)가 이루어졌다고 본다. 즉, 보상에 따라 행동의 출현 빈도가 증가하거나 감소한다. 말더듬에 대한 부모의 언어적 처벌 또는 찡그림은 말더듬 빈도를 줄이는 기능을 했기 때문에 부적 강화의 역할을 한 것이다. 하지만 이러한 입장의 약점은 말더듬의 역동성을 간과하여 말더듬을 단순화된 행동으로 보았기에 유창성을 증진시키는 상황을 설명하기 어려우며, 말더듬이 왜 학령전기에 시작되는가에 대한 설명을 할 수 없다는 것이 이 입장의 한계이다. 하지만 말더듬 치료에 응용되는 행동수정기법(behavior modification technique)의 이론적 기초를 제공하는 것에 임상적 시사점이 있다. 청자의 반응에 따라 단어 반복과 같은 초기 비유창성 유형은 단어 내 반복과 연장과 같은 중증의 유형으로 발전될 수도 있다고 본다.

한편, 이 입장은 말을 더듬는 동안 관찰될 수 있는 다양한 탈출행동 및 회피행동의 발생 과정을 설명하는 데 적용될 수 있다. 이러한 조건화를 조작적 조건화(operant conditioning)라고 말하는데, 이 경우에는 보상(reward)이 따르게 된다. 말을 더듬는 사람들은 말을 더듬는 순간을 빠져나오기 위해 고개를 젖히거나 또는 눈을 깜박이는 행동을 보인다. 이러한 행동을 탈출행동(escape behavior)이라고 지칭하는데, 말을 더듬는 사람들이 이러한 탈출행동을 지속적으로 보이는 이유는 탈출행동을 통해 견디기 힘든 말더듬 순간(the moment of stuttering)에서 빠져나오려 하기 때문이다. 즉, 순간적인 말의 막힘에서 벗어날 수 있게 하는 일종의 보상이 제공되었기 때문이다. 말을 더듬는 사람이 보이는 다른 학습행동으로는 회피행동(avoidance behavior)이 있다. 회피행동의 유형에는 특정한 의사소통 상황을 회피하거나 또는 말을 더듬을 것 같은 특정 단어 또는 말소리를 쉬운 단어/말소리로 대치하는 행동 등이 있다. 임상적인 측면에서 탈출행동이나 회피행동은 모두 감소되거나 소거되어야 하는 행동이다. 하지만 오랫동안 학습된 행동이라 소거하기는 쉽지 않다.

(6) 2요인이론

이 이론은 Brutten과 Shoemaker(1967)에 의해 제시된 이론으로, 앞에서 언급한 고전적 조건화(traditional conditioning)와 도구적 조건화(instrumental conditioning)가 모두 말더듬에 기여한다고 주장한다. 이 2개의 조건화는 실제로 서로 분리할 수 없다. 말더듬의 핵심행동, 즉 연장과 반복은 고전적 조건화에 의해 발생한다고 본다. 초기 말더듬은 말더듬에 대한 공포와 불안과 같은 자율신경계가 동원된 고전적 조건화에 의해 형성된다고 본다. 예를 들면, 우리가 너무 놀라거나 당황할 때 자동차 문을 열지 못하고 계속 반복된 행동을 하는 것과 같이, 강한 불안이 특정 사람과 짝을 이루어 조건화되면 말더듬과 유사한 비유창성이 유발된다. 반면에 눈깜박임, 머리 젖히기와 같은 이차적 말더듬 행동은 말더듬 순간에서 빠져나오는 보상, 즉 도구적 조건화를 통해 형성된다고 본다. 이 이론의 단점은 말을 더듬는 모든 사람이 보이는 말더듬 행동이 불안과 연결되는 것은 아니며, 발달성 유창성장애는 항상 불안과 연결되어 발생하지 않는다는 것이다. 하지만 불안과 공포를 보이는 말더듬 사례는 체계적 둔감화(systematic desensitization)와 같은 방법으로 말더듬 빈도를 감소시킬 수 있다는 임상적 시사점을 제시한다. 실제로 과거에는 말더듬의 빈도를 감소시키기 위해 말더듬이 발생하면 즉시 큰 소음을 제시하거나 또는 전기쇼크를 주는 방법이 사용되기도 하였다.

(7) 예상투쟁이론

Bloodstein(1975)이 제안한 이론으로, 말더듬은 아동의 만성적인 의사소통 실패에 대한 부정적 반응으로 인해 발생한다고 본다. 부정적인 반응은 아동과 부모 모두에게서 찾을 수 있다. 예를 들면, 부모는 아동의 의사소통 행동에 대해 부정적 평가를 하거나 또는 정상적 비유창성을 말더듬으로 지칭하는 것을 들 수 있다. 한편, 아동은 말하는 것이 어렵다(Speech is difficult)고 생각하거나 또는 말하는 것에 대해 외적 스트레스를 받게 된다. 대표적인 외적 스트레스로는 아동의 말·언어에 대한 부모의 지나치게 높은 기대를 예로 들 수 있다. 이러한 부정적 반응을 지속적으로 경험한 아동은 말을 해야만 하는 상황에서 말이 잘 나오지 않을 것이라고 예측(anticipatory)하게 된다. 이와 같은 생각이 들면 말을 하려고 하는 순간에 근육이 긴장되어 결국은 말의 흐름이 끊어진다. 이러한 말의 끊김 현상은 낱말 차원뿐만 아니라 구 또는 절의 시작에서도 발생할 수 있다.

Bloodstein의 이론은 말더듬의 출현 및 발달에 아동과 부모 모두가 원인으로 작용하고 아동 말더듬의 진단 및 치료 시 아동뿐만 아니라 부모도 고려되어야 함을 시사한다(Zebrowski & Kelly, 2002). 이 이론의 임상적 시사점은 다음과 같다. 첫째, 어린 아동의 말더듬 치료를 위해 부모가 아동의 말에 반응하는 방식을 개선하기 위해서 부모상담이 필요하고, 또 아동 스스로가 자신의 말에 대해 자신감을 갖도록 해야 하며, 둘째, 말을 하는 것이 어렵다는 부정적인 아동의 생각을 탈학습화(unlearning)하는 과정이 요구된다.

3) 심리언어이론

말더듬에 대한 언어학적 시도는 말더듬이 문장의 어느 부분에서 일어나는가에 대한 규칙을 찾는 Brown(1945)의 연구에서 시작되었다고 할 수 있다. Brown은 말더듬 성인의 발화를 분석하면서 말더듬이 기능어(function word)보다는 내용어(content word)에서, 즉 명사, 동사, 형용사 및 부사에서 더 많이 발생한다는 것을 관찰하였다. 또한 길이가 짧은 단어보다는 긴 단어에서, 초성이 모음으로 시작되는 단어보다는 자음으로 시작되는 단어에서 더 많이 더듬으며, 문장의 끝보다는 시작점에서 말더듬이 많이 일어나는 것을 확인하였다. 말더듬 발생과 관련이 있는 이러한 요인들은 서로 독립적인 것이 아니라 서로 연관되어 있다고 본다(Quarrington, 1965; Soderberg, 1967). 즉, 대부분의 내용어는 단어 길이가 기능어보다 길며, 또한 모음보다는 자음으로 시작되는 경우가 많기 때문이다. 이러한 요인 이외에 전달해야 할 내용에 매우 중요한 정보가 포함된 경우나, 친숙하지 않은 단어나 조음 복잡성이 높은 단어, 강세가 있는 음절에서 많이 더듬는 경향을 보인다. 최근 한국어권 말더듬 아동 10명과 영어권 말더듬 아동 11명을 대상으로 하여 그림장면이나 글씨 없는 책을 보면서 수집한 발화를 분석하여 두 집단 간 말더듬의 위치(the loci of stuttering)에서 차이가 있는가를 비교하였다(Choi et al., 2020). 연구 결과, 한국어권 말더듬 아동은 내용어에서 더 많은 말더듬을 보였으며, 영어권 아동은 기능어에서 더 많은 말더듬을 보였다. 또한 두 언어권 아동 모두 발화시작 부분의 단어에서 더 자주 말을 더듬었다. 이러한 언어권 간의 차이는 한국어와 영어의 통사적 구조의 차이에서 오는 것으로 본다. 즉, 한국어권 아동의 발화 시작 부분의 단어 중 73.6%가 내용어였고, 영어권 아동의 발화시작 부분의 단어 중 85.37%가 기능어였다. 따라서 이러한 연구 결과는 내용어 및 기능어에 따른 말더듬 빈도의 차이는 언어권마다 다를 수 있지만, 발화 시작 부분에서의 말더듬 빈도는 언어에 상관없이 공통적인 현상으로 볼 수 있음을 시사한다.

하지만 이러한 말더듬 빈도의 규칙성이 8세 이전의 아동에게는 적용하기 어렵다고 본다. 즉, 이 연령대의 아동은 기능어에서, 짧은 단어에서, 모음으로 시작되는 단어에서도 말더듬을 보인다고 한다(Bloodstein & Grossman, 1981; Natke et al., 2004). 이러한 언어적 요인과 말더듬 발생의 높은 상관성은 아동의 말 산출에 언어적·운동적 측면에서 높은 요구(demand)가 부가될 경우 말더듬이 발생할 수 있음을 시사한다.

이후 말더듬에 대한 체계적인 심리언어학적 접근은 Wingate(1988)에 의해 제시되었다. Wingate는 말더듬에 관한 언어학적·신경학적 연구들을 종합하여, 말더듬은 뇌의 좌반구와 우반구의 기능이 동시에 작동하지 못하기 때문에 발생하는 것으로 보았다. 또한 말을 더듬는 사람들은 단어의 첫음절을 산출할 때 자음, 모음 및 운율에 관한 음성학적 계획(phonetic plans)이 동시에 세워지지 못해 음운 부호화(phonological encoding)가 정상적으로 이루어지지 않아서 말을 더듬게 된다고 보았다. 따라서 말을 더듬는 사람들의 경우, 자음과 모음의 연결이 부드럽게 연결되지 못한다고 보았다.

심리언어이론을 이해하기 위해서는 우선 정상적인 말 산출이 어떠한 과정에 걸쳐 이루어지는가를 살펴볼 필요가 있다. 말 산출 과정은 크게 두 개의 과정으로 볼 수 있다. 첫째는 말하려고 하는 발화의 골격(skeleton)을 세우는 과정이고, 둘째는 골격에 살(flesh)을 입히는 과정이다. 골격을 세우는 과정에서는 적합한 어휘를 선택하고 문장의 통사적 구조를 설계한다. 다음으로 살을 입히는 과정에서는 선택된 어휘와 문장을 상대방이 이해할 수 있도록 음운부호화가 이루어져야 하고, 동시에 적합한 운율을 채택하여 실제로 말을 산출하게 된다. Levelt(1989)의 정상적 말 산출 모델은 다음에서 언급되는 말더듬 이론에서 언급되는데, 이 모델은 말 산출 단계를 화자가 표현하고자 하는 개념을 구체화하는 개념화 단계(conceptualization), 말하려고 하는 생각을 언어라고 하는 형식에 담고 그것을 음운부호화를 통해 음성학적 계획이 세워지는 형성 단계(formulation), 마지막으로 음운 계획이 실현되는 조음 단계(articulation)로 나누어 보았다.

(1) 내적 수정 가설

내적 수정 가설은 Levelt(1989)의 정상적 말 산출 모델에 기초를 둔 심리언어이론으로서 Postma와 Kolk(1993)가 제안하였다. 내적 수정 가설은 Levelt 모델의 모니터링(monitoring) 개념을 도입하였다. 이 가설은 말을 하는 동안 화자는 자신의 말이 제대로 계획되고 산출되는가를 계속해서 모니터하며 만일 오류가 발견되면 이 오류를 수정한다고 본다. Levelt에 의하면 모니터링은 내적 모니터링과 외적 모니터링으로 나눌 수 있다. 외적 모니터링은 이미 산출된 말이 음운론적으로, 의미론적으로, 문법적으로 올바로 산출되었는가를 판단하는 과정을 의미한다. 내적 모니터링은 음운 계획 단계 이전, 즉 말 산출 이전에 언어적 오류가 있는가를 확인하는 과정을 말한다.

말을 하려면 우선 화자는 자신이 의도한 발화의 내용과 형식이 적절한가를 내적으로 모니터하는데, 이 단계에서 발견된 오류를 '내적 오류(covert error)'라고 부른다. 반면에, 이미 음운 계획이 실행되어 발화가 산출된 후에 오류가 발견되면, 이 오류는 '외적 오류(overt error)'라고 한다(Postma & Kolk, 1993). 이 가설에서는 만일 음성학적 계획(phonetic plan) 단계에서 내적 오류가 발견되면 화자는 오류를 수정하려고 하는데, 이 과정에서 비유창성이 발생한다고 본다. 이 가설은 일반인들이 보이는 이러한 오류수정 과정을 '정상적 반응'이라고 본다. 따라서 이 가설은 말더듬을 장애(impariments)라고 보지 않고 잘못된 음성학적 계획(phonetic plan)을 수정(repair)하려고 하는 '정상적 반응(normal reaction)'이라고 본다.

내적 수정 가설에 따르면 내적 오류가 발견되어 수정하려고 할 때, 화자는 '다시 시작하기 전략(restart strategy)'과 '지연전략(postponement strategy)'을 사용한다(Postma & Kolk, 1993). '다시 시작하기 전략'은 발화를 산출하기 전에 바로 계획된 발화로 거슬러 올라가서 잘못된 부분을 바로 잡는 방법이다. 이 전략을 사용할 때 화자는 어디까지 역추적(retracing)을 해야 하는가를 결정해야 한다. 만일 의미론적 · 통사론적 수준에서 오류가 발생했으면 구(phrase) 또는 단어(word)의 시작점에서 발화를 다시 시작하며, 만일 음소적 오류가 발견되면 음절의 시작점에서 다시 시작한다. 이러한 과정에서 나타나는 비유창성 유형은 구 반복, 단어 반복 또는 음절 반복이다. Levelt(1989)에 의하면 대부분의 오류 수정은 이러한 역추적 과정을 통해 이루어진다.

반면에 지연전략은 아직 실행되지 않은 음성학적 계획 단계에서 오류가 발견될 때 사용되는 전략이다. 이 전략에서는 계획오류를 수정하기 위해 발화가 산출되기 전에 첫음절을 길게 늘리거나 또는 첫음절 산출 후 조음운동을 0.2초 이상 길게 멈추어서 묵음 휴지(silent pasue) 기간을 확보한다.

일반인과 말을 더듬는 사람들이 보이는 내적 수정 과정의 차이는 어떻게 다른가는 비유창성 유형의 분포에서 확인할 수 있다. 말더듬 성인은 일반인보다 더 많은 말소리 및 음절 반복을 보이지만, 단어 및 구 반복에 있어서는 빈도수가 비슷하다(Wingate, 1988). 이은주와 심현섭(2003)의 연구에 의하면, 앞서 언급한 '다시 시작하기' 및 지연전략 모두 정상 성인 집단보다 말더듬 성인 집단에서 유의미하게 많이 사용된다고 한다. 지연전략으로 정상 성인 집단 및 말더듬 성인 집단 모두 삽입어를 가장 많이 사용하지만, 말더듬 성인이 삽입어를 훨씬 더 많이 사용한다고 한다.

이 가설은 정상인의 말 산출 모델에 근거하여 음절 반복, 막힘과 같은 말더듬 행동이 어떻게 발생하는가를 이론적으로 설명하는 것에 학문적 의의가 있다. 또한 이 가설은 말더듬과 음운부호화 능력(phonological encoding skills)의 발달이 관련이 있는 것으로 본다. 하지만 이 가설은 왜 모든 아동이 말더듬 행동을 보이지 않고 일부 아동에게만 나타나며, 어떤 아동에게서는 말더듬 현상이 자연적으로 회복되고 어떤 아동에게서는 지속되는가에 대한 설명을 제공할 수 없다. 또한 초기 말더듬에서 성인 말더듬으로 어떻게 발전되는가를 설명할 수 없다는 한계점이 있다. 이 가설의 임상적 시사점은 아동에게 말할 때 천천히 말을 하게 하여 충분한 시간을 제공함으로써 올바른 음성학적 계획이 가능하도록 하여 유창성을 증진시킬 수 있다는 것이다.

(2) EXPLAN 이론

이 이론은 Howell과 Au-Yeung(2002)이 앞에서 언급한 내적 수정 가설을 발전시킨 이론이다. 이 이론은 내적 수정 가설과는 대조적으로 말 산출 과정에서 언어처리과정과 운동처리과정은 서로 독립적으로, 병렬적으로 진행된다고 본다. 또한 산출된 말에 오류가 있는가를 확인하고 수정하기 위한 모니터링 과정과 피드백 과정을 중요하게 생각하지 않는다. 왜냐하면 말 산출 과정에서 나타나는 모든 오류를 모니터링하는 경우는 아주 드물고 또한 비효율적인 말 산출 방법이라고 생각하기 때문이다. 이 이론은 말 산출의 과정을 계획 단계(PLAN)와 계획된 사항을 실행하는 단계(EX)로 나눈다. 계획 단계에서는 내적으로 언어-인지 시스템을(linguistic-cognitive system)을 통해 통사적·어휘적·음성학적 자질에 관한 계획을 수립한다. 실행 단계에서는 계획 단계에서 넘어온 사항을 운동 시스템(motor system)을 통해 실행함으로써 말 산출이 실제로 이루어지는 단계이다. 만일 언어-인지 시스템에서 통사적·어휘적·음성학적 자질을 계획하는 데 문제가 발생한다면, 운동 시스템은 계획 단계가 온전히 종결될 때까지의 시간을 확보하기 위해 이미 산출된 말을 반복하거나 아니면 잠시 말을 멈추려고 한다. 이 이론에 의하면 비유창성은 화자의 말 계획이 아직 수립되지 않아 실행 단계로 넘어오지 못한 경우에는 나머지 계획이 넘어올 때까지 기다리면서 단어 반복이나 구 반복 또는 간투사를 사용하면서 말 산출을 지연시킨다고 한다. 아니면 말 계획이 수립된 앞부분만을 실행시키기 위해 단어의 첫소리를 반복하거나, 길게 늘려서 말한다고 한다. 이처럼 EXPLAN 이론은 특정 비유창성의 유형이 어떻게 나타나는가를 설명할 수 있는 이론적 틀을 제시한다.

4) 생리학 이론

(1) 대뇌반구 지배이론

이 이론은 1930년대에 아이오와 대학교 교수인 Orton과 Travis에 의해 처음 주장되었다. Travis 교수는 말을 더듬는 사람들 가운데 부모님의 강요에 의해서 왼손잡이에서 오른손잡이가 된 사람들이 많은 사실에 근거하여, 왼손잡이인 아이들에게 강제로 오른손을 사용하게 했을 때 말더듬이 발생할 수 있다고 하였다(Travis, 1978). 즉, 말더듬은 좌반구의 지배약화와 관련이 있는 것으로 보았다. 따라서 Travis는 말더듬 치료법으로 말을 더듬는 사람들에게 엄격하게 오른손만 사용할 것을 제안하였다. 이러한 치료법을 통해서 말 산출에 좌반구가 주도적인 역할을 하게 되어 좌반구가 완전한 지배권을 갖게 될 수 있다고 보았다(Travis, 1978). 하지만 Orton 교수는 말을 더듬는 사람 모두가 왼손잡이이며 반드시 오른손만을 사용하는 훈련을 받아야 하는 것은 아니라는 신중한 입장을 취하였다(Kushner, 2012). 그리고 말더듬 발생과 강제로 오른손을 사용하게 하는 것과 직접적인 연관성은 낮다고 보지만, 치료적 측면에서 볼 때 오른손을 사용하도록 하는 방법과 시기가 중요하다고 본다. 즉, 가능한 한 아동의 발달 초기에 손잡이(handedness)를 발전시키도록 유도하면 아동이 받는 스트레스의 정도가 적어지기 때문에 말더듬 발생의 확률이 적어질 수도 있다고 본다(Kushner, 2011, 2012).

말을 더듬는 사람들의 좌반구의 지배력 약화에 대한 증거는 1930년대에 Travis의 턱 근육 운동을 측정한 근전도 연구 및 대뇌피질의 활동을 측정한 뇌파 연구에서 확인되었다. 말을 더듬는 사람은 말 산출을 하는 동안 정상인들보다 우반구가 더 많이 활성화되었다고 한다. 좌반구 지배 약화 현상은 1960년대 들어서는 대뇌반구 우세를 검사할 수 있는 Wada 검사를 통해서 확인되었다. Wada 검사는 소디움 아미탈(soduium armytal)을 좌우측 경동맥에 주입하여 일시적으로 말을 할 수 없게 하는 방법이다. Wada와 Rasmussen(1960)에 의하면 말을 더듬는 사람에게 Wada 검사를 실시한 결과, 말 산출을 담당하는 좌반구의 지배가 약화되는 현상이 관찰되었다고 한다. 하지만 Wada 검사의 연구는 검사자들에게 해로운 부작용이 예상되어 계속 진행되지 못하였다.

대뇌지배 비대칭을 조사하기 위한 방법으로 이분 청취과제(dichotic listening) 방법이 있다. 이 방법은 사람의 양쪽 귀에 헤드폰을 통해 말소리를 들려주었을 때, 왼쪽 귀보다 오른쪽 귀로 들려준 말소리에 훨씬 더 빠르게 반응하는가를 조사한다. 왜냐하면 오른쪽 귀에 제공된 말소리는 즉시 말·언어 산출을 담당하는 좌반구로 전달되기 때문이다. 이러한 현상을 우측 귀 우위(right ear advantage) 현상이라고 한다. 말을 더듬는 사람에게 최초로 이분청취 과제를 사용한 Curry와 Gregory의 연구(1969)에 의하면 구어 과제에서 정상성인 집단의 75%가 우측 귀 우위를 보였고, 말더듬 성인 집단의 55%가 좌측 귀 우위를 보였다고 한다. 이 연구 이후 1980년대에 많은 관련 연구가 시행되었으나, 연구 결과는 일관적이지 않다. 실제로 말을 더듬는 사람의 말 산출을 관장하는 좌반구의 뇌구조와 기능이 일반인들과 다른가에 대한 해답은 고도의 뇌영상 기법인 PET, SPECT, MRI, fMRI 등을 사용한 연구를 통해 가능하다.

이러한 MRI 뇌영상 기법을 사용한 최근 연구에 의하면, 좌-우반구 우위 정도에서 말더듬 회복 집단, 말더듬 지속 집단 및 일반 아동 집단 간에 차이가 발견되지 않았다(Chang et al., 2008). 이러한 연구 결과는 말더듬 성인이 보이는 우반구 활성화 현상이 유전으로 타고난 것이라고 주장하는 과거의 입장을 반박할 수 있다. 즉, 우반구의 지배력 강화는 성인에게서 나타나는데, 이러한 결과는 오랫동안 말을 더듬어서 발생하는 뇌의 기능적 변화라고 볼 수 있음을 시사한다.

(2) 말 산출 체계의 불협응 이론

이 이론은 정상적 말 산출을 위해서는 조음기관, 발성기관 및 호흡기관의 협응(coordination)이 긴밀하게 이루어져야 함을 강조한다(Perkins et al., 1976). 예를 들면, 목 부분의 근육이나 입술, 또는 배의 근육이 너무 긴장되어 있으면 협응에 문제가 발생하여 말더듬이 초래된다고 본다. 이와 관련된 증거로 말을 더듬는 사람이 소리 내어 읽을 때보다 협응의 복잡성을 감소시키기 위해 발성기관을 사용하지 않고 속삭이듯이 읽을 때 말더듬의 빈도수가 감소하는 것을 들 수 있다. 이 이론의 임상적 시사점은 유창한 발화를 위해서는 단지 특정한 기관의 움직임에 초점을 맞추지 않고, 호흡근육도 긴장되어 있지 않아야 하고, 발성을 시작할 때 성대접촉이 부드럽게 이루어져야 하며 또한 혀, 입술 등의 움직임도 부드러워야 한다는 것이다. 특히 이 이론은 말속도를 느리게 하면 말 산출 기관의 협응이 촉진될 수 있으며 궁극적으로 비유창성 빈도를 줄일 수 있다고 본다.

5) 다요인 모델

(1) 요구-용량 모델

이 모델은 간단하게 DC 모델이라고도 불리며 Starkweather에 의해 제기되었고, 초기 유창성장애에 관한 다양한 현상을 설명할 수 있는 이론적 틀(theoretical frame)을 제공한다(Starkweather & Gottwald, 1990). 이 모델의 기본 논지를 비유적으로 설명하면, 컴퓨터의 용량(capacity)은 한정되어 있는데, 만일 컴퓨터 용량에 비해 외적 요구(demand)가 많으면 시스템, 즉 말 산출 체계가 정상적으로 작동될 수 없다는 것이다.

이 모델은 아동이 성장함에 따라 운동(motoric), 언어(linguistic), 정서(emotional) 및 인지(cognitive)의 네 가지 영역이 동시에 발달해 가며, 아동의 유창성 발달은 이 네 가지 영역의 발달 정도에 영향을 받는다고 가정한다. 따라서 네 가지 각 영역에 부과되는 외적인 요구(demand)가 아동이 가지고 있는 능력 또는 용량(capacity)보다 훨씬 큰 경우 아동의 유창성에 문제가 발생할 수 있다고 본다. 그러나 아동마다 네 가지 영역의 발달 정도가 다르기 때문에 비유창성을 유발하는 영역이 아동마다 다를 수 있다. 예를 들면, 어떤 부모가 아동의 조음운동 능력이 감당할 수 없는 빠른 말속도를 요구한다면 아동의 말이 비유창해질 수도 있다. 한편, 어떤 부모가 아동의 현재 언어발달 수준을 넘어서는 길고 정확한 문장을 요구한다면 아동이 비유창성 문제를 보이게 된다. 따라서 요구-용량 모델은 왜 언어발달이 빠른 속도로 일어나는 시기에 아동이 말을 더듬기 시작하는가에 대한 이유를 설명할 수 있다. 또한 이 모델은 일반적으로 아동이 문법적으로 복잡한 문장을 사용하면 더 말을 더듬는 경향이 있는데 이에 대한 설명도 할 수 있는 틀을 제공한다.

요구-용량 모델은 이론적인 정교성에 있어 미흡하고 실증적 자료가 부족하나 임상적으로 많은 시사점을 제공한다. 첫째, 이 모델은 유창성장애의 예방뿐만 아니라 치료할 때 부모가 아동과 대화하는 동안의 낱말이나 문법의 복잡성 등을 고려해야 함을 시사한다. 둘째, 부모교육을 통해 유창성장애를 유발할 수 있는 요인을 파악하게 함으로써 유창성장애의 발생을 줄일 수 있으며, 만일 유창성장애가 발생하더라도 유창성장애가 심화될 수 있는 여지를 줄일 수 있다.

4. 말더듬의 심화이론

앞서 언급된 말더듬 이론들은 언어치료를 공부하는 학생들이 공부해야 할 필수적인 것이다. 다음에서 언급되는 말더듬 이론은 앞에서 설명한 말더듬 이론에 비해 신경생리학, 생리심리학, 운동생리학에 대한 이해가 요구되기 때문에 심화이론으로 구분하여 설명하였다. 따라서 말더듬에 대한 좀 더 심층적인 이해를 원하는 학생에게 도움이 될 것이다.

1) 운동장애로서의 말더듬

1980년대에 들어서면서 미국 아이오와 대학교의 Zimmermann을 시작으로 말을 더듬는 사람들의 조음기관 운동에 관한 연구가 시작되었다. Zimmermann(1980)은 말더듬을 운동장애(stuttering as a movement disorder)로 보았다. 즉, 말더듬 행동은 말운동을 계획(speech motor planning)하고 실행(execution)하는 데 문제가 있기에 발생한다고 본다. Zimmermann에 의하면 말더듬 성인의 말운동 체계(speech motor system)는 불안정하며 청지각적으로 유창한 발화에서도 비정상적 운동패턴을 보인다고 한다. 이러한 입장에서는 근육에 운동명령(motor command)이 제대로 전달되지 못해서 유창한 발화를 위한 정상적 근육운동 패턴이 생성되지 않기 때문에 말더듬이 발생한다고 본다(Smith, 1989). 이러한 가설을 증명하기 위해서 근전도(EMG)를 사용하여 근육이 수축할 때 근육의 미세한 전기적 활동을 측정하거나, 아니면 운동역학적(kinematics) 측면에서 윗입술, 아랫입술 및 턱의 운동 거리(displacement), 속도(velocoity) 및 협응(coordination)을 측정하는 방법이 있다.

근전도를 사용한 기존 연구를 살펴보면, 말이 비유창한 순간에 근육활동(muscle activity)이 과도하게 일어나는 것으로 알려졌다. 하지만 이러한 과도한 근육활동이 말을 더듬는 모든 성인에게서 관찰되는 것은 아니다. 따라서 과도한 근육활동 때문에 말을 더듬는다고 볼 수 없다고 추론한다. 말을 심하게 더듬는 성인이 말을 더듬는 동안에 공통적으로 보이는 근육활동 패턴은 근육의 떨림현상(tremor)이다. 즉, 5~15Hz 범위에서 불수의적으로 율동성 근육수축(involuntary rhythmic muscle contraction)이 나타나는 것이다(Smith, 1989; Smith et al., 1996). 하지만 학령전기 말더듬 아동을 대상으로 한 연구에서는 비유창한 발화 시 과도한 근육운동은 관찰되지 않았다(Walsh & Smith, 2013).

말을 더듬는 사람들의 조음기관 운동을 운동역학적으로 분석한 연구에 의하면, 말더듬 성인은 발화의 길이가 증가하고 언어적 복잡성이 증가할 때에 윗입술, 아랫입술 및 턱 운동의 정상적인 협응(coordination)이 이루어지지 않기에 조음기관의 운동이 불안정하게 된다고 한다(Smith & Kleinow, 2000). 이러한 조음운동의 연구 결과는 말더듬 성인의 말 산출을 위한 운동 계획이 불안정하고, 각 조음기관의 근육들이 서로 협력하지 못하고 있음을 시사한다. 한편, 말더듬이 시작된 지 얼마 되지 않은 아동에서도 말운동 통제 과정에 문제가 있음이 보고되었다(Smith et al., 2012; Walsh, Mettel, & Smith, 2015). 말더듬 아동의 조음기관 운동의 불안정함은 아마도 4~5세부터 시작되는 말운동발달의 지체에서 기인될 수 있다(MacPherson & Smith, 2013; Walsh, Mettel, & Smith, 2015). 특히 남아와 여아의 말운동발달을 비교해 보면, 5세 전에는 남아가 여아보다 느리나, 학령기 이후에는 남녀 간 차이를 보이지 않는다. 이러한 현상은 말더듬 발생이 여아보다 남아에서 더 많이 발생하는 것과 연관될 수도 있다. 이러한 연구 결과는 학령전기 아동들의 지체된 말운동발달은 음운적으로 복잡한 단어나 긴 발화 및 통사적으로 복잡한 발화의 산출에 어려움을 초래하여 말더듬 발생에 기여하는 요인임을 시사한다. 또한 남아의 낮은 말더듬 회복률과 관련성이 있는 요인임을 시사한다.

2) 타이밍 장애로서의 말더듬

말더듬을 타이밍 문제로 보는 입장은 Van Riper(1982)에 의해 제시되었고 Kent(1984)와 Caruso 등(1988)에 의해 제기된 이론으로 말더듬은 말 산출을 위한 시간 프로그래밍(temporal proramming)이 잘못되어 발생한다고 본다. 프로그래밍에 문제가 발생하는 것은 앞에서도 살펴본 바와 같이 말 산출을 담당하는 영역인 뇌 좌반구의 지배력이 약화된 것에 기인한다고 본다. 좌반구는 정상적인 말 산출을 위해 요구되는 빠르고 정교한 말운동을 담당한다. 유창한 말을 하기 위해서 좌반구는 음소, 음절 및 구가 서로 유기적인 관련성을 갖고 타이밍을 이루며 산출되도록 조정하는 역할을 한다. 화물열차로 비유하여 설명하면 다음과 같다. 화물열차를 음절, 화물열차에 실을 석탄은 음소라고 가정한다면, 화물열차가 들어오기 전에 실을 석탄이 준비되어 있어야 하는데, 화물열차가 들어오기도 전에 석탄을 부어 버리면 화물열차는 빈 상태로 지나가게 된다. 또한 화물열차가 들어왔는데 석탄이 미리 준비가 되어 있지 않으면 이 경우도 화물열차는 빈 차로 지나가게 된다.

3) 신경심리언어이론

이 이론은 언어심리학, 인지과학 및 신경과학의 연구 결과에 기반을 둔 이론으로 Perkins와 Kent, Curlee(1991)에 의해 제시되었다. 이 이론의 기본 입장은 말 산출에는 언어학적 요소와 준언어학적 요소(음도, 소리 크기, 길이, 운율 등)가 포함되며, 각 요소는 다른 신경 네트워크에 의해 처리되는데, 유창한 말을 하기 위해서는 이 두 개의 요소가 통합되어 동시에 처리되어야 한다는 것이다. 만일 두 개의 요소가 동시에 처리되지 않으면(dys-synchronous), 비유창성이 나타나거나 말을 더듬게 된다. 동시적으로 처리되지 못하는 상황은 화자가 아직 산출될 단어를 선택하지 못하였거나 아니면 발화의 구조를 아직 결정하지 못하거나, 아니면 신경 네트워크가 비효율적으로 작동될 때 발생한다고 한다. 말더듬 여부는 시간적 압박(time pressure)이 주어지는가에 달려 있다고 한다. 즉, 동시적 처리가 되지 않아도 시간적 압박 상황이면 말더듬이 발생하고, 그렇지 않으면 비유창성이 발생하게 된다. 이 모델에서 비유창성과 말더듬의 구분은 화자가 통제능력의 상실을 경험했는가 여부에 따라 결정된다. 이 모델에서는 말운동 계획이 말단 근육에 전달될 신호가 생성되기 전에 이러한 통제능력의 상실이 발생한다고 본다.

4) 이중 전운동 모델가설

이 가설은 Alm(2004, 2006)에 의해 제시된 이론으로 앞에서 언급한 Zimmermann의 이론과 같이 말더듬을 운동장애로 보면서 뇌의 기저핵(basal ganglia)과 보조운동 영역(supplementary motor area)을 연결하는 말운동 회로(basal ganglia-thalamocortical motor circuit)의 문제로 인해 발생한다고 보았다. 뇌의 중앙에 위치한 기저핵은 대뇌피질과 대뇌변연계로부터 다양한 정보를 받으면서 말운동의 타이밍(timing)을 통제하고 조절한다. 이 가설은 정보가 대뇌피질의 1차 감각운동 영역(primary sensorimotor area)에서 기저핵까지 정상적으로 전달되지 않기 때문에 말더듬이 발생하는 것으로 본다. 일반적으로 자발적 말 산출의 타이밍 정보는 기저핵과 대뇌피질의 보조운동 영역을 연결하는 내측 통로(medial pathway)를 통해 제공된다. 하지만 말을 더듬는 사람의 경우 연속적 말운동에 대한 내적 타이밍 단서(internal timing cues)가 보조운동 영역에 정상적으로 전달되지 못한다. 만일 타이밍 단서가 외적 자극, 예를 들면 메트로놈에 의해 이루어질 경우는 대안적으로 외측통로(lateral pathway)를 사용하여 말 산출을 한다고 한다. 이 외측통로는 외측 전운동피질과 소뇌를 연결하는 통로이다. 이 가설은 말을 더듬는 사람이 노래를 하거나 또는 DAF를 사용하는 상황에서 말더듬 빈도가 줄어드는 이유가 원래의 내측통로를 사용하지 않고 외측통로를 사용하여 말 산출이 이루어지기 때문이라고 주장한다. 또한 동일한 문단을 반복하여 읽을 경우 말더듬 빈도가 감소되는 것은, 반복적 연습을 통해 연속적 말운동에 대한 타이밍 단서(timing cues)가 뇌의 기저핵(basal ganglia)에서 대뇌피질의 보조운동 영역(supplementary motor area)으로 반복연습 이전보다 더 적절하게 전달되기 때문으로 보고 있다(Alm, 2004).

5) 다요인 역동적 경로 이론

이 이론은 Smith와 Weber(2017)가 말더듬 성인 및 아동을 대상으로 한 장기간의 연구를 통해 수립된 이론으로 말더듬을 신경발달장애(neurodevelopmental disorder)로 간주한다. 이 이론은 통합적인 말더듬 이론을 구축하기 위해, 아동의 말 산출에 관여하는 다양한 하위체계(운동, 청각, 언어처리 및 정서적 요인)가 서로 어떻게 상호작용하면서 말더듬을 발생시키는가에 초점을 맞추었다. 아동의 발달 과정은 개인마다 서로 다르며 또한 유전 · 운동 · 언어 · 정서 요인이 복잡한 방식으로 상호작용하면서 말더듬이 발생하고 발달한다고 본다. 이 이론에서는 말더듬 아동이 말더듬 유전인자를 갖고 태어나는 것이 아니라고 본다. 말더듬 유전인자를 보유하고 있다고 해도 항상 말더듬이 발생하는 것이 아니라, 아동의 중추신경계(central nervous system)의 발달 과정과 역동적인 외적 환경 및 경험에 따라 말더듬이 발생될 수도 있고 그렇지 않을 수도 있다고 본다. 이 이론은 말더듬 아동을 진단할 때 말더듬의 회복 및 지속에 영향을 미칠 수 있는 다양한 요인을 확인하는 데 도움을 준다. 또한 이 이론은 말더듬의 발생 및 발달 그리고 회복 및 지속에 영향을 주는 요인들을 말 산출에 관여하는 감각운동 체계(sensorimotor system) 및 언어 · 정서 처리를 담당하는 신경체계(neural system)에서 찾을 수 있다고 본다.

6) 말더듬의 이중 취약성-스트레스 모델

이 모델은 원래는 정신의학에서 스트레스와 관련하여 정신질환의 원인을 설명하기 위해 만들어진 취약성-스트레스 모델(Diathesis-Stress Model: DDS 모델)을 Conture와 Walden(2012)이 말더듬에 적용시킨 것이다. 정신의학적 측면에서 보면 이 모델은 정신 장애에 관한 취약성을 선천적으로 타고나거나 후천적으로 획득한 사람에게 다양한 스트레스가 부과되었을 때 정신질환이 유발된다고 본다. 스트레스와 취약성의 관계는 강물과 강둑의 관계로 비유할 수 있다고 한다.

Conture와 동료들은 이 모델에서 정서 취약성(emotional diathesis) 및 말·언어 취약성(speech-language diathesis)과 말더듬의 상관성을 제시하였다. 이 모델은 말더듬 아동의 대부분이 중간 정도의 정서 취약성과 말·언어 취약성을 갖고 있으며 나머지 아동은 심한 취약성을 갖고 있다고 가정한다. 이 모델의 핵심적인 내용은 정서 취약성과 말·언어적 취약성이 스트레스 요인(stressor)에 의해 영향을 받아 말더듬이 발생할 수 있다는 것이다. 정서 취약성은 정서반응성(emotional reactivity)과 정서조절(emotional control)로 구성된다. 정서반응성은 정서자극에 대한 민감한 정도를 말하며 의지적으로 통제할 수 없는 불수의적 반응이다. 정서조절은 정서자극에 대한 부적절한 반응을 제어하는 것을 말하며, 의지적인 반응이다. 감정적 스트레스 요인은 감정을 유발시키는 환경 변화를 뜻한다. 아동의 환경이 갑자기 많이 바뀌거나, 새로운 환경에 노출이 되면 이러한 환경 변화는 감정적 스트레스 요인으로 작용할 수 있다. 말·언어 취약성은 아동의 표현 및 수용언어의 취약성을 뜻한다. 말·언어적 스트레스 요인은 말·언어의 계획과 산출이 신속하고 효율적으로 이루어져야 하는 의사소통 스트레스가 부과되는 상황을 말한다.

높은 정서반응성, 즉 정서적으로 매우 예민하고 정서조절에 어려움이 있는 아동의 경우, 정서적으로 자극적인 상황에 노출될 때 충동행동, 회피행동 및 공격행동을 보일 수 있다. 이러한 맥락에서, DDS 모델은 정서적 예민함과 낮은 정서조절능력이 말더듬 중증도 및 빈도와 상관이 있다고 본다(Walden et al., 2012). 이 모델을 검증하기 위해 Choi 등(2016)은 학령전기 말더듬 아동을 스트레스 없는 상황, 긍정적 스트레스 상황, 부정적 스트레스 상황을 통해 감정적 스트레스를 유발한 후의 발화분석을 통해 말더듬 빈도를 측정하였다. 연구 결과, 말더듬 아동은 스트레스 상황과 상관없이 긍정적 정서반응성이 높아질수록 말더듬의 빈도가 증가하였다. 이러한 연구 결과는 말더듬 아동이 신이 나서 흥분(excitement)할 때에 두려울 때보다 더 많은 비유창성을 보인다는 요구-용량 모델 (Starkwather & Gottwald, 1990)의 주장과 일치한다. 이 모델은 말더듬 빈도에 관한 실제적 예측을 가능하게 하며, 또한 말더듬 아동의 발달적 측면을 고려하면서 정서 취약성, 언어 취약성, 운동 취약성이 어떻게 동시에 복합적이고 역동적으로 말더듬 빈도에 영향을 미치는가를 밝힐 수 있는 이론적 제안이다.

학습과제

1. 말더듬의 유병률과 발생률에 대해 설명하시오.

----

2. 말더듬의 유전요인에 대해 설명하시오.

----

3. 진단착오이론에 대해 설명하시오.

----

4. 내적 수정 가설에 대해 설명하시오.

----

5. 대뇌반구 지배이론에 대해 설명하시오.

주요 용어

유전요인	조건화
뇌신경학적 요인	조작적 행동
인지요인	2요인이론
말·언어요인	예상투쟁이론
심리정서요인	내적 수정 가설
C-E 모델	EXPLAN 이론
대뇌반구 지배이론	요구-용량 모델
진단착오이론	

참고문헌

김우정, 이수복, 심현섭(2014). 학령기 말더듬 아동의 불안 및 의사소통태도 특성. **특수교육**, 13(2), 147-166.

김혜원(2019). 저학년 학령기 말더듬 아동과 일반 아동의 정서처리와 정서 스트레스 요인에 따른 비유창성 연구. 이화여자대학교 대학원 석사논문.

배민영, 심현섭, 박희영(2018). 과제 유형에 따른 경도 지적장애 청소년의 비유창성 특성. **특수교육**, 17(2), 115-136.

박혜연, 이수복, 심현섭(2015). 취학 전 말더듬 아동의 회복여부에 따른 의사소통행동 특성. **언어치료연구**, 24(4), 237-248.

성수진, 심현섭(2002). 학령전기 유창성장애 아동의 발화길이 및 통사적 복잡성과 비유창성의 관계 연구. *Communication Sciences & Disorders*, 7, 102-129.

신문자, 이성은(2002). 한국 유창성장애의 유전요인에 관한 연구. *Communication Sciences & Disorders*, 7, 155-165.

엄윤희 (2005). 정신지체 아동과 정상 아동의 말속도에 관한 비교 연구. 단국대학교 특수교육대학원 석사학위논문.

이소연, 심현섭, 신문자, 이수복(2012). 조음복잡성에 따른 학령전기 말더듬 아동과 일반 아동의 이름대기 능력 비교. 언어청각장애연구, 17(2), 219-233.

이수복, 심현섭, 신문자(2007). 취학전 이중언어아동의 비유창성 특성 연구. 언어청각장애연구, 12(2), 296-316

이은주, 심현섭(2003). 내적수정가설(Covert Repair Hypothesis) 검증을 위한 기초 연구: 말더듬 및 정상성인의 자발화에서 나타난 비유창성을 중심으로. *Communication Sciences & Disorders*, 8, 201-216.

이은주, 심현섭(2007). 취학전 말더듬 아동의 기질과 어머니의 기질 및 양육행동 특성. *Communication Sciences & Disorders*, 12, 279-295.

Accordi, M., Bianchl, R., Consolaro, C., Tronchin, F., DeFilippi, R., Pasqualon, I., Ugo, E., & Croatto, L. (1893). The pathogenesis of stuttering: a statistical study of 2802 cases. *Acta Phoniatrice Latina*, 5, 171-180.

Alm, P. A. (2004). Stuttering and the basal ganglia circuits. *Journal of Communication Disorders*, 37, 325-369.

Alm, P. A. (2006). A new framework for understanding stuttering: The dual premotor model. *In 5th World Congress On Fluency Disorders, International Fluency Association*, Dublin.

Anderson, J. D., & Conture, E. G. (2000). Language abilities of children who stutter: A preliminary study. *Journal of fluency disorders, 25*(4), 283-304.

Anderson, J. D., & Conture, E. G. (2004). Sentence-structure priming in young children who do and do not stutter. *Journal of Speech, Language, and Hearing Research. 47*(3), 552-571

Anderson, J. D., Pellowski, M. W., & Conture, E. G. (2005). Childhood stuttering and dissociations across linguistic domains. *Journal of Fluency Disorders, 30*(3), 219-253.

Andrews, G., Craig, A., Feyer, A., Hoddinott, S., Howie, P., & Neilson, M. (1983). Stuttering: A review of research findings theories circa 1982. *Journal of Speech and Hearing Disorders, 48*, 226-246.

Andrews, G., Morris-Yates, A., Howie, P., & Martin, N. (1991). Genetic factors in stuttering confirmed. *Archives of General Psychiatry, 48*(11), 1034-1035.

Arnold, H. S., Conture, E. G., & Ohde, R. N. (2005). Phonological neighborhood density in the picture naming of young children who stutter: Preliminary study. *Journal of Fluency Disorders, 30*(2), 125-148.

Arndt, J., & Healey, E. C. (2001). Concomitant disorders in school-age children who stutter. *Language, Speech, and Hearing Services in Schools, 32*, 68-78.

Au-Yeung, J., Howell, P., Davis, S., Charles, N., & Sackin, S. (2000). UCL survey of bilingualism and stuttering. *Journal of Fluency Disorders, 3*(25), 246.

Bloodstein, O. (1972). The anticipatory struggle hypothesis: Implications of research on the variability of stuttering. *Journal of Speech and Hearing Research, 15*, 487-489.

Bloodstein, O. (1975). Stuttering as tension and fragmentation. In J. Eisenson (Ed.), *Stuttering: A second symposium*. New York: Haper & Row.

Bloodstein, O. (1987). *A handbook on stuttering*. Chicago: National Easter Seal Society.

Bloodstein, O. (1995). *A handbook on stuttering*. San Diego; London: Singular Publ. Group, Inc.

Bloodstein, O., & Grossman, M. (1981). Early stutterings: Some aspects of their form and distribution. *Journal of Speech, Language, and Hearing Research, 24*(2), 298-302.

Bloodstein, O., & Bernstein-Ratner, N. (2008). *A handbook on stuttering* (6th ed.). New York, NY: Thomson-Delmar.

Bernstein Ratner, N. (1997). Stuttering: A psycholinguistic perspective. In *Nature and treatment of stuttering: New directions* (2nd ed., pp. 99-127). Boston, MA: Allyn & Bacon.

Bernstein Ratner, N., & Benitez, M. (1985). Linguistic analysis of a bilingual stutterer. *Journal of Fluency Disorders, 10*(3), 211-219.

Boberg, E., Ewart, B., Masson, G., Lindsay, K., & Wynn, S. (1978). Stuttering in the retarded. *Mental Retardation Bulletin, 6,* 67-76.

Brown, S. F. (1945). The loci of stutterings in the speech sequence. *Journal of Speech Disorders, 10*(3), 181-192.

Brutten, E. J., & Shoemaker, D. J. (1967). *The modification of stuttering.* Englewood Cliffs, NJ: Prentice Hall.

Caruso, A. J., Abbs, J. H., & Gracco, V. L. (1988). Kinematic analysis of multiple movement coordination during speech in stutterers. *Brain, 111*(2), 439-455.

Chang, S. E., Erickson, K. I., Ambrose, N. G., Hasegawa-Johnson, M. A., & Ludlow, C. L. (2008). Brain anatomy differences in childhood stuttering. *Neuroimage, 39*(3), 1333-1344.

Chang, S. E., & Zhu, D. C. (2013). Neural network connectivity differences in children who stutter. *Brain, 136*(12), 3709-3726.

Chapman, A. H., & Cooper, E. B. (1973). Nature of stuttering in a mentally retarded population. *American Journal of Mental Deficiency, 73,* 153-157.

Choi, D., Conture, E. G., Walden, T. A., Jones, R. M., & Kim, H. (2016). Emotional diathesis, emotional stress, and childhood stuttering. *Journal of Speech, Language, and Hearing Research, 59*(4), 616-630.

Choi, D., Sim, H., Park, H., Clark, C. E., & Kim, H. (2020). Loci of stuttering of English-and Korean-speaking children who stutter: Preliminary findings. *Journal of Fluency Disorders,* 105762.

Choo, A. L., Burnham, E., Hicks, K., & Chang, S. E. (2016). Dissociations among linguistic, cognitive, and auditory-motor neuroanatomical domains in children who stutter. *Journal of Communication Disorders, 61,* 29-47.

Clark, R. M., & Snyder, M. (1955). Group therapy for parents of preadolescent stutterers. *Group Psychotherapy, 8,* 226-232.

Conture, E. G., Walden, T. A., Arnold, H. S., Graham, C. G., Hartfield, K. N., & Karrass, J. (2006). Communication-Emotional Model of Stuttering. In: Bernstein NR, editor. *Stuttering:*

New Research Directions (pp. 17-46). Mahwah, NJ, US: Lawrence Erlbaum Associates Publishers.

Conture, E. G., & Walden, T. A. (2012). Dual diathesis-stressor model of stuttering. In Y. O. Filatova (Ed.), *Theoretical Issues of Fluency Disorders.* (pp. 94-127). Moscow: National Book Centre, .

Coriat, I. H. (1928). *Stammering, a Psychoanalytic Interpretation*, Washington, D. C.: Nervous and Mental Disease Publishing Company.

Craig, A., Hancock, K., Tran, Y., & Craig, M. (2003). Anxiety levels in people who stutter. *Journal of Speech, Language, and Hearing Research, 46*(5), 1197-1206.

Craig, A., Tran, Y., & Craig, M. (2003). Stereotypes towards stuttering for those who have never had direct contact with people who stutter: A randomized and stratified study. *Perceptual and Motor Skills, 97*(1), 235-245.

Curry, F. K., & Gregory, H. H. (1969). The performance of stutterers on dichotic listening tasks thought to reflect cerebral dominance. *Journal of Speech and Hearing Research, 12*(1), 73-82.

Eggers, K., Luc, F., & Van den Bergh, B. R. (2010). Temperament dimensions in stuttering and typically developing children. *Journal of Fluency Disorders, 35*(4), 355-372.

Eggers, K., Van Eerdenbrugh, S., & Byrd, C. T. (2020). Speech disfluencies in bilingual Yiddish-Dutch speaking children. *Clinical Linguistics & Phonetics, 34*(6), 576-592.

Ezrati-Vinacour, R., & Levin, I. (2004). The relationship between anxiety and stuttering: A multidimensional approach. *Journal of Fluency Disorders, 29*(2), 135-148.

Fagnani, C., Fibiger, S., Skytthe, A., & Hjelmborg, J. V. (2011). Heritability and environmental effects for self-reported periods with stuttering: a twin study from Denmark. *Logopedics Phoniatrics Vocology, 36*(3), 114-120.

Felsenfeld, S., & Plomin, R. (1997). Epidemiological and offspring analyses of developmental speech disorders using data from the Colorado Adoption Project. *Journal of Speech, Language, and Hearing Research, 40*(4), 778-791.

Fenichel, O. (1945). *The psychoanalytic theory of neurosis.* New York: Norton.

Fiestas, C. E., Bedore, L. M., Peña, E. D., Nagy, V. J., Cohen, J., & McAlister, K. T. (2005). Use of mazes in the narrative language samples of bilingual and monolingual 4-to 7-year old children. In ISB4: *Proceedings of the 4th International Symposium on Bilingualism* (pp.

730-740). Casaedilla Press.

Foundas, A. L., Bollich, A. M., Corey, D. M., Hurley, M., & Heilman, K. M. (2001). Anomalous anatomy of speech-language areas in adults with persistent developmental stuttering. *Neurology, 57*(2), 207-215.

Fox, P. T. (2003). Brain imaging in stuttering: where next?. *Journal of Fluency Disorders. 28*(4), 265-272

Frigerio-Domingues, C., & Drayna, D. (2017). Genetic contributions to stuttering: the current evidence. *Molecular Genetics & Genomic medicine, 5*(2), 95-102.

Godai, U., Tatarelli, R., & Bonanni, G. (1976). Stuttering and tics in twins. *Acta geneticae medicae et gemellologiae: twin research, 25*(1), 369-375.

Goldstein, L. D. (1958). Functional speech disorders and personality: A survey of the research. *Journal of Speech and Hearing Research, 1*(4), 359-376.

Gottsleben, R. H. (1955). The incidence of stuttering in a group of mongoloids. *Training School Bulletin, 51*, 209-218.

Guitar, B. (2014). *Stuttering: An integrated approach to its nature and treatment* (4th ed.). Philadelphia, PA: Lippincott, Williams & Wilkins.

Hartfield, K. N., & Conture, E. G. (2006). Effects of perceptual and conceptual similarity in lexical priming of young children who stutter: Preliminary findings. *Journal of Fluency Disorders, 31*(4), 303-324.

Howell, P., & Au-Yeung, J. (2002). The EXPLAN theory of fluency control and the diagnosis of stuttering. In E. Fava (Ed.), *Current issues in linguistic theory series: Pathology and therapy of speech disorders* (pp. 75-94), John Benjamins, Amsterdam.

Howie, P. M. (1981). Concordance for stuttering in monozygotic and dizygotic twin pairs. *Journal of Speech, Language, and Hearing Research, 24*(3), 317-321.

Iverach, L., Jones, M., McLellan, L. F., Lyneham, H. J., Menzies, R. G., Onslow, M., & Rapee, R. M. (2016). Prevalence of anxiety disorders among children who stutter. *Journal of Fluency Disorders, 49*, 13-28.

Jäncke, L., Hänggi, J., & Steinmetz, H. (2004). Morphological brain differences between adult stutterers and non-stutterers. *BMC Neurology, 4*(1), 1-8.

Johnson, W., & Associates (1959). *The onset of stuttering: Research findings and implications.* Minneapolis, MN: U of Minnesota Press.

Johnson, W. (1961). *Stuttering and what you can do about it.* Danville, IL: The interstate printers & publishers, Inc.

Johnson, K. N., Walden, T. A., Conture, E. G., & Karrass, J. (2010). Spontaneous regulation of emotions in preschool children who stutter: Preliminary findings. *Journal of Speech, Language, and Hearing Research, 53*(6), 1478-1495.

Kang, C., Riazuddin, S., Mundorff, J., Krasnewich, D., Friedman, P., Mullikin, J. C., & Drayna, D. (2010). Mutations in the lysosomal enzyme-targeting pathway and persistent stuttering. *New England Journal of Medicine, 362*(8), 677-685.

Keane, V. E. (1970). An investigation of disfluent speech behavior in Down's Syndrome. Unpublished doctoral thesis, University of Oregon.

Kent, R. D. (1984). Stuttering as a temporal programming disorder. In R. F. Curlee & W. H. Perkins (Eds.), *Nature and treatment of stuttering: New directions* (pp. 283-301). Allyn & Bacon.

Kushner, H. I. (2011). Retraining the King's left hand. *The Lancet, 377*(9782), 1998-1999.

Kushner, H. I. (2012). Retraining left-handers and the aetiology of stuttering: the rise and fall of an intriguing theory. *Laterality: Asymmetries of Body, Brain and Cognition, 17*(6), 673-693.

Levelt, W. J. (1989). *Speaking: From intention to articulation.* Cambridge, MA: MIT Press.

MacPherson, M. K., & Smith, A. (2013). Influences of sentence length and syntactic complexity on the speech motor control of children who stutter. *Journal of Speech, Language, and Hearing Research, 56*(1), 89-102.

Melnick, K. S., Conture, E. G., & Ohde, R. N. (2003). Phonological priming in picture naming of young children who stutter. *Journal of Speech, Language, and Hearing Research, 46*(6), 1428-1443.

Miller, S., & Watson, B. C. (1992). The relationship between communication attitude, anxiety, and depression in stutterers and nonstutterers. *Journal of Speech, Language, and Hearing Research, 35*(4), 789-798.

Murphy, A. T., & FitzSimons, R. M. (1960). *Stuttering and personality dynamics: play therapy, projective therapy, and counseling.* Ronald Press Company.

Natke, U., Sandrieser, P., van Ark, M., Pietrowsky, R., & Kalveram, K. T. (2004). Linguistic stress, within-word position, and grammatical class in relation to early childhood stuttering. *Journal of Fluency Disorders, 29*(2), 109-122.

Newman, R. S., & Bernstein Ratner, N. (2007). The role of selected lexical factors on confrontation naming accuracy, speed, and fluency in adults who do and do not stutter. *Journal of Speech, Language, and Hearing Research, 50*(1), 196-213.

Nippold, M. A. (2004). Phonological and language disorders in children who stutter: Impact on treatment recommendations. *Clinical Linguistics & Phonetics, 18(2)*, 145-149.

Nippold, M. A. (2019). Language development in children who stutter: A review of recent research. *International journal of speech-language pathology, 21*(4), 368-376.

Ntourou, K., Conture, E. G., & Lipsey, M. W. (2011). Language abilities of children who stutter: A meta-analytical review. *American Journal of Speech-Language Pathology, 20*(3), 163-179.

Ntourou, K., Conture, E. G., & Walden, T. A. (2013). Emotional reactivity and regulation in preschool-age children who stutter. *Journal of Fluency Disorders, 38*(3), 260-274.

Nwokah, E. E. (1988). The imbalance of stuttering behavior in bilingual speakers. *Journal of Fluency Disorders, 13*(5), 357-373.

Ooki, S. (2005). Genetic and environmental influences on stuttering and tics in Japanese twin children. *Twin Research and Human Genetics, 8*(1), 69-75.

Onslow, M., & Rapee, R. M. (2016). Prevalence of anxiety disorders among children who stutter. *Journal of Fluency Disorders, 49, 13-28.*

Otto, F. M., & Yairi, E. (1974). An analysis of speech disfluencies in down's syndrome and in normally intelligent subjects. *Journal of Fluency Disorders, 1*(4), 26-32.

Pellowski, M. W., & Conture, E. G. (2005). Lexical priming in picture naming of young children who do and do not stutter. *Journal of Speech, Language, and Hearing Research, 48,* 278-294.

Perkins, W., Rudas, J., Johnson, L., & Bell, J. (1976). Stuttering: Discoordination of phonation with articulation and respiration. *Journal of Speech and Hearing Research, 19*(3), 509-522.

Perkins, W. H., Kent, R. D., & Curlee, R. F. (1991). A theory of neuropsycholinguistic function in stuttering. *Journal of Speech, Language, and Hearing Research, 34*(4), 734-752.

Peters, H. F. M., & Hulstijn, W. (1984). Stuttering and anxiety. *Journal of Fluency Disorders, 9,* 67-84.

Postma, A., & Kolk, H. (1993). The covert repair hypothesis: Prearticulatory repair processes in normal and stuttered disfluencies. *Journal of Speech, Language, and Hearing Research,* *36*(3), 472-487.

Quarrington, B. (1965). Stuttering as a function of the information value and sentence position of words. *Journal of Abnormal Psychology, 70*(3), 221.

Rautakoski, P., Hannus, T., Simberg, S., Sandnabba, N. K., & Santtila, P. (2012). Genetic and environmental effects on stuttering: a twin study from Finland. *Journal of Fluency Disorders, 37*(3), 202-210.

Schaeffer, M. L., & Shearer, W. M. (1968). A survey of mentally retarded stutterers. *Mental Retardation, 6*(6), 44.

Schwenk, K. A., Conture, E. G., & Walden, T. A. (2007). Reaction to background stimulation of preschool children who do and do not stutter. *Journal of Communication Disorders, 40*(2), 129-141.

Schlanger, B. B., & Gottsleben, R. H. (1957). Analysis of speech defects among the institutionalized mentally retarded. *Journal of Speech and Hearing Disorders, 22*(1), 98-103.

Sheehan, J. G. (1953). Theory and treatment of stuttering as an approach-avoidance conflict. *The Journal of Psychology, 36*(1), 27-49.

Sheehan, J. G. (1958). Projective studies of stuttering. *Journal of Speech and Hearing Disorders, 23*(1), 18-25.

Smith, A. (1989). Neural drive to muscles in stuttering. *Journal of Speech, Language, and Hearing Research, 32*(2), 252-264.

Smith, A., Denny, M., Shaffer, L. A., Kelly, E. M., & Hirano, M. (1996). Activity of intrinsic laryngeal muscles in fluent and disfluent speech. *Journal of Speech, Language, and Hearing Research, 39*(2), 329-348.

Smith, A., & Kelly, E. (1997). Stuttering: A dynamic, multifactorial model. *Nature and treatment of stuttering: New directions, 2*, 204-217.

Smith, A., & Kleinow, J. (2000). Kinematic correlates of speaking rate changes in stuttering and normally fluent adults. *Journal of Speech, Language, and Hearing Research, 43*(2), 521-536.

Smith, A., Goffman, L., Sasisekaran, J., & Weber-Fox, C. (2012). Language and motor abilities of preschool children who stutter: Evidence from behavioral and kinematic indices of nonword repetition performance. *Journal of Fluency Disorders, 37*(4), 344-358.

Smith, A., & Weber, C. (2017). How stuttering develops: The multifactorial dynamic pathways theory. *Journal of Speech, Language, and Hearing Research, 60*(9), 2483-2505.

Soderberg, G. A. (1967). Linguistic factors in stuttering. *Journal of Speech and Hearing Research, 10*(4), 801-810.

Sommer, M., Koch, M. A., Paulus, W., Weiller, C., & Büchel, C. (2002). Disconnection of speech-relevant brain areas in persistent developmental stuttering. *The Lancet, 360*(9330), 380-383.

Starkweather, C. W. (1987). *Fluency and stuttering.* Prentice-Hall, Inc.

Starkweather, C., & Gottwald, S. (1990). The demands and capacities model II: Clinical applications. *Journal of Fluency Disorders, 15,* 143-157.

Stern, E. (1948). A preliminary study of bilingualism and stuttering in four Johannesburg schools. *South African Journal of Communication Disorders, 1*(1), 15-24.

Suresh, R., Ambrose, N., Roe, C., Pluzhnikov, A., Wittke-Thompson, J. K., Ng, M. C., Wu, X., Cook, E. H., Lundstrom, C., Garsten, M., Ezrati, R., Yairi, E., & Cox, N. J. (2006). New complexities in the genetics of stuttering: significant sex-specific linkage signals. *The American Journal of Human Genetics, 78*(4), 554-563.

Travis, L. E., Johnson, W., & Shover, J. (1937). The relation of bilingualism to stuttering: A survey of the East Chicago, Indiana, schools. *Journal of Speech Disorders, 2*(3), 185-189.

Travis, L. E. (1957). The unspeakable feelings of people with special reference to stuttering. In L., Travis (Ed.), *Handbook of speech pathology* (Chapter 29). New York, NY: Appleton-Century-Crafts.

Travis, L. E. (1978). The cerebral dominance theory of stuttering: 1931-1978. *Journal of Speech and Hearing Disorders, 43*(3), 278-281.

Van Borsel, J., Maes, E., & Foulon, S. (2001). Stuttering and bilingualism: A review. *Journal of Fluency Disorders, 26*(3), 179-205.

Van Riper, C. (1982). *The nature of stuttering* (2nd ed.). Englewood Cliffs, NJ: Prentice Hall.

Wada, J., & Rasmussen, T. (1960). Intracarotid injection of sodium amytal for the lateralization of cerebral speech dominance: experimental and clinical observations. *Journal of neurosurgery, 17*(2), 266-282.

Walden, T. A., Frankel, C. B., Buhr, A. P., Johnson, K. N., Conture, E. G., & Karrass, J.

M. (2012). Dual diathesis-stressor model of emotional and linguistic contributions to developmental stuttering. *Journal of Abnormal Child Psychology, 40*(4), 633-644.

Walden, T., Frankel, C., Buhr, A., Johnson, K., Conture, E., & Karrass, J. (2012). Dual diathesis-stressor model of emotional and linguistic contributions to developmental stuttering. *Journal of Abnormal Child Psychology, 40*(4), 633-644.

Walsh, B., & Smith, A. (2013). Oral electromyography activation patterns for speech are similar in preschoolers who do and do not stutter. *Journal of Speech, Language, and Hearing Research, 56*(5), 1441-1454.

Walsh, B., Mettel, K. M., & Smith, A. (2015). Speech motor planning and execution deficits in early childhood stuttering. *Journal of Neurodevelopmental Disorders, 7*(1), 27.

Watkins, R. V., Yairi, E., & Ambrose, N. G. (1999). Early childhood stuttering III: Initial status of expressive language abilities. *Journal of Speech, Language, and Hearing Research, 42*(5), 1125-1135.

Weiss, A. L., & Zebrowski, P. M. (1991). Patterns of assertiveness and responsiveness in parental interactions with stuttering and fluent children. *Journal of Fluency Disorders, 16*(2-3), 125-141.

Weiss, A. L., & Zebrowski, P. M. (1992). Disfluencies in the conversations of young children who stutter: Some answers about questions. *Journal of Speech, Language, and Hearing Research, 35*(6), 1230-1238.

Wingate, M. (1988). *The Structure of suttering: A Psycholinguistic Analysis.* NY: Springer-Verlag.

Wischner, G. J. (1950). Stuttering behavior and learning: A preliminary theoretical formulation. *Journal of Speech and Hearing Disorders, 15*(4), 324-335.

Yairi, E., & Carrico, D. M. (1992). Early childhood stuttering: Pediatricians' attitudes and practices. *American Journal of Speech-Language Pathology, 1*(3), 54-62.

Yaruss, J. S., LaSalle, L. R., & Conture, E. G. (1998). Evaluating stuttering in young children: Diagnostic data. *American Journal of Speech-Language Pathology, 7*(4), 62-76.

Zebrowski, P. M., & Kelly, E. M. (2002). *Manual of stuttering intervention.* San Diego, CA: Singular Publishing Group.

Zimmermann, G. (1980). Stuttering: A disorder of movement. *Journal of Speech, Language, and Hearing Research, 23*(1), 122-136.

제3장 유창성장애 임상의 기초

말더듬의 평가와 치료는 여러 다양한 영역에서 각 개인에게 맞추어 진행된다. 예를 들어, 세계보건기구(World Health Organization)의 ICF(International Classification of Functioning, Disability, and Health)에 따르면 말더듬의 구성요소로 신체기능의 손상(비유창성), 개인적 요소(행동적·감정적·인지적 반응), 환경적 요소, 참여와 활동의 제약과 제한 등이 제시되었다(Yaruss & Quesal, 2004). 이 장에서는 다양한 영역에서 각 개인이 보이는 특성을 적절히 평가하고 다양한 영역에서의 변화를 촉진하는 중재 방법 등과 관련된 기본적인 유창성장애 임상절차를 소개한다.

1. 평가

1) 평가 목표 및 고려사항

말더듬의 일반적인 평가 절차는 다른 의사소통장애와 크게 다르지 않다. 사례정보 기록지와 면담 등을 활용한 배경정보와 사례력 수집, 다양한 상황에서의 공식/비공식 평가를 이용한 대상자 평가, 진단/예후 및 면담과 보고서 작성 등으로 이루어진다. 하지만 말더듬 평가가 다른 의사소통장애 평가와 다른 점은, 우선 말더듬이 대상과 상황에 따라 매우 다르게 나타나며 대상자의 느낌과 태도 등이 평가의 주요 요소가 된다는 점이다(Yairi & Seery, 2015). 이러한 말더듬의 개별적·다면적인 특성을 고려하여야 하기에 말더듬의 평가는 종합적으로 이루어진다.

비록 연령, 진전 정도 등에 따라서 달라질 수 있지만 미국 말·언어·청각협회(American Speech-Language-Hearing Association: ASHA)가 제시하는 일반적인 말더듬 평가 요소는 다음과 같다.

우선 사례력과 말더듬 관련 정보를 수집한다. 사례력에 포함될 내용으로는 병력(medical history), 신체발달, 말·언어발달 등을 포함하는 전반적인 발달 상황, 말더듬 가계력, 비유창성 특성과 중증도, 말더듬 시작 시기 및 이후의 변화, 다른 말·언어 문제, 이전 치료 경험 및 결과 등이 있다. 또한 대상자와 대상자의 가족 등이 말더듬과 유창성을 어떻게 인식하는지 살펴보며 말더듬 가변성, 말더듬의 영향 등과 관련된 정보를 대상자뿐 아니라 가족, 교사, 혹은 다른 전문가로부터 얻는다.

다음은 대상자가 보이는 유창성 특성을 분석한다. 다양한 치료실 내 상황 및 과제를 이용하여 비유창성 유형과 빈도, 지속시간, 부수행동, 말속도, 말 명료도 등을 분석한다. 만약 치료실 외 발화자료나 이전의 말더듬 평가 혹은 치료 관련 자료가 있다면 이를 분석하거나 참조한다. 또한 말속도 조절과 같은 시도치료를 실시하여 대상자가 이에 대하여 어떠한 반응을 보이는지 살펴본다.

말더듬에 대한 정서·인지·행동 반응 역시 살펴본다. 예를 들어, 말을 더듬을 때 어떤 느낌을 갖는지, 말더듬으로 인하여 자기 자신에 대해 어떤 생각을 가지게 되었는지, 말더듬에 대처하는 방식 등을 살펴본다. 또한 말더듬이 의사소통 빈도, 다른 사람과의 교류 등에 끼치는 영향과 같이 말더듬이 대상자의 삶에 미치는 다양한 영향을 살펴본다.

마지막으로 조음, 수용 및 표현 언어, 화용, 음성, 청각, 구강구조의 기능 및 운동과 같은 다른 의사소통 영역을 평가하며 치료에 도움이 될 수 있는 대상자의 강점, 적응 책략, 가능한 자원 등을 살펴본다.

이와 같은 종합적인 평가를 통하여 치료사는 대상자가 말더듬을 보이는지 진단할 수 있다. 특히 학령전기 아동일 경우에는 아동이 정상적 비유창성을 보이는지 아니면 말더듬인지를 판단하는 것이 중요할 수 있으며, 다른 연령대 대상자의 경우에는 다른 의사소통장애 혹은 말빠름증과 같은 다른 유형의 유창성장애와 감별진단(differential diagnosis)하는 것이 필요할 수 있다.

또한 종합적인 평가를 통하여 말더듬의 특성과 중증도, 말더듬이 의사소통과 삶의 질, 교육, 사회, 직업 등에 미치는 영향을 파악할 수 있다. 이는 모든 연령대에 중요하지만 성인의 경우, 이미 자신이 말더듬이라는 것을 알고 있기에 특히 더 중요하다.

　다음으로는 대상자가 치료를 통하여 도움을 받을지를 판단하며 치료를 추천할 수 있다. 또한 필요시 다른 전문가와의 협의 혹은 의뢰를 할 수 있으며 가족, 교사, 배우자 등에게 지속적인 말더듬 교육을 제공한다.

　평가는 치료 중 진전을 측정하기 위하여 실시될 수도 있으나 이 장에서는 초기 평가 절차를 위주로 설명할 것이다.

2. 평가 절차

1) 사례정보 수립 및 면담

　치료사는 사례정보 기록지와 이를 기반으로 하는 대상자 혹은 아동 부모와의 면담을 통하여 배경정보, 사례력과 관련된 정보뿐 아니라 말더듬이 대상자의 삶에 미치는 영향을 살펴본다. 예를 들어, 치료사는 말더듬 시작 시기와 변화 과정 등을 포함하는 말더듬 사례력, 치료 경험과 동기, 효과 등과 관련된 말더듬 치료력, 현재 말 상태와 대응 전략, 말에 대한 감정 등과 관련된 정보를 면담을 통하여 살펴본다. 또한 상황에 따른 말더듬의 차이와 말더듬에 대한 주변의 반응 등과 관련된 질문을 통하여 말더듬에 영향을 주는 환경요인을, 그리고 말더듬이 학교/직업/사회생활 등에 영향을 주었는지에 관한 질문을 통하여 말더듬이 삶의 질에 끼치는 영향을 살펴본다. 다음으로는 대상자가 말더듬의 원인, 치료 결과 등에 대해서 어떠한 인식과 기대를 하고 있는지 살펴본다.

　대상자와의 면담 시 중요한 원칙 중 하나는 개방형 질문을 통하여 대상자의 경험을 이해한다는 것이다. "예/아니요"로 대답할 수 있는 폐쇄형 질문보다는 개방형 질문을 활용하여 대상자 스스로 자신의 상황과 경험을 자신의 말로 적절히 설명할 수 있도록 면담을 진행한다. 예를 들어, 대상자가 가지고 있는 의사소통태도를 알아보기 위하여 "말하는 것이 어려워요?"라고 치료사가 질문하면 대상자는 "네."라고 대답할 수 있다. 이런 질문과 대답을 통하여 대상자가 말하는 것에 어려움을 가지고 있다고 판단할 수도 있지만 "말하는 게 어때요? 말할 때 어떤 느낌이 들어요? 다른 느낌/상황은요?" 등의 개방형 질문을 통하여 대상자가 느끼는 감정을 보다 다양한 상황에서 심도 깊게 살펴볼 수 있을 것이다.

또한 대상자를 인정하는 편안한 상황에서 면담을 진행하여야 할 것이다. 대상자가 가지고 있는 경험에 가치를 부여하는 것이 아니라 있는 그대로를 인정하는 분위기에서 면담을 진행한다면 대상자는 치료사를 믿고 정확한 정보를 제공할 수 있다. 만약 그러한 분위기가 조성되지 않았다면 대상자는 자신의 행동 혹은 경험에 대한 부끄러움이나 죄의식 등으로 인해 정확히 대답하지 않을 수 있다. 이러한 과정을 통하여 치료사는 이후 중재 과정에서 필요한 대상자와의 라포를 형성할 수 있을 것이다.

2) 유창성 특성 평가

대상자의 말 분석은 말더듬 평가의 가장 기본적인 절차이다. 치료사는 대상자의 말 자료를 분석하여 유창성 및 비유창성 특성, 부수행동, 말속도 등 여러 특성을 평가한다. 특히 말을 더듬는 사람은 대상과 환경, 시기 등에 따라서 말더듬이 달리 나타나는 가변성을 보이기에 치료사는 대상자의 말 특성을 대표적으로 나타낼 수 있도록 말 자료를 구성하여 분석하여야 할 것이다. 이에 말 분석과 관련된 공식화된 평가도구에서는 다양한 말 자료의 분석을 요구한다. 예를 들어, 『파라다이스-유창성 검사-II(Paradise-Fluency Assessment-II: P-FA-II, 심현섭, 신문자, 이은주, 2010)』의 성인 평가는 읽기, 대화, 독백(말하기 그림) 등으로 이루어진 세 가지의 필수과제와 10초간 사물 이름 대기, 따라 말하기, 전화하기, 경험 말하기(독백), 그림 카드 이름 대기 등의 선택과제 그리고 다양한 발화 산출과제로 구성된다. 또한 치료사는 치료실 외 일상생활에서의 발화 자료를 사전에 대상자에게 부탁하여 이를 추가적으로 분석할 수 있다. 또한 대상자에게 평가하는 동안의 자신의 말과 일상생활에서의 말을 비교하게 하여 간접적으로 일상생활에서의 말을 유추하고 대상자의 유창성 자기평가를 실시할 수 있다. 이와 같이 다양한 상황에서의 말 자료 분석을 통하여 대상자의 말 특성을 대표성 있게 분석하여야 하며 다른 말을 더듬는 사람들과 비교하여 비유창성 특성에서 차이가 있는지, 비유창성 발생에 영향을 주는 요인으로는 어떠한 것들이 있는지를 살펴볼 수 있을 것이다.

(1) 발화분석 자료 준비
대화를 평가하는 경우, 일반적으로는 너무 감정적이지 않은 주제를 사용한다. 하지만 말더듬이 잘 나타나지 않는 경우에는 대상자의 말을 방해하는 것과 같이 압박이 있는 상황을 의도적으로 구성하거나 '말더듬'과 같은 감정적인 주제를 사용하여 대상자의 반응을 살펴볼 수 있다. 읽기의 경우에는 대상자의 현행 읽기 수준 혹은 그보다 낮은 수준의 자료를 사용한다. 또한 대화와 읽기 사이의 비유창성 발생 빈도의 차이를 살펴볼 수 있다. 만약 대화보다 읽기에서의 말더듬 발생 빈도가 더 높다면 이는 대상자가 대화에서 회피행동을 사용한다는 점을 나타낼 수 있다. 특히 말 특성과 더불어 부수행동을 분석하여야 하기에 분석자료는 비디오 녹화가 필수적이다.

일반적으로 말 분석과 관련된 표준화된 평가도구는 분석에 필요한 최소 발화 길이를 규정하고 있다. 오랜 시간 동안 산출된 긴 발화의 분석은 대상자의 특성을 적절히 나타낸다는 대표성이 있을 수 있으나 분석하는 데 매우 오랜 시간이 걸릴 것이다. 반면 매우 짧은 발화의 경우, 분석하는 데 걸리는 시간은 짧을 수 있으나 분석 결과의 대표성에 문제가 있을 수 있다. 예를 들어, 빈번히 나타나지 않는 특정 형태의 비유창성의 경우, 짧은 발화에서는 관찰되지 않을 수도 있다. 분석 대상이 되는 발화의 길이를 측정하는 단위로 언어발달에서는 주로 발화(utterance)가 사용되나 말더듬 분석에서는 단어, 음절 등으로 발화 길이를 측정한다. 연구자에 따라 200~1,200음절의 최소 발화 길이를 제시하고 있으며(Yairi & Seery, 2015), P-FA-II 성인과제에서는 두 가지 종류의 읽기 과제 총 800음절, 말하기그림의 경우 300음절 이상을 분석 대상으로 사용한다. 『말더듬 중중도 평가(Stuttering Severity Instrument-4: SSI-4, Riley, 2009)』의 대화 자료는 150~500음절을 분석한다.

또한 발화 길이는 의미를 전달하는 음절의 수로 측정한다. 구체적인 분석 기준은 연구자에 따라 다를 수 있으나 일반적으로 "어", "음" 등과 같이 의미가 없는 간투사, 추가적으로 반복된 부분 등은 제외하지만 수정은 포함한다(Guitar, 2014; Yairi & Seery, 2015, 전체적인 말더듬 분석은 〈예시 3-1〉 참조). 예를 들어, "어 나는 (막힘)학학학학교에 갔어요."의 발화 길이는 간투사인 "어"와 단어부분 반복인 "학학학"을 제외한 "나는 학교에 갔어요."의 8음절이다. 이 외에도 유창성이 과도하게 평가되는 것을 방지하기 위하여 다른 사람의 말을 직접 인용한 부분, 노래나 자동발화("하나 둘 셋" 등), "응"과 같은 단독으로 사용된 단단어 발화, 불명료한 단어 혹은 음절 등은 분석 대상에서 제외한다(Yairi & Seery, 2015).

(2) 비유창성 분석

유창성 정도(혹은 비유창성 정도)를 평가하는 데 가장 간단한 방법은 중증도 척도 (Severity Rating: SR)일 것이다. 중증도 척도는 치료사 혹은 대상자가 전체적인 말더듬 중증도를 7점, 9점, 10점 등의 다양한 등간격 척도 혹은 약함, 중간, 심함 등의 명칭을 사용하여 측정한다. 이러한 평가 방법은 측정법이 간단하기에 말더듬 아동의 부모를 훈련시켜 말더듬 아동의 치료 중 진전을 나타내는 지표로 사용되기도 하지만(Onslow et al., 2017) 그 신뢰도에 의문이 제시되기도 하였다(Hoffman et al., 2014; Kully & Boberg, 1988).

유창성 혹은 비유창성 정도를 측정하는 객관적인 지표로는 말더듬 음절 비율(Percentage of Syllables Stuttered: %SS)이 있다. 말더듬 음절 비율을 산출하는 중요한 원칙은 한 음절은 단 한 번만 더듬을 수 있다는 것이다. 이에 "어 나는 (막힘)학학학학교에 갔어요." 의 경우, 우선 "어"는 긴장과 같은 질적 양상이 동반되지 않았다면 일반인도 보일 수 있는 정상적 비유창성이기에 말더듬으로 판단하지 않는다. 하지만 막힘과 단어 부분 반복은 모두 비정상적 비유창성이며, "학교"의 "학"을 산출하기 위해 더듬은 것으로 판단하여 총 8음절 중 1회의 말더듬이 발생한 것으로 분석하여 말더듬 음절 비율을 계산한다 (계산식: 1/8*100=12.5%SS). 이와 같은 말더듬 음절 비율의 장점은 말더듬의 객관적인 지표이며, 직관적이고도 빠른 계산이 가능하여 대상자가 말하는 중에 즉시 분석하는 것이 가능하다는 것이다. 하지만 앞의 예와 같이 여러 비유창성이 함께 나타나는 복합 비유창성, 반복단위의 횟수 혹은 비유창성 유형이 다양한 경우(예: "학교"와 "학학학학교", "학학교"와 "(막힘)학교" 등) 등에서는 말더듬 음절 비율이 대상자의 특성을 적절히 나타내기 어려울 수 있다는 단점이 있다(Yairi & Seery, 2015). 또한 분석자 간 신뢰도가 낮을 수 있으며 대상자가 직접적으로 자기평가하기에 어려울 수 있다(Onslow, 2019). 이와 관련하여 목표 음소 혹은 단어를 추가적으로 반복한 횟수를 단위 반복수라고 하며 "학학교" 의 단위 반복수는 1회, "학학학학교"의 단위 반복수는 3회이다. 또한 분석 단위의 경우, 단어보다는 음절이 선호되는데, 이는 다음절단어의 경우 한 단어 내의 1음절 이상에서 말더듬이 관찰될 수도 있기 때문이다(Guitar, 2014).

이와 관련하여 비유창성의 특성을 보다 적절히 나타내기 위하여 비유창성의 양적 분석과 더불어 질적 특성도 함께 고려하여 분석하기도 한다. 예를 들어, 체계적 비유창성 분석(Systematic Disfluency Analysis: SDA, Campbell & Hill, 1993)에서는 발화에서 관찰된 각 비유창성 유형을 전형적 비유창성과 비전형적 비유창성으로 나누어 분석한다. 이 외에도 긴장, 음도 변화, 소리 나는 호흡, 중립화된 모음, 반복 횟수와 연장/막힘의 지속시간, 긴장, 속도 변화 등의 질적 특성도 함께 기록한다. SDA에서는 네다섯 가지의 상황에서 각 최대 10분의 200음절을 대상으로 분석한다. 또한 주저는 갈색, 단어 반복은 빨간색 등으로 비유창성 유형별로 색을 달리하여 나타낸다.

또한 특정 비유창성 유형에 가중치를 두고 분석하기도 한다. 예를 들어, P-FA-II에서는 발화 자료에서 나타난 정상적 비유창성(Normal Disfuluency: ND)의 빈도와 비정상적 비유창성(Abnormal Disfluency: AD)의 빈도를 각각 산출한 후 비정상적 비유창성에 가중치를 부여하여 총 비유창성 점수를 산출한다. 비유창성은 매우 다양하게 나타나는데, 특히 P-FA-II에서는 정상적 비유창성일지라도 단위 반복수가 많거나 시각적 긴장 등과 같은 질적 양상이 동반된 경우에는 비정상적 비유창성으로 판단한다. 더불어 복합 비유창성의 경우에도 그 유형별로 따로 분석한다(〈예시 3-2〉 참조). 앞서 제시한 "어 나는 (막힘)학학학학교에 갔어요."를 P-FA-II에 근거하여 분석하면 〈예시 3-3〉과 같다. 이 발화에서는 정상적 비유창성(ND)의 빈도는 1회[예: 간투사(I) 1회], 비정상적 비유창성(AD)의 빈도는 2회[예: 비운율적 발성(막힘, DP) 1회, 단어부분 반복(R2) 1회]이다. 이러한 각 비유창성 빈도와 목표음절수를 이용하여 ND 비율과 AD 비율을 산출한다. 이와 같이 계산한 ND 비율이 ND 점수가 되며 AD 점수의 경우, AD 비율에 1.5를 곱하여 산출한다. 또한 ND 점수와 AD 점수를 더하여 총 점수를 산출한다.

이에 말더듬 음절 비율과 말더듬 빈도(frequency)는 다를 수 있다. 전술한 바와 같이 말더듬 음절 비율은 100음절당 말더듬(stuttering events)이 나타난 비율을 의미한다. 반면, 말더듬 빈도는 발화에서 관찰된 각 비유창성의 횟수를 의미한다. 말더듬 빈도 역시 100음절당 빈도를 계산할 수 있다. 하지만 복합 비유창성 등이 있기에 여러 종류의 비유창성 빈도의 총합이 말더듬 음절 비율과 불일치할 수 있다.

〈예시 3-1〉 말더듬 분석 지표 설명과 예

발화 샘플: "어 나는 (막힘)학학학학교에 갔어요."

• 발화 길이: 의미를 전달하는 음절 혹은 단어 수로 위 발화 샘플의 발화 길이는 총 8음절이다.
• 비유창성 빈도: 관찰된 비유창성의 횟수로 이 발화에서는 정상적 비유창성 1회(간투사

1회), 비정상적 비유창성 2회(막힘 1회, 단어부분 반복 1회), 총 3회의 비유창성 빈도가 관찰된다.

• 단위 반복수: 추가적으로 반복이 된 횟수로 "(학학학)학교"에서의 단위 반복수는 3회이다.

• 말더듬 음절 비율(%SS): 100음절당 더듬은 음절의 비율로 공식은 다음과 같으며 하나의
음절은 단 한 번만 더듬을 수 있다.

$$\frac{\text{더듬은 음절 수}}{\text{전체 음절 수}} \times 100$$

이에 이 발화의 말더듬 음절 비율은 다음과 같이 계산된다.

$$(1/8) \times 100 = 12.5\%SS$$

비유창성 유형에 따른 가중치를 부여하는 다른 분석방법은 가중 말더듬 지수
(weighted SLD)이다(Yairi & Ambrose, 2005). 이러한 분석방법은 단어 부분 반복보다는
막힘, 연장 등과 같은 비운율적 발성이, 단위 반복수가 적은 경우보다는 많은 경우가 더
심각한 비유창성으로 판단된다는 점에 근거하여 비운율적 발성과 단위 반복 횟수 등에
가중치를 부여하여 SLD 빈도 점수를 산출한다. 이러한 분석방법이 말더듬 아동과 일반
아동을 효율적으로 구분하는 것으로 제시되었다(Yairi & Ambrose, 2005). 국내 연구 또한
가중 말더듬 지수가 초기 말더듬 아동과 일반 아동을 구별할 수 있는 것으로 제시되었
다(변재원, 이은주, 심현섭, 2004).

〈예시 3-2〉 파라다이스-유창성 검사-II의 비유창성 분류(심현섭, 신문자, 이은주, 2010)

유형	기호	정의
ND	주저(H)	발화 중간이나 발화 간에 나타나는 1~3초 정도의 침묵으로 별다른 질적 양상이 동반되지 않은 경우
	간투사(I)	의미전달내용과 관계없는 낱말이나 구로 별다른 질적 양상이 동반되지 않는 경우(예: 그러니까, 글쎄, 음, 어 등)
	미완성 또는/그리고 수정(Ur)	발화나 낱말을 끝맺지 않은 경우, 그리고/또는 이미 산출한 말의 발음, 낱말, 통사구조 등을 바꾸어 다시 말하는 경우(미완성/수정은 목표음절수에 포함)(예: 져 시합에서 져서)
	반복1(R1)	다음절 낱말이나 구, 어절 등을 1~2회 반복하되 별다른 질적 양상이 동반되지 않는 경우(예: 친구가친구가)

AD	주저-비정상적(Ha)	주저함이 3초 이상 지속되거나 시각적 긴장과 같은 질적 양상이 동반되는 경우
	간투사-비정상적(Ia)	간투사를 3회 이상 반복하거나 간투사를 말할 때 시각적 긴장과 같은 질적 양상이 동반되는 경우
	미완성 또는/그리고 수정-비정상적(URa)	미완성 그리고/또는 수정이 연속적으로 일어나거나 시각적 긴장과 같은 질적 양상이 동반되는 경우
	반복1-비정상적(R1a)	다음절 낱말, 구, 어절 등이 3회 이상 반복되거나 긴장 등을 동반하여 나타나는 경우
	반복2(R2)	낱말보다 작은 단위에서 일어나는 모든 반복(음소, 음절부분, 음절, 낱말부분, 일음절 낱말의 반복 등)(예:나날짐승)
	비운율적 발성(DP)	연장(소리와 공기의 흐름은 유지되나 조음기관의 운동이 멈추는 것), 막힘(공기 또는 목소리의 흐름 및 조음기관의 움직임이 멈추는 것으로 특히 후두의 부적절한 근육 움직임이 동반), 깨진 낱말(낱말 내에서 나타나는 멈춤)(비운율적 발성을 동반한 R2는 DP와 R2에 각각 표시하여 계산)

〈예시 3-3〉 P-FA-II 분석의 예

"어, 나는 (막힘)학학학학교에 갔어요."

목표음절수: 8음절

ND	H	I	UR	R1			ND합	ND비율	ND점수	총 점수
		1					1	12.5	12.5	
AD	Ha	Ia	URa	R1a	R2	DP	AD합	AD비율	AD점수	50
					1	1	2	25	37.5	

(3) 말속도 분석

비유창성 빈도와 더불어 말속도를 측정할 수 있다(말속도 분석의 자세한 방법은 전희정, 2015 참조). 말속도 분석을 하기 위해서는 언어 단위, 시간 단위, 분석 방식을 결정하여야 한다. 언어 단위로는 음절, 단어 등이 사용되나 음절이 더 많이 사용된다. 시간 단위로는 초 혹은 분을 사용한다.

비유창성과 쉼의 포함 여부에 따라 말속도는 크게 전체 말속도(overall speech rate)와 조음속도(articulation rate)로 구분된다. 전체 말속도는 메시지를 전달하는 데 어느 정도의 시간이 소요되었는지를 바탕으로 측정한다. 이에 메시지를 전달하는 데 사용된 음절(단어)을 비유창성, 1~2초 정도의 정상적인 쉼 등을 포함한 발화 시간으로 나누어 측정한다. 이에 비유창성이 많이 포함된 발화일수록 전체 말속도는 느려질 수 있기에 전체 말속도는 진전의 지표로 사용될 수 있다. 반면 조음속도는 비유창성, 250ms와 같이 일정 시간 이상의 쉼이 없는 유창한 발화를 대상으로 측정하기에 운동능력을 나타내는 지표로 사용될 수 있다.

말속도는 읽기, 말하기 등과 같은 측정 방법, 대상자 연령, 분석의 기준 등에 따라 달라질 수 있으며 전희정(2015)은 기존 국내의 일반인 대상 말속도 관련 연구 결과를 다음과 같이 정리하였다. 우선 연령에 따른 차이를 살펴보면 학령전기부터 초등학생까지의 경우, 아동의 연령이 높아지면서 말속도가 비선형적으로 증가하며, 학령기 아동은 성인과 비교하여 유사한 말속도를 보인다(김지연, 2001). 또한 노년기에는 일반적으로 말속도가 감소한다(이선호, 2010). 과제에 따른 차이를 살펴보면 학령전기 아동의 경우, 놀이 상황과 비교하여 그림 설명하기 과제에서 말속도가 느리다(김지연, 2001). 학령기 이상 아동과 성인의 경우에는 읽기 과제에서 다른 과제보다 말속도가 빠른 편이다(이선호, 2010). 말을 더듬는 사람의 경우, 전체 말속도와 조음속도는 말더듬 중증도가 심한 사람이 약한 사람보다 느린 것으로 나타났다(박진원, 권도하, 2010), 더불어 P-FA-II 읽기 과제를 사용하여 일반 성인의 전체 말속도를 측정한 경우, 성에 따른 차이는 통계적으로 유의하지 않았다(신문자, 이경재, 2017). 마지막으로 학령전기 말더듬 아동의 경우, 조음속도에서는 일반 아동과 유의한 차이를 보이지 않았으나, 발화 길이가 비유창성 발생 및 말속도에 영향을 줄 가능성이 제시되었다(전희정, 이수복, 2019ab).

(4) 기타 특성 분석

말 자료 분석을 통하여 치료사는 대상자가 보이는 부수행동과 여러 가지 의사소통 특성을 측정할 수 있다. 발화 산출 시 나타나는 부수행동은 신체의 움직임, 소리, 음도의 변화와 같은 말 산출 양식의 변화 등으로 나타나는데, 이러한 부수행동의 종류와 특성, 중증도 등을 평가하여야 하기에 말더듬 평가는 비디오 녹화를 하는 것이 필수적이다.

이 외에도 치료사는 대상자가 보이는 의사소통의 장단점, 말의 자연스러움, 언어 및 조음 특성 등을 평가한다. 특히 유창성 형성법을 이용하여 치료를 받은 경우, 유창성은 증진되었으나 자연스럽게 들리지 않을 수 있기에 말의 자연스러움을 측정하기도 한다. 일반적으로 말의 자연스러움은 말더듬 중증도 척도와 마찬가지로 등간척도를 사용하여 측정하는 경우가 많다.

3) 내적 특성 및 기타 요인 평가

말을 더듬는 사람은 자기 자신과 말에 대하여 부정적인 느낌과 태도를 보이며, 말더듬으로 인하여 삶의 여러 영역에서 제한과 제약을 보이기에 이와 관련된 특성 역시 평가한다. 대표적으로는 말을 더듬는 사람이 의사소통에 대하여 느끼는 부담감 등을 살펴보기 위해 의사소통태도를 평가한다. 예를 들어, P-FA-II에서는 초등학생과 중학생 이상 성인, 두 연령대를 대상으로 실시할 수 있는 의사소통태도 평가를 제공한다. 의사소통태도 이외에도 외국에서는 다양한 연령대를 대상으로 말더듬이 삶의 질에 끼치는 영향, 다양한 상황에서 느끼는 자아효능감, 유창성 정도에 대한 자기평가, 투쟁, 회피, 예기 행동과 관련된 인식 등 여러 영역을 평가하는 공식적인 평가도구가 개발되어 있다. 이러한 평가도구 중 일부의 경우, 국내 적용을 위한 연구(예: 김효정, 2013; 신명선 외, 2013; 신문자, 이수복, 2017; 전희정, Yaruss, 2015)가 있기에 치료사는 이러한 국내 연구 결과를 평가에 활용할 수 있을 것이다.

이와 같은 공식 평가도구 이외에 치료사는 비공식적인 평가 방법을 활용할 수 있을 것이다. 일반적으로 평가도구는 공식 평가도구(formal test)와 비공식 평가도구(informal test), 혹은 표준화된 평가도구(standardized test)와 비표준화된 평가도구(unstandardized test)로 나뉜다(강은희 외, 2019). 공식 평가도구는 주로 표준화되어 출판된 평가도구를 의미하며, 표준화된 평가도구는 특정 영역을 살펴보기 위하여 일반적으로 사전에 미리 개발되었으며, 신뢰도와 타당도가 이미 검증되었다. 이에 평가자는 표준화된, 혹은 정해진 절차에 따라 평가를 진행하며 피평가자의 수행 결과를 또래 집단 등과 비교하여 발달 수준, 중증도 등을 살펴볼 수 있다. 하지만 치료사가 평가하고자 하는 모든 영역에 대한 표준화된 평가도구가 개발되어 있지는 않기에 치료사는 비공식적이거나 비표준화된 도구를 사용하여 대상자의 특성을 평가할 수 있다. 비표준화된 평가도구는 특정 영역에 대한 심화된 정보를 살펴보는 데 사용하는 도구로, 대부분의 경우 치료사가 개별적으로 개발하거나 찾아서 사용한다. 전술하였듯이 면담, 관찰 등을 통하여 대상자가 말더듬에 대해서 가지고 있는 생각 등을 살펴보는 것이 말더듬 평가에서 사용할 수 있는 비공식 평가 방법의 한 가지 예이다. 또한 치료사가 살펴보고 싶은 영역에 대하여 대상자가 리커트(Likert) 척도 등으로 대답하게 할 수도 있다. 즉, 치료사는 말더듬에 대해서 대상자가 가지는 감정과 태도, 말더듬이 대상자의 삶에 미치는 영향을 다양한 방식을 사용하여 살펴보아야 할 것이다.

4) 진단 및 결과 면담

치료사는 이와 같은 말더듬의 종합적 평가를 통하여 말더듬 여부, 중증도, 특성, 말더듬이 삶에 미치는 영향 등을 평가한다. 다시 한번 강조하지만 말더듬은 단순히 말의 비유창성만의 문제는 아니다. 이에 발화 자료 분석을 통하여 측정한 중증도는 발화에서 나타난 '말더듬'의 중증도이지 다면적인 특성을 지닌 장애로서의 '말더듬' 중증도는 아니라는 점을 명심하여야 할 것이다(Manning & DiLollo, 2018). 더불어 대상자가 회피행동을 매우 성공적으로 사용하는 경우에는 겉으로 드러나는 말더듬이 매우 적을 수 있다. 이러한 경우라면 회피행동과 같은 적응행동이 없었다면 대상자는 어떠한 모습일지를 고려하여야 할 것이다. 또한 말을 더듬는 모든 사람이 같은 양상을 보이지도 않기에 치료사는 다양한 정보를 바탕으로 종합적인 임상결정을 내려야 한다.

특히 불안, 우울증 등과 같은 사회적·정서적 문제가 심각하게 관찰되거나 학생의 경우에는 말더듬으로 인한 심한 놀림과 괴롭힘이 의심된다면 다른 전문가에게 의뢰하는 것 역시 대상자 혹은 보호자와 논의할 수 있다.

치료 관련 결정을 내리는 데 도움이 될 수 있는 정보로는 대상자가 생각하는 치료의 목표와 과정은 어떠한 것이며 이러한 것들이 과연 현실적으로 가능한지 등이다(Yairi & Seery, 2015). 또한 대상자의 말 특성과 느낌과 태도, 필요와 요구도, 이전 치료 경험 등을 치료 목표와 절차를 결정하는 데 고려한다. 예를 들어, 학령전기 말더듬 아동의 경우에는 자연회복의 가능성이 치료 제공 여부와 방식 등을 결정하는 데 고려된다. 마지막으로 임상가는 이러한 평가의 종합적인 내용을 대상자 혹은 보호자와 상담한 후 다른 전문가에게 전달할 수 있는 평가보고서를 작성한다.

5) 보고서 작성

말더듬 평가보고서는 대상자 기본정보, 배경정보, 평가 절차, 평가 결과, 요약과 제언 등을 포함하여 작성한다.

대상자 기본정보에는 대상자 이름, 생년월일 및 연령, 성별, 평가일, 평가자 이름 등을 기록한다. 대상자 배경정보에는 사례력, 면담지와 면담 등을 통해서 파악한 유창성 장애와 관련된 사례력, 병력, 가족력, 과거 평가 및 치료 경험 등을 기술한다. 평가 절차에는 평가에서 사용한 공식적인 평가도구뿐 아니라 비공식 평가도구까지 포함하여 기술한다. 평가 결과에는 공식검사와 비공식검사 결과를 모두 작성한다. 특히 공식검사에서는 단순히 원점수만 기술하는 것이 아니라 이에 대한 해석까지 포함하여 기술하여야 한다. 더불어 대상자의 특성이 잘 드러나도록 주로 관찰된 비유창성 유형과 예, 상황별 차이 등을 함께 기술한다. 요약과 제언에는 앞서 제시한 평가 결과를 중증도 등을 제시하면서 요약하며 이후 치료가 필요한지, 필요하다면 어떠한 종류의 치료가 어느 정도 필요한지 등을 기술한다.

3. 치료

1) 근거기반치료

최근 의사소통장애 임상에서 가장 강조되는 것 중 하나가 바로 근거기반치료 (evidence based practice)이다. 근거기반치료는 크게 치료사 전문성과 경험, 대상자 특성과 필요, 근거의 세 요소로 이루어진다. 이러한 근거기반치료의 핵심은 치료사는 자신의 전문성, 대상자의 필요, 가치 및 요구, 과학적인 근거 등에 근거하여 각 대상자에게 가장 효과적이라고 판단되는 치료 방법을 사용하여야 한다는 것이다.

미국 말ㆍ언어ㆍ청각협회에서는 근거기반치료를 실시하는 네 단계를 설명하고 있는데, 첫 번째 단계는 적절한 임상 질문 구성하기이다. 많은 경우, 진단명 등과 같은 대상자 특성(Population), 치료사가 사용하려고 고려하는 기법(Intervention), 대안 기법(Comparison), 얻고자 하는 결과(Outcome), 즉 PICO를 사용하여 임상 질문을 구성한다.

예를 들어, "만 3세 말더듬 남자아동을 대상으로(P) 유창성을 증진시키는(O) 가장 좋은 치료기법(I)은 무엇인가?"가 대안 기법이 없는 경우 사용할 수 있는 PICO를 사용한 임상 질문이다.

두 번째 단계는 임상 질문과 관련된 과학적 근거, 즉 논문을 찾는 것이다. 논문을 검색하는 데 최근에 가장 많이 사용되는 방법은 온라인 검색이다. 이 경우, 적절한 검색 엔진과 데이터베이스, 키워드 등을 사용하여야 할 것이다.

세 번째 단계는 이렇게 찾은 논문들이 임상 질문에 적절한지 살펴보고 논문의 타당성을 파악하는 근거 판단 단계이다. 전술하였듯이 치료사가 사용할 수 있는 근거는 일반적으로 과학적 연구논문을 의미하지만 모든 논문이 동일한 정도의 증거능력을 가지지는 않는다(Orlikoff, Schiavetti, & Metz, 2015). 일반적으로 가장 높은 수준의 증거능력을 지니는 것은 여러 논문에 대한 체계적인 리뷰 혹은 메타연구이며, 다음으로는 잘 설계된 실험 설계 방식(experimental research design)을 사용한 연구논문이다. 실험 설계 연구는 대상자를 치료집단과 통제집단으로 임의(random)로 나누어 치료집단에만 치료를 제공하여 치료의 효과를 살펴본 연구이다. 이에 두 집단의 차이는 치료로 인한 결과라는, 즉 내적 타당성이 높은 편이다. 반면, 설문조사 등과 같은 비실험 설계 방식(non-experimental research design)을 이용한 연구는 내적 타당성이 상대적으로 낮기에 증거능력이 실험 설계를 사용한 연구보다는 낮은 편이다. 이에 근거기반치료를 적절히 활용하기 위해서는 논문을 읽고 이해하며, 실험 설계 방식 등을 이해하고 논문의 강약점을 판단할 수 있는 능력이 필요하다.

네 번째 단계는 임상 결정 단계이다. 치료사는 자신의 전문성 및 대상자의 필요와 요구 등과 같은 개별적 요인을 고려하여 여러 가지 치료 방법 중에서 과학적으로 치료 효과가 가장 높다고 입증된 치료 방법을 각 개별 대상자에게 적절히 선택하여 활용한다.

비록 근거기반치료가 각 개별 대상자에게 제일 효과적인 치료 방법을 선택하는 것과 관련된 원칙을 제시하지만 이를 임상, 특히 말더듬 치료에 실제 적용하기에는 제약이 따를 수도 있다(Bernstein Ratner, 2006; Manning & DiLollo, 2018). 예를 들어, 엄격한 의미에서 근거기반치료를 실시하려면 '논문'으로 치료효과가 입증된 치료 방법만을 선택할 수 있는데, 그 경우 치료사가 선택할 수 있는 치료 방법은 매우 제한적일 수 있다. 또한 치료 기법 사이의 상대적인 치료효과의 차이는 크지 않을 수도 있다. 더불어 연구논문이 특정 치료 기법이 효과가 있다는 점은 나타내지만 왜 그러한지에 대한 설명 혹은 이론적 배경이 부족한 경우가 있을 수도 있다. 이와 관련하여 이론에 기반한 치료는 특정한 치료 기법을 사용하는 근거와 기반을 제시할 수 있으며 그러한 치료 기법이 진전을 보이지 않게 되면 타당한 대안을 제공할 수 있다(Yairi & Seery, 2015). 더불어 말더듬과 같이 다면적인 장애의 치료에서는 한 가지 특정 치료 프로그램만이 아닌 다양한 치료 책략을 통합적으로 사용할 필요도 있다. 이에 다양한 치료 방법에서 관찰되는 독특한 특이성보다는 여러 치료 사이에 공통적으로 존재하는 요인이 치료효과에 더 큰 영향을 준다는 공통요인 모델(common factor model)을 말더듬에 적용하자는 의견이 제시되기도 하였다(Bernstein Ratner, 2006; Manning & DiLollo, 2018).

2) 치료 목표

말더듬의 평가와 마찬가지로 말더듬 치료 역시 개별적 · 종합적으로 이루어져야 한다. 대상자 나이 등과 같은 말더듬 발달 단계, 대상자의 개별적 필요 및 요구, 치료사의 철학 등에 따라 말더듬 치료 목표는 다양하게 나타날 수 있으나 Manning과 DiLollo(2018)는 말더듬 치료의 목표를 다음과 같이 크게 세 가지로 구분하였다.

첫 번째 치료 목표는 유창성의 증진이다. 말더듬의 가장 큰 특성 중 하나가 비유창성이기에 말에서 관찰되는 비유창성의 감소와 이를 통한 유창성의 증진이 가장 기본적인 목표일 수 있다.

이와 관련하여 치료사가 목표로 정할 수 있는 유창성 수준은 자발 유창성(spontaneous fluency), 조절 유창성(controlled fluency), 수용 말더듬(acceptable stuttering) 등 크게 세 가지로 구분된다. 우선 자발 유창성은 일반인이 보이는 유창성 수준으로 화자는 말하는 형식에 신경을 쓰지 않아도 모든 상황에서 유창하게 말을 한다. 반면, 조절 유창성은 화자가 말을 하는 동안 유창성 향상 기법을 사용하는 것처럼 말 조절을 통하여 유창성을 유지하는 것이다. 이에 조절 유창성을 유지하려면 대상자는 말의 내용뿐 아니라 말의 형식에도 신경을 쓰게 된다. 마지막으로 수용 말더듬은 비록 비유창성이 나타나지만 이전의 통제 불가능한 수준은 아니며, 다른 사람들이 받아들일 수 있는 편안한 형태의 말더듬을 보이는 것이다. 일반적으로 말더듬 치료에서는 자발 유창성을 목표로 하지만 일부 대상자, 특히 성인의 경우에는 이를 달성하기가 어려울 수도 있다. 이 경우에는 조절 유창성이 보다 현실적인 목표일 수 있다. 또한 수용 말더듬의 경우에도 비록 말더들이 관찰되기는 하지만 말더듬을 통제한다는 목표를 달성한 것이기에 말더듬 수정법 (stuttering modification)의 경우에는 적절한 목표가 된다.

두 번째 치료 목표는 의사소통의 증진이다. 대상자는 치료를 통하여 말하는 것을 더 즐기게 되어 발화의 양이 증가하며, 이에 의사소통태도 역시 보다 긍정적으로 변화하게 된다. 언어치료사는 임상현장에서 말더듬 아동이 치료를 통하여 말수와 자기주장이 더 많아졌다는 부모 보고를 접할 수 있다. 더불어 보다 효율적인 의사소통 방식을 습득하게 되어 대상자는 자신의 생각을 적절하게 다른 사람들에게 전달할 수 있다. 예를 들어, 말더듬으로 인하여 말을 회피하거나 짧게 말을 하던 대상자가 자신의 생각을 적절한 방식으로 상대방에게 말하여 원하는 바를 얻을 수 있다.

세 번째 치료 목표는 말더듬의 영향력 감소를 통한 주체성(agency) 향상이다. 이전에는 말더듬으로 인하여 제한적인 선택을 하였다면 이제는 치료를 통하여 말더듬으로 인한 부정적인 정서적 · 인지적 반응과 행동양식을 변화시켜 스스로 보다 더 적극적으로 삶에 참여한다. 즉, 말더듬의 부정적인 영향력 감소로 활동과 참여의 제약과 제한이 감소하여 전체적인 삶의 질이 증대되는 것이다.

치료 목표, 그리고 이와 관련된 치료 활동에 대한 대상자와의 합의가 필요하다. 일반적으로 막힘이 반복보다 더 심각한 비유창성 형태로 인식된다. 예를 들어, 치료 이전에는 막힘 위주의 비유창성을 보인 대상자가 치료를 통하여 막힘의 감소를 보였으나 긴장이 없는, 편안한 형태의 단어 부분 반복이 남아 있을 수 있다. 이러한 경우, 대상자는 비유창성의 양적 · 질적 변화를 보였으며 이러한 변화는 치료의 긍정적인 결과일 수 있다. 하지만 대상자가 일반인도 비유창성을 보일 수 있으며, 비유창성의 양적 · 질적 변화가 치료의 결과라는 점을 인식하지 않는다면 치료효과에 의구심을 품을 수 있을 것이다. 이에 치료사는 치료 초기에 대상자(혹은 아동의 부모)에게 말더듬 특성, 전반적인 치료 목표와 절차 등과 관련된 적절한 교육 및 상담을 할 필요가 있다.

임상이야기

치료사와 대상자의 의사소통과 이해는 매우 중요하다. 다음은 말더듬 성인 A씨와의 치료 시 경험담이다. A씨와 치료실 내에서 일부러 편안하게 더듬는 것을 연습한 후 외부에서 이를 실시하기로 하였다. A씨는 치료실 내에서는 이를 몇 번 성공하였으나 외부에서는 전혀 할 수 없었다. 다른 사람들에게 더듬는 모습을 일부러 보이는 것을 자기는 할 수 없었다고 하였다. 다른 경우는 말더듬 아동 B이다. B는 과거 말더듬 치료 경험이 있는데, 어머니는 아동이 자신의 말을 듣고 언제 말을 더듬었는지 확인하는 치료 활동을 보고 매우 속상하고 놀랐다고 하였다. 이러한 활동은 아이에게 오히려 더 말더듬을 인식시키는 것은 아닌지 물어보았다. 이와 같은 두 활동은 말더듬 치료에서 많이 사용하는 기법인 가짜 말더듬과 말더듬 확인하기이다. 이와 같은 치료 기법은 말을 통제하는 능력 향상시키기, 말더듬에 대한 이해와 둔감화 증진 등과 같은 매우 중요한 임상적인 의의가 있다. 하지만 대상자와 이들의 가족은 이러한 치료 기법을 왜 사용하는지에 대한 이해와 사전 연습 등이 부족하였기에 이와 같은 반응을 보인 것으로 판단된다. 대상자가 수행하는 여러 치료 활동은 어려울 수 있으며 때로는 치료사는 대상자가 이러한 치료 활동을 적절히 수행할 수 있도록 밀어붙이는 능력 또한 있어야 할 것이다. 하지만 이러한 활동을 수행하는 목적을 대상자가 적절히 이해하는 것이 기초가 될 것이다.

이와 관련하여 행동주의적 관점에서 회기별 치료 목표를 기술할 때에는 '누가, 어떠한 조건에서, 어느 정도의 정확성으로, 무엇을 하는지'와 관련된 요소를 포함하여야 할 것이다(Yairi & Seery, 2015). 예를 들어, '아동이 90% 수준으로 유창성을 유지한다'의 경우, 수행 환경, 발화 조건, 상황, 측정 기준 등에 대한 정보가 부족하다. 이에 '아동은 치료실 내에서 치료사의 질문에 대한 단어 수준 답변 중 말속도 조절 기법을 10번의 기회 중 9번(90%) 이상 자발적으로 사용한다'가 보다 적절한 목표 기술일 것이다.

3) 치료 절차와 방향

일반적으로 치료 절차는 확립(establishment), 전이(transfer 혹은 generalization), 유지(maintenance)로 이루어진다. 이를 유창성 증진과 관련하여 설명하면 다음과 같다.

우선 확립 단계에서 대상자는 유창성 증진 기법을 활용하여 목표로 하는 유창성을 치료실 내에서 달성한다. 치료사는 간단하고 짧은 발화 수준부터 시작하여 이후 위계(hierarchy)에 따라 발화의 길이와 복잡성 등을 증가시키며 단계적으로 유창성을 안정시켜 나가는 방식으로 치료를 한다. 특히 말더듬 치료에서는 매우 많은 시간의 연습이 필요하다. 이는 말더듬 치료에서는 말과 관련된 두려움과 긴장에도 불구하고 이를 이겨 내고 미세 조절을 잘 할 수 있다는 자신감이 생길 정도로 많이 연습해야 하기 때문이다 (Yairi & Seery, 2015).

전이(혹은 일반화) 단계는 크게 대상과 상황의 전이로 이루어진다. 예를 들어, 대상자 가 치료사와 치료실 내 상황에서 유창하게 대화하는 것에 성공하였다면 이제 대상자는 치료실 외 회사(상황)에서 직장상사(대상)와 대화할 때에도 유창하게 말하는 것을 목표 로 할 수 있다.

마지막으로 유지 단계는 치료가 종료된 이후에도 치료 중 달성하였던 유창성 수준을 지속적으로 보이는 것이다. 말더듬 치료에서는 확립뿐 아니라 전이와 유지 역시 매우 중요하다. 이는 말더듬이 대상 및 상황에 따라 달라지는 가변성을 보이며, 치료 종료 후 말더듬이 다시 나타나는, 즉 재발이 매우 빈번히 나타나기 때문이다.

이와 같이 치료사는 대상자의 치료 활동을 보다 구체적인 치료 목표에 따라 체계적으 로 구성할 수 있다. 이는 유창성 증진뿐 아니라 말더듬과 관련된 불안감 감소에도 적용 될 수 있다. 예를 들어, 사회적 의사소통 환경에 대한 둔감화, 말더듬 경험에 대한 둔감 화, 의도적 말더듬 등과 같은 기법을 이와 같은 절차에 따라 실시할 수 있다. 즉, 치료실 내에서 치료사와의 편안한 환경에서 의도적 말더듬을 실시한 후 대상과 환경을 체계적 으로 변화시키면서 의도적 말더듬을 실시하며 대상자의 불안감을 감소시킬 수 있다. 더 불어 의사결정에 대한 말더듬의 영향을 감소시키기 위해서는 보다 상담적인 접근법을 사용할 수도 있다.

하지만 말더듬 치료의 경우에는 이와 같은 치료 절차가 꼭 순서대로, 즉 확립이 완성 된 이후에 전이와 관련된 활동을, 전이가 완성된 이후에 유지와 관련된 활동을 시작하 지는 않는다. 치료사는 말더듬 치료 초기부터 확립 및 유지와 관련된 활동을 시도할 수 있다. 예를 들어, 단어 수준에서 목표로 하는 유창성이 달성되면 문장 수준 연습을 하기 전에 아동의 부모를 치료실에 들어오게 하여 부모와 아동이 함께하는 과제를 실시할 수 있으며, 가정에서 이와 같은 수준의 활동을 포함하는 과제를 부여할 수 있다. 이 외에도 다양한 외부 상황 연습 및 과제, 그룹치료와 자조모임 참여 등을 활용한 전이와 유지와 관련된 활동을 치료 초기부터 시도할 수 있다.

또한 이러한 치료 절차와 방식은 치료 책략 혹은 접근법에 따라 달라질 수 있으며 같 은 치료 기법이라도 책략에 따라 목표하는 바가 달라질 수 있다. 일반적으로 말더듬 성인을 대상으로 하는 치료 책략은 크게 두 가지로 구분되는데, 이들은 유창성 확립을 목표로 하는 유창성 형성법과 말더듬에 대한 느낌과 태도의 변화를 주요 목표로 하는 말더듬 수정법이다. 두 치료 책략의 공통점 중에 하나는 유사한 말 조절 기법을 사용한다는 것이다. 예를 들어, 유창성 형성법에서 '조절해서 말하기'를 사용하는 목표는 '유창하게 말하는 것'이다. 반면, 말더듬 수정법에서도 더듬은 다음에 유창성 형성법에서 사용한 것과 유사한 '조절해서 말하기'를 사용하여 다시 말할 수 있는데, 이를 취소하기라고 말한다. 이러한 취소하기의 목표는 더듬었던 부분을 다시 유창하게 말하는 것이 아니라 말더듬을 통제하고 수정하는 것이다. 이에 치료사는 목표에 따라 보다 창의적이고 통합적으로 치료 기법을 사용할 수 있다.

4) 치료 형식과 기간

말더듬 치료의 형식, 빈도, 기간 등은 대상자 특성 및 조건, 치료사의 선호(preference), 치료 프로그램 등에 따라 매우 다양하게 나타날 수 있다. 우선 말더듬 치료는 크게 개별치료와 그룹치료로 나누어 볼 수 있다(Yairi & Seery, 2015). 개별치료는 치료사와 대상자가 일대일로 진행하는 일반적인 말더듬 치료 형식으로, 이러한 개별치료를 통하여 치료사는 대상자를 보다 더 잘 알 수 있으며 대상자의 요구를 보다 더 집중적·탄력적으로 다룰 수 있다. 반면, 그룹치료는 한 명 혹은 다수의 언어치료사가 여러 명을 대상으로 진행하는 치료로, 대상자는 자신의 경험과 감정을 동일한 문제를 가지고 있는 사람과 나눌 수 있으며 상황 연습 등을 할 수 있다는 장점이 있다.

또한 치료 목표와 대상에 따라서 직접치료와 간접치료로 구분한다. 이러한 직접치료와 간접치료의 구분은 특히 학령전기 말더듬 아동의 치료에서 나타난다. 말 특성 등의 변화를 목표로 치료사가 아동을 대상으로 진행하는 것은 직접치료이며, 환경 등의 변화를 목표로 대상자의 부모 등을 대상으로 하는 것이 간접치료이다. 또한 최근에는 캠퍼다운 프로그램, 리드콤 프로그램, 통합적 접근법 등의 치료 프로그램 등이 전화와 웹캠 등을 이용하는 원격치료(telepractice) 방식으로 진행되기도 하였다(McGill, Noureal, & Siegel, 2018).

치료 빈도와 기간 역시 매우 다양하게 나타나는데, 일반적으로 국내에서는 주 1, 2회의 치료가 많이 사용된다. 반면, 해외에서는 상대적으로 짧은 기간 동안 집중적인 훈련을 하는 단기 집중 프로그램(intensive program)도 진행된다. 예를 들어, 미국 말더듬 연구소(American Institute for Stuttering)에서는 최대 8명의 12세 이상의 청소년 및 성인을 대상으로 주 5일, 1일 8시간, 3주간의 단기 집중 프로그램을 시행하고 있다(Montgomery, 2006). 또한 청소년을 대상으로 실시하는 방학 중 합숙 프로그램(카멜라, 2014) 등 다양한 종류의 단기 집중 프로그램이 있다. 이러한 단기 집중 프로그램의 장점은 집중적인 훈련을 통하여 행동의 변화가 상대적으로 빠른 시간 동안 촉진될 수 있다는 것이다. 하지만 단기 집중 프로그램을 실시하기 위해서는 시간과 비용이 많이 필요하며 이러한 프로그램을 통하여 달성한 즉시적인 변화를 일상생활로 돌아간 이후, 장기적으로 유지하는 것에 어려움이 있을 수 있다(Blomgren et al., 2005).

이와 같이 일부 프로그램은 치료 기간이 미리 정해져 있으나 이상적으로는 치료사와 대상자가 사전에 정한 치료 목표를 달성할 때까지 진행해야 하지만, 현실적으로는 대상자가 피로 혹은 싫증 등으로 인해서 치료에 대한 관심을 잃기 전까지 치료를 계속한다(ASHA, 1995). 치료 기간에 영향을 줄 수 있는 요인이 명확히 밝혀지지는 않았으나 말더듬 특성, 대상자 특성, 동반장애 여부 등이 있을 수 있다. 예를 들어, 문제의 양상이 더 복잡하게 나타나거나 치료에 꾸준히 참석하기 어려운 조건 등을 가지고 있는 경우, 치료에 대한 동기와 열의가 낮은 경우, 인지장애, 말·언어장애, 다른 심리적 문제 등과 같이 다른 문제가 같이 있는 경우, 아동보다는 성인인 경우에 치료 기간이 길어질 수 있다(ASHA, 1995). 목표를 달성하는 데 걸리는 기간과 관련하여 학령전기 말더듬 아동을 대상으로 실시하는 리드콤 프로그램의 경우, 유창성을 달성하는 1단계와 이를 유지하는 2단계로 나뉘는데 1단계에서는 보통 주 1회 치료실을 방문한다. 여러 연구를 종합한 결과, 2단계로 넘어가기까지의 1단계 치료실 방문 횟수의 중위값은 16회이었다(Onslow, 2019). 하지만 말더듬 성인의 치료 기간은 아동과 비교하면 매우 더 길어질 수 있으며 1년 이상의 기간이 필요할 수도 있다(Maxwell, 1982; Van Riper, 1973). 이와 관련하여 말더듬 치료 효과에 대한 메타분석을 실시한 결과, 분석 대상이 된 논문의 치료대상자는 평균 약 80시간의 치료를 받았다(Andrews, Guitar, & Howie, 1980). 또한 자조모임에 참여하고 있는 말더듬 성인을 대상으로 실시한 설문조사 결과, 40% 이상의 참여자가 전 생애에 걸쳐서 5년 이상의 치료 경험을 보고하기도 하였다(Yaruss et al., 2002). 즉, 이러한 결과는 치료가 1회로 끝나는 것이 아니라 지속적으로, 또한 장기적으로 이루어질 수 있음을 시사한다.

말더듬 치료는 또한 공식치료와 비공식치료로 구분하기도 한다. 공식치료란 대상자와 치료사가 함께하는 일반적인 치료를 의미하는 반면, 비공식치료는 공식치료가 끝난 이후 대상자가 스스로 '자기 치료사(self-therapist)'가 되어 자신의 유창성을 점검하고 비유창성이 나타난 경우 이에 대해 스스로 관리하는 것을 의미한다. 이와 같은 공식치료 이후의 비공식치료는 말더듬 재발 방지와 관련 있다.

5) 치료 변화 과정

치료사는 대상자의 치료 중 변화를 통하여 치료가 도움이 되는지 판단할 수 있을 것이다. 여러 임상 연구를 대상으로 하는 메타 분석 및 체계적 리뷰 결과, 말더듬 치료는 전반적으로 효과가 있다는 점이 밝혀졌다(Andrews, Guitar, & Howie, 1980; Bothe et al., 2006; Herder et al., 2006). 또한 연령, 중증도, 말더듬 기간 등에 따라 달라질 수 있지만 대략적으로 치료를 받는 대상자 중 70% 정도는 진전을 보인다고 한다(Conture, 1996). 비록 말더듬 치료가 대상자에게 도움이 된다고는 하지만 개인이 보이는 변화의 양상은 매우 다양하게 나타날 수 있으며 때로는 '진전'이라고 직관적으로는 생각되지 않는 변화를 보일 수 있다(De Nil & Kroll, 1995; Lee, Manning, & Herder, 2011). 예를 들어, 일반적으로 말더듬 성인은 치료를 통하여 자신의 말 등을 통제할 수 있다는 생각을 가지기에 내재적 통제소로의 변화를 보일 것이다. 하지만 일부 말더듬 성인은 내재적 통제소가 아니라 그 반대인 외재적 통제소로의 변화를 보일 수도 있는데, 이는 아마도 치료사에 대한 의존성이 향상되기 때문일 것이다(De Nil & Kroll, 1995). 이에 치료사는 대상자가 보이는 변화를 다각적으로 살펴보고 이러한 변화가 치료의 전체적인 목표 달성과 어떠한 관련성이 있는지 파악하여야 할 것이다.

특히 대상자가 보이는 양상을 적절히 살펴보고 이에 따라 치료 기법 등을 조절하는 것이 변화를 촉진시킬 수 있을 것이다. 예를 들어, Floyd 등(2007)은 말더듬 치료에 변화의 단계 모델을 적용하는 것을 제안하였다. 변화의 단계(stages of change) 모델은 의도적인 변화 과정을 설명하고자 한다(Prochaska, DiClemente, & Norcross, 1992). 이에 따르면 변화의 단계는 의도 전 단계(precontemplation), 의도 단계(contemplation), 준비 단계(preparation), 행동 단계(action), 유지 단계(maintenance) 등의 단계로 이루어지는데 인접한 단계들은 그렇지 않은 단계보다 더 상관성이 높기에 변화는 이러한 단계를 순차적으로 따르게 된다. 또한 각 단계와 관련된 과정들이 있기에 대상자가 현재 위치한 단계와 관련된 치료 활동을 할 때 치료 중 변화는 더 성공적으로 나타날 수 있다. 이에 치료사는 대상자가 위치한 단계를 파악하고 이에 따른 치료 활동을 실시하는 것이 바람직할 수 있다. 만약 대상자가 변화에 대해서 생각을 하고 있는 의도 단계라면 변화에 대한 인식을 향상시키기 위해 말과 말더듬에 대한 정보를 읽는 독서 요법(bibliotherapy)이 도움이 될 것이다. 또한 자조모임에 참여하는 것이 변화를 실시하는 행동 단계의 사람에게는 도움이 될 수 있지만 자신에게 문제가 없다고 생각하는 사람에게는 역효과를 보일 수도 있다.

치료를 통한 대상자의 변화를 살펴볼 수 있는 우선적인 방법은 공식화된 평가도구일 것이다. 평가는 치료 초기에만 실시하는 것이 아니라 치료의 진전을 살펴보기 위하여 실시될 수 있으며, 이러한 진전 평가 결과를 치료 초기 평가 결과와 비교하여 변화를 살펴볼 수 있을 것이다. 하지만 치료 중 반복적인 공식 평가도구의 시행으로 인하여 학습효과 등이 나타날 수 있기에 여러 가지 비공식 평가 역시 치료 진전의 지표로 사용할 수 있다.

전술하였던 초기 평가의 다양한 말 특성 관련 지표와 내적 특성 지표 등이 대상자의 변화를 나타낼 수 있을 것이다. 예를 들어, 말더듬 음절 비율의 감소, 말더듬 형태의 변화, 비유창성 감소로 인한 전체 말속도의 향상 등이 대상자가 치료를 통하여 진전을 나타내고 있다는 지표가 될 수 있다. 초기 평가와 마찬가지로 다양한 상황에서의 말 분석을 통하여 치료효과의 전이 역시 살펴볼 수 있을 것이다. 또한 비유창성 감소와 유창성 증진 기법의 능숙한 활용을 통한 말 자연스러움의 향상, 탈출행동, 회피행동과 같은 부수행동의 양적 감소와 거슬림 정도의 감소 역시 대상자의 변화를 나타낸다. 이와 관련하여 회피행동의 감소로 인한 일시적인 비유창성의 증가 역시 치료 초기의 진전 지표일 수 있다. 이 외에도 말더듬과 자기 자신에 대한 부정적인 느낌과 인식의 개선, 말더듬으로 인한 부정적인 삶의 영향 감소와 주체성의 향상, 자신의 말과 행동에 대한 자기 모니터링(self monitoring)의 향상 등이 대상자의 변화를 나타낸다. 이러한 특성은 전술하였듯이 공식적인 평가 이외에도 대상자의 행동을 관찰하고 말 내용과 형식 등을 분석하여 살펴볼 수 있다. 특히 Manning과 DiLollo(2018)는 말더듬을 바라보는 시각이 변화하여 이전의 말더듬 경험을 웃으면서 바라볼 수 있는 유머(humor)의 증가 역시 긍정적인 변화를 나타낸다고 지적하였다. 이와 같이 치료사는 대상자가 치료 중 보이는 변화를 다각적으로 민감하게 관찰하고 이에 따라 치료 과정을 구성하여야 할 것이다.

6) 종료기준과 재발

말더듬 치료는 치료사와 대상자가 정한 치료 목표를 달성하였을 때 종료할 것이다. 하지만 일반적인 언어치료와 마찬가지로 시간적 · 비용적 제한, 대상자 관심의 지속 여부 등을 고려하여 치료 종료를 결정할 수 있을 것이다. 특히 전술하였던 말더듬 치료의 가장 기본적인 치료 목표 중 하나인 유창성 증진과 관련하여 '비유창성이 전혀 없는 말'은 현실적으로 매우 어렵다는 점을 다시 한번 강조한다. 즉, 말을 더듬는 사람뿐 아니라 일반인 역시 비유창성을 보인다는 점을 기억하여야 한다. 또한 말을 더듬는 사람은 치료 결과, 자기 자신과 말에 대하여 부정적인 느낌과 태도를 보이지 않으며 말더듬이 더 이상 대상자의 삶에 부정적인 영향을 끼치지 않아야 할 것이다. 이와 같은 다면적인 치료 목표의 달성 여부를 종료기준으로 고려할 수 있다. 더불어 자신을 살펴보고 문제가 나타났을 때 이를 적절히 관리할 수 있는 '자기 치료사' 되기 달성 여부 역시 종료 시 살펴보아야 한다.

하지만 치료를 종결한 이후에 말더듬이 다시 나타나는 재발 역시 중요한 문제이다. 일반적으로 말더듬 성인의 치료 후 재발 가능성은 매우 높은 편이기에 전술한 자기 치료사 되기와 비공식치료가 중요해진다. 더불어 자조모임 참여 역시 강조된다. 학령전기 아동의 경우에는 성인에 비하여 재발 가능성은 상대적으로 낮은 편이라고는 하지만, 그럼에도 불구하고 2년 정도의 지속적인 부모의 모니터링과 치료사와의 연락이 추천되기도 한다.

4. 맺음말

이 장에서는 말의 비유창성 문제인 '말더듬'이 아닌 다면적 장애인 '말더듬'의 평가와 중재를 살펴보았다. 예를 들어, 객관적인 방법을 사용하여 비유창성을 분석하는 방법, 말더듬의 특성과 영향을 살펴보는 데 사용할 수 있는 다양한 공식적 · 비공식적 평가 방법, 전반적인 중재 목표와 과정 등을 소개하였다.

이와 관련하여 많은 언어치료사가 말더듬 평가와 치료를 어려워한다고 한다. 이는 아마도 언어치료사가 대상자의 '말과 언어' 이외의 다양한 영역에 대한 평가와 중재를 해야 하기 때문일 수 있다. 또한 각 대상자는 '교과서적 특성' 이외의 자신만의 고유한 특성을 보일 수도 있기에 언어치료사는 항상 새로운 마음으로 평가와 치료를 준비해야 하는 부담감을 느낄 수도 있다. 더불어 언어치료사는 치료를 통하여 대상자가 보이는 변화가 자신이 실시한 치료의 결과인지, 치료 후 재발이 나타나는 것이 자신이 실시한 치료의 실패로 인한 것은 아닌지에 대한 의구심도 있을 수 있다. 하지만 이러한 이유 등으로 인해 더 꾸준히 노력한다면 언어치료사가 더 성장할 계기가 될 수 있을 것이다. 또한 전술한 바와 같이 전반적으로 말더듬 치료는 성공적일 수 있다는 점을 언어치료사는 기억하여야 할 것이다. 이러한 자신감을 바탕으로 대상자와 함께한다면 언어치료는 보다 더 성공적일 수 있을 것이다.

학습과제

1. 말을 더듬는 사람과 유창한 사람의 말을 대상으로 말더듬 음절 비율(%SS), 비유창성 유형별 빈도 분석 등과 같은 양적 분석을 실시하시오.

2. ICF 정의에 따라 말더듬을 평가하기 위해 사용할 수 있는 있는 공식·비공식 평가도구를 설명하시오.

3. 근거기반치료에 따른 말더듬 성인 중재절차를 설명하시오.

4. 변화의 단계에 따라 사용할 수 있는 치료기법을 설명하시오.

주요 용어

사례력	공통요인 모델
중증도 척도	자발 유창성
말더듬 음절 비율	조절 유창성
말더듬 빈도	수용 말더듬
전체 말속도	확립
조음속도	전이
공식 평가도구	유지
비공식 평가도구	재발
근거기반치료	

참고문헌

강은희, 고영옥, 권미지, 김시영, 김유경, 김효정, 박은실, 유재연, 이명순, 이옥분, 장현진, 최선영, 허명진, 황상심, 황하정(2019). 의사소통장애 진단평가. 서울: 학지사.

김지연(2001). 3-5세 정상 아동의 말속도 발달 연구. 이화여자대학교 대학원 석사학위논문.

김효정(2013). 한국말더듬지각검사 개발 연구. 언어치료연구, 22, 191-205.

박진원, 권도하(2010). 말더듬 성인의 심한정도에 따른 구어속도 특성 비교연구. 특수교육저널: 이론과 실천, 11, 129-146.

변재원, 이은주, 심현섭(2004). 초기 말더듬 아동의 비유창성 특성 연구. *Communication Sciences & Disorders, 9*, 1-14.

신명선, 전희숙, 김효정, 장현진(2013). 말더듬 성인용 말하기 효능감 검사의 표준화 연구. 언어치료연구, 22, 105-121.

신문자, 이경재(2017). 일반 성인의 연령과 성에 따른 비유창성 빈도, 말속도와 의사소통태도. *Communication Sciences and Disorders, 22*, 794-805.

신문자, 이수복(2017). 상황별 말더듬 자기평가 도구의 타당도 및 신뢰도. *Audiology and Speech Research, 13*, 41-49.

심현섭, 신문자, 이은주(2010). 파라다이스-유창성 검사-II. 서울: 파라다이스 복지재단.

이선호(2010). 발화 과제에 따른 정상 노인의 말속도 연구. 한림대학교 대학원 석사학위논문.

전희정(2015). 전체말속도 및 조음속도 측정. 음성언어의 측정, 분석 및 평가(고도흥 편저). 서울: 학지사.

전희정, Yaruss, J. S. (2015). 성인용 전반적 말더듬 경험 평가(OASESTM)의 국내적용을 위한 기초 연구: 타당도와 신뢰도를 중심으로. 언어치료연구, 24, 145-155.

전희정, 이수복(2019a). 말더듬 성인의 유창한 발화와 비유창한 발화의 말속도 및 발화 길이 특성. *Audiology and Speech Research, 15*, 214-222.

전희정, 이수복(2019b). 취학 전 말더듬 아동의 말더듬 중증도에 다른 발화 형태별 조음속도 비교. 말소리와 음성과학, 8, 79-90.

카멜라 크리스틴(Chmela, K.) (2014). 학령기 말더듬 아동의 정서 및 태도를 다루는 방법. 말더듬 치료 워크숍. 서울: 늘품 플러스.

American Speech-Language-Hearing Association (1995). *Guidelines for practice in stuttering treatment* [Guidelines]. Available from www.asha.org/policy.

American Speech-Language-Hearing Association (n.d.). *Fluency Disorders in Childhood* (Practice Portal). Retrieved January, 20, 2020, from http://www.asha.org/Practice-Portal/Clinical-Topics/Childhood-Fluency-Disorders

Andrews, G., Guitar, B., & Howie, P. (1980). Meta-analysis of the effects of stuttering treatment. *Journal of Speech and Hearing Disorders, 45*, 287-307.

Bernstein Ratner, N. (2006). Evidence-Based Practice: An examination of its ramifications for the practice of speech-language pathology. *Language, Speech, and Hearing Services in Schools, 37*, 257-267.

Blomgren, M., Roy, N., Callister, T., & Merrill, R. M. (2005). Intensive stuttering modification therapy: A multidimensional assessment of treatment outcomes. *Journal of Speech, Language, and Hearing Research, 48*, 509-523.

Bothe, A. K., Davidow, J. H., Bramlett, R. E., & Ingham, R. J. (2006). Stuttering treatment research 1970-2005: I. Systematic review incorporating trial quality assessment of behavioral, cognitive, and related approaches. *American Journal of Speech-Language Pathology, 15*, 321-341.

Campbell, J. H., & Hill, D. (1993). *Application of a weighted scoring system to systematic disfluency analysis.* Poster presented at the annual convention of the American Speech-Language-Hearing Association Convention, New Orleans, LA.

Conture, E. G. (1996). Treatment efficacy: Stuttering. *Journal of Speech and Hearing Research, 39*, S18-S26.

De Nil, L., & Kroll, R. M. (1995). The relationship between locus of control and long-term stuttering treatment outcome in adult stutterers. *Journal of Fluency Disorders, 20*, 345-364.

Floyd, J., Zebrowski, P. M., & Flamme, G. A. (2007). Stages of change and stuttering: A preliminary view. *Journal of Fluency Disorders, 32*, 95-120.

Guitar, B. (2014). Stuttering: *An integrated approach to its nature and treatment* (4th ed.). Baltimore, MD: Lippincott Williams & Wilkins.

Herder, C., Howard, C., Nye, C., & Vanryckeghem, M. (2006). Effectiveness of behavioral stuttering treatment: A systematic review and meta-analysis. *Contemporary Issues in Communication Sciences and Disorders, 33*, 61-73.

Hoffman, L., Wilson, L., Copley, A., Hewat, S., & Lim, V. (2014). The reliability of a severity rating scale to measure stuttering in an unfamiliar language. *International Journal of*

Speech-Language Pathology, 16, 317-326.

Kully, D., & Boberg, E. (1988). An investigation of interclinic agreement in the identification of fluent and stuttered syllables. *Journal of Fluency Disorders, 13,* 309-318.

Lee, K., Manning, W. H., & Herder, C. (2011). Documenting changes in adult speakers' locus of causality during stuttering treatment using Origin and Pawn Scaling. *Journal of Fluency Disorders, 36,* 231-245.

Manning, W. H., & DiLollo, A. (2018). *Clinical decision making in fluency disorders* (4th ed.). San Diego, CA: Plural Publishing, Inc.

Maxwell, D. L. (1982). Cognitive and behavioral self-control strategies: Applications for the clinical management of adult stutterers. *Journal of Fluency Disorders, 7,* 403-432.

McGill, M., Noureal, N., & Siegel, J. (2018). Telepractice treatment of stuttering: A systematic review. *Telemedicine and e-Health,* 1-10.

Montgomery, C. S. (2006). The treatment of stuttering: From the hub to the spoke. In N. Bernstein Ratner & J. A. Tetnowski (Eds.), *Current Issues in Stuttering Research and Practice.* Mahway, NJ: Lawrence Erlbaum.

Onslow, M. (2019). *Stuttering and its treatment: Eleven lectures.* Retrieved from https://www.uts.edu.au/research-and-teaching/our-research/australian-stuttering-research-centre/resources/resources

Onslow, M., Weber, M., Harrison, E., Arnott, S., Bridgman, K., Carey, B., Sheedy, S., O'Brian, S., MacMillan, V., & Lloyd, W. (2017). *The Lidcombe Program treatment guide.* Retrieved from https://www.uts.edu.au/research-and-teaching/our-research/australian-stuttering-research-centre/resources/resources

Orlikoff, R. F., Schiavetti, N., & Metz, D. E. (2015). *Evaluating research in communication disorders* (7th ed.). Upper Saddle River, NJ: Pearson Education Inc.

Prochaska, J. O., DiClemente, C. C., & Norcross, J. C. (1992). In search of how people change: Applications to addictive behaviors. *American Psychologist, 47,* 1102-1114.

Riley, G. (2009). SSI-4: *Stuttering Severity Instrument* (4th ed.). Austin, TX: Pro Ed.

Van Riper, C. (1973). *The treatment of stuttering.* Englewood Cliff, NJ: Prentice-Hall.

Yairi, E., & Ambrose, N. G. (2005). *Early childhood stuttering: For clinicians by clinicians.* Austin, TX: Pro-Ed.

Yairi, E., & Seery, C. H. (2015). *Stuttering: Foundations and clinical applications* (2nd ed.).

Boston: Pearson Education, Inc.

Yaruss, J. S., & Quesal, W. (2004). stuttering and the International Classification of Functioning, Disability, and Health: An update. *Journal of Communication Disorders, 37*, 35–52.

Yaruss, J. S., Quesal, R. W., Reeves, L., Molt, L. F., Kluetz, B., Caruso, A. J., McClure, J. A., & Lewis, F. (2002). Speech treatment and support group experiences of people who participate in the National Stuttering Association. *Journal of Fluency Disorders, 27*, 115–134.

제2부

유창성장애의 평가

제4장

학령 전 아동의 평가

이 장은 학령 전 아동의 평가를 위해 어떤 절차와 도구로 말더듬 행동을 평가하고 진단하며 치료 방향을 결정할 것인지를 다룰 것이다. 학령 전 아동의 평가는 말더듬의 다면적인 특성을 고려하여 다양한 상황에서 변이성(variability)을 살펴보아야 하며, 발달 중인 대상자의 특성을 고려하여 포괄적인 평가를 실시해야 한다. 더불어 아동뿐만 아니라 아동의 부모를 평가에 참여시키는 것이 중요한데, 이는 아동에 대한 정확한 정보를 얻고 아동의 환경 등을 변화시키는 데 부모가 매우 중요한 역할을 하기 때문이다(Guitar, 2014; Manning & DiLollo, 2018).

1. 평가 목표 및 고려사항

학령 전 아동의 평가는 선천적 · 환경적 · 발달적 요인의 상호작용으로 발생하는 다면적 장애의 특성을 고려하여 포괄적 평가가 필요하다. 수정된 구성모델(Revised Component Model, Riley & Riley, 2000)은 포괄적 진단모델로 말더듬의 구성요인을 크게 신체적 특질, 기질적 요인 그리고 청자의 반응의 세 가지로 보았고, 이러한 요인들을 통해 말더듬에 미치는 영향과 회복을 예측할 수 있다. 학령 전 아동의 평가는 말더듬 여부도 중요하지만 말더듬이 지속될 가능성이 있는지가 더 중요한 이슈이다. 말더듬의 회복이나 지속에 대한 단정을 할 수 없으므로, 치료사는 공식검사와 비공식검사 외에도 아동의 나이, 말더듬 가계력, 말더듬 시작 연령, 말더듬 지속기간, 말 · 언어발달, 인지발달, 정서발달, 부모 반응 등의 다양한 요소를 토대로 회복 여부를 고려할 수 있다(Yairi &

Ambrose, 2005).

따라서 치료사는 학령 전 아동의 평가에서는 다음의 질문에 대한 답을 할 수 있어야한다.

- 아동이 말을 더듬는가?
- 아동이 말을 더듬는다면 말더듬이 만성화될 가능성이 있는가?
- 아동이 말을 더듬는다면 어떤 치료가 필요한가?

포괄적 요인 평가: 임상이야기

'말더듬'이라는 단어를 입에 올리는 것을 두려워하며 개인정보가 노출될까 봐 걱정하는 말더듬 아동의 부모가 치료실에 내원하였다.

부모: 우리 아이가 말을 더듬는 아이라는 소리를 들을까 봐 걱정이 됩니다. '말더듬'이라는 단어를 입에 담거나 들려주기도 싫었어요.
치료사: 아이가 말을 더듬을 때 아이의 표정이나 말에 귀 기울여 보셨나요?

치료사는 부모의 편견, 걱정을 설득시키기보다 부모가 아동에게 어떻게 반응하는지를 파악할 수 있는 질문을 통해 가족을 도울 수 있는 방법을 찾아야 한다.

1) 말더듬 판별의 어려움

학령 전 아동의 말더듬 판별은 아동이 발달중이기 때문에 고려해야 할 요인이 많아 학령기 아동이나 성인에 비해 더 복잡하고 어렵다. 그 이유는 다음과 같다.

첫째, 말더듬 아동과 일반 아동이 보이는 비유창성의 양적, 질적 차이에 대한 구분이 명확하지 않기 때문이다. 학령 전 아동의 평가에서 중요한 이슈는 일반 아동에게는 나타나지 않으면서 말더듬 아동에게만 나타나는 독특한 비유창성 특성이 있는가이다(이수복, 심현섭, 2015). 정상적 비유창성과 비정상적 비유창성을 분류하는 절대적인 기준이 없고, 아동의 비유창성이 정상적 비유창성인지, 비정상적 비유창성인지를 변별할 수 있는 분류가 비일관적이다. 그러나 지금까지의 연구 결과, 말을 더듬기 시작할 때의 진성 비유창성(Stuttering Like Disfluencies: SLD)은 일반 아동의 비유창성과 변별되는 특징이
며 시간이 지남에 따라 말더듬의 변화를 가장 민감하게 살펴볼 수 있는 지표로 보고 있
고(이수복, 심현섭, 2017; Yairi, Ambrose & Niermann, 1993), 그 외에 단위 반복수 및 반복
속도, 비운율적 발성 등이 말더듬 판별 요소라 할 수 있다.

둘째, 학령 전 아동은 말 · 언어뿐만 아니라 신체적 · 정서적으로 성숙 과정에 있기 때
문에 상황별로 비유창성의 변이성을 보일 수 있다. 치료실에 내원했을 때 변이성으로
인해 아동의 문제를 모두 파악하기 어려울 수 있으므로 다양한 상황, 그리고 말더듬에
미치는 다양한 영역을 전반적으로 관찰하고 평가할 수 있어야 한다. 또한 사전에 가정
에서의 모습을 녹음 · 녹화해 오거나, 치료실에 들어서는 순간부터 평가를 마치고 귀가
할 때까지 관찰하고 평가할 수 있어야 한다.

셋째, 학령 전 아동의 말더듬을 이끌어 내기가 어려울 수 있다. 특히 비정상적 비유
창성 빈도가 높더라도 변이성이 큰 말더듬 아동은 말더듬 평가 시 비유창성이 나타나지
않을 수 있으며, 치료사에게 아동이 적응하여 말더듬이 나타나지 않거나 감소할 수도
있다. 따라서 한 가지 상황에서의 평가는 대표성이 떨어지므로 다양한 상황에서 평가가
중요하며, 말더듬이 나타나지 않는 경우 말더듬을 유도하는 방법을 고안해 두거나 다른
날에 다시 평가를 계획하는 것이 필요하다.

2) 자연회복 가능성 예측

초기 말더듬은 대체로 발생 후 3년 이내에 최대 80%는 회복되며, 20%는 학령기까지
말더듬이 지속되기도 한다(Yairi & Ambrose, 2005). 만약 학령기까지 말더듬이 지속되면
만성 말더듬으로 고착될 수 있으며 효과적인 의사소통에 어려움을 겪고 치료 기간도 길
어진다. 따라서 학령 전 아동의 비유창성이 말더듬으로 판단되면 말더듬이 지속되어 만
성적인 문제로 고착될 것인지, 회복할 것인지를 예측할 수 있어야 한다. 그러나 말더듬
의 회복 가능성 예측은 말더듬 진단보다 더 어렵다(심현섭 외, 2012). 말더듬에서 회복될
가능성은 가족력, 성별, 아동의 연령, 말더듬 시작 후 비정상적 비유창성의 변화, 말더듬
중증도(severity), 말더듬 시작 연령 및 지속기간 등과 관련 있는 것으로 나타났다(Yairi &
Ambrose, 2005). 따라서 말더듬 경로를 예측하기 위한 하나의 요인은 없으며 다양한 요
인을 통해 말더듬 경로를 지속적으로 판단해야 한다.

2. 평가 절차

학령 전 말더듬 아동의 평가 절차는 다음 〈표 4-1〉과 같다. 평가 의뢰 후, 부모가 사례면담지를 작성하며, 치료사는 이를 바탕으로 부모와 면담을 실시한다. 이후 공식검사와 비공식검사를 사용하여 다양한 상황에서의 말·언어 평가를 실시하며, 인식 및 태도 검사, 그리고 부모-아동 상호작용놀이를 통해 아동의 환경을 평가한다. 마지막으로 평가 결과를 종합하고 아동의 치료 여부와 방향에 대해 부모와 상담한다.

〈표 4-1〉 학령 전 아동의 평가 절차

---

1. 평가 의뢰 사전면담(전화 또는 방문상담)
2. 사례정보 수집 및 면담(사례면담지, 아동의 언어 샘플 테이프)
3. 유창성 평가
   1) 말더듬 공식검사: P-FA-II
   2) 말더듬 비공식검사: 경험말하기, 정의하기
   3) 인식 및 태도 검사: KiddyCAT, 기질 평가
   4) 환경 평가: 부모-아동 상호작용놀이, Palin 부모 평가
4. 구성모델: 포괄적 진단접근
5. 말더듬 진전 예측 평가
6. 말·언어 평가
7. 진단
   1) 자료 해석과 종합적 판단
8. 결과면담
   1) 결과 해석 및 부모상담
   2) 보고서 작성

---

1) 평가 의뢰 및 사전면담

말더듬 평가 의뢰를 위한 사전면담은 주로 전화를 통해 이루어지며 치료사는 부모의 요구사항을 듣고 평가 약속을 잡는 단계이다. 치료실에 내원했을 때 아동의 문제를 모두 파악하기 어려울 수 있으므로 사전면담에서 가정에서의 모습을 녹음 또는 녹화해 오거나, 다른 기관에서 평가나 치료를 받은 경험이 있는지 확인하고 진단보고서나 치료종결보고서를 가져오게 하여 평가나 치료에 반영하도록 한다. 또한 사례면담지를 작성

하여 평가 전에 제출할 수 있으면 치료사가 더 정확한 평가 계획을 세우는 데 도움이 될 수 있다.

평가 시 아동이 좋아하는 게임이나 책을 가져오게 하면 낯선 치료실 환경에서 검사받을 때의 스트레스를 줄일 수 있다(Curlee, 1999).

2) 사례정보 수집 및 면담

사례정보 수집을 위한 사례면담지는 부모(또는 주 양육자)가 작성하도록 하고, 작성을 마친 후에는 부모(또는 주 양육자)와의 면담을 통해 가능한 정확하고 구체적인 정보를 수집한다. 예를 들어, 가족관계 및 가족의 성격·말 특성, 아동의 출생력, 발달사항(신체, 언어·말 발달, 인지, 정서 등), 말더듬 시작 시기와 현재 상태, 가계력, 치료경험, 또래 관계, 아동에 대한 기타 정보 등에 대해 자세하게 질문해야 한다. 사례면담지에 포함된 질문은 말더듬 평가 시 파악해야 하는 정보를 얻기 위한 것이므로 질문의 목적을 이해하고 기억해 두어야 한다. 치료사는 면담 실시 전에 사례면담지에 작성된 내용을 미리 파악하고, 예/아니요 형태의 폐쇄형 질문이 아닌 개방형 질문을 하여 아동에 대한 구체적인 정보를 얻을 수 있어야 한다.

일상생활 속에서 아동의 언어샘플을 녹음 또는 녹화해 온 자료가 있으면 가정과 낯선 장소에서 보이는 말·언어 정도의 차이를 가늠하거나 치료실에서 공식 평가가 되지 않을 때 진단에 참조할 수 있다.

부모 면담의 목적은 아동의 환경이 말더듬에 미치는 영향을 파악하고자 하는 것이므로 부모가 얼마나 말을 많이 하는지, 질문을 얼마나 하는지, 아동 치료에 대한 관심 정도, 가정 상황 등을 더불어 파악할 수 있어야 한다. 학령 전 아동의 사례정보 수집 시 포함될 질문은 〈표 4-2〉에 제시하였다.

〈표 4-2〉 사례정보 수집 시 포함될 질문

- 아동의 임신/출산 시 문제가 없었나요?
- 아동의 말·언어발달이 형제 또는 다른 또래 아동들과 비교했을 때 달랐나요?
- 아동의 근육운동발달이 형제 또는 다른 또래 아동들과 비교했을 때 달랐나요?
- 말더듬을 언제 처음 발견하였나요?

- 말더듬이 시작되기 전에 특별한 일이 있었나요?
- 말더듬이 시작되었을 때 말을 어떤 식으로 더듬었고 변화가 있었나요?
- 아동이 자신의 비유창성을 인식하고 있나요?
- 아동이 말더듬을 예상하고 단어를 바꾸어 사용하나요?
- 가정에서 아동의 말더듬에 어떻게 반응하셨나요?
- 가정에서 아동의 말더듬을 감소시키기 위해 어떤 노력을 했나요?
- 왜 말을 더듬는다고 생각하나요?
- 가족이나 친척 중에 말 · 언어에 문제가 있었거나 지금도 문제가 있는 사람이 있나요?
- 아동이 지금까지 말더듬 치료를 받은 적이 있나요?
- 아동의 기질은 어떠한가요?
- 아동의 하루 일과는 어떠한가요?

◎ 아동의 임신/출산 시 문제가 없었나요?

출생 전후의 문제에 관심을 갖는 것은 뇌손상을 입은 아동 가운데서 말더듬 사례가 증가하기 때문이다(Poulos & Wabster, 1991; Theys, van Wieringen, & De Nil, 2008). 따라서 출산 시 또는 출산 전후에 이상 증후 또는 '사고'가 있었을 경우에는 어린이의 운동, 신경 또는 인지발달에 이상이 있는지를 확인해야 한다. 그리고 임신과 출산 시 어려움이 보고되었으면, 운동 및 인지 발달을 더 주의 깊게 살펴봐야 한다.

◎ 아동의 말 · 언어발달이 형제 또는 다른 또래 아동과 비교했을 때 달랐나요?

언어발달이 말 산출에 영향을 미치기 때문에 언어발달이 너무 앞선 경우 이것이 말 산출을 위한 근육운동을 방해했는지를 살펴야 한다. 때로는 언어발달이 지체된 경우도 말 산출을 저해할 수 있다. 이러한 목적으로 아동의 현재 언어발달 수준이 연령 또는 형제에 비해 앞섰는지 지체되었는지를 파악해야 한다. 지체된 말 · 언어능력은 말더듬 지속을 예측하는 것으로 나타났다(Yairi & Ambrose, 2005).

◎ 아동의 운동발달이 형제 또는 다른 또래 아동과 비교했을 때 달랐나요?

아동의 운동발달이 정상적인지를 살펴봐야 한다. 아동의 운동발달이 연령에 비해 앞섰을 수도 있고 지체되었을 수도 있기 때문이다. 다시 말하면, 말을 더듬는 아동들은 말

발달이 앞서 있을 수도 있고 지체되어 있을 수도 있다. 이런 경우 말더듬 치료에서 '느린 말속도'로 연습하는 것이 많은 도움을 줄 수 있다. 아동의 운동발달이 정상적인지 그리고 형제와 비교하여 발달양상이 어떤지를 살펴야 한다.

◎ 말더듬을 언제 처음 발견하였나요?

학령 전 아동의 말더듬이 언제 시작되었는지에 대한 정보는 치료 방법을 계획하는 데 매우 중요한 정보이다. 아동이 말을 더듬기 시작한 지 수 주 또는 수개월 이내에 언어치료실을 찾았을 경우에는 말더듬에 대한 부정적 느낌이나 심리 및 태도가 형성되지 않았을 수 있다. 그러나 말더듬이 시작된 지 1년 이상 경과한 경우에는 부정적인 느낌이 생긴 뒤일 수 있다. 그런 경우에는 치료가 더 힘들고 기간도 더 길어질 수 있으며 치료 방법도 달라져야 한다. 말더듬이 발생한 후 6개월 이전에 치료를 시작한 경우에는 12개월경부터 말더듬이 감소하였으나 3년이 지난 뒤에 치료를 시작한 아동들은 말더듬이 지속되었다는 연구 결과가 보고되었다(Yairi et al., 1996). 따라서 아동이 얼마나 말을 더듬었는지 아는 것은 말더듬의 회복을 예측하는 데 긍정적으로 작용할 수 있는 중요한 요소이다.

◎ 말더듬이 시작되기 전에 특별한 일이 있었나요?

가정 내에 특별한 '사건'이 아동의 말더듬을 유발했을 가능성이 발견되면 그 사건에 대하여 아동에게 부모가 설명을 해 줄 필요가 있다. 동생의 출산, 이사, 전학 등이 말더듬을 유발할 수도 있는 '사건'들이라고 할 수 있다. 특기할 만한 사건이 없을 경우에는 부모의 잘못으로 아동에게 말더듬이 생겼다는 죄책감을 갖지 않도록 도와주어야 한다. 죄책감을 느끼는 부모는 아동의 치료에 적극적으로 그리고 긍정적으로 참여하지 않을 가능성이 높기 때문이다.

◎ 말더듬이 시작되었을 때 말을 어떤 식으로 더듬었고 변화가 있었나요?

말더듬 초기에는 구 반복, 단어 반복 등의 반복으로 시작되는 것이 일반적이다. 일부 아동들은 반복에 더하여 연장 및 막힘이 나타나기도 한다. 이런 말더듬 초기 유형을 확인하여 치료 계획에 반영한다. 반복의 경우는 반복의 단위 및 속도가 중요하다. 반복의 속도가 일반적인 말속도를 초과하는 경우, 그리고 반복의 단위가 불규칙한 경우 말더듬의 발달이 빠른 속도로 진행될 가능성이 높다.

아동의 비유창성 유형에 변화가 있었다면 치료사는 이를 토대로 치료 계획을 세워야 한다. 특히 비유창성의 횟수, 유형, 유창한 말을 사용한 기간 등에 대한 정보가 중요하다. 비유창성이 발생한 뒤 12개월 안에 비정상적 비유창성이 감소하지 않으면 말더듬이 진행될 가능성이 높기 때문이다. 아동의 비유창성에 근육 긴장이 동반되고 탈출행동을 보이고 유창한 기간이 짧아졌거나 거의 없어졌다면 그 아동은 경계선 말더듬 단계를 지난 것으로 보아야 한다.

◎ 아동이 자신의 비유창성을 인식하고 있나요?

아동이 자신의 비유창성을 인식하고 있지 않으면 정상 비유창성을 보이고 있거나 경계선 말더듬 단계에 있는 것으로 볼 수 있다. 반면에 아동이 말에 어려움을 느끼고 있으며 때때로 비유창성으로 인한 당황하는 기색을 보인다면 초기 말더듬 단계에 도달한 것으로 볼 수 있다. 아동이 비유창성을 감지 · 인지하고 있다는 사실은 아동이 스스로 말하기가 어렵다고 표현하거나 말이 비유창할 때 멈추었다가 다른 사람의 '눈치'를 살피면서 다시 시도하거나 말이 잘 안될 때 웃거나, 울거나, 손으로 자신을 때리는 행동 등으로 알 수 있다. 물론, 이러한 행동을 보이지 않는 아동 가운데도 비유창성을 인지하고 있는 경우도 있다. 말에 대하여 부정적인 느낌과 특정 낱말에 대한 두려운 마음을 가지고 있는 학령 전 아동도 있다. 이들은 "자기도 다른 친구들처럼 말을 잘할 수 있었으면 좋겠다.", "부끄럽다."라는 말을 하기도 하며, 때때로 회피행동을 보이기도 한다. 이런 아동들은 초기 말더듬 단계 또는 중간 말더듬 단계에 이른 경우라고 생각된다.

◎ 아동이 말더듬을 예상하고 단어를 바꾸어 사용하나요?

아동이 단어를 말하기 시작하고, 말이 막히고, 결국 그 단어를 바꾸어 말하거나 또는 말하기를 멈추는 행동들이 나타나는 것은 말더듬이 심해지고 있다는 경고 표시이다. 따라서 부모가 아동이 말더듬을 예상하고 바꾸어 말하는 단어가 있는지를 확인하는 것으로 회피행동을 파악할 수 있다. 예를 들어, '엄마'라는 단어를 말하기 어려워서 '○○이 엄마'라고 바꾸어 말하면 회피행동이 나타나는 것으로 볼 수 있다.

◎ 가정에서 아동의 말더듬에 어떻게 반응하셨나요?

부모가 가정에서 아동의 말더듬에 어떻게 반응하였는지를 들어보면 아동의 말더듬을 발생시키고 지속시켜 온 환경을 파악할 수 있다. 그리고 이런 정보를 통해 말더듬 치료에 부모를 참여시키는 방법을 찾는 데 반영할 수 있다.

◎ 가정에서 아동의 말더듬을 감소시키기 위해 어떤 노력을 했나요?

부모가 가정에서 아동의 비유창성에 어떻게 반응하였는지를 알아보기 위한 질문이다. 예를 들어, 아동에게 천천히 말하게 하거나 더듬는 단어를 다시 말해 보라고 요청하는지 등의 특성을 파악하여 부모교육에 참여시켜서 부모가 아동에게 적절하게 반응할 수 있는 방법을 안내한다.

◎ 왜 말을 더듬는다고 생각하나요?

부모들 중에는 아동의 말더듬이 부모의 잘못으로 야기되었다고 생각할 수 있고, 죄책감을 느끼거나 스스로 또는 서로를 비난할 수 있다. 치료사는 이런 부모들에게 말더듬에 대한 정확한 정보를 제공하고, 자신과 서로를 비난받지 않아도 된다고 알려 주며, 부모의 역할에 대해 알려 주는 것이 중요하다. 더불어 아동의 말더듬 치료 과정에 부모의 역할이 중요하다는 것을 인식시켜 주고, 환경과 상호작용 방식을 개선하는 데 부모의 주도적인 참여와 책임이 크다는 것을 인식하게 한다.

◎ 가족이나 친척 중에 말 · 언어에 문제가 있었거나 지금도 문제가 있는 사람이 있나요?

가족 또는 친척 중에 말더듬 또는 그 이외의 말 · 언어장애를 가진 사람이 있는지 확인하고, 말더듬 가족력이 있는 경우에는 말더듬이 회복되었는지, 현재까지 더듬고 있는지를 확인한다. 가족이나 친척 중에 말을 더듬었거나 더듬고 있는 사람이 있는 경우에는 말더듬이 유전적인 소인에 의한 것일 수 있다. 또한 이들 가족 또는 친척이 아동에게 말더듬을 물려주었다는 죄책감이나 부정적인 반응 또는 태도를 보여서 아동의 말더듬을 악화시킬 수 있다. 이러한 감정은 평가 시에 파악이 되고 진단보고서에 기록이 되어 치료 과정에서 다루어질 수 있어야 한다. 선행연구 결과, 가족이나 친척의 회복된 가계력이나 지속된 가계력도 아동에게 전달될 수 있는 것으로 나타나므로 주의 깊게 살펴보아야 한다(Yairi & Ambrose, 2005).

◎ 아동이 지금까지 말더듬 치료를 받은 적이 있나요?

이 정보는 치료 계획과 부모상담에 중요한 정보이다. 아동이 언어치료를 받은 경험이 있다면 왜 치료를 중단했는지를 파악해야 한다. 이전 치료가 효과적이었으나 이사 등의 부득이한 사정으로 치료를 중단하고 새로운 치료실로 옮겨온 것이면 이전 치료실의 치료 방법을 따르는 것이 효과적일 수 있다. 또한 부모도 이전 치료실의 치료 방법으로 치료해 주기를 원할 때는 더욱 그러하다. 그러나 이전 치료실의 방법이 적절치 못하다고 판단될 때는 새로운 치료 방법과 타당성을 부모에게 충분히 설명해 주어야 한다.

◎ 아동의 기질은 어떠한가요?

말더듬 아동은 일반 아동에 비해 높은 활동 수준, 접근, 불안, 분노 그리고 환경에 대한 낮은 적응력과 주의집중 및 전환에 어려움 등을 보이는 것으로 나타났다(Anderson et al., 2003; Eggers, De Nil, & Van den Bergh, 2010). 이런 기질을 보이는 말더듬 아동은 자신의 발화에 대한 부모의 불안에 부정적으로 반응할 가능성이 높다. 따라서 아동의 기질과 반응을 확인하여 아동과 가족에게 대처하는 방법을 교육하는 것이 도움이 될 수 있다.

◎ 아동의 하루 일과는 어떠한가요?

가정의 분위기가 바쁘고 서두르는지를 파악하는 것이 학령 전 말더듬 아동 치료에 유용하다. 아동과 가족들의 하루 일과를 파악하여 덜 바쁘고 천천히 하는 스케줄이 아동의 유창성 감소에 도움을 주는 것을 부모가 확인하게 하고 아동의 말더듬 치료에 반영하게 한다.

3) 유창성 평가

말더듬 문제를 주호소로 찾아온 학령 전 아동의 경우에는 말더듬 문제 외에도 언어 또는 조음 문제 등이 더 중요한 문제인 경우도 있으므로 부모의 보고에만 의존하지 말고 아동이 보이는 문제를 기반으로 종합적인 평가 계획을 세우는 것이 중요하다.

따라서 말더듬 아동의 상태를 종합적으로 파악하기 위한 목적을 세우고 그에 적합한 공식 · 비공식 평가를 준비한다. 말더듬의 원인이 될 수 있는 언어능력, 조음기관, 심리 및 태도, 가정환경 등을 전반적으로 다룰 수 있어야 한다. 유창성 평가에 포함될 검사 및 준비물을 〈표 4-3〉에 제시하였다.

〈표 4-3〉 유창성 평가에 포함될 검사 및 준비물

검사 내용	준비사항
말더듬 공식검사: P-FA-II	검사도구, 기록지, 녹음기, 캠코더, 강화제
말더듬 비공식검사: 경험 말하기, 정의하기 등	
인식 및 태도: KiddyCAT, 기질 평가	기록지
환경 검사: 부모-아동 상호작용 평가	놀이감, 부모-아동 상호작용 프로파일 기록지

(1) 말더듬 공식검사

말더듬 핵심행동과 부수행동은 『파라다이스-유창성 검사-II(Paradise-Fluency Assessment II: P-FA-II, 심현섭, 신문자, 이은주, 2010)』를 사용하여 평가하는 방법을 소개하고자 한다.

P-FA-II는 우리나라에서 처음으로 표준화된 유창성 검사도구로 학령 전, 초등학생, 중학생 이상의 모든 연령대를 검사할 수 있다. [그림 4-1]과 같이 연령대별로 선택과제와 필수과제로 구성되어 있으며 핵심행동과 부수행동을 다양한 과제에서 평가한다.

[그림 4-1] P-FA-II의 연령별 선택과제, 필수과제, 비공식 과제

학령 전 아동의 선택과제는 낱말그림, 따라 말하기 과제로 구성이 되고, 필수과제는 문장그림, 말하기그림, 그림책 과제로 구성되어 있다. 5개의 과제는 난이도 구성이 다른

과제이며 실시 방법은 선택과제부터 필수과제, 비공식과제 순서로 실시한다. 그리고 과제마다 목표로 하는 음절수가 다르므로 충분한 음절의 발화를 산출할 수 있도록 유도하여야 한다. 과제마다 비유창성 유형별 빈도와 부수행동을 구어 평가 기록지에 기록한다[학령 전 아동의 과제별 지시문과 치료사의 적절한 모델링은 QR코드 참조].

검사 결과를 해석하기 위해서는 〈부록 4-2〉에 제시된 구어 평가 기록지에 기록된 과제들의 비유창성 점수, 부수행동 정도의 평가점수를 기록한다. 구어 평가 영역의 각 과제들의 점수를 합하여 선택과제, 필수과제 점수를 산출한 후 규준표를 이용하여 백분위점수와 말더듬 정도를 산출한다.

검사 결과를 분석하는 방법을 살펴보면 다음과 같다. 이 검사에는 낱말그림, 따라 말하기, 읽기와 같이 목표발화와 목표음절수가 이미 정해져 있는 과제가 있고, 문장그림, 말하기그림, 이야기그림, 그림책, 대화와 같이 대상자의 발화에 따라 목표음절수를 세어야 하는 과제가 있다.

① 비유창성 분석 방법

대화 (16음절)	(친구)친구이가 친구가 (음) (푸퍼푸퍼푸퍼푸)풍선을 잡고 있습니다. R1　UR　　　　　　I　R2													
비유창성	정상적 비유창성 (ND)					비정상적 비유창성 (AD)								
	H	I	UR	R1	ND 합	ND점수 (비율)	Ha	Ia	URa	R1a	R2	DP	AD합	AD비율	AD점수
빈도/점수	0	1	1	1	3	18.8	0	0	0	0	1	0	1	6.3	9.4

첫째, 대상자의 발화를 모두 정확하게 전사하고 출현한 비유창성의 유형을 해당음절 앞에 표시한다. 목표음절이 아닌 반복, 간투사 등의 발화를 (　　)로 처리하여 제외하고 미완성수정은 포함하며, 목표음절수를 세어서 기록한다[예: "(친구가) 친구이가 친구가 (음 푸퍼푸퍼푸퍼푸)풍선을 잡고 있습니다."와 같이 전사한다. 이 발화에서 목표음절은 16음절이다].

둘째, 비유창성의 각 유형별로 출현 빈도를 산출한다(예: I는 1회, UR은 1회, R1는 1회, R2는 1회 등).

셋째, 정상적 비유창성(ND)에 속하는 유형들의 빈도를 모두 합하여(ND합) 목표음절

수로 나누어 100을 곱하면 ND점수(비율)이 산출된다(예: 3/16×100=18.8).

넷째, 비정상적 비유창성(AD)에 속하는 유형들의 빈도를 모두 합하여(AD합) 목표음 절수로 나누어 100을 곱하면 AD 비율이 산출된다. AD 비율에 가중치 1.5를 곱하면 AD 점수가 된다(예: AD비율 = 1/16×100= 6.3, AD점수 = 1/16×100×1.5= 9.4).

② 부수행동 정도 평가

첫째, 결과기록지의 부수행동란에 대상자의 부수행동 정도를 평정하여 기록한다. 부수행동이 출현하지 않은 경우에는 0점으로 기록한다[예: 부수행동 정도는 2점(거슬림)].

둘째, 대상자가 나타낸 부수행동 유형들 중 가장 많이 나타난 것부터 순서대로 번호를 기록한다(예: 부수행동 유형 출현 순서는 ②-③-④-①).

③ 의사소통태도 평가 결과

첫째, 의사소통태도 평가의 채점은 말을 더듬는 사람이 대답할 것으로 예측되는 답에 답하였을 경우에는 1점을, 그렇지 않을 경우에는 0점을 준다.

둘째, 초등학생 이상인 경우에는 의사소통태도 평가 점수를 통해 의사소통 또는 말하기에 대한 인식과 부정적인 감정의 정도를 대략 파악할 수 있다.

셋째, 학령 전 아동의 경우는 KiddyCAT(Vanryckeghem & Brutten, 2007) 검사를 활용하거나 구어적이거나 비구어적인 반응을 잘 관찰하여 추측하여야 한다.

구어 평가 영역의 말더듬 정도와 다른 요인들을 통합적으로 해석하여 치료의 방향을 설정하는 데 반영한다.

(2) 말더듬 비공식검사

평가자가 공식검사 이외에 다양한 상황에서 아동의 발화를 살펴보고자 하는 경우에는 경험말하기, 설명하기, 정의하기 등과 같이 필요한 과제를 선택하여 비공식검사를 수행하도록 한다. 주제는 아동들이 좋아하는 게임, 동물, 장난감 등에 대해 말하게 하며 평가받는 아동이 좋아하는 주제로 선택하는 것이 효과적이다. 단, P-FA-II에 제시된 비공식 과제는 결과 점수(규준)는 제공되지 않는다.

- 정의하기: 아동에게 사물카드를 보여 주고, 사물의 모양, 색깔, 쓰임새 등의 정의하

기를 하도록 한다.
- 설명하기: 더 길고 적절한 문장으로 말하기가 가능한 아동에게는 상황 그림을 보여주고, 상황에 대한 설명을 하도록 한다.
- 경험 말하기: 다음의 '놀이터'의 예문이나 치료사의 경험을 들려주고 아동이 '놀이터'에서 자기 경험을 이야기하게 한다.

> 경험 말하기 예문(놀이터): 나는 놀이터에서 노는 걸 좋아해요. 모래놀이도 할 수 있고 그네도 타고요. 그런데 엄마는 모래놀이를 하면 손이 더러워진다고 모래놀이 하는 걸 싫어해요. 그리고 4살 때 그네를 타다가 떨어져서 머리를 다친 적이 있어요.

학령 전 아동의 말더듬 평가 시 비유창성이 전혀 나타나지 않거나, 치료사에게 아동이 적응하여 말더듬이 나타나지 않거나 감소하는 경우가 있다. 이런 경우에도 치료사는 말더듬 문제가 없는 것으로 판단해서는 안 되며, 말더듬을 유도하는 방법을 고안해 두거나 다른 날에 다시 평가를 계획하는 것이 필요하다. 말더듬을 유도하는 방법은 〈표 4-4〉에 제시하였다.

〈표 4-4〉 **말더듬을 유도하는 방법**(Guitar & Peters, 1999; Manning & DiLollo, 2018; Van Riper, 1982)

- 시간제한을 주며 말해 보게 하기
- 연속적인 질문에 빨리 대답하게 하기
- 연속된 그림을 빨리 제시해 대답하게 하기
- 추상적이거나 답하기 어려운 질문에 대답하게 하기
- 아동의 수준보다 복잡하고 어려운 과제 수행 요구하기
- 아동의 나이보다 높은 수준의 책을 읽게 요구하기
- 아동이 사건이나 활동을 설명할 때 시선 외면하기
- 아동이 반응을 끝내기 전에 가로막기
- 다른 사람을 방에 들어오게 하여 말하게 하기
- 다른 사람들이 아동의 주의를 분산시키거나 가로막게 하기

또한 치료사가 제시하는 과제의 난이도, 치료사의 말속도 및 문장 수준, 자극의 친밀

성 등에 따른 차이도 파악하여 기술하여야 한다.

(3) 인식 및 태도 검사

아동의 말더듬 인식은 말더듬을 지속시키거나 악화시키는 원인이 되기 때문에 말더듬 인식과 아동의 감정 및 태도를 살펴보는 것이 필요하다(Ezrati-Vinacour & Yairi, 2001; Vanryckeghem, Brutten & Hernandez, 2005; Yairi & Ambrose, 2005). 아동에게 물어보거나 아동의 말을 관찰하여 살펴볼 수도 있다.

말더듬 아동의 인식 및 태도 평가는 아동이, ① 자신의 비유창성을 인식하지 못하거나, ② 때때로 그것을 인식하고, 드물게 그리고 일시적으로 괴롭힘을 당하거나, ③ 말더듬을 인식하거나 좌절하거나, ④ 말더듬을 매우 잘 알고 좌절하며 두려워하는 것 중에 결정하게 된다. 인식의 단계와 아동이 자신의 말더듬에 대해 가지는 감정은 치료전략 설정에 중요한 고려사항이다(Guitar, 2014).

또한 말더듬 아동은 쉽게 유창성이 방해를 받을 수 있는 취약성(vulnerability)을 타고나며 이러한 취약성이 발달 중인 다른 영역과 상호작용하면서 말더듬이 나타나는데, 그중에도 기질이 말더듬 발생과 지속에 관련되어 있다(Conture, 1991; Guitar, 2014; Manning & DiLollo, 2018). 선행연구 결과, 말더듬 아동이 새로운 상황이나 사람에 대한 적응이 어렵거나 까다로운 기질을 가질 가능성이 있으므로 아동의 기질 평가도 필요하다(이은주, 심현섭, 2007).

① 의사소통태도 검사: KiddyCAT

학령 전 아동의 정서와 태도를 평가하는 도구는 KiddyCAT(Vanryckeghem & Brutten, 2007)이 있다. KiddyCAT은 3~6세 아동의 의사소통에 대한 부담감을 평가하기 위한 12개 질문에 '예/아니요'로 답하는 자기보고 형식의 질문지 검사이다. 치료사는 아동에게 '○○이는 가끔 말할 때 말이 잘 안 나오니?'와 같은 질문을 들려주고 아동이 답하는 것에 체크를 하며 부담 있는 항목에 답한 경우 1점씩 가산하여 점수를 산출한다. 높은 점수는 아동이 의사소통에 대한 부정적인 태도를 보이는 것으로 해석한다.

Vanryckeghem과 Brutten, Hernandez(2005)이 KiddyCAT을 사용하여 3~6세의 말더듬 아동과 일반 아동의 의사소통태도를 비교한 결과, 말더듬 아동이 일반 아동보다 더 부정적이었고, 3~4세 아동보다 5~6세 아동이 더 부정적인 의사소통태도를 보였으며,

성별에 따라서는 유의미한 차이를 보이지 않았다. 말을 더듬는 아동 45명의 평균점수는 4.35점(SD=2.78점), 일반 아동은 1.79점(SD=1.78)점으로 두 그룹 간에 통계적으로 유의미한 차이를 보였다(p＜0.001).

국내 연구에서도 말더듬 중증도, 연령이 증가할수록 KiddyCAT 점수가 높게 나타났다(이지숙, 이수복, 심현섭, 2013).

앱 스토어(iOS)에 등록되어 있는 어플리케이션 〈kiddycat〉을 활용해서 검사를 하고 결과 값을 얻을 수 있다.

〈표 4-5〉 KiddyCAT

유아용 의사소통태도 검사

이름:	(성별:	)	생년 월일:	(	)

	네	아니요
연습) ○○는 말을 아주 빨리 하니?	네	아니요
1. ○○는 말할 때 가끔 말이 잘 안 나오니?	네✓	아니요
2. ○○는 말을 잘한다고 생각해?	네	아니요✓
3. 엄마, 아빠는 ○○가 말하는 것을 좋아해?	네	아니요✓
4. ○○가 말할 때 다른 사람이 도와주면 좋겠어?	네✓	아니요
5. ○○는 말하기가 어려워?	네✓	아니요
6. ○○는 말할 때 말이 잘 나와?	네	아니요✓
7. ○○는 다른 사람들하고도 이야기를 잘 해?	네	아니요✓
8. ○○는 말하는 것이 어려운 것 같니?	네✓	아니요
9. ○○는 말하는 거 좋아해?	네	아니요✓
10. 다른 사람들은 ○○가 말하는 거 좋아해?	네	아니요✓
11. ○○는 잘 안 나오는 말이 있어?	네✓	아니요
12. 사람들한테 ○○의 이름을 말해주는 게 어려워?	네✓	아니요

* '✔' 항목에 답할 경우 1점씩 합산하여 점수 산출함

② 아동의 기질특성척도

치료사는 아동의 기질특성척도(Temperament characteristics scale, Oyler, 1996), 행동스타일 질문지(Behavioral style questionnaire, McDevittt & Carey, 1978) 등을 통해 아동의 민감도와 반응성을 파악할 수 있다. 또한 부모 인터뷰를 통해 이런 검사를 진행하면서 치료사와 부모 간에 라포 및 신뢰가 형성된다면 성공적인 치료를 예측할 수 있다.

먼저, 기질특성척도는 부모가 자녀의 분리능력, 두려움, 새로운 환경 및 사람에 대한 반응성 등에 대해 평가하는 7개 질문을 치료사가 한다. 1~5점까지의 5점 척도로 평가하며 낮은 점수(1~2점)는 반응성이 많고 억제하는 경향이 많다는 것을 의미하고 높은 점수(4~5점)는 반응성이 더 적고 표현하는 경향이 많다는 의미이다. 총 점수는 7점(행동이 매우 억제됨)부터 35점(행동이 매우 표현적임)까지 하나의 연속선상에 있는 것으로 간주한다. 기질특성척도 검사는 짧은 시간 내에 간단히 실시할 수 있으면서도, 아동의 기질, 상황적 반응성, 부모의 지각에 대한 전체적인 관점을 제공한다.

다음으로, 치료사들은 새로운 상황에 대한 아동의 민감도와 반응성이 치료에 중요한 고려사항이며 만성화를 예측할 수 있다고 보았다(Guitar, 2014). 행동 스타일 질문지는 부모가 작성하며 억제되고 민감한 기질을 가진 아동들을 변별할 수 있다. 선행연구 결과, 말더듬 아동의 부모는 일반 아동의 부모에 비해 자녀가 새로운 것에 적응하는 속도가 느린 것으로 평가하거나 친숙하지 않은 사람, 사건과 접할 때 부끄러워하거나 두려워하는 것으로 평가했다.

(4) 환경 평가: 부모-아동 상호작용 평가, 부모 평가지

학령 전 말더듬 아동에 대한 정확한 정보를 얻고 아동의 환경을 변화시키는 데 부모가 매우 중요한 역할을 하기 때문에 말더듬 아동의 부모를 말더듬 평가와 치료에 포함하는 것이 중요하다(Guitar, 2014; Manning & DiLollo, 2018). 이은주(2009)의 연구 결과, 말더듬 아동 어머니의 기질 및 양육행동 특성이 일반 아동과 어머니의 기질보다 좀 더 까다롭고 양육스트레스를 많이 받고 있고 양육행동이 비일관적일 가능성을 보고하였다. 부모의 기질 및 양육 스트레스 등이 말더듬 치료에 중요한 요인이므로, 이러한 요소들에 대한 파악도 필요하다.

부모와 상호작용하는 동안 아동이 느끼는 의사소통 압박(communication pressure)은 아동 말더듬 진행에 중요한 역할을 한다(Starkweather & Gottwald, 1990). 부모와 상호작용 시 아동의 유창성에 영향을 줄 수 있는 요인으로 부모의 말속도와 반응시간(Meyers & Freeman, 1985ab), 의사소통 스타일(박혜연, 이수복, 심현섭, 2015; Kloth et al., 1995), 언어 복잡성(Kloth et al., 1995; Miles & Bernstein Ratner, 2001), 아동의 말을 방해하는 부모 행동의 양과 종류(Bernstein Ratner, 2004; Meyers & Freeman, 1985a), 아동에게 하는 질문의 복잡성(Stocker & Usprich, 1976), 아동이 말할 때 구어적 · 비구어적 정정을 하는 부모의 행동(Gregory & Hill, 1980) 등이다. 따라서 부모의 구어적 · 비구어적 행동 특성, 그리고 부모 양육 스트레스를 평가하여 부모가 아동에게 의사소통 압박을 주거나 말더듬 행동을 유발시키는지 살펴보아야 한다.

P-FA-II에서는 어린 아동의 경우, 부모와 아동의 상호작용놀이는 필수과제나 선택과제에는 포함되지 않았으나 비공식과제로 분석되고 있다. 이는 어린 아동과 부모의 상호작용이 아동의 유창성에 영향을 줄 수 있기에 말더듬 평가에 부모-아동 상호작용 평가가 이루어져야 하기 때문이다.

① 부모-아동 상호작용 평가

부모-아동 상호작용놀이 시에는 평가라는 말 대신 '집에서처럼 아동과 놀이를 해 주세요.'라고 안내하고 상호작용하는 모습을 10~15분 정도 녹화한다. 녹화 시, 카메라는 부모와 아동의 모습이 화면에 모두 담기고, 정면 모습과 얼굴 표정이 담기도록 카메라를 배치해야 한다. [그림 4-2]에 카메라 촬영 시 바른 구도를 제시하였다.

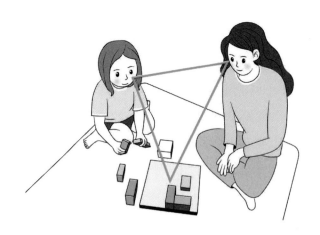

[그림 4-2] 부모-아동 상호작용 영상 촬영 시 바른 구도

〈표 4-6〉 Palin 상호작용 요약 차트(Kelman & Nicholas, 2020)

아동이름: _____ 날짜: _____

말더듬 및 사회적 의사소통 기술

%ss	부모 평가	▶ 아동의 인식/관심도	
말더듬 유형	□ 단어 반복 □ 단어부분 반복 □ 연장 □ 막힘	장황하게 말하기/교대로 말하기	
▶ 발병 후 기간	□ 6개월 미만 □ 12개월 미만 □ 12개월 이상	눈맞춤 부족	
▶ 변화 패턴	□ 좋아짐 □ 동일함 □ 더 나빠짐	집중력 부족	
▶ 부모의 관심 수준		**언어 요인**	

	▶ 말 · 언어발달지체	
생리학적 요인	▶ 수용언어 능력 저하	
▶ 말더듬 가족력	▶ 표현언어 능력 저하	
협응	단어찾기 어려움	
피곤함	▶ 조음/음운장애	
출생력	▶ 상위언어기술	
건강상태	말 · 언어능력 불일치	
빠르게 말하기/말속도	이중언어능력	

심리적 요인	**환경 요인**	
자신감 부족	가족 내 교대로 말하기	
높은 기준	행동 관리	
예민한 성향	반복적 일상	
불안/걱정	말더듬에 대한 개방성	
변화에 대한 부적응	유치원/학교 관련 문제	
말더듬에 대한 반응	생활의 속도	

아이에게 필요한 것은 무엇입니까?

1.
2.
3.

상호작용 전략	A	B 어머니	B 아버지	C 어머니	C 아버지	가족 전략		아동 전략	
아동 주도 따르기						특별 시간		속도 늦추기	
아이가 문제를 해결하게 하기						이중언어 능력		쉼 주기	
질문 대신 서술해 주기						말더듬에 대해 이야기하기		편안하게 말하기	
아동 수준에 맞는 질문의 복잡성						자신감 기르기		간결하게 말하기	
아동 수준에 맞는 언어						교대로 말하기		눈맞춤/관심 집중하기	
아동의 관심과 연관된 의미적 반응						감정다루기		**기타**	
반복, 확장, 다시 말해 주기						피로감		조음/음운 치료	
대화 시작, 반응, 종결하기						높은 기대 수준		유치원/학교 연계	
아동의 말속도와 대비되는 말속도						훈육		타 기관 추천	
쉼 두기						반복적인 일상			
눈맞춤, 자세, 접촉, 유머, 놀람 사용하기						생활의 속도			
칭찬과 격려						기타			

A. 이 전략을 사용하는 것이 아동에게 유익한가요?
B. 어머니/아버지는 이 전략을 조금이라도 사용하고 있나요?
C. 어머니/아버지가 이 전략을 더 많이 사용하는 것이 도움이 될까요?

치료사는 15분 동안 녹화한 영상의 중간 부분을 택하여 상호작용에서 나타난 부모의 말이나 행동의 개선점, 장점 등을 파악하여 평가 상담 및 치료에 반영한다. 분석시, 비디오를 최소 3번 시청하며 전체적인 양상, 비구어적인 행동, 구어적인 상호작용을 분석하고 아동의 비유창성 유형, 정도 등을 기록한다. 단, 이 과제는 비공식 과제로 결과 점수(규준)는 제공되지 않는다. 평가 후 〈표 4-6〉에 제시한 Palin 상호작용 요약 차트(Kelman & Nicholas, 2020)에 기재하여 부모의 특성을 분석하고 진단보고서에 기술한다.

② Palin 부모 평가

Palin 부모 평가(Millard & Davis, 2016)는 말더듬이 아동과 부모에게 미치는 영향, 말더듬 중증도, 부모의 말더듬에 대한 지식과 관리할 수 있는 자신감 등에 대한 부모의 관점을 제공한다. 또한 말더듬 문제의 정도를 결정하고, 중재를 위한 목표 및 우선순위를 정하고, 치료효과 및 진전 정도 평가 시 사용한다. Palin 부모 평가는 부모 또는 보호자가 19개 문항에 적절한 점수(0~10점)로 답하는 설문지이며, Palin 센터 홈페이지(https://www.palinprs.org.uk)에 회원가입하고 로그인하여 데이터를 입력하면 평가 결과를 받아볼 수 있다. 〈표 4-7〉은 Palin 부모 평가의 일부분이다. 전체 내용은 제4장의 마지막에 부록으로 제시하였다.

〈표 4-7〉 Palin 부모 평가(일부)(Millard & Davis, 2016)

부모 이름:	아동 이름
날짜:	

본 검사는 Palin 부모 평가(Palin Parent Rating Scale; Millard & Davis, 2016)를 번역한 것으로 부모가 생각하는 말더듬이 아이에게 미치는 영향, 부모의 말더듬에 대한 걱정 및 지식, 관리에 대한 자신감을 파악하기 위한 설문지입니다.

◆ 다음 질문을 잘 읽고 0~10까지 정도 중 가장 맞는 답을 선택해 주세요. 각 질문에 너무 깊게 생각하지 마시고, 바로 떠오르는 답을 적어 주세요. 만일 답이 상황에 따라 다르다고 생각되면, 최근 2주간 아이의 행동을 관찰한 것과 스스로 느낀 점을 바탕으로 대답하여 주세요.

1. 말더듬이 당신의 아이에게 미치는 영향
1) 아이가 말더듬 때문에 말을 적게 합니까?

0   10

(전혀 그렇지 않음)   (항상)

2) 아이가 얼마나 자신의 말에 좌절감을 느낍니까?

0   10

(전혀 그렇지 않음)   (매우 그러함)

3) 아이가 얼마나 자신의 말더듬에 짜증을 냅니까?

0   10

(전혀 그렇지 않음)   (매우 그러함)

4) 아이가 얼마나 자신의 말에 대해 불안감을 느낍니까?

0   10

(전혀 그렇지 않음)   (매우 그러함)

5) 아이가 얼마나 자신 있게 말합니까?

0   10

(전혀 자신 없음)   (완전히 자신 있음)

③ 자녀의 말더듬에 대한 양육자의 태도

자녀의 말더듬에 대한 양육자의 태도(Attitudes toward Your Child's Speech: AYCS, 최다혜, 심현섭, 이수복, 2021)는 아동의 말더듬에 대한 부모의 태도를 파악하기 위한 설문지이다. 문항은 자녀와 말하는 즐거움, 자녀의 말더듬에 대한 걱정, 그리고 자녀의 말더듬에 대해 수용하는 태도 등으로 구성되어 있다. 부모 또는 보호자가 15개 문항에 적절한 점수(1~9점)로 답하는 설문지이며, '말더듬과 함께하는 사회적 협동조합' 홈페이지 자료실(https://withstuttering.modoo.at/?link=39uo900r)에 데이터를 입력하면 결과를 받아볼 수 있다.

⟨표 4-8⟩ 자녀의 말더듬에 대한 양육자의 태도 검사(최다혜, 심현섭, 이수복, 2021)

말을 더듬거나 말더듬 위험이 있는 아동의 양육자로서, 다음의 주장에 얼마나 동의하십니까?

1. 내 아이의 말더듬은 자연히 없어질 것이다.

1   2   3   4   5   6   7   8   9

 1: 동의하지 않는다   9: 동의한다

2. 말을 더듬어도 괜찮다.

1   2   3   4   5   6   7   8   9

 1: 동의하지 않는다   9: 동의한다

3. 모든 사람들은 어느 정도 말을 더듬는다.

  1   2   3   4   5   6   7   8   9

 1: 동의하지 않는다   9: 동의한다

4. 나는 내 아이와 이야기하는 것을 좋아한다.

  1   2   3   4   5   6   7   8   9

 1: 동의하지 않는다   9: 동의한다

5. 나는 내 아이가 말더듬 때문에 말해야 하는 상황을 피할까 봐 걱정이다.

  1   2   3   4   5   6   7   8   9

 1: 동의하지 않는다   9: 동의한다

4) 구성모델

　Riley와 Riley(2000)가 제안한 수정된 구성모델(RCM)은 말더듬 아동에게 나타나는 중요한 세 가지 구성요소를 제시하여 말더듬 아동의 포괄적인 진단 접근법을 제공한다. 이 접근법의 목적은 아동의 말 산출 체계를 취약하게 하여 말더듬을 유발하는 요소들을 확인하고 부담을 주고 있는 요소들을 감소시키는 것으로 치료 전에 진단 과정에서 실시한다.

　수정된 구성모델(RCM)의 세 가지 구성요소는 신체적 특질(주의력장애, 말운동협응의 어려움), 기질적 요인(높은 자기 기대치, 과도하게 예민함) 그리고 청자의 반응(혼란스러운 의사소통 환경, 이차적 이득, 놀림/괴롭힘) 등이다. 말더듬의 포괄적 진단을 위해서는 세 가지 구성요소가 말더듬에 얼마나 영향을 주고 있고 유창성 회복을 위하여 이 요소들이 얼마나 변화하는 것이 필요한지를 예측하는 것이 필요하다. 아동의 수행 결과가 표준화된 공식검사에서 정상 수준보다 낮으면 장애가 있는 것으로 규정하였다.

　신체적 특질 중, 첫째, 주의력장애는 Burks의 행동평정척도(Burks Behavior Rating Scale: BBRS, Burks, 1976), Conner의 부모평정척도(Conner's parent rating scale, Conners, 1997)로 평가를 하며, 둘째, 말운동협응 문제는 구강운동평가척도(Oral Motor Assessment Scale: OMAS, Riley & Riley, 1985)로 평가한다.

　기질적 요인 중, 첫째, 높은 자기 기대치는 부모의 보고, 치료사의 관찰, 그리고 BBRS의 하위검사인 과도한 불안척도와 과도한 자기비난에서 아동이 보인 반응을 통해 결정한다. 둘째, 과도하게 예민함의 요소는 BBRS의 하위검사인 과도한 고통점수로 결정한다. 과도하게 예민함은 환경에 지나친 반응을 보이는 아동을 파악해 준다. BBRS의 과도한 고통

척도는 아동이 비정상적으로 민감한지 아닌지를 결정하기 위해 쉽게 당황하고 소심하거나 위축되는 아동의 경향성에 대한 부모의 보고와 치료사의 판단으로 평가한다.

　마지막 요소인 청자의 반응 중, 첫째, 혼란스러운 의사소통 환경은 아동이 부모의 관심을 받는 것이 어려움, 가족 구성원이 아동의 말을 재촉하는 경향, 가족 구성원에 의한 의사소통 중단, 아동의 말을 놀리는 것, 아동의 말에 대해 비판적이거나 부정적으로 이야기하는 것들에 대한 부모 보고를 통해 확인한다. 둘째, 이차적 이득은 아동이 자신의 말더듬을 이용하여 가족 구성원을 조종하게 되는 것을 의미한다. 셋째, 놀림과 괴롭힘은 아동이 경험한 부정적 반응의 양과 유형에 관한 부모와 아동의 보고로 확인된다.

5) 말더듬 진전 예측 평가

　말더듬으로 진단이 되면 치료사는 아동의 말더듬이 지속될 것인지를 판별해야 하지만 정확하게 예측하는 것은 어렵다. 여러 연구자가 제시한 말더듬 회복과 지속의 판단요인은 〈표 4-9〉와 같다(이수복, 심현섭, 2015; Yairi, Ambrose, Paden, & Throneburg, 1996; Yairi & Ambrose, 2005).

〈표 4-9〉　말더듬 회복과 지속을 나타내는 증상

요인	회복 가능성의 증상	지속 가능성의 증상
가계력	말을 더듬는 친척이 없거나 회복된 친척이 있음	말을 더듬는 친척이 있거나 지금도 더듬고 있는 친척이 있음
성별	여자	남자
SLD 변화	1년 이내에 SLD 감소	1년 이내에 SLD 유지 또는 증가
말더듬 중증도	치료사와 부모의 말더듬 평가 중중도 감소	치료사와 부모의 말더듬 평가 중중도 유지 또는 심해짐
말더듬 지속기간	발병 후 말더듬 지속기간이 1년 이내	발병 후 말더듬 지속기간이 1년 이상(특히 여자)
부수행동	부수행동 감소	부수행동 유지 또는 증가
반복 유형	많은(3회 이상) 부분단어 반복	반복 거의 나타나지 않음
반복 속도	반복 속도 느림	반복 속도 빠름
비유창성에 대한 반응	아동 또는 부모의 반응 거의 없음	아동 또는 부모가 비유창성에 대해 크게 반응

동반 문제	학습 또는 의사소통 문제 없음	학습 또는 의사소통 문제 동반
말더듬 시작 시기	일찍 말더듬 시작(2~3세 정도)	늦게 말더듬 시작(3~4세 정도)
발화 길이	비유창한 발화 길이와 유창한 발화 길이 차이가 큼	비유창한 발화 길이와 유창한 발화 길이 차이가 감소
음운능력	음운능력 우수	음운능력 지체

Cooper의 만성화 예측 체크리스트(Chronicity Prediction Checklist, Cooper, 1973)와 어린 아동을 위한 말더듬 예측검사(Stuttering Prediction Instrument for Young Children, Riley, 1981)를 통해 말더듬 진전을 예측할 수 있다.

(1) Cooper의 만성화 예측 체크리스트

Cooper의 만성화 예측 체크리스트(Cooper, 1973)를 사용하여 치료사는 아동의 말더듬이 지속될 것인지를 판단할 수 있다.

검사방법은 치료사가 아동의 부모에게 질문을 하여 아동 말더듬의 병력, 태도, 행동적 측면에 관한 질문에 "예", "아니요", "모름"에 체크하고 "예"로 반응하는 수에 대한 점수로 파악한다. 점수 해석은 0~6점은 회복 가능성, 7~15점은 주의를 요함, 16~27점은 만성화 가능성을 예측할 수 있다.

(2) 어린 아동을 위한 말더듬 예측검사

어린 아동을 위한 말더듬 예측검사(Riley, 1981)는 어린 아동의 진단 절차에 보조 수단으로 유용하며 아동의 말더듬이 만성화될 가능성을 판단하는 도구이다. 말더듬 예측검사는 병력, 반응, 단어 부분 반복, 연장, 빈도 등으로 구성되어 있다. 총 점수는 2~5부의 점수합계를 합산하여 점수분포표를 참조하여 백분위수와 말더듬 정도를 산출한다.

6) 말·언어 평가

언어나 조음 측면의 어려움을 동반한 말더듬 아동의 경우에는 치료적 접근법이나 치료 예후에 많은 차이가 있기 때문에 대상자의 연령에 맞는 언어검사와 조음검사를 권고하고 있다. 단, 말더듬 아동을 평가할 때 표준화된 검사도구로 확인되지 않는 미세한 문제가 있을 수 있다는 점을 기억해야 한다(Conture & Curlee, 2007). 그리고 말·언어 이외의 동반문제도 회복에 영향을 미치기 때문에 유창성장애뿐만 아니라 다른 영역에 대한 평가가 필요한지 살펴봄으로써 종합적인 평가를 해야 한다(심현섭 외, 2012).

7) 진단

치료사는 평가 과정에서 수집한 정보를 종합적으로 분석하여 아동이 말을 더듬는가 하는 문제에 답할 수 있어야 한다. 또한 말더듬이 지속될지, 회복될지를 확인해야 하고 말더듬이라고 하면 적절한 치료에 대해서 제안할 수 있어야 한다.

(1) 자료 해석

평가 결과를 해석하기 위해서는 〈표 4-10〉을 참조하여 공식검사/비공식검사에 나타난 비유창성 유형과 빈도, 부수행동, 의사소통태도, 아동의 말더듬에 대한 인식 정도를 확인한다. 비유창성과 부수행동의 유형뿐만 아니라 반복 유형에 나타나는 반복단위, 단위 반복수, 반복 속도 및 균일성을 제시해 주고, 막힘이나 연장 유형은 지속시간, 긴장 동반 여부 등의 자세한 양상을 기술한다.

〈표 4-10〉 **말더듬 예측 지침**

- 빈도: 100개 낱말 중 10회 이상의 비유창성을 보일 때
- 반복: 2회 이상의 반복, 소리 또는 음절 반복을 보일 때
- 연장과 막힘: 말소리를 0.5초 이상 길게 끌거나 말이 막혀 시작이 어려울 때
- 부수행동: 말이 잘 나오게 하려고 눈 깜빡임이나 고갯짓 등을 보일 때
- 회피와 두려움: 말을 안하거나 말이 막힐 때 두려움을 보일 때
- 불규칙한 말의 고저와 크기: 갑자기 억양이 올라가거나 말소리가 커지는 경우
- 긴장: 말이 안 나올 때 주먹을 쥐거나 특정 신체 부위에 힘이 들어갈 때

(2) 말더듬 위험 요인

말더듬 위험 요인은 말더듬을 지속시키거나 치료가 장기화되게 하는 아동의 특성과 환경요인이다. 〈표 4-11〉을 참조하여 말더듬 회복 예측 요인을 고려하여 이후 계획에 반영한다.

〈표 4-11〉 **말더듬 회복 예측 요인(Yairi & Ambrose, 2005)**

- 말을 더듬는 친척이 없음
- 말을 더듬었다가 회복된 친척이 있음
- 여자
- 발병 후 1년 이내 SLD 감소
- 치료사와 부모에 의해 평가된 중증도 감소
- 발병 후 1년 이내의 기간 동안 말을 더듬음
- 부수행동 감소(예: 머리와 눈 움직임)
- 많은(3회 이상) 부분단어 반복
- 반복의 속도가 느림
- 아동 또는 부모의 비유창성에 대한 반응 거의 없음
- 동반된 학습 또는 의사소통문제 없음
- 일찍 말더듬이 시작되었고(2~3세) 표현언어능력이 뛰어남

(3) 치료방향 결정

진단 평가 후 말더듬 정도와 동반장애 여부에 따라 치료방향을 결정한다(Curlee, 1999). 아동이 정상적 비유창성의 말더듬 정도를 보이는 경우에는 치료전략 1단계의 예방적 차원의 부모교육을 실시하고, 말·언어·행동문제가 없는 경계선 말더듬 정도의 아동은 치료전략 2단계의 부모교육과 제한적인 아동 참여의 간접치료, 말·언어·행동문제가 동반된 경계선 말더듬 정도의 아동 또는 비정상적 비유창성 정도의 아동은 치료전략 3단계의 종합적인 부모교육과 간접치료, 직접치료를 받게 한다.

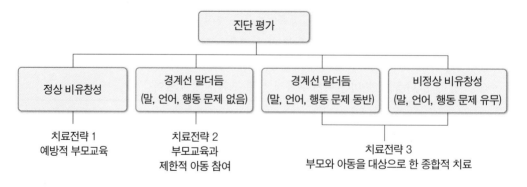

[그림 4-3] **치료방향 결정(Curlee, 1999)**

8) 결과면담

(1) 결과 해석 및 부모상담

치료사는 공식, 비공식 평가를 마친 후, 15~30분 정도 평가 결과를 알려 주기 위한 상담을 한다. 상담을 위해서는 〈표 4-12〉의 진단 결과 요약지를 작성하여 부모에게 제시해 준다. 진단 결과 요약지는 간략한 진단 결과 요약, 공식/비공식 검사 결과 및 임상적 의미, 향후 계획 등에 대한 내용으로 작성한다.

〈표 4-12〉 진단 결과 요약지

아동 이름:　　　　　　　　　　　　　　생년월일:
평가 일자:　　　　　　　　　　　　　　평가자:

1. 진단 결과 요약:

2. 공식/비공식 검사 결과

검사도구	표준점수	점수/백분위점수	임상적 의미
P-FA-II 선택과제(낱말 그림)			
P-FA-II 선택과제(따라 말하기)			
P-FA-II 필수과제			
KiddyCAT			
Palin 부모설문			
U-TAP II			
REVT 수용언어			
REVT 표현언어			
아동 말속도			
아동 평균 발화 길이			
부모 상호작용행동 특성			

3. 향후 계획:

(2) 진단보고서 작성

치료사는 평가와 부모상담이 끝난 후 진단보고서를 작성한다. 진단보고서에는 대상자의 배경정보, 말더듬의 내면적 특성, 외현적 특성, 말더듬 정도, 비유창성 유형, 치료 권고사항 등이 기술되어야 하며 진단보고서를 토대로 치료를 계획한다.

3. 평가도구

치료사는 앞서 언급된 평가도구들 이외에 다음과 같은 공식 평가도구를 사용하여 학령 전 아동을 평가할 수 있다. 국내외에서 학령 전 아동을 대상으로 사용하는 평가도구는 다음과 같다.

1) 말더듬 중증도 평가

『말더듬 중증도 평가(Stuttering Severity Instrument: SSI)』는 국내 표준화는 되지 않았지만 해외에서 많이 사용되는 평가도구로, 현재 4판(SSI-4, Riley, 2009)이 출시되었다. SSI-4도 학령 전 아동부터 성인까지 모든 연령의 평가가 가능하다. 읽기가 어려운 아동의 경우에는 그림 보고 말하기를 실시하고, 성인의 경우, 읽기와 말하기, 두 가지 과제를 분석한다. 과제 수행 중에 관찰된 말더듬 빈도, 지속시간, 부수행동 등을 바탕으로 말더듬 중증도를 산출한다.

첫째, 말더듬 빈도는 과제 수행 중에 나타난 더듬은 음절의 백분율로 산출하여 결과표에서 점수로 환산한다.

둘째, 지속시간은 가장 긴 말더듬 세 개의 평균 지속시간을 산출하고 결과표에서 점수로 환산한다.

셋째, 부수행동은 4범주(거슬리는 소리, 얼굴 찡그림, 머리 움직임, 팔다리 움직임)의 부수행동별 점수를 6점 척도(0점=없음~5점=고통스러워 보임)로 산출하여 합산한다.

빈도와 지속시간, 부수행동에 대한 값은 모두 합산하여 전체의 합계 점수를 산출한다. 전체 합계 점수로 백분율과 심한 정도를 도출한다.

2) 유창성 인터뷰

Ryan(1974)이 다양한 상황에서 말더듬을 평가하기 위하여 개발한 말더듬 인터뷰 (Stuttering Interview) 검사도구를 연령에 상관없이 검사양식을 통일하고 검사시간을 보완하여 Ryan(2001)이 유창성 인터뷰(Fluency Interview: FI)로 개정하였다. 검사활동은 자동구어, 따라 말하기, 읽기, 그림 보고 말하기, 혼자 말하기, 독백, 질문, 대화, 전화, 다른 상황에서 관찰 등의 열 가지 과제로 구성되어 있다. 인터뷰 시 피험자가 말한 각 시간을 측정하고 말더듬 빈도 및 형태를 분석한다. 인터뷰 절차를 실시하는 데는 약 20분이 소요되며 비교적 실시 및 채점방법이 쉽고 인터뷰에 필요한 자료 또한 간단하다.

검사 결과를 분석하기 위해서는 대상자의 발화를 전사하고, 말더듬 빈도는 분당 더듬은 음절수로 산출한다. 병리적 비유창성 유형(단어 전체 반복, 단어 부분 반복, 연장, 막힘)의 빈도를 센다. 2개 이상의 유형이 한 단어에서 나타나면 심한 형태로 계산한다. 말더듬 형태의 심한 정도는 막힘, 연장, 단어 부분 반복, 단어 전체 반복 순이다. 구어속도는 대상자가 말한 시간을 모두 측정하고 짧은 쉼은 포함하고 긴 쉼은 제외한다.

검사 결과는 말더듬 빈도, 구어속도, 말더듬 형태를 분석하여 선별검사로 사용할 수 있고 말더듬의 정도는 정상적 비유창성인 0부터 고도로 심한 7점까지 평가한다.

4. 임상사례

1) 학령 전 말더듬 사례 예시

다음은 말더듬을 주소로 내원한 학령 전 이○○ 아동 사례이다. 이○○ 아동(남, 5세, 영어유치원)은 3개월 전부터 갑자기 말더듬이 시작되었다고 보고되었다. 어머니 보고에 따르면, 당시 영어유치원에서 영어만 사용하는 규칙을 지켜야 했고, 말더듬이 시작되었을 때 주로 첫소리나 음절 반복을 보였고 한 달 전부터 첫소리 막힘 등이 나타났다고 한다. 아동이 자신의 말더듬에 특별한 반응은 보이지 않지만, 말이 안 나올 때 힘들어하며 더듬지 않아야 된다고 생각하는 것 같다고 한다. 어머니가 느끼기에 말더듬이 나타나지 않거나, 악화된 기간은 없었으며 매일매일 조금씩의 기복을 보였다고 한다. 지금까지 언어 평가나 치료를 받은 적이 없으며, 치료실에 오게 된 동기는 유치원 선생님의 권유와 부모의 생각으로 오게 되었고, 치료효과는 완전히 개선되기를 바란다고 한다.

언어재활사는 이○○ 아동을 대상으로 말더듬 중증도와 의사소통태도 등을 살펴보기 위하여 국내 표준화 도구인 P-FA-II(심현섭, 신문자, 이은주, 2010)와 KiddyCAT을 실시하였다.

2) 학령 전 말더듬 사례 평가보고서 예시

언어 평가보고서

- 이름: 이○○(남)
- 생년월일(CA): 20○○. ○○. ○○. (5:0)
- 주소: 대전광역시 ○○구 ○○동 ○○아파트 000-000호
- 전화번호: 010-000-0000
- 가족사항: 부(44세, 회사원), 모(35세, 주부), 여동생(18개월)
- email:
- 평가일: 20○○. ○○. ○○.
- 평가자: 이○○

1. 사례력

본 아동은 만 5세 남아로, 말더듬을 주소로 어머니, 조부모와 함께 본 연구소를 방문하였다. 어머니의 보고에 의하면 출생 및 신체발달은 양호했으며 언어발달은 또래보다 우수하여 유치원도 한 학년 위로 다니고 있다고 한다. 현재 아동은 말더듬 이외에 어려움이 없다고 보고되었다.

아동의 말더듬은 3개월 전부터 갑자기 시작되었고 어머니와 할아버지가 발견했다고 한다. 당시 영어유치원에서 영어만 사용하는 규칙을 지켜야 했다고 한다.

말더듬이 시작되었을 때 주로 첫소리나 음절 반복을 보였고 한 달 전부터 첫소리 막힘 등이 보였다고 한다. 최근 들어 다양한 부수행동(얼굴 찌푸림, 눈감기, 상체 비틀기, 머리 때리기 등)이 나타났으며, 말을 더듬는 상황은 흥분할 때, 친구에게/가족에게 말할 때 등이라고 한다. 말더듬을 친구들이 놀린 적은 없고 친구들이 아동의 말을 따라하거나 대신 말해 주는 정도이며, 말더듬 때문에 하던 말을 끝맺지 못하거나 피하지는 않지만, 자신의 말 문제를 인식하고 있는 것 같다고 한다. 또한 아동이 자신의 말더듬에 특별한 반응은 보이지 않지만 말이

안 나올 때 힘들어하며 더듬지 않아야 된다고 생각하는 것 같다고 한다. 어머니가 느끼기에 말더듬이 나타나지 않거나, 악화된 기간은 없었으며 매일매일 조금씩의 기복을 보였다고 한다.

가정에서는 초기에는 부모님이 천천히 말하라고 했었지만 최근에는 아무렇지도 않은 듯 대하고 있으며, 아동의 말더듬을 감소시키기 위해 어른들도 천천히 말하고, 시간 여유를 두고, 스트레스 주지 않기, 공부 안 시키기 등의 노력을 했다고 한다. 가정 분위기는 화목하며, 가족과의 관계, 또래와의 관계는 좋은 편이라고 한다. 주의집중, 식습관도 양호하다고 한다. 아동의 성격은 겁과 부끄러움이 많고 소심하다고 한다. 말더듬 가계력은 없다고 한다.

지금까지 언어 평가나 치료를 받은 적이 없다고 한다. 치료실에 오게 된 동기는 유치원선생님의 권유와 부모의 생각으로 오게 되었으며, 치료효과는 완전히 개선되기를 바란다고 한다.

2. 검사태도

아동은 호기심 많고 웃는 표정으로 검사실에 들어왔으며, 하고 싶은 말도 많고 차분하고 집중력이 높아 모든 과제를 잘 수행하였다.

3. 검사결과(유창성 평가)

파라다이스 유창성 검사-II(P-FA-II), KiddyCAT을 통한 유창성 및 의사소통태도 평가 결과는 다음과 같다.

1) 파라다이스 유창성 검사-II(P-FA-II) 평가
(1) 낱말그림(23음절)

낱말그림 과제수행 결과, 목표 23음절 중 정상적 비유창성(ND)이 0회, 비정상적 비유창성(AD)이 2회 관찰되었다. 비정상적 비유창성(AD)은 막힘을 동반한 음절 반복(DP+R2)이 1회(예: 소손) 관찰되었다.

ND점수와 AD점수는 각각 0점과 13.7점으로 심함 정도(81~90%ile)로 나타났다. 부수행동은 나타나지 않았다.

(2) 따라 말하기(111음절)

따라 말하기 수행 결과, 목표 111음절 중 정상적 비유창성(ND)이 0회, 비정상적 비유창성

(AD)이 2회 나타났다. 비정상적 비유창성(AD)은 막힘을 동반한 음절 반복(DP+R2)이 1회(예: 시신바람) 관찰되었다. ND점수와 AD점수는 각각 0점과 2.7점으로 중간 정도(41~50%ile)로 나타났다. 부수행동으로 본인의 발음에 웃는 행동이 나타났다.

(3) 문장그림(190음절)

문장그림 과제 수행 결과, 목표 190음절 중 정상적 비유창성(ND)이 15회, 비정상적 비유창성(AD)이 11회 나타났다. 주된 ND 유형은 간투사(I) 삽입이 12회(예: 아, 이렇게, 이거 등), 단어 반복(R1)이 2회(예: 이거는 이거는 등), 미완성수정(UR)이 1회 관찰되었으며, 주된 AD 유형으로는 막힘(B)과 같은 비운율적 발성(DP)이 8회(예: 이거, 엔젤라 등), 막힘을 동반한 음절 반복(DP+R2)이 1회(예: 모몸을), 비정상적 미완성수정이 1회(예: 씨 모몸을 썼고) 등이 나타났다. ND점수와 AD점수는 각각 7.9점과 8.7점으로 나타났다.

문장으로 말해 주는 본 과제에서는 문장시작이 어려워서 대부분 간투사로 시작을 하였으며 '부끄러워서 못하겠다'고 회피하는 모습을 과제 초반에 보였다. 눈 깜빡임, 입술 긴장 등의 부수행동이 눈에 띄게 나타났다.

(4) 말하기그림(200절)

말하기그림 과제 수행 결과, 목표 200음절 중 정상적 비유창성(ND)이 16회, 비정상적 비유창성(AD)이 33회 나타났다. 주된 ND 유형은 간투사(I) 삽입이 12회(예: 그리고 또, 어 등), 단어 반복(R1)이 2회(예: 이건 뭐지 이건 뭐지 등), 미완성수정(UR)이 2회(예: 여우는 여우하고 등) 관찰되었으며, 주된 AD 유형으로는 비운율적 발성(DP)이 20회(예: 그리고, 원숭이 등), 막힘을 동반한 음절 반복(DP+R2)이 8회(예: 푸풍선, 달리 달리기) 등이 나타났다. ND점수와 AD점수는 각각 8.0점과 16.5점으로 나타났다. 눈 깜빡임, 엉덩이 들썩임, 입술 긴장 등의 부수행동이 눈에 띄게 나타났다.

(5) 그림책

그림책 과제는 아동의 거부로 실시하지 않았다.

2) KiddyCAT(의사소통태도) 평가

KiddyCAT을 통한 의사소통에 대한 부담감 평가 결과는 12개 문항 중, 부담감을 가진 아동이 선택할 수 있는 9개의 문항에 반응을 하여 부담감 및 말더듬에 대한 인식률이 높은 것으로 나타났다.

3) 말더듬의 유형 및 부수행동

말더듬의 유형으로는 비운율적 발성 중 막힘이 가장 많이 나타났고, 간투사, 음절 반복 순으로 관찰되었다. 반복단위는 주로 음절 반복이었으며, 평균 단위 반복수는 1회였다. 막힘은 주로 1초 정도였으며 최대 3초였다. 부수행동은 눈 깜빡임, 입술 긴장이 눈에 띄게 나타났다.

4) 말더듬 정도 측정(P-FA-II 결과)

		총 점수	백분위 점수 (%ile)	말더듬 정도
필수과제(문장그림, 말하기그림, 그림책)*		49.3	71-80	중간
선택과제	낱말그림	13.7	81-90	심함
	따라 말하기	2.7	41-50	중간
부수행동 정도		2	81-90	심함

*필수과제는 그림책 과제를 실시하지 않은 결과임

5) 부모-아동 상호작용 관찰

동물원 블록으로 아동과 어머니와의 상호작용을 관찰한 결과, 아동의 주도에 의해 놀이와 대화가 진행되었다. 어머니의 말속도는 많이 빨랐고 기복을 보였으며, 아동의 말속도는 빨랐으며 목에 힘을 주어 말하는 모습이 가끔 관찰되었다. 어머니는 아동의 행동과 놀이에 관심을 보였으나 질문이 많았고 적절한 강화가 거의 없었으며, 반응시간이 짧았다. 아동의 말더듬이 나타날 때 어머니의 특별한 반응은 관찰되지 않았다.

4. 검사요약

이○○ 아동은 5세 남자 아동으로 말더듬을 주소로 본 연구소를 방문하였다. P-FA-II 검사 결과에 의하면, 필수과제에서 중간정도의 말더듬(71~80%ile)을 보였다(단, 필수과제 중 그림책 과제를 수행하지 않은 결과이므로 정도는 높아질 수 있다). 선택과제 중, 낱말그림에서는 심함 정도(81~90%ile), 따라 말하기에서는 중간 정도(41~50%ile)의 말더듬을 보였다. 아동의 주된 핵심행동은 막힘이었으며, 간투사, 음절 반복 순으로 관찰되었다. 반복단위는 주로 음절 반복이었으며, 평균 단위 반복수는 1회였다. 막힘은 주로 1초 정도의 막힘을 보였다. 부수행동은 눈 깜빡임, 입술 긴장이 눈에 띄게 나타났다.

또한, KiddyCAT 검사결과 말에 대한 부담감 및 인식률이 높은 것으로 나타났고, 검사 중에도 '부끄럽다'고 말하는 회피행동을 자주 보였다.

어머니와의 상호작용에서 어머니의 말속도는 빨랐고 아동의 발화가 끝나자마자 어머니의 발화가 이어지는 등 반응시간이 짧았으며, 질문을 많이 하였고 적절한 강화가 없었다.

5. 언어적 진단

- 말더듬: 중간
- 말에 대한 부담감 및 인식: 높음

6. 앞으로의 계획

1) 부모교육 및 상호작용치료를 통한 언어 환경 개선
2) 주 2회 개별 치료

언어치료사 이○○

3) 임상사례 연습

다음의 각 사례에 대하여 평가 계획을 세워 보고 가상 진단보고서를 작성해 보도록 한다.

임상사례

1. '가' 아동(남자, 36개월)은 초기 평가에서 100음절 당 18번의 SLD(P-FA-II: 중간 정도)를 보였고 주로 2~3회의 단위 반복 횟수와 음절 반복을 주로 보였다. 가계력이 없고 남자아동으로 말더듬에 대한 인식이 없었고 부모는 아동의 말에 걱정이 많았으나 내색하지 않고 들어주려고 하는 모습이 부모-아동 상호작용에서 나타났다.

치료사는 어떠한 점을 고려하여 '가' 아동의 평가를 구성할 것인가?

2. '나' 아동(남자, 4세)은 말이 늦었고 말문이 트이면서 말더듬이 시작되어 1년 정도 말더듬이 지속되었다. 주로 /ㅁ, ㅅ, ㅇ/ 소리에서 막힘을 보이며 대답하기 어려운 상황에서 '몰라요.'라는 반응을 자주 보였다. 현재도 말을 더듬는 아버지와 할아버지가 있고 부모는 아동의 말을 수정해 주려고 하고 지적하는 모습이 부모-아동 상호작용에서 나타났다. 치료사는 어떠한 점을 고려하여 '나' 아동의 평가를 구성할 것인가?

3. '다' 아동(여자, 5세)은 2년 반 정도 말더듬이 지속되었다. 다양한 상황에서 말더듬이 나타나며 동생과 말할 때 어려움을 보이며 부수행동이 눈에 띄게 나타났다. 동생은 아동보다 언어발달, 신체발달도 뛰어나며 오빠와 경쟁하며 이기려는 성향이 강하다고 한다. 치료사는 어떠한 점을 고려하여 '다' 아동의 평가를 구성할 것인가?

5. 맺음말

최근 연구를 통해 초기 말더듬 아동의 특성이 밝혀지고 있고(Yairi & Ambrose, 2005; 이수복, 심현섭, 2015, 2017), 발달성 말더듬은 조기진단과 조기중재가 만성화를 막을 수 있는 가장 효과적이고 효율적인 것으로 제안되고 있다(Curlee, 1999).

따라서 치료사는 학령 전 아동 평가에서는 유창한 말을 산출하는 데 취약한 요소들을 확인하여 말더듬 여부와 말더듬이 회복될 것인지를 판별해야 한다. 말더듬 여부는 다양한 상황에서 아동의 말더듬을 유도하여 과제 간의 변이성, 비유창성 형태, 말더듬 중증도 등을 토대로 정확히 평가해야 한다. 말더듬 회복의 예측요인은 말더듬의 발생 원인과 밀접한 관련이 있기 때문에 말더듬 아동의 언어적 · 운동적 · 정서적 · 환경적 측면의 포괄적인 고려가 필요하며, 다양한 요인(성별, 가족력, 지속기간, SLD 양상 등)을 고려하여 말더듬 회복 여부를 예측하여 치료 여부를 결정하고, 치료 방향은 아동의 말더듬 정도와 동반장애 여부에 따라 결정한다.

학습과제

1. 어린 아동의 유창성 단절을 이끌어 내는 방법을 설명하시오.

---

2. 어린 아동이 자신의 말에 어려움을 의식한다는 것을 나타내 주는 구어/비구어 행동에는 무엇이 있는가?

---

3. "아이의 말더듬이 회복될 수 있는지요?"라고 물어보는 부모에게 어떻게 답을 해 줄수 있는가?

---

4. 아이의 말더듬 평가 후 치료 방향 선택 전략에 대해 설명하시오.

주요 용어

자연회복	부모–아동 상호작용 평가
사전면담	말더듬 지속의 위험요인
구성모델	말더듬 회복의 예측요인
공식검사	말더듬 진전
비공식검사	말더듬 중증도

〈부록 4-1〉 Palin 부모 평가

Palin 부모 평가(Millard & Davis, 2016)

부모 이름:	아동 이름:
날짜:	

본 검사는 Palin 부모 평가(Palin Parent Rating Scale, Millard & Davis, 2016)를 번역한 것으로 부모가 생각하는 말더듬이 아이에게 미치는 영향, 부모의 말더듬에 대한 걱정 및 지식, 관리에 대한 자신감을 파악하기 위한 설문지입니다.

◆ 다음 질문을 잘 읽고 0~10까지 정도 중 가장 맞는 답을 선택해 주세요. 각 질문에 너무 깊게 생각하지 마시고, 바로 떠오르는 답을 적어 주세요. 만일 답이 상황에 따라 다르다고 생각되면, 최근 2주간 아이의 행동을 관찰한 것과 스스로 느낀 점을 바탕으로 대답하여 주세요.

1. 말더듬이 당신의 아이에게 미치는 영향
1) 아이가 말더듬 때문에 말을 적게 합니까?

0 　　　　　　　　　　　　　　　　　　　　　　　　　　　　　　　　10
（전혀 그렇지 않음） 　　　　　　　　　　　　　　　　　　　　　（항상）

2) 아이가 얼마나 자신의 말에 좌절감을 느낍니까?

0 　　　　　　　　　　　　　　　　　　　　　　　　　　　　　　　　10
（전혀 그렇지 않음） 　　　　　　　　　　　　　　　　　　　（매우 그러함）

3) 아이가 얼마나 자신의 말더듬에 짜증을 냅니까?

0 　　　　　　　　　　　　　　　　　　　　　　　　　　　　　　　　10
（전혀 그렇지 않음） 　　　　　　　　　　　　　　　　　　　（매우 그러함）

4) 아이가 얼마나 자신의 말에 대해 불안감을 느낍니까?

0 　　　　　　　　　　　　　　　　　　　　　　　　　　　　　　　　10
（전혀 그렇지 않음） 　　　　　　　　　　　　　　　　　　　（매우 그러함）

5) 아이가 얼마나 자신 있게 말합니까?

0 　　　　　　　　　　　　　　　　　　　　　　　　　　　　　　　　10
（전혀 자신 없음） 　　　　　　　　　　　　　　　　　　（완전히 자신 있음）

6) 아이가 대체로 얼마나 행복합니까?

0 　　　　　　　　　　　　　　　　　　　　　　　　　　　　　　　　10
（전혀 행복하지 않음） 　　　　　　　　　　　　　　　　　（완전히 행복함）

7) 아이가 얼마나 자신의 감정을 잘 이야기할 수 있습니까?

0   10

(전혀 못함)   (완전히 적절하게 함)

2. 말더듬 정도와 부모의 걱정

8) 아이가 말할 때 얼마나 말하는 것을 힘들어합니까?

0   10

(전혀 힘들어하지 않음)   (매우 힘들어함)

9) 아이가 가끔 유창할 때가 있습니까?

0   10

(전혀 없음)   (항상 유창함)

10) 아이가 얼마나 자주 말을 더듬습니까?

0   10

(거의 안 더듬음)   (매우 자주)

11) 아이가 얼마나 심하게 말을 더듬습니까?

0   10

(전혀 심하지 않음)   (매우 심하게)

12) 당신은 아이의 말더듬에 대해 얼마나 걱정하고 있습니까?

0   10

(전혀 걱정하지 않는다)   (매우 걱정한다)

13) 당신은 아이의 말더듬 때문에 얼마나 아이의 미래에 대해 불안해합니까?

0   10

(전혀)   (매우)

14) 말더듬이 당신의 가족에 어느 정도 영향을 끼치고 있습니까?

0   10

(전혀)   (매우)

3. 부모의 말더듬에 대한 지식과 말더듬 관리에 대한 자신감

15) 당신은 무엇이 아이의 말더듬에 영향을 끼치는지 알고 있습니까?

0   10

(전혀 모름)   (완전히 알고 있음)

16) 당신은 다음의 내용을 얼마나 자신 있게 알고 있습니까? (16~19)

a) 아이가 말을 더듬을 때 적절히 반응하기

0   10

(전혀 모름)   (완전히 자신 있음)

b) 아이의 말더듬에 대한 인식과 걱정에 대처하기

0   10

(전혀 모름)   (완전히 자신 있음)

c) 아이의 자신감을 키워 주기

0   10

(전혀 모름)   (완전히 자신 있음)

d) 아이의 유창성을 격려하기

0   10

(전혀 모름)   (완전히 자신 있음)

Note: 1, 2, 3, 4, 8, 10, 11, 12, 13, 14번 문항은 한국판에서는 척도의 방향이 영국판과 반대임

〈부록 4-2〉 P-FA II 학령 전 구어 평가 기록지

P-FA-II 구어 평가 기록지

성명: 홍 길 동 (남/여) 생년월일: ○○○○년 ○○월 ○○일 (4세 3개월)

주소: ○○시 ○○동 ○○○ - ○번지

전화번호: (자택) ○○○ - ○○○○ (이동전화)

평가일: ○○○○년 ○○월 ○○일 평가자: ○○○

Q 결과 요약표

	영역	ND 점수	AD 점수	총점수	백분위 점수	말더듬 정도
필수과제	① 문장그림	8.1	19.4	27.5		
	② 말하기그림	5	18	23		
	③ 그림책	3	12.8	15.8		
	필수과제 점수 (①+②+③)	16.1	50	66.3	80~90%ile	중간~심함
선택과제	④ 낱말그림	8.72	19.5	28.2	90~%ile	심함
	⑤ 따라말하기	0.9	14.9	15.8	80~90%ile	중간~심함
부수행동 정도		0 - 1 - ② - 3 - 4			80%ile 이상	중간~심함

총점수 ND 점수 + AD 점수
필수과제 점수 과제 ①, ②, ③의 점수합

부수행동 정도
0: 나타나지 않음, 1: 거의 눈에 띄지 않음, 2: 거슬림, 3: 매우 거슬림, 4: 심각하고 매우 괴로워 보임

과제	발화
날말그림 (23음절)	$\overset{I}{곰}$, (어~)손, 모자, 사탕, 양말, 토끼, $\overset{I+R2}{(어\sim바)바나나}$, $\overset{R2}{(ㅈ자)자전거}$, $\overset{R2}{(피)피아노}$, 할아버지

ND	H	I	UR	R1			ND합	ND비율	ND점수	총점수	백분위	말더듬정도	기타(부수행동)
		2					2	8.7	8.7	28.2	90	심함	

AD	Ha	Ia	Ura	R1a	R2	DP	AD합	AD비율	AD점수				
						3	3	13	19.5				

과제	발화
따라말하기 (111음절)	배, $\overset{DP}{힘}$, 가위, $\overset{R2}{합창}$, (나나)날짐승, $\overset{DP}{중학교}$, $\overset{DP}{각양각색}$, $\overset{DP}{참모총장}$, $\overset{I+R2}{(에에\sim신)신바람나다}$, 쿵쾅거리다, 건강하십니까? 안녕하세요? 고맙습니다. $\overset{DP+R2}{(친)친구가 장갑을 껴요.}$ 언니가 그네를 타요. $\overset{DP}{친구가 오빠랑 노래를 불러요.}$ 아기가 선생님한테 꽃을 줘요. $\overset{R2}{(아)아빠가}$ $\overset{R2}{(주)주차장에서 차를 닦아요.}$ 아파서 엄마랑 병원에 갔어요.

ND	H	I	UR	R1			ND합	ND비율	ND점수	총점수	백분위	말더듬정도	기타(부수행동)
		1					1	0.9	0.9	15.8	80~90	중간~심함	

AD	Ha	Ia	Ura	R1a	R2	DP	AD합	AD비율	AD점수				
					5	6	11	9.9	14.9				

문장그림 (124음절)

·	·	·	·	·	·	(친	구	가)	친	구	가	(음	~	푸	퍼	푸	퍼	푸	퍼	푸)	풍	선	을	잡
고	있	습	니	다	복	욕	햇	빛	아	가	울	어	튜	브	(음	음	~)	도	와	줘	도	와	줘	같
애	(무)	물	을	꽃	을	꽃	에	물	을	준	다	치	카	치	카	이	거	(음	~)	화	장	실	(음	음)
할	아	버	지	가	(티)	티	비	를	본	다	(어	~)	쥐	가	(줄)	줄	을	타	고	(오)	올	라	간	다
·	·	·	·	·	·																			

(표기: R1 (친구가), I+R2 (음~푸퍼...), I+Ha 튜브/(음음~), R2 애, UR 꽃에, I+Ha 이거, I (음음), DP+R2 (티), I 본다, DP+R2 (줄), DP+R2 (오))

ND	H	I	UR	R1			ND합	ND비율	ND점수	총점수	백분위	말더듬정도	기타(부수행동)
	1	6	1	2			10	8.1	8.1	27.5			

AD	Ha	Ia	Ura	R1a	R2	DP	AD합	AD비율	AD점수				
	2				9	5	16	12.9	19.4				

말하기그림 (200음절)

·	·	·	·	·	·	사	자	가	(자)	자	전	거	를	탄	다	이	거	는	(곰)	곰	이	가	(어	~)
그	네	를	탄	다	이	거	뭐	냐	?	염	소	가	(시)	시	소	탄	다	애	는	(뭐)	뭐	지	?	(기)
기	린	을	(기)	기	린	이	시	소	를	탄	다	코	끼	리	는	공	을	찬	다	(고)	고	양	이	는
그	네	를	탄	다	고	양	이	는	시	-	고	양	이	는	(미)	미	끄	럼	틀	을	탄	다	이	건
?	(음	~)	코	끼	리	가	공	을	찬	다	(음	~	소)	소	가	코	끼	리	가	소	한	테	공	을
찬	다	·	·	·	·	·	·																	

(표기: R2 (자), I+DP (어~), R2 (시), R2 (뭐), DP+R2 (기), DP+R2 (기), DP 공, R2 (고), UR 시, R2 (미), I+Ha (음~), I+R2 (음~소), UR 소가)

ND	H	I	UR	R1			ND합	ND비율	ND점수	총점수	백분위	말더듬정도	기타(부수행동)
	1	4	4	1			10	5	5	23			

AD	Ha	Ia	Ura	R1a	R2	DP	AD합	AD비율	AD점수				
	2				18	4	24	12	18				

참고문헌

박혜연, 이수복, 심현섭(2015). 취학전 말더듬 아동의 회복여부에 따른 의사소통행동 특성. 언어치료연구, 24(4), 237-248.

심현섭, 신문자, 이은주(2010). 파라다이스-유창성 검사-Ⅱ. 서울: 파라다이스 복지재단.

심현섭, 김영태, 이윤경, 박지연, 김수진, 이은주, 표화영, 한진순, 권미선, 윤미선(2012). 의사소통장애의 진단과 평가. 서울: 학지사

이수복, 심현섭(2015). 초기 말더듬 아동의 치료후 말더듬회복 예측요인에 관한 종단연구: 발화길이를 중심으로. Communication Sciences & Disorders, 20(3), 289-201.

이수복, 심현섭(2017). 취학 전 말더듬 아동의 말더듬 치료시점별 진성비유창성 유형의 종단적 분석. Communication Sciences & Disorders, 22(3), 540-549.

이은주(2009). 취학 전 유창성 장애아동 어머니와 일반아동 어머니의 양육행동, 양육스트레스와 양육효능감의 비교. 특수교육, 8(2), 203-218.

이은주, 심현섭(2007). 취학 전 말더듬 아동의 기질과 어머니의 기질 및 양육행동 특성. Communication Sciences & Disorders, 12, 279-295.

이지숙, 이수복, 심현섭(2013). 3~5세 일반 아동과 말더듬 아동의 의사소통태도 특성. 특수교육, 12(3). 5-22.

최다혜, 심현섭, 이수복(2021). 자녀의 말더듬에 대한 양육자 태도 검사의 신뢰도와 타당도 검증. Communication Sciences & Disorders, 26(4), 909-920.

Anderson, J. D., Pellowski, M. W., Conture, E. G., & Kelly, E. M. (2003). Temperamental characteristics of young children who stutter. Journal of Speech, Language, and Hearing Research, 46(5), 1221-1233.

Bernstein Ratner, N. (2004). Caregiver-Child Interactions and Their Impact on Children's Fluency: Implications for Treatment, Language, Speech, and Hearing Services in Schools, 35, 46-56.

Burks, H. (1976). Burks behavioral rating scales. Los Angeles: Western Psychological Services.

Conners, C. K. (1997). Conners' rating scales-revised. New York: Multi-Health Systems, Inc.

Conture, E. G. (1991). Young stutterers'speech production: a critical review. In H. F. M. Peters, W. Hulstijn, & C. W. Starkweather (Eds.), Speech motor control and stuttering. (pp. 365-384). Amsterdam: Elsevier/Excerpta Medica.

Conture, E. G., & Curlee, F. C. (2007). *Stuttering and Related Disorders of Fluency* (3rd ed.). New York stuttgart : Thieme

Cooper, E. B. (1973). The development of a stuttering chronicity prediction checklist: A preliminary report. *Journal of Speech and Hearing Disorders, 38*, 215–223.

Curlee, F. C. (1999). *Stuttering and Related Disorders of Fluency* (2nd ed.). New York NY: Thieme

Eggers, K., De Nil, L. F., & Van den Bergh, B. R. (2010). Temperament dimensions in stuttering and typically developing children. *Journal of Fluency Disorders, 35*(4), 355–372.

Ezrati-Vinacour, R. & Yairi, E. (2001) The young child's awareness of stuttering-like disfluency. *Journal of Speech and Hearing Research, 44*(2), 368–380.

Gregory, H., & Hill, D. (1980). Stuttering therapy for children. In W. H. Perkins (Ed.), *Stuttering disorders* (pp. 351–364). New York: Thieme-Stratton.

Guitar, B. (2014). *Stuttering: An integrated approach to its nature and treatment* (4th ed.). Baltimore, MD: Lippincott Williams & Wilkins.

Guitar, B., & Peters, T. J. (1999). *Stuttering: An integration of contemporary therapies* (No. 16). Stuttering Foundation of America.

Kelman, E., & Nicholas, A. (2020). *Palin parent-child interaction therapy for early childhood stammering* (2nd ed.). Abingdon, Oxon: Routledge.

Kloth, S. A. M., Janssen, P., Kraaimaat, F. W., & Brutten, G. J. (1995). Communicative behavior of mothers of stuttering and nonstuttering high-risk children prior to the onset of stuttering. *Journal of Fluency Disorders, 20*, 365–377

Manning, W. H., & DiLollo, A. (2018). *Clinical decision making in fluency disorders* (4th ed.). San Diego, CA: Plural Publishing, Inc.

McDevitt, S. C., & Carey, W. B. (1978). The measurement of temperament in 3-7 year old children. *Child Psychology & Psychiatry & Allied Disciplines, 19*(3), 245–253.

Meyers, S. C., & Freeman, F. (1985a). Interruptions as a variable in stuttering and disfluency. *Journal of Speech and Hearing Disorders, 28*(3), 428–435.

Meyers, S. C., & Freeman, F. J. (1985b). Mother and child speech rates as a variable in stuttering and disfluency. *Journal of Speech and Hearing Research, 28*, 436–444.

Millard, S. K., & Davis, S. (2016). The Palin Parent Rating Scales: Parents' perspectives of childhood stuttering and its impact. *Journal of Speech, Language, and Hearing Research,*

59(5), 950-963.

Millard, S. K., Nicholas, A., & Cook, F. M. (2008). Is parent-child interaction therapy effective in reducing stuttering?. *Journal of Speech, Language, and Hearing Research.* *51*(3), 636-650.

Miles, S. & Bernstein Ratner, N. (2001). Parental language input to children at stuttering onset. *Journal of Speech, Language, and Hearing Disorders, 44,* 1116-1130.

Oyler, M. E. (1996). *Temperament: Stuttering and the behaviorially inhibited child.* Paper Presented in the Annual Convention of the American Speech-Language-Hearing Association, Seattle, WA.

Poulos, M. G., & Webster, W. G. (1991). Family history as a basis for subgrouping people who stutter. *Journal of Speech & Hearing Research,* 34(1), 5-10.

Riley, G. (1981). *Stuttering Prediction Instrument for young children* (rev. ed.). Austin, TX: Pro-Ed.

Riley, G. D. (2009). *SSI-4: Stuttering Severity Instrument* (4th ed.). IN: Pro-ed.

Riley, G., & Riley, J. (1985). *Oral motor assessment and treatment: Improving syllable production.* Austin, TX: ProED.

Riley, G., & Riley, J. (2000). A revised component model for diagnosing and treating children who stutter. *Contemporary Issues in Communication Sciences and Disorders, 27,* 188-199.

Ryan, B. (1974). *Programmed therapy for stuttering in children and adults.* Springfield, IL: Charles C. Thomas.

Starkweather, C. W., & Gottwald, S. R. (1990). The demands and capacities model II: Clinical application. *Journal of Fluency Disorders, 15,* 143-157.

Stocker, B., & Usprich, C. (1976). Stuttering in Young Children and Level of Demand. *Communication Disorders Quarterly, 1*(2), 116-131

Theys, C., van Wieringen, A., & De Nil, L. F. (2008). A clinician survey of speech and non-speech characteristics of neurogenic stuttering. *Journal of fluency disorders, 33*(1), 1-23.

Van Riper, C. (1982). *The nature of stuttering.* Englewood Cliffs: Prentice Hall.

Vanryckeghem, M., & Brutten, G. J. (2007). *KiddyCAT© Communication Attitude Test for Preschool and Kindergarten Children Who Stutter.* San Diego, CA: Plural Publishing.

Vanryckeghem, M., Brutten, G. J., & Hernandez, L. M. (2005). A comparative investigation of the speech-associated attitude of preschool and kindergarten children who do and do not stutter. *Journal of Fluency Disorders, 30,* 307–318.

Yairi, E., & Ambrose, N. G. (2005). *Early childhood stuttering: For clinicians by clinicians.* Austin, TX: Pro-Ed.

Yairi, E., Ambrose, N. G., & Niermann, R. (1993) The early months of stuttering: A developmental study. *Journal of Speech and Hearing Research, 36,* 521–529.

Yairi, E., Ambrose, N., Paden, E., & Throneburg, R. (1996). Predictive factors of persistence and recovery: Pathways of childhood stuttering. *Journal of Communication Disorders, 29,* 51-77.

Yairi, E., & Seery, C. H. (2015). *Stuttering: Foundations and clinical applications* (2nd ed.). Boston: Pearson Education, Inc.

학령기 아동의 평가

제5장

1. 평가 목표 및 고려사항

　학령전기에는 아동의 비유창성이 문제가 되는 말더듬인지 발달적 비유창성인지를 구별하고 말더듬의 지속 가능성을 평가하는 것이 주요 사항이다. 이에 비하면 학령기는 어릴 때 시작한 비유창성 또는 말더듬이 좀 더 확실하게 드러나 있는 경우가 대부분이다. 그러므로 현재 아동의 말더듬이 문제가 되는 것인지 아닌지를 구별하는 것에서 더 나아가 비유창성이 어떠한 특성과 변화를 보이며 어떠한 중재가 필요한지에 중점을 두고 평가가 이루어져야 한다. 또한 이 시기 아동의 발달 과업과 사회적 적응을 이해하여 함께 평가하는 것이 아동의 유창성 특성을 아는 데 중요하다.

　많은 연구는 아동기에 말을 더듬었던 아동의 70~80%가 치료 없이 유창성을 회복하였다고 보고하고 있다(Mansson, 2000; Yairi & Ambrose, 1999, 2005, 2013). 이는 매우 고무적인 비율이기는 하지만, 그 외의 20~30%의 아동은 학령기까지 비유창성이 이어진다는 것을 의미한다. 또한 회복한 아동 중에는 언어 평가를 받지 않은 아동이 포함되어 있다고 보면, 말더듬 문제가 자라면서 저절로 없어지거나 나아지는 문제는 아니라는 것이다. 적어도 20% 또는 그보다 더 많은 아동의 말더듬은 자연회복되지 않고 지속된다. 그리고 학령기 아동에게 이러한 자연회복 비율을 똑같이 적용하기는 어렵다(Andrews & Harris, 1964; Kelman & Nicholas, 2020; Yairi & Ambrose, 1999). 즉, 어린 시기에 말더듬이 회복되지 않은 경우 학령기, 청소년기 그리고 성인기까지 이어질 수 있는 위험은 더 높아진다고 할 수 있다.

　이러한 이유로 학령기 말더듬 아동의 유창성 회복이나 언어치료에 각별히 신경을 기울여야 한다. 말더듬 아동의 조기 발견은 매우 중요하며 빠를수록 회복 가능성은 더 희망적이라고 할 수 있다(Bernstein Ratner, 1997; Kelman & Nicholas, 2020; Zebrowski, 1997). 어떤 아동은 자라면서 비유창성이 없어지는데 어떤 아동은 비유창성이 계속되는지에 대한 명확한 대답을 하기는 어렵지만 지속될 수 있는 위험요소(risk factors) 또는 경고요소(warning signs)를 조기에 살펴 그에 대한 적절한 도움을 주는 것이 필요하다. 이 장에서는 학령기 아동의 말더듬 특성에서 고려할 사항, 학교 및 사회 적응 그리고 부모와 교사의 역할을 살피고 평가 전반을 다루고자 한다.

1) 학령기 아동의 말더듬 특성과 평가 시 고려사항

여러 연구에서 말더듬이 지속될 수 있는 위험요소를 공통되게 지적하고 있다. 제4장에서도 말더듬이 지속될 수 있는 위험요소가 언급되었지만 Reardon-Reeves와 Yaruss(2013)는 다음의 항목들을 지적하였다. 여자 아동에 비하여 남자 아동의 경우, 가족력이 있는 경우, 비정상적 비유창성 비율이 더 많은 경우, 말더듬이 6개월 이상 지속된 경우, 아동이 자신의 말더듬에 대하여 인식하고 걱정하는 경우, 말더듬에 대한 두려움이나 공포심을 가지고 있는 경우, 부모나 보호자가 말더듬에 대하여 부정적인 반응을 하는 경우, 아동이 말이나 언어의 문제를 동반하고 있는 경우는 그렇지 않은 경우보다 말더듬 지속 가능성이 높다고 하였다.

아동이 말을 배우는 과정에서 보이는 일반적인 비유창성인 단어나 구의 반복, 주저, 간투사, 미완성과 수정 등을 정상적 비유창성으로 분류하고 있다(제3장 참조). 반면 일음절 단어나 음절 등의 반복, 연장과 막힘과 같은 비운율적 발성은 문제가 되는 비정상적 비유창성으로 분류하였는데, 학령기에는 비정상적인 비유창성은 물론 정상적 비유창성의 감소가 뚜렷해지는 시기이다. 그러나 지속해서 비유창성을 보이고, 이때 말 조절의 상실(loss of control of his speech)을 보인다면 이는 말더듬이라 할 수 있을 것이다 (Perkins, 1990).

또 하나의 학령기 특징을 들면 아동이 학령기에 이르러 말의 어려움과 관련된 사회적 불이익을 반복하여 경험하게 되면 말더듬을 인식하게 되고, 일부 아동은 말더듬으로 인하여 학업적인 능력과 사회적인 능력에 부정적 영향을 받기도 한다는 것이다(Yairi & Ambrose, 2005; Manning & DiLollo, 2018). 이러한 경향을 볼 때 학령기 말더듬 평가에 말더듬에 대한 아동의 인식이나 걱정 등을 포함해야 하는 것은 중요하다. 따라서 학령기 아동의 말더듬 평가에서 다루어져야 할 질문은 다음과 같다.

- 아동의 말더듬 시작 시기와 변화 양상은 어떠한가?
- 현재 아동은 말더듬으로 진단되는가?
- 비유창성 중증도는 어느 정도인가?
- 아동은 학교 및 사회 적응에 문제가 있는가, 말더듬의 영향은 어느 정도인가?
- 말더듬으로 인한 심리적 부담감은 어느 정도인가?
- 부모와 교사 등 주위 환경의 영향은 어떠한가?

이러한 문제들에 대한 답을 찾기 위하여 말더듬 평가의 목표를 정하고 모든 평가 자료는 아동의 말더듬 치료에 연결되어야 할 것이다. 처음 말더듬이 시작된 시기와 변화 그리고 말더듬 정도를 측정하는 것은 사례면담과 공식적인 말더듬 정도 측정으로 알아볼 수 있을 것이다. 평가 절차에 앞서 학령기 말더듬 아동의 학교 및 사회 적응과 부모의 역할을 살펴보도록 하자.

2) 학교 및 사회 적응

오랜 시간 동안 말을 더듬어 온 사람은 말 산출의 어려움이 이들의 사회적 · 교육적 · 직업적 측면에 영향을 줄 수 있다(Klompas & Ross, 2004). 결과적으로 말더듬은 단순히 말더듬의 외현적 현상에서 끝나는 것이 아니라 이로 인해 다양한 측면의 활동과 사회생활에 영향을 주고, 이는 다시 말더듬 정도에도 영향을 주어 결국 말을 더듬는 사람들의 삶의 질에 부정적인 영향을 초래할 수 있다(Yaruss & Quesal, 2004). 특히 아동이 학령기에 접어들면 학교에서 많은 시간을 보내기 때문에 성공적인 사회적 · 학업적 성취를 위한 구어적 능력이 요구되며, 의사소통 능력이 학령 전 시기보다 더욱 중요해진다(Sincoff & Sternberg, 1988). 이러한 점에서 학령기 말더듬은 아동이 학업과 사회적인 여러 여건에 자유롭게 참여하지 못하게 되는 요인이 될 수 있다.

말을 더듬는 사람의 학령기나 청소년 시기에 있었던 학교 경험을 살펴본 연구들은 그들이 학교에서 다양한 부정적인 경험을 하였음을 보고하고 있다(Crichton-Smith, 2002;

Klompas & Ross, 2004). 학령기에 접어들면서 교사나 또래와 상호작용할 기회가 많아지는데, 말더듬 아동의 경우 말 산출의 어려움으로 이들과의 관계에 있어 부정적인 경험을 할 수 있고, 말을 더듬지 않는 아동보다 놀림이나 괴롭힘을 경험할 확률이 높다고 하였다(이현경 외, 2016; Blood et al., 2011; Hugh-Jones & Smith, 1999; Manning, 2010; Nippold & Packman, 2012). 특히 말더듬 정도가 심하고, 말더듬 지속기간이 길어지면 아동은 말하는 것이 어렵다는 것을 인식하게 되고, 말 산출의 어려움으로 또래와의 상호작용이 제한되어 친구 관계나 학교생활이 위축되기도 한다(김은하, 2011; Harford & Leahy, 2007; Manning, 2010). 또한 말더듬 아동은 학교 수업에서도 어려움을 경험할 수 있다. 이들은 수업시간에 말을 해야 하는 활동에 어려움을 갖게 되며, 말을 더듬을 걱정에 주의집중이 분산되고 학습기회가 제한되어 학교 수업에서도 어려움을 보일 수 있다(Daniels, Gabel, & Hughes, 2012).

일반인들의 태도를 살펴본 연구들을 보면 대체로 말더듬 중증도가 심할수록 청자가 말을 더듬는 사람에 대해 부정적인 태도를 보인다고 보고하였다(김은하, 2011; Collins & Blood, 1990; Evans et al., 2008). 또한 김우리(2019)의 연구에서는 말더듬 중증도와 학교 적응 간 관련성에서 말을 더듬는 아동에 대한 부정적인 태도는 상호작용 시 그들에게 직·간접적으로 부정적인 영향을 미칠 수 있다고 지적하면서 말더듬 평가에서 학교 적응 문제를 함께 살펴보는 것이 필요함을 시사하였다.

3) 부모와 교사의 역할

부모의 역할은 어릴 때만큼은 아니지만 학령기에도 지대하다고 볼 수 있다. 우선 아동은 부모에 의하여 치료실을 찾을 수 있고 부모의 영향으로 아동의 말더듬은 심해지거나 경감될 수도 있다. 또한 많은 연구나 임상가는 부모의 말더듬 치료 개입이 중요하다고 보고하고 있다(Kelman & Nicholas, 2020; Plexico & Burrus, 2012; Reardom-Reeves & Yaruss, 2013). 말더듬 아동들이나 부모 자신이 근본적인 차원에서 정서적인 부적응을 경험한다는 연구는 거의 없다. 반면에 아동의 기질적인 면을 살핀 연구들은 많은 말더듬 아동이 일반 아동에 비하여 더 예민하고 내성적이고 자신의 말에 반응을 나타내는 경향이 있다고 보고하였다(Manning & DiLollo, 2018; Anderson & Felsenfeld, 2003).

Yairi와 Ambrose(2005)는 그러한 성격이나 기질적인 요소들이 비유창성에 영향을 줄 수 있다고 보았다. 이러한 아동들은 정서적 억제가 어려울 수 있고 그들의 환경적인 변화에도 더 부정적으로 반응할 수 있으므로, 이러한 특성이 말더듬 시작 또는 진행에 영향을 줄 수 있다고 보고하였다(Conture, 2001; Eggers, DeNil, & Van den Bergh, 2010, Riley & Riley, 2000; Zebrowski & Conture, 1998). 이러한 부분을 언어재활사가 관찰하여 부모나 교사와 이야기할 수 있다면 아동의 환경 변화에 도움을 줄 수 있을 것이다. 앞으로 성격이나 기질적인 요소들을 말더듬 평가에 반영하고 결과를 중재에 연결하는 것에 대하여 논의와 임상적 결과가 축적되는 것이 필요하다.

　학교 교사에 대한 연구에서는 학령기 말더듬 아동에게 교사가 부모 못지않게 큰 영향을 끼친다고 하였다(Manning & DiLollo, 2018). 말더듬에 대한 학교 교사들의 인식 및 태도가 부정적이었다는 보고가 많았다(안종복, 2013; 이경재, 2013; Crowe & Walton, 1981). 그러므로 면담을 통하여 아동 말더듬에 대한 부모와 교사의 의견을 듣고 말더듬에 미칠 수 있는 영향을 살필 것을 권고한다. Gregory(2003)는 학생이 답을 모르는 것처럼 가장하거나 최소한의 말을 하기 위하여 일부러 틀린 답을 말하는 등 대처 전략이 교묘할 수 있다고 하였다. 교사가 이러한 점을 이해한다면 아동에게 긍정적 영향을 줄 수 있을 것이다.

2. 평가 절차

　학령기 아동 말더듬 평가 절차를 〈표 5-1〉과 같이 구성할 수 있다.

〈표 5-1〉　**학령기 아동 말더듬 평가 절차**

1. 평가 의뢰 사전면담(전화 또는 방문상담)
2. 사례정보 수집 및 면담(사례면담지, 질문지, 아동의 언어 샘플 동영상)
3. 유창성 평가
　1) 말더듬 정도 공식검사
　2) 말더듬 비공식검사
4. 말 · 언어, 학습 및 기타 평가(선별 평가 포함)
　아동 연령에 따른 언어 및 학습 평가
5. 의사소통태도 및 심리적 부담 평가
　인식 및 의사소통태도 검사

6. 학교 적응 및 환경 평가
   학교 및 사회 적응검사
7. 진단 및 결과 면담
   전체적 평가 결과 자료 해석과 종합적인 판단
   시도치료
   부모상담, 결과 해석과 향후 계획
8. 보고서 작성

1) 평가 의뢰 사전면담

사전면담은 아동의 적절한 평가와 진단 그리고 앞으로 이어질 중재에 매우 중요하다. 앞서 학령 전 아동의 사례력 작성에 관한 내용을 살펴보았다. 학령기 아동의 사전 면담 시 추가적으로 살펴볼 내용은 다음과 같다.

학령기 아동의 사례력 조사는 학령전기에 비하여 기본적인 정보를 수집한다는 점에서는 다르지 않지만 어디에 중점을 두는가에 차이가 있을 수 있다. 학령전기에서 관심을 가졌던 아동의 말더듬 시작과 관련된 에피소드와 가족력에 더하여 말더듬 변화와 진전에 영향을 끼칠 수 있는 요인을 종합하여 살펴보는 것이 필요하다.

여기에는 아동의 기질적인 면과 가족관계에서 더 나아가 학교나 학원 등 아동의 사회적 환경을 조사하여 말더듬이 시작된 때부터 지금까지의 진전이나 변화를 살피는 것이 중요하다. 학령 전 어린 아동의 경우 말더듬의 정도와 함께 만성적으로 진행될 수 있는 지표들에 중점을 두어 살펴보았다. 학령기는 말더듬의 진행이나 아동의 심리적 부담감, 그리고 아동과 주위 사람들의 말더듬에 대한 반응을 살피는 것이 필요하다. 이를 위하여 부모가 평가를 의뢰할 때 미리 질문을 통해 정보를 수집하여 효과적으로 평가를 계획한다.

2) 사례정보 수집 및 면담

아동과 부모가 치료실을 방문하면 사례면담지를 작성하도록 제공한다. 사례면담지는 『파라다이스-유창성 검사-II(P-FA-II, 심현섭, 신문자, 이은주, 2010)』에 포함되어 있는 학령기 아동 사례면담지를 이용하거나 참고할 수 있다. 부모나 보호자가 작성한 사례면담지를 바탕으로 아동의 말더듬 시작이 언제였고, 어떻게 진행되었는지 가족관계와 환경 그리고 가족력, 학교에서 교우관계, 학교 및 학습 적응 등과 관련된 정보를 수집한다. 이미 기록된 사항에 대하여 필요하면 부모나 아동에게 보충 질문을 할 수 있다. 이러한 자료는 아동에게 추가적인 검사가 필요한지를 판단하는 데 도움을 준다. 예를 들어, 학습에 어려움이 있다면 학습관련 선별검사를 할 것인지 또는 심화검사가 필요한지를 결정해야 한다.

아동이 말더듬 평가 및 치료 경험이 있는지, 있었다면 치료효과 등에 대한 정보를 묻는 것도 중요하다. 또한 현재 아동이 왜 평가를 받는지 목표를 묻는 것은 이번 평가를 목표 지향적으로 진행하는 데 도움이 된다. 부모는 아동의 말더듬이 가계력이 있어 나을 수 없다고 믿고 있을 수도 있고, 반대로 대수롭지 않고 저절로 나아질 것이라고 생각할 수도 있다. 이러한 내용에 대한 종합적 설명과 안내는 평가 결과 상담 시 마지막에 하도록 한다.

부모와 면담을 마치고 아동을 평가를 할 때 아동에게 왜 치료실에 왔는지를 물어 보는 것이 필요하다. 아동은 부모가 데리고 와서 자신은 모른다고 답을 하는 경우도 있다. 이 경우 터놓고 아동의 말에 대하여 이야기하지 않는 가정일 가능성이 있으므로 치료 시 이에 대한 고려가 필요할 것이다. Kelman과 Nicholas(2020)는 아동이 어릴 때라도 가정에서 아이의 말더듬에 대하여 터놓고 이야기하는 것을 권하고 있다. 더욱이 학령기 아동이라면 자신의 말의 어려움을 인식하는 경우가 거의 대부분이다.

임상이야기

한 어머니는 면담 후 평가를 위하여 아동을 부르기 전에 평가자에게 작은 소리로 말했다. "아이에게 말더듬을 평가한다고 말하지 말아 주세요. 집에서는 비밀로 하고 있어요. 오늘도 아이에게 너의 목에 좀 이상한 것이 난 것 같아. 그걸 확인하기 위해 데리고 왔다고 했어요."라고 말하고 나갔다. 평가를 시작할 때 평가자가 아이에게 물었다. "여기 오늘 왜 온 것 같아?" 아이가 대답했다. "내가 말을 더듬어서요."

말더듬 평가에 다소 많은 요소에 대한 검토가 필요하다. 이는 말더듬의 원인이나 진행에 관여하는 요인이 많기 때문이라 할 수 있다. 다시 말하면 말더듬은 아동의 기질적인

면과 발달적인 면 그리고 환경 등이 다양하게 영향을 받는 다면적 장애(multidimentional disorder)의 하나이기 때문이다(Reardon-Reeves & Yaruss, 2013; Yairi & Seery, 2011; Yaruss & Reardon-Reevees, 2017).

이때, 당일 예상되는 평가 시간과 과정을 부모와 아동에게 간단히 설명해 주는 것으로 다음 순서인 유창성 평가를 시작할 수 있다.

3) 유창성 평가

(1) 말더듬 정도 공식검사

유창성 평가에서는 먼저 공식검사를 통하여 말더듬 정도를 측정하고 이어서 다양한 상황에 따른 말더듬 변이를 측정할 수 있다. 검사실 외의 언어 수집을 위하여 부모나 학교 담임선생님의 보고를 듣는 것도 도움이 될 것이다. 공식검사는 말더듬 아동과 말을 더듬지 않는 아동과의 차이를 비교할 수 있도록 표준 점수를 측정할 수 있게 한다. 이러한 객관적 자료들은 현재 아동의 상태를 측정해 주는 동시에 1차 검사 결과와 치료가 진행되고 나서 할 수 있는 재검사 점수를 비교할 수 있게 한다. 아동 말더듬 정도와 심리적 부담감 등을 함께 측정하기도 한다.

유창성 정도 측정을 위한 공식검사로 P-FA-II(심현섭, 신문자, 이은주, 2010)를 이용할 수 있는데, 아동의 말더듬 정도와 부수행동 점수 그리고 의사소통태도를 측정할 수 있다. 이 외에 우리나라에서 표준화가 되어 있지는 않으나 미국 등지에서 널리 쓰이는 말더듬 중증도 평가의 목록을 살펴볼 필요가 있다. 『말더듬 중증도 평가(Stuttering Severity Instrument for Child & Adults: SSI-4, Riley, 2009)』도 학령 전 아동과 성인뿐 아니라 학령기 아동의 비유창성 점수에 따른 백분위와 중증도를 나누어 제시하고 있다. 다른 중증도 검사로 유창성 인터뷰(Fluency Interview: FI, Ryan, 2001)는 총 열 가지 구어 과업을 제시하고 그에 따른 비유창성을 수집하도록 하고 있다.

(2) 말더듬 비공식검사

말더듬 비공식검사는 공식검사에서 다루지 않은 여러 가지 상황별 아동의 비유창성 또는 유창성을 살피는 기회를 갖고 말더듬 정도 외에 말속도, 비유창성 유형 등 필요한 관찰과 측정을 시도한다. 특히 아동이 특정한 상황에서 말더듬을 보이거나 또는 안 보인다는 보고가 있었다면 직접 그 상황에서 아동의 의사소통을 살피는 것이 필요하다. 어떤 아동들은 말더듬을 숨기기 위하여 말을 안 하기도 한다. 또 말을 더듬을 것 같으면 단어를 바꾸기도 하는데 Van Riper(1973)는 이를 에두르기(circumlocution)라고 하였고 이와 같은 여러 가지 회피행동을 관찰하여 기록할 수 있다(제1장 참조).

아동은 자신의 말더듬을 숨기기 위한 여러 가지 책략을 사용하기도 한다. 이 때문에 집에서는 말을 심하게 더듬지만 평가 시에는 거의 더듬지 않도록 짧게 말하거나 다른 말로 대치하여 유창하게 보이기도 한다. 그러므로 좀 더 아동이 대화에 몰입하여 숨기지 않고 말더듬을 드러내게 함으로써 아동의 평소 어려움을 관찰할 수 있다. 필요하면 치료실 외부로 나가 아동이 물건을 사거나 다른 사람에게 질문을 하게 할 수도 있으며 전화 걸기와 같은 아동이 어려워하는 상황을 연출할 수 있다.

이러한 비공식검사는 공식검사에서 요구하는 일정한 형식에서 벗어나 관찰하고 싶은 상황을 보고 점수화하거나 주관적 기록을 가능하게 한다. 만일 제약이 있어 다양한 상황에서 아동의 말더듬을 관찰하기 어렵다면 집이나 학교에서 말하기나 발표 상황을 영상이나 오디오로 준비해 오는 것을 요구할 수 있다. 이러한 것을 통하여 아동 말더듬의 여러 가지 실제 다양한 모습을 관찰하도록 한다. 말속도에 대한 관찰이 요구되면 이에 대한 자료를 수집하여 아동연령의 연구자료와 비교해 볼 수 있고 아동이 가장 유창하게 말할 수 있는 말속도를 찾는 데도 도움을 줄 수 있다.

4) 말·언어 및 학습 선별 평가

아동이 말더듬 이외에 조음이나 언어 또는 학습에 문제가 있는지를 평가하는 것은 중요하다. 아동이 아직 자기 또래보다 언어 이해나 표현이 늦거나 학습에 어려움이 있다면 이는 말더듬과 관련이 될 수 있으며 유창성 회복에 영향을 줄 수도 있기 때문이다. 언어발달지체 문제는 말더듬 아동에게 흔한 일이며, 조음발달 문제는 더욱 관련이 깊다(이경재, 2021; Guitar, 1998, 2014; Yairi & Ambrose, 2005). 그러나 이러한 발견들이 말을 더듬는 아동 누구에게나 적용되는 것은 아니므로 말더듬 이외에 언어나 조음 문제 또는 다른 문제가 동반되는지를 아는 것은 적절한 중재를 위하여 필수적이다. 학령기에 사용할 수 있는 언어검사도구 그리고 학습상태를 검사할 수 있는 표준화된 또는 비표준화된 검사도구를 사용한다.

비공식적 검사는 한 주제에 대한 이야기하기, 책이나 영화 줄거리 이야기하기 그리고 주제에 따른 자신의 이야기를 글로 쓰기 등으로 아동의 이해와 표현 언어를 볼 수 있는 좋은 방법이다. 아동의 정상발달에 대한 경험이 많은 언어치료사라면 이러한 비공식검사 결과들이 선별검사의 역할을 할 수 있다. 또한 가능하다면 아동의 학교에서의 학업과 학교 적응을 알아보도록 한다. 이러한 자료들은 아동의 말더듬 시작과 발전을 이해하고 중재로 연결할 때 아동의 말더듬이 어떠한 영향을 받을 수 있는지를 말해 줄 수 있다.

학령기 말더듬 아동의 언어발달 선별검사는 아동의 말·언어발달 상태에 따라 간략하게 진행할 수도 있으며 필요에 따라 심도 있게 진행할 수도 있다. 예를 들면, 어휘력 검사, 수용과 표현 능력 그리고 학령기 언어발달을 볼 수 있는 검사도구와 조음 검사도구들을 사용하고 비표준화된 검사들로 책 내용이나 동화 이야기 말하기, 주제 글쓰기 등을 할 수 있다. 아동의 말·언어발달을 평가하기 위한 언어, 조음 및 학습 발달 선별검사 프로토콜을 작성하여 진행한다.

학교에서 아동의 학습 정도를 파악하기 위하여 학교 교사들과 통화하는 것 역시 중요하다. 우리나라는 아직 학교 언어치료사가 별도로 배치되어 있지 않은 경우가 대부분이다. 그러므로 학교에서의 생활을 알기 위하여 문항을 작성하여 교사에게 보낼 수도 있다. 평가 후 아동의 말더듬이 확인되면 학교에서 아동의 유창성 회복을 위하여 교사가 할 수 있는 일 등을 전달할 수 있다. 교사가 도울 수 있는 안내는 학령기 아동의 중재(제8장)에서 다루게 된다. 아동의 의사소통 능력에 대한 교사 평가(Teachers Assessment of Student Communicative Competence: TASCC, Smith, McCauley, & Guitar, 2000)는 아동이 교실에서 의사소통을 얼마나 잘하고 있는지를 교사가 작성하도록 되어 있다. 40개의 문항으로 아동의 의사소통 능력에 대하여 1~5로 나누어 점수를 주도록 되어 있다. 예를 들면, "학생은 어른들과 이야기할 때 적절하게 눈을 맞추나요?"에 대하여 '전혀 그렇지 않다(1점)'부터 '항상 그렇다(5점)'로 대답할 수 있다.

5) 의사소통태도 및 심리적 부담감 평가

성인의 의사소통태도에 대한 연구나 검사도구의 개발에 비하면 아동의 의사소통태도에 대한 연구는 적다. 이는 아동의 경우 문제가 되는 비유창성인지를 판별하는 기준이 성인에 비하면 더 늦게 정립되었고, 아동에게 직접 말더듬에 대한 감정을 묻는다는 것이 쉽지 않았기 때문이다. 말더듬 진단착오이론(Diagnosogenic Theory, Johnson & Associates, 1959, 제2장 참조)은 부모가 정상적 비유창성을 말더듬이라고 잘못 진단하여 아동이 말더듬을 인식함에 따라 말더듬이 확실해질 수 있다고 보았다. 이 때문에 아동에게 직접 이에 대하여 언급하는 것을 기피하게 하였다. 그러나 근래는 아동에게 말더듬을 터놓고 이야기하는 것의 중요성을 강조하고 있다(Kelman & Nicholas, 2020).

아동의 의사소통에 대한 부담감이나 태도를 알아보기 위하여 면담을 할 수 있으며 그 정도를 보기 위하여 검사도구를 이용할 수 있다. 검사도구를 이용한다면 일반 아동 또는 말더듬 아동과의 비교가 가능할 수 있으며 치료가 진전되어 감에 따라 아동의 태도 변화를 측정해서 비교할 수 있다는 장점이 있다. P-FA-II의 의사소통태도 검사에는 초등학생의 표준 자료가 제시되어 있다. '수업시간에 질문을 잘해요'와 같이 아동이 의사소통 상황에서 느낄 수 있는 감정에 대한 진술을 '예/아니요'로 표시하게 하고 이 답이 말에 부담을 가지고 있는 사람들의 전형적인 답과 얼마나 일치하는지를 조사하여 점수를 내게 된다.

A-19 검사(A-19 Scale for Children Who Stutter, Guitar & Grims, 1977)는 열아홉 개의 문항으로 구성되어 있으며, 아동과 라포를 형성한 뒤 실시하도록 하고, 하나씩 구두로 질문을 하여 아동이 '예/아니요'로 대답하게 한다. 이 검사는 유치원부터 초등학교 4학년 말더듬 아동과 일반 아동을 대상으로 점수가 나와 있다. CAT-R(Communication Attitude Test-Revised, Brutten & Vanryckeghem, 2007; De Nil & Brutten, 1991)은 여러 번 수정을 거치는 가운데 최근 개정판은 32~33개의 항목으로 정리되어 있다. 여러 가지 검사 중 아동의 연령과 읽기 가능 여부에 따라 가장 적절하다고 여겨지는 의사소통태도 검사를 선택하여 실시하는 것이다. 비슷한 영역을 측정하는 검사도구들을 특별한 이유 없이 중복하여 실시할 필요는 없다.

6) 학교 적응 및 환경 평가

아동은 초등학교에 들어가면서 유치원 시기와는 매우 다른 환경에 놓이게 된다. 또한 아동들은 서로 놀리거나 따돌리고, 심하게는 괴롭힘을 줄 수도 있다. 이러한 경우 아동의 약점은 놀림의 대상이 되기 쉽다. 그러므로 아동이 학교에서 잘 적응하고 있는지를 관찰하는 것이 필요하다. 이에 대한 자세한 검사를 할 수도 있으며 부모와 아동 면담 그리고 학교 담임교사와의 상담을 통하여 문제가 있다면 중재 시에 이를 반영할 수 있을 것이다.

학교 적응 검사들이 나와 있지만 아동의 의사소통 문제에 중점을 두고 보지 않는다면 말더듬 아동의 어려운 점이 관찰되지 않을 수도 있다. 김우리(2019)의 연구에는 학령기 말더듬 아동의 학교적응척도가 제시되어 있으며 학교생활-환경, 수업 적응, 친구 적응, 교사 적응 등으로 나뉘어 있다. 그동안 개발되어 온 학교 적응검사와 다른 점은 말더듬 아동이 학교 적응에서 가질 수 있는 문제들을 민감하게 살펴볼 수 있도록 제작되었다고 할 수 있다.

OASES-학령기용(Overall Assessment of the Speakers' Experiences of Stuttering School-age Children: 7~12세)은 다음의 네 가지 분야로 나누어 모두 60개의 문항을 포함하고 있다.

- 아동의 말더듬에 대한 일반적인 정보(General information about a child's perceptions of stuttering)
- 말더듬에 대한 감정, 행동 그리고 인지적 반응(느낌, 행동, 생각)[Affective behavioral, and cognitive reactions to stuttering(feelings, actions, thoughts)]
- 주요한 상황(집, 학교, 사회적 상황, 일상)에서 기능적 의사소통의 어려움[Functional communication difficulties in key situations (at home, at school, in social situations, and in general)]
- 아동 삶에 있어 말더듬의 영향(Impact of stuttering on the child's quality of life)

이 검사는 우리나라에서 표준화가 이루어지지 않았지만 학령기 말더듬 아동을 검사할 때 이러한 네 가지 관점에서 평가하고 결과를 참고한다면 더 효과적인 중재로 연결될 수 있을 것이다(OASES 전체적인 내용은 제6장을 참고).

다음으로 아동 가정환경에 대한 관찰이다. Palin 부모-아동 상호작용치료는 대상자 중심으로 치료하고 아동 개인의 성향뿐 아니라 가족, 특히 부모는 아동을 가장 잘 알고 있고 그들을 전문가로 보고 있다. 언어치료사는 부모들이 그들의 지식과 기술을 개발하고 자신감 있게 아동을 돕도록 촉진하는 역할을 한다고 본다(Kelman & Nicholas, 2020). 우리는 면담을 통하여 아동의 환경을 관찰하고 Palin 부모 평가 척도(Palin Parent

Rating Scale, Millad & Davis, 2016) 등을 참고하여 아동의 말더듬에 대한 부모의 관점을 평가할 수 있다.

7) 진단 및 결과 면담

진단 단계는 평가를 시작할 때 했던 질문에 하나씩 답을 해야 하는 시간이다. 아동의 말더듬 시작에 관여한 여러 요인으로부터 시작하여 현재 관찰되는 말더듬 중증도 그리고 말더듬 진전에 기여할 수 있는 긍정적 또는 부정적 요인들을 종합한다. 여기에는 현재 평가된 말더듬 정도 그리고 말더듬과 관련된 의사소통 부담감이나 인식 및 태도 등을 종합하고 학교 및 사회적 적응 등이 포함된다.

우선 아동의 말더듬 유무에 대한 진단을 내리고, 말더듬이 있다면 현 상태가 어느 정도인지 또한 어떠한 중재가 바람직할지 제시하는 단계이다. 우리는 진단 시 Riley와 Riley(1979, 1984, 2000)의 수정된 구성모델(Revised Component Model: RCM)을 한번 상기해 보면 도움이 될 것이다(제4장 참조). 이는 신체적 특질, 기질적 요인, 청자의 반응으로 나누어 살피고 아동의 취약한 체계(vulnerable system)와 말더듬 시작이 관련이 있는지 확인하는 것이다. 말더듬 시작과 발달에 영향을 미치는 위험요소를 분석하는 것은 아동의 취약한 요소를 파악하는 데 도움이 될 수 있다.

마찬가지로 Gregory(2003)의 감별진단-감별치료(differential evaluation-differential therapy) 모델을 이용하여 아동의 전체적인 문제를 파악하면 중재방향을 설정하는 것에 도움이 될 수 있다. 이는 말더듬 그룹이 다양한(heterogeneous) 사람으로 이루어졌다고 보기 때문에 아동과 관련된 여러 발달적 요인과 환경을 검사하여 각 아동에 맞는 치료 프로그램을 제시하고자 한다. 학령기의 경우 말더듬과 관련된 요소들을 분석하고 문제가 있는 부분에 도움을 줌으로써 앞으로 청소년이나 성인으로 성장할 때를 바라보며 포괄적으로 말더듬 회복을 돕고자 하는 것이다. 이러한 접근은 말더듬이 다양성 집단(heterogeneous group)이라는 많은 연구 결과를 반영한 것이라 할 수 있다(Andrews & Craig, 1982; Conture, 2001; Gregory, 2003; Van Riper, 1982).

이렇게 평가 과정에서 나온 자료와 결과에 대한 종합이 끝나면 곧바로 부모에게 평가 결과에 대한 면담을 진행하는 것이 필요하다. 아동 말더듬의 중증도를 비롯하여 아동의 말더듬에 대한 이해와 인식 상태 그리고 의사소통과 대인 관계 그리고 더 나아가 아동의 삶에 미치는 영향까지 종합하여 포괄적인 상담을 이끈다. 그러므로 현재 부모나 교사, 보호자들의 아동 말더듬에 대한 의견을 종합해 보고 교환하도록 한다.

　필요하면 아동도 자신의 치료에 대한 의사 결정에 참여할 수 있다. 진단 단계는 어릴수록 주로 부모와 상담이 이루어지게 되므로 주의할 것은 서로 신뢰관계와 치료적인 관계를 형성하며 진행하는 것이다. 평가자는 보호자들의 걱정을 이해하는 것이 필요하며 비판이나 그들의 감정을 수정하거나 충고를 하려고 하지 않는 것이 중요하다. 왜냐하면 그들의 말을 경청하고 생각과 감정을 이해하여 확인해 주고, 그동안 그들의 노력을 인정해 주는 것은 그들이 장점을 개발하여 말더듬 회복에 도전하는 데 도움을 줄 수 있기 때문이다(Reardon-Reeves & Yaruss, 2013). 부모나 보호자가 인내와 신뢰 그리고 공감을 가지고 대하는 치료사의 상담은 성공적인 치료 기반을 만들 수 있을 것이다(Reardon-Reeves & Yaruss, 2013).

　마지막으로 시도치료(trial theray)가 있다. 이는 치료사로서는 아동이 치료에 반응하는 정도를 알아볼 수 있는 기회가 되면서 아동이나 부모 입장에서는 치료사가 제시하는 치료의 방향을 느껴볼 수 있는 기회가 된다. 긴 시간을 할애하기보다는 한두 번 새로운 말하기 방법으로 더듬지 않고 말할 수 있도록 해 보거나, 말을 더듬었던 기억에 대하여 적절하게 이해할 수 있게 도움으로써 어려운 마음에서 벗어나게 해 주는 것이다. 어떤 부모는 평가회기를 마치고 집에 돌아갔는데 오랜만에 아동의 말더듬 근심에서 벗어나서 편안히 잠을 잘 잤다고 경험을 말하기도 하였다.

8) 보고서 작성

　평가의 마지막은 보고서 작성이다. 평가에서 이루어진 모든 결과를 요약하여 문서로 남기는 작업이다.

① 아동정보: 아동의 나이, 성별, 학년, 부모 등 기본 사항을 정리한다.
② 배경정보: 여기에는 아동의 발달 과정과 말더듬의 시작과 진전, 가족력, 아동의 가정과 학교 등 주변 환경 그리고 아동의 말더듬에 대한 반응과 같은 중요 정보를 기록한다.
③ 평가 시 태도: 아동의 태도를 주관적으로 정리한다.

④ 실시한 평가도구: 평가도구들에 대한 전체 정보를 일괄적으로 정리한다.

⑤ 평가 결과: 평가도구들에 따른 객관적인 결과를 주로 적고 주관적인 분석 내용 역시 정리한다. 여기에 유창성 정도와 비유창성 유형을 분석하여 기록한다. 말이나 언어, 학습 검사가 실시되었다면 이를 정리한다.

⑥ 검사결과 요약 및 제언: 평가 결과를 토대로 진단 내용과 앞으로의 제언을 적는다 (보고서의 예는 임상사례에 제시되어 있다). 보고서의 내용은 아동 평가 목표에 따라 다르게 구성될 수 있다. 특히 타 기관에 의뢰하려는 목적이 있다면 그에 관련된 내용을 분명히 기술해 둔다. 보고서의 예는 임상사례에 나와 있다.

3. 평가도구

학령기 말더듬 아동을 평가할 때 사용할 수 있는 검사도구를 정리하면 다음과 같다. 몇 가지는 우리나라에 표준화 자료가 나와 있지 않지만 그러한 검사도구들을 이해하고 항목들을 살핀다면 평가에 참고가 될 수 있으므로 소개하고자 한다. 또한 학령전기와 성인 검사도 함께 포함된 경우에는 학령기에 국한하여 기술하고자 한다. 각 검사의 전체적인 내용을 살피기 위해서는 제시한 다른 장을 참고하도록 한다.

1) 말더듬 중증도 평가 4판: 학령기

『말더듬 중증도 평가 4판(Stuttering Severity Instrument: SSI-4, Riley, 2009)』은 말더듬 중증도를 검사하기 위하여 외국에서 많이 사용되는 평가도구이다. 처음 SSI(Riley, 1972)로 논문에 소개되어 사용되었으며, 현재는 4판이 출시되어 사용되고 있다. SSI-3(Riley, 1994)에 기반을 둔 SSI-4는 학령전기 아동부터 성인까지 사용이 가능한데, 읽기가 가능한 학생이나 성인의 경우 읽기와 말하기의 두 가지 과제를 분석한다. 과제에서 관찰된 말더듬 빈도(읽을 수 있는 사람의 경우, 읽기와 말하기 과제에서 말더듬 빈도), 말더듬 지속시간(가장 길게 막히는 말을 더듬는 샘플 3개의 평균 말더듬 지속시간) 그리고 신체적 부수행동 점수를 합하여 말더듬 중증도를 계산할 수 있다. 또한 학령 전, 학령기 그리고 성인으로 나누어 비유창성 점수에 따른 백분위와 중증도가 나뉘어 제시되어 있다. 학령기 아동의 경우, 글을 읽을 수 있다면 읽기와 말하기 과제를 둘 다 측정하여 점수를 낸다. SSI-3는 중중도를 비교적 적절히 측정한다는 장점이 있었으나 외현적으로 관찰되는 면 외에 내재적인 면을 측정하지 않는다는 단점이 지적되어 왔다. 이러한 점을 보완하여 SSI-4에서는 말더듬 중중도를 종합적으로 평가하기 위하여 몇 가지 요소가 첨가되었다. 먼저 치료실 환경을 벗어나서 발화샘플을 수집하고 다양한 전화 상황 샘플을 수집하도록 하였고, 9점 척도의 '자연스러움' 평가를 추가하였으며, 중중도, 통제소 및 말더듬 회피에 대한 주관적 보고를 평가하도록 하였다.

2) 파라다이스-유창성 검사-II: 학령기

『파라다이스-유창성 검사-II(P-FA-II, 심현섭, 신문자, 이은주, 2010)』는 말더듬 정도와 의사소통태도 그리고 부수행동 정도로 나누어 측정한다. 이를 학령 전 아동과 중학생 이상 성인과 구별하여 초등학생 아동 점수를 따로 비교할 수 있도록 별도의 점수분포를 백분위 점수로 제시하고 있다. 구어에 대한 말더듬 정도는 필수과제만 하거나 필수과제와 선택과제를 실시하여 아동의 말더듬 정도를 백분위로 비교할 수 있다. 주어진 점수분포표에는 말더듬 정도의 경우 필수과제와 선택과제로 나누어 백분위 점수가 나누어 제시되어 있다. 부수행동 정도는 별도의 점수를 매겨 약함~심함으로 나누어 볼 수 있다. 학령기 아동의 의사소통태도 평가 역시 백분위를 제시하여 약함, 중간, 심함으로 나누어 볼 수 있도록 하였다. 초등학생의 의사소통태도 평가의 30개 문항은 〈표 5-2〉에 나와 있다. 아동은 각 문항을 읽고 자신의 생각을 '예/아니요'로 표시한다. 아동의 답이 말에 대한 부담을 가진 사람들의 전형적인 답과 얼마나 일치하는지 그 개수를 세어 점수를 매긴다. 말을 더듬는 아동 점수 평균은 12(SD: 3.8)점이며 약함, 중간, 심함으로 정도가 제시되어 있으므로 이를 참고로 아동의 말에 대한 부담감을 객관적으로 측정한다. P-FA-II의 전체적인 내용은 제4장을 참고할 수 있다.

〈표 5-2〉 **의사소통태도 평가 기록지-초등학생용(P-FA-II, 심현섭, 신문자, 이은주, 2010)**

본 검사는 평소에 자신이 말에 대하여 가지고 있는 느낌이나 생각을 알아보기 위한 것입니다. 각 문항을 잘 읽고 자신의 생각과 가까우면 '예', 가깝지 않으면 '아니요'에 '○' 표시하시기 바랍니다.

번호	문항	예	아니요
1	내 목소리는 듣기 좋아요.		
2	다른 사람에게 내 이름을 말하는 것이 어려워요.		
3	말을 잘해요.		
4	처음 보는 사람에게 말하는 것이 어려워요.		
5	수업시간에 큰 소리로 책을 읽는 것이 쉬워요.		
6	말하기 어려운 낱말이 있어요.		
7	사람들 앞에서 말하는 것이 쉬워요.		
8	말할 때 손에 땀이 많이 나요.		
9	친구와 이야기할 때 말이 잘 나와요.		
10	우리 반 친구들은 내가 말하는 게 이상하다고 생각해요.		
11	다른 사람이 나를 대신해서 말해 줄 때가 있어요.		
12	말이 잘 안 나오면 눈 앞이 깜깜해져요.		
13	사람들과 이야기하는 것이 즐거워요.		
14	내 말에 대해서 친구와 이야기하는 것이 즐거워요.		
15	말이 잘 안 나올 때에도 끝까지 말하려고 해요.		
16	말할 때 낱말이 잘 생각나지 않아요.		
17	수업시간에 질문을 잘해요.		
18	말하는 게 쓰기보다 더 쉬워요.		
19	전화로 말하는 것이 어려워요.		
20	말 안 해도 되는 게임이 더 재밌어요.		
21	아는 문제는 손을 들고 대답해요.		
22	누가 말을 걸까 봐 사람들을 쳐다보지 않아요.		
23	모둠 활동에서 내 생각을 잘 말해요.		
24	새로운 친구를 만나는 것이 좋아요.		
25	말 잘하는 친구들이 부러워요.		
26	머뭇거리지 않고 말할 수 있어요.		
27	내가 말하는 모습이 부끄러워요.		
28	새 학년이 되면 말 때문에 친구를 못 사귈까 봐 걱정되요.		
29	말을 잘했으면 좋겠어요.		
30	우리 보모님은 내가 말을 잘한대요.		

3) 의사소통태도 검사 개정판

의사소통태도 검사 개정판(Communication Attitude Test-Revised: CAT-R, De Nil & Brutten, 1991)는 여러 번 수정을 거쳤다. 이 검사 도구는 자기 보고방식의 지필검사이며 아동은 "나는 말을 잘하지 못해요."와 같은 의사소통에 대한 아동의 느낌을 "예" 또는 "아니요"라고 표시하도록 되어 있다. 아동이 각 문항의 전형적인 답, 즉 의사소통에 대하여 부정적인 반응으로 답할 경우 1점씩 주게 되어 있다. De Nil과 Brutten(1991)은 32문항을 학령기 말더듬 아동 70명과 일반 아동 271명을 비교한 결과, 말더듬 아동의 평균은 16.7점, 일반 아동의 평균은 8.71점으로 보고하였다. 이 검사는 6세 이상 아동에게 실시할 수 있는 잘 연구된 검사로 알려져 있으며 Brutten과 Vanryckeghem(2007)에 의하여 행동평가검사(Behavior Assessment Battery for Shool-Age Children: BAB)에 나와 있는 CAT(Communication Attitude Test)에서 한 문항을 추가하여 33문항으로 구성되어 있다. 이 검사는 말을 더듬는 아동과 그렇지 않은 아동 간의 뚜렷한 차이를 나타내었고(효과크기 1.82) 신뢰도 역시 높게 보고되었다. 우리나라에서도 이에 대한 몇몇 연구가 있어 왔다(박진원, 2008; 박진원, 권도하, 2009). 또한 적은 대상자이기는 하지만 일반 아동과 말더듬 아동의 차이가 보고되기도 하였다(차현, 2015). 이 연구에서는 초등학교 1~2학년 말더듬 아동과 일반 아동 10명씩 검사한 결과, 말더듬 아동은 13.50점을 보였고 일반 아동은 7.50으로 말더듬 아동이 유의하게 높은 점수를 보여 말더듬 아동이 말에 대한 부담감이 더 높은 것으로 나타났다. 앞으로 다양한 연령대에서 많은 수의 아동을 대상으로 한 연구가 기대된다.

4) A-19 검사

A-19 검사(A-19, Guitar & Grims, 1977)는 어린 아동이나 학령기 아동을 대상으로 검사자가 아동과 라포가 형성되고 아동이 과제를 이해했다고 확신이 되면 실시를 시작할 수 있다(Guitar & Grims, 1977). 검사자는 의사소통태도에 관한 19개의 문항을 구두로 질문한다. 예를 들면, "선생님한테 말하는 것이 어려워요?"와 같은 질문을 하고 아동은 "예" 또는 "아니요"로 대답을 하게 되고 부정적인 반응과 일치하면 1점을 주게 된다. 점수가 높을수록 아동은 의사소통에 대하여 부정적인 태도를 발전시키고 있다고

의심할 수 있다. 유치원부터 초등학교 4학년 말더듬 아동과 생활연령을 일치시킨 일반 아동을 대상으로 한 연구에서 말더듬 아동 집단은 9.07(SD=2.44), 일반 아동 집단은 8.17(SD=1.80)로 보고되어 두 집단에서 큰 차이를 보이지는 않았다. 지필검사에 어려움이 있는 아동에게 실시할 수 있는 장점이 있고, 의사소통 이외의 태도에 관한 질문도 포함되어 있다.

5) 학령기 아동용 학교적응척도

학령기 아동용 학교적응척도(School Adaptation Scale for School aged Children: SAS-C, 김우리, 2019)는 말더듬 아동이 학교에서 적응을 적절히 하고 있는지를 살피기 위한 학교 적응 측정도구로 개발되었다. 일반적으로 취학전 아동의 경우 자신의 말더듬을 인식하지 못하거나 그 인식의 정도가 약하지만, 학령기가 되면서 말더듬에 대한 완전한 인식이 드러나는 것으로 보고 있다(김우리, 2019; 이지숙, 2009; Bloodstein, 1961; Guitar, 2014). 그동안 개발된 학교적응 평가는 주로 학교부적응 학생을 구별하기 위한 목적이고, 교사 보고용이 가장 많으며 부모 보고용과 아동 보고용은 적은 편이다(김우리, 2019). 이 검사도구는 아동의 표면적 측면과 심리 · 정서적 측면을 포괄적으로 측정하기 위하여 아동 스스로 측정하는 아동 보고용으로 개발되었고, 학교 · 환경 적응, 수업 적응, 친구 적응, 교사 적응의 4개 하위영역으로 나뉘어 있다. 각 영역 당 5개 항목이 있으며 한 항목은 1~5점까지 점수를 부여하게 된다. 그러므로 최대 점수는 한 영역 당 25점이고 전체 총점의 최대 점수는 100점으로 점수가 높을수록 적응에 문제가 없는 것으로 볼 수 있다. 김우리(2019)의 연구에서는 학령기 말더듬 아동과 일반 아동과 비교했을 때(각 그룹 14명), 말더듬 아동이 수업 적응을 제외하고 총 점수를 비롯하여 학교 · 환경 적응, 친구 적응, 교사 적응 분야에서 더 낮았다고 보고하였다. 말더듬 아동의 총점 평균은 78점(SD=14.15)이었고 일반 아동의 평균은 87.86(SD=5.75)이었다. 대상자 수가 적었고 임상 적용에 대한 보고 등 앞으로 더 나아간 연구가 기대된다. 말더듬 아동이 학교에서 또래와의 어려움을 보일 수 있으며 놀림이나 괴롭힘을 당할 가능성이 높다는 여러 보고를 볼 때(Blood & Blood, 2004; Franck et al., 2003; Hartford & Leehy, 2007; Reardon-Reeves & Yaruss, 2013) 말더듬 아동의 학교 및 사회 적응에 관한 평가에 사용이 가능하다. 문항은 〈표 5-3〉에 나와 있다.

⟨표 5-3⟩　학령기 아동용 학교적응척도: 연구자용(School Adaptation Scale for School aged Children: SAS-C, 김우리, 2019)

　　다음은 여러분의 학교생활에 관한 질문입니다. 각 문항을 잘 읽고 자신의 평소 생활과 가장 가깝다고 생각되는 것에 '○' 표시해 주십시오.

⟨연습 문항⟩

번호	내용	전혀 그렇지 않다	약간 그렇지 않다	보통 이다	약간 그렇다	매우 그렇다
1	나는 학교에서 공부를 열심히 한다.					

⟨본 문항⟩

번호	내용	전혀 그렇지 않다	약간 그렇지 않다	보통 이다	약간 그렇다	매우 그렇다
1	나는 학교 가는 것이 좋다.					
*2	나는 수업시간에 집중을 잘하지 못한다.					
3	나는 담임 선생님과 편하게 대화할 수 있다.					
4	나는 친구들과 사이좋게 지낸다.					
*5	나는 우리 학교 내에서 생활이 즐겁지 않다.					
6	학교에는 차별 없이 공평하신 선생님이 있다.					
*7	나를 이해하고 아끼는 친구들이 많지 않다.					
8	나는 우리 학교의 모든 행사(체험학습, 학예발표회 등)에 적극적으로 참여한다.					
9	나는 수업시간에 하고 싶은 말을 자유롭게 발표한다.					
*10	담임 선생님은 내게 친절하게 대해 주시지 않는다.					
11	나는 우리 학교 내에 있는 어느 공간에 대해서든 편안함을 느낀다.					
12	나는 수업 중의 여러 활동에 잘 참여한다.					
13	나는 친구와의 갈등을 잘 조절할 수 있다.					
14	우리 학교에 나를 이해하고 인정하는 선생님이 계신다.					

*15	나는 어떤 교과목의 수업시간에도 대체로 스트레스를 받는다.				
16	나는 학교에서 나에게 주어지는 일을 큰 어려움 없이 해 나간다.				
*17	학교에서 가끔 나를 놀리는 친구가 있다.				
18	나는 학교 내에 마음 놓고 이야기할 수 있는 선생님이 있다.				
19	나는 학교에서 마음 편하게 열심히 공부하고 있다.				
20	나는 학교에서 쉬는 시간에 친구들과 잘 어울린다.				

학교생활 · 환경 적응 점수		수업 적응 점수	
친구 적응 점수		교사 적응 점수	
학교 적응 총 점수			

* 표시 문항은 반대로 채점한다.

6) Palin 부모 평가 척도

부모에 대한 객관적인 평가도구는 많지 않다. 우리는 부모상담을 통하여 아동의 말더듬이 아동이나 부모에게 미치는 영향에 대하여 관찰을 하게 된다. Palin 부모 평가 척도(Palin Parent Rating Scale: Palin PRS, Millard & Davis, 2016)는 이러한 영향을 척도로 표시하게 하고, 아동의 말더듬을 돕는 데 부모가 얼마나 지식이 있고 자신감이 있는지를 표시하게 한다. 이 검사는 번역되어 출판될 예정이다(신문자, 최다혜 공역, 출판중). 아동 치료가 시작될 때 1차 검사를 하고 치료가 진행되었을 때 재검사를 하여 이러한 변화를 비교할 수 있다. 부모가 답을 한 점수는 각 칸에 낮음, 중간, 높음으로 최종적으로 써 넣을 수 있다(Kelman & Nicholas, 2020). 〈표 5-4〉는 Palin 부모 평가 척도 요약지의 예이다. 이 예의 경우 부모는 아이가 자신의 말더듬에 영향을 많이 받고 있지 않다고 평가하였다. 아동의 말더듬이 어머니에게는 중간 정도 영향을 주고 있으나 아버지는 영향을 많이 받는다고 여기고 있다. 또한 부모 모두 아동을 돕는 것에 대한 정보가 적다고 여기고 있다. 이러한 정보는 아동 치료에 반영할 수 있다.

〈표 5-4〉 Palin 부모 평가 척도 요약지의 예

	'말더듬'이 아동에게 미치는 영향	아동의 '말더듬 정도'와 '말더듬'이 부모에게 미치는 영향	아동을 지원하는 것에 대한 부모의 지식과 자신감
어머니	낮음	중간	낮음
아버지	낮음	높음	낮음

4. 임상사례

1) 학령기 말더듬 사례 예시

다음은 말더듬을 주소로 내원한 초등학생인 이○○ 아동 사례이다.

이○○ 아동(남, 10세, 초등학교 5학년)은 5세 정도에 말더듬이 시작되었다고 보고되었다. 당시 부모님의 다툼이 아동에게 많이 노출되었던 시기였으며, 어린이집에서도 친구와의 싸움으로 혼나는 상황이 많았다고 하였다. 아동은 어린이집을 다닐 때부터 초등학교 입학 후에도 또래관계에서의 어려움이 있으며 수업시간에 집중하지 못하는 문제가 있었다. 초등학교 2학년 때 병원에서 ADHD로 진단을 받아 3년간 약물치료를 하였다. 말더듬이 시작된 후, 6세 때부터 사설 언어치료센터에서 6개월간 말더듬 치료를 받았으나 치료 후 말더듬이 개선되지 않고 악화되어서 어머니의 결정으로 치료를 종결하였다. 초등학교 입학 전에 아동에게 말더듬 치료를 권하였으나 아동의 거부로 치료를 받지 않았다. 말더듬이 심해지는 것에 대한 부모님의 걱정으로 언어임상연구소에 평가를 의뢰하게 되었다.

언어치료사는 이○○ 아동을 대상으로 말더듬 중증도와 의사소통태도 등을 살펴보기 위하여 국내 표준화 검사인 P-FA-Ⅱ(심현섭, 신문자, 이은주, 2010)를 실시하였고, 언어선별검사를 위해 수용어휘력검사(김영태 외, 2009)와 읽기이해 선별검사를 실시하였다.

2) 사례 아동 평가보고서 예시

언어 평가보고서

- 이름: 이○○
- 주소:
- 가족사항:
- 평가일: 20○○년 ○○월 ○○일

- 생년월일(CA): 2011년 ○○월 ○○일 (만10;1세)
- 전화번호: 010-0000-0000

- 평가자: 김○○

1. 배경정보

이○○은 만 10세 1개월 남아(초 5학년)로 말더듬을 주소로 부모님과 함께 본 연구소를 방문하였다. 부모의 보고에 의하면 임신 및 출산 과정에서 아이가 탯줄을 감고 있어서 응급 제왕절개를 하였다고 한다. 아동의 말더듬은 만 5세에 나타났으며 어머니에 의해 발견되었다. 당시 부부싸움이 잦아서 잠시 별거를 하였다가 부부관계가 회복되었던 시기였다. 또한 어린이집에서 친구와의 싸움으로 혼나는 상황이 있었다. 말더듬이 시작되었을 때의 말더듬 유형은 첫음절 반복이었다. 처음과 비교했을 때 현재 말더듬의 변화로는 말더듬 빈도, 막히는 시간, 말속도, 부수행동이 증가하였고, 단어 당 반복하는 횟수와 말을 더듬지 않은 시간은 감소하였다. 흥분할 때, 질문에 대답할 때, 질문할 때, 친구에게 말할 때, 가족에게 말할 때, 익숙하지 않은 단어를 말할 때 말더듬이 두드러지게 나타난다. 부수행동은 다리를 움직이거나 손가락을 만지작거리는 행동이나 고개를 뒤로 젖히는 행동이 있다. 아동은 자신의 말더듬에 대해서 인식하고 있으나 겉으로 표현은 하지 않는다. 학기가 변화할 때마다 말더듬이 더 악화되었다.

말더듬 가계력은 친할아버지가 약간 말을 더듬는 정도라고 한다. 가족 구성원 중에 엄마, 친할아버지의 말속도가 빠른 편이다. 가정에서 아동의 말에 대해 지적을 많이 하였고, 때로는 끝까지 말을 들어주고 모르는 척했다고 한다. 아동은 엄마에게 말더듬에 대해서 지적을 받았을 때, 학교에서 친구에게 말더듬으로 놀림을 받아서 속상한 일을 말하며 자신의 말더듬에 대해 힘들어했다.

아동은 유치원 때부터 또래와의 관계에서도 말보다 행동이 먼저 나가는 문제로 싸움이 잦았고, 초등학교 입학 후에도 또래 친구들과 싸우고 수업시간에 집중이 어려워서 담임 선생님과의 상담이 많았다. 초등학교 2학년 때 병원에서 ADHD로 진단을 받았고, 3년간 약물을 복용하였으며 초등학교 4학년 때 주치의 판단하에 상태 호전으로 약 복용을 종료하였다. 만 6세 때부터 ○○ 심리센터에서 놀이치료와 언어치료를 받았으나, 언어치료는 6개월 정도 받고 말더듬이 더 악화되어서 엄마의 결정으로 종결을 하게 되었으며, 놀이치료와 미술치료를 만 7세까지 2년 동안 받았다. 초등학교 입학 전에 아동에게 언어치료를 권하였으나 아동의 거부로 치료를 받지 않았다고 한다. 부모님의 의견으로 본 연구소에 평가를 의뢰하게 되었고, 언어치료로 아동의 말더듬이 개선되기를 기대하고 있다.

2. 평가 시 태도

이○○ 아동은 다소 긴장한 모습으로 검사실에 입실하였고, 평가자의 지시에 따라 협조적으로 과제를 수행하였다.

3. 실시한 평가

- 파라다이스-유창성 검사-II(Paradise-Fluency Assessment-II: P-FA-II, 심현섭, 신문자, 이은주, 2010)
- 수용어휘력검사(Receptive Vocabulary Test: REVT-R, 김영태 외, 2009)
- 읽기이해 선별검사 및 자기소개 쓰기

4. 평가 결과

1) 유창성

(1) 구어 평가

① 낱말그림(32음절)과 따라말하기(131음절)

낱말그림 과제 수행 결과, 총 32음절 중 정상적 비유창성(Normal Disfluency: ND)은 1회(3.1점) 나타났고, ND 유형으로는 주저 1회가 관찰되었다. 비정상적 비유창성(Abnormal Disfluency: AD)은 나타나지 않았다. 따라 말하기 과제 수행 결과, 총 131음절 중 AD는 2회(2.3점) 나타났고, AD 유형으로는 막힘 1회, 낱말깨짐 1회 나타났다.

ND는 나타나지 않았다.

② 읽기(757음절)

읽기 수행 결과, 총 757음절 중 ND는 2회(0.3점) 나타났고, ND 유형으로는 미완성/수정 2회 나타났다. AD는 15회(3.0점) 나타났고, AD 유형으로는 음절 반복 4회, 막힘 8회, 낱말깨짐 3회로 관찰되었다.

③ 이야기그림(130음절)과 말하기그림(364음절)

이야기그림 수행 결과, 총 130음절 중 ND는 7회(5.4점) 나타났고, ND 유형으로는 주저 1회, 간투사 1회, 미완성/수정 4회, 단어 반복 1회 나타났다. AD는 11회(12.7점) 나타났고, AD 유형으로는 막힘을 동반한 음절 반복 2회, 막힘 7회 나타났다. 말하기그림 수행 결과, 총 364음절 중 ND는 11회(3.0점) 나타났고, ND 유형으로는 주저 1회, 간투사 6회, 미완성/수정 4회 나타났다. AD는 29회(12.0점) 나타났고, AD유형으로는 음절 반복 6회, 막힘 17회, 막힘을 동반한 음절 반복 2회, 연장 2회 나타났다.

(2) 말더듬의 유형 및 부수행동

P-FA-Ⅱ 검사결과, 총 78회의 비유창성 중 정상적 비유창성(ND)은 26.92%(21회), 비정상적 비유창성(AD)은 73.08%(57회) 나타났다. AD가 ND보다 더 높은 비율을 보였다. 주된 말더듬 유형은 막힘(40.24%)(예: 새벽 세시에 출발한 우리는 B아홉시에나 B도착할 수 있었다), 음절 반복(12.20%)(예: R2[공]공굴리기를 하고 있어요), 미완성/수정(12.20%)(예: 아저씨가 휘바람을 아니 -UR- 콧노래를 부르며 자전거를 타고 있어요), 간투사(8.54%)(예: I[에] 이어달리기를 하고 있어요), 막힘을 동반한 음절 반복(4.88%)(예: 나무를 사랑하는 한 B+R2[소]소년이 있었습니다), 낱말깨짐(4.88%)(예: 두 번째는 소원이라BW기보다는 부탁이고 약속이었다), 주저(3.66%)(예: H 밑동을), 연장(2.44%)(예: 심판이 P경기를 B보고 있어요) 순으로 많았다. 부수행동은 손만지작 거리기, 고개 뒤로 젖히기, 흡기발성이 나타났다. [비유창성 분류는 3장의 〈예시 3-2〉를 참고한다. 다만 비운율적 발성(DP)은 막힘(Block: B)과 연장(Prolongation: P)으로 나누어 기록하였고 깨어진 낱말(Broken Word: BW)을 나타낸다.]

(3) 말더듬 정도 측정(P-FA-II 결과)

		총 점수	백분위 점수 (%ile)	말더듬 정도
필수과제(읽기, 이야기그림, 말하기그림)		36.3	51~60	중간
선택과제	낱말그림	3.1	41~50	중간
	따라 말하기	2.3	21~30	약함
부수행동 정도		2	71~80	중간

*필수과제는 그림책 과제를 실시하지 않은 결과임

2) 언어선별검사

REVT-R와 읽기이해 선별검사 결과, 수용어휘와 읽기이해 영역에서 정상범주로 나타났다. 또한 대화 및 이야기하기에서 적절한 언어 이해와 표현을 하였다. 어머니는 학교에서 학습문제는 없다고 보고하였고, 짧은 자기소개 쓰기에서 철자, 문장 구성, 이야기 전개가 학년에 적절해 보였다. 더 나아간 검사가 필요한지 추후 결정을 하기로 하였다.

5. 검사 결과의 요약 및 제언

이○○은 만 10세 1개월 남아로, 말더듬을 주소로 본 연구소를 방문하였으며, 파라다이스-유창성 검사-II(P-FA-II) 결과, 필수과제에서 중간 정도 그리고 선택과제에서 약함~중간 정도의 말더듬을 보였다.

주된 핵심행동은 막힘(40.24%), 음절 반복(12.20%), 미완성/수정(12.20%), 간투사(8.54%), 막힘을 동반한 음절 반복(4.88%), 낱말깨짐(4.88%), 주저(3.66%), 연장(2.44%) 순으로 많았다. 부수행동은 손 만지작거리기, 고개 뒤로 젖히기, 흡기발성이 나타났다.

공식검사 결과와 기타 말하기 상황에서 비유창성 유형과 정도, 부수행동, 어머니의 보고 등을 감안하였을 때 일상생활에서 아동의 비유창성은 중간 정도로 보인다. 따라서 유창성을 증진시키기 위한 부모교육 및 직접치료가 필요할 것으로 사료된다. 이 외에도 학교 적응에 대한 검사와 아동의 행동문제에 대하여 부모상담이 요구된다(타 기관 의뢰에 대한 부모의 의견이 필요함).

3) 임상사례 연습

다음의 각 사례에 대하여 평가 계획을 세워 보고 가상 진단보고서를 작성해 보도록 한다.

임상사례

1. '가' 아동(여자, 8세, 초등학교 2학년)은 아버지가 말더듬 문제를 가지고 있었고 어머니는 아동의 말더듬에 대해 유전요인을 많이 걱정하며 아동이 아버지와 최소로 만나도록 노력하였으며, 방학 동안에는 집이 치료실과는 다른 지역이었기에 가까이 아동의 이모네 집에 머물도록 하였다. 아동은 아버지를 매우 좋아하고 함께 있고 싶어 하나, 어머니는 아버지의 말더듬을 아동이 따라한다고 여겨서 되도록 아버지와 아동이 만나는 시간을 줄이고자 하였다. 언어발달이나 조음발달은 문제가 없으며 인지와 학습문제도 보이지 않는다고 한다. 아동은 자신이 가끔은 말을 너무 더듬으며 말을 잘 못한다고 생각하고 있다. 주로 반복이 많으며 친구는 많은 편이고 학교 적응에도 문제가 없다고 한다. 어머니에 의하면 아동의 말더듬은 심한 편이어서 어떤 때는 말을 잇지 못하여 글로 쓰기도 한다고 한다.

   이 아동의 유창성 평가 프로토콜을 세우시오.

2. '나' 아동(남자, 7세, 초등학교 1학년)은 일란성 쌍둥이 중 형이며 둘 다 말더듬이 있으나 이 아동이 더 심하다는 것을 주소로 언어치료실을 방문하였다. 직계 가족(부모 및 누나, 쌍둥이 동생) 중 쌍둥이 동생을 제외하고는 말을 더듬는 사람은 없으나, 조금 먼 친척 중에는 말을 더듬는 사람이 있다고 한다. 아동은 부수행동은 많지 않으나 동생에 비하면 말수가 적고 언어발달이 느렸다고 한다. 학교에서도 내성적이며 면담에서 비정상적 비유창성은 거의 나타나지 않았다. 오히려 치료실 밖에 있는 동생이 비유창성이 관찰되었다. 집에서는 아동은 학교에서 다녀온 일을 말하거나 동생과의 싸움에 대하여 부모에게 말할 때 말더듬이 많이 나타나며 말더듬 이외에 다른 문제는 없다고 하였다. 어머니는 아이들이 뛰는 것 때문에 층간문제로 아래층과 다툼이 많아 스트레스를 많이 받는다고 한다.

   이 아동의 가상보고서를 작성하시오.

3. '다' 아동(남자, 9세, 초등학교 4학년)은 5세 정도에 말더듬이 시작되어 언어치료실을 방문하였다. 어머니는 아동이 어릴 때 말더듬 아동 부모교육을 받았으며, 상호작용치료를 통해 아동에게 천천히 말하기 또는 질문 줄이기 등을 아동에게 필요한 방법을 교육받았다. 그러나 당시 아동은 치료실에 오는 것을 힘들어 하고 천천히 하는 말은 싫다고 하는 등 치료에 저항이 있었다. 그러다 가족이 모두 외국에 2년 정도 나갔다 오게 되어 치료가 중단되었다. 아동이 한국에 다시 돌아왔을 때 스스로 치료를 받겠다고 하며 다시 치료실을 찾았다. 지금도 비유창성은 크게 달라지지는 않아서 자주 비유창성이 보이며, 부수행동으로는 눈깜박임 등이 있고, 학교 적응에는 큰 문제가 없다고 한다. 처음에는 친구들이 말더듬으로 놀려서 충격을 받았다고 한다.

아동 평가 후 부모상담 시 치료에 대한 계획을 가상하여 설명하시오.

5. 맺음말

학령기 아동의 말더듬 평가에 대하여 정리를 해 보면 다음과 같다. 말더듬은 매우 변이성이 크다. 이러한 변이성은 진단과 말더듬 정도를 판단하는 데도 영향을 준다. 아이들은 지금은 유창하다가도 다른 장소에서 또는 그 다음날은 많은 비유창성을 보이기도 한다. 우리가 관찰할 수 있는 말더듬 평가는 스냅샷과도 같이 어떤 상황에서 한 장면을 찍은 것에 불과할 수도 있다. 그러므로 한 번의 진단 결과에 의존하기보다는 아동을 둘러싼 환경과 변이성 등 포괄적인 면을 염두에 두도록 한다. 이렇게 함으로써 너무 간과하거나 과장하여 평가하고 진단하는 것을 막을 수 있다.

이 장에서는 공식 그리고 비공식 검사도구가 소개되었고 몇몇 외국 평가 자료를 제시하여 다양하게 측정할 수 있도록 하였다. 우선 말더듬 정도, 의사소통태도와 부담감, 상황적 변이를 측정한다. 그리고 필요에 따라 조음발달과 언어발달 선별검사나 심화검사를 하고 학교와 사회생활의 적응을 포함하여 아동의 환경 평가 결과를 종합하도록 한다. 이는 친구들로부터의 놀림이나 따돌림 그리고 이에 대한 아동의 반응 등을 전체적으로 살펴야 하기 때문이다. 그리고 아동의 학교 적응과 말더듬의 관계와 인과관계를 살피는 것이 필요하다. 왜냐하면 말더듬 때문에 모든 아동이 따돌림을 받거나 학업에

지장을 받는 것은 아니기 때문이다. 마지막으로 부모와 교사의 아동 말더듬에 대한 의견을 종합하여 진단한다.

학령전기에는 아동의 비유창성이 문제가 되는 말더듬인가, 아동의 비유창성이 지속될 가능성이 어느 정도인가 등이 주 평가의 목표였다면, 학령기에는 평가 결과를 토대로 적절한 중재가 이어질 수 있도록 현재 상태를 파악하는 것에 주력해야 할 것이다. 진단 시 아동의 말더듬 문제가 있는지가 확실하지 않다면 몇 달 뒤까지 관찰하거나 외부와 같은 환경 변화에서도 마찬가지인지를 살피는 평가 시간을 고려한다. 현재 좋아지고 있는 상태라면 부모교육과 같은 간접치료로 이어지는 것도 권고된다. 섣불리 잘못된 음성 진단(false negative diagnosis)은 하지 말아야 하기 때문이다. 아동의 말더듬 문제가 존재하는데 치료실에서의 관찰에만 근거하여 문제가 없는 것으로 잘못 진단해서 필요한 중재 시기를 놓친다면 아동의 회복 가능성은 낮아질 수 있다. 지금 말더듬 치료는 아동의 앞으로의 자유로운 삶을 향한 열쇠를 제공할 수 있기 때문이다. 아동 말더듬은 매 순간 다를 수 있고 여러 요인에 영향을 받으므로 아동의 언어, 이야기 맥락, 아동의 당시 기분에 따라 다를 수 있음(Wagovich & Hall, 2018; Yaruss, 1997; Vanryckeghem et al., 2001)을 고려하여 평가 결과를 해석할 필요가 있다.

학습과제

1. 학령기 말더듬 평가에서 부모가 중요시되는 이유를 설명하시오.

---

2. 학령기 말더듬 평가에서 다루어져야 할 질문들은 무엇인가?

---

3. 학령기 말더듬 평가 시 P-FA-II를 이용하여 어떠한 관찰이 가능한지를 모두 열거하시오.

---

4. 말더듬 평가에서 시도치료의 목적은 무엇인가?

주요 용어

학교 부적응   진단
사례면담   감별진단-감별치료
학령기 아동용 학교적응척도   시도치료
부모의 역할
교사의 역할
의사소통태도 평가

참고문헌

김영태, 홍경훈, 김경희, 장혜성, 이주연(2009). 수용 · 표현 어휘력 검사. 서울: 서울장애인복지관.

김우리(2019). 초등학교 4-6학년 말더듬아동의 말더듬 중증도와 의사소통태도에 따른 학교 적응 정도. 조선대학교 대학원 석사학위논문.

김은하(2011). 말더듬 중증도에 따른 학령기 말더듬아동에 대한 또래집단의 태도 특성. 이화여자 대학교 대학원 석사학위논문.

박진원(2008). 리드믹한 구어훈련이 아동 말더듬의 유창성과 의사소통태도 개선에 미치는 효과. 대구대학교 대학원 석사학위논문.

박진원, 권도하(2009). 학령기 말더듬아동의 심리 정서적 의사소통 태도에 관한 연구. 정서 · 행동장 애연구, 25(2), 39-56.

심현섭, 신문자, 이은주(2010). 파라다이스-유창성 검사-II. 서울: 파라다이스 복지재단.

안종복(2013). 통합교육 환경의 말더듬 학생에 대한 초등학교 교사의 인식 연구. 특수아동교육, 15(1), 315-333.

이경재(2013). 대구지역 교사의 말더듬에 대한 인식. Communication Sciences & Disorders, 18(4), 447-458.

이경재(2021). 학령전기 말더듬아동과 일반아동의 조음능력에 대한 메타 분석. 언어치료연구, 30(4), 83-93.

이지숙(2009). 3-5세 말더듬 아동의 의사소통 태도 특성. 이화여자대학교 대학원 석사학위논문.

이현경, 이수복, 심현섭, 오인수(2016). 말더듬 청소년의 괴롭힘에 관한 질적연구. 중등교육연구, 64(2), 417-450.

차현(2015). 학령기 말더듬 아동과 일반 아동의 기질과 의사소통태도 특성. 조선대학교 대학원 석 사학위논문.

함경애(2014). 초등학생의 완벽주의와 발표불안과의 관계에서 부정적인 자동 사고의 매개효과. 인 문학논증, 36, 407-430.

Anderson, T. K., & Felsenfeld, S. (2003). A thematic analysis of late recovery from stuttering. American Journal of Speech-Language Pathology, 12, 243-253.

Andrews, G,. & Harris, M. (1964). The syndrome of stuttering (Clinics in Developmental Medicine No. 17). London, UK; Spastics Society Medical Education and Information Unit, in association with W. Heinemann Medical Books.

Andrews, G., & Craig, A. (1982). Stuttering: Overt and covert assessment of speech of treated subjects. *Journal of Speech and Hearing Disorders, 47*, 96-99.

Bernstein Ratner. N. (1997). Stuttering: A psycholinguistic perspective. In R. Curlee & G. Siegel (Eds.), *Nature and treatment of stuttering: New directions* (2nd ed.). Needham, MA: Allyn & Bacon, 99-127.

Blood, G. W., & Blood, I. M. (2004). Bullying in adolescents who stutter: Communicative competence and self-esteem. Contemporary Issue in *Communication Sciences and Disorders, 31*, 69-79.

Blood, G. W., Blood, I. M., Tramontana, G. M., Sylvia. A. J., Boyle, M.P., & Motzko, G. R. (2011). Self-reported experience of bullying of students who stutter: relations with life satisfaction, life orientation, and self-esteem. *Perceptual and Motor Skills, 113*(2), 353-364.

Bloodstein, O. (1961). The development of stuttering: Ⅲ. Theoretical and clinical implications. *Journal of Speech and Hearing Disorders, 26*, 67-82.

Brutten, G., & Vanryckeghem, M. (2007). *Behavior Assessment Battery for children who stutter.* San Diego, CA: Plural.

Collins, C. R., & Blood. G. W. (1990). Acknowledgement and severity of stuttering as factors influencing nonstutterer's perceptions of stutterers. *Journal of Speech and Hearing Disorders, 55*, 75-81.

Conture, E. G. (2001). *Stuttering: It's nature, diagnosis, and treatment.* Boston, MA: Allyn and Bacon.

Crichton-Smith, I. (2002). Communicating in the real world: accounts from people who stammer. *Journal of Fluency Disorders. 27*(4), 333-352.

Crowe, T. A., & Walton, J. H. (1981). Teacher attitudes toward stuttering. *Journal of Flueny Disorders, 6*, 163-174.

Daniels, D. E., Gabel, R. M., & Hughes. S. (2012). Recounting the K-12 school experiences of adults who stutter: A qualitative analysis. *Journal of Fluency Disorders, 37*(2), 71-82,

De Nil, L. F., & Brutten, G. J. (1991). Speech-associated attitudes of stuttering and non-stuttering children. *Journal of Speech and Hearing Research, 34*, 60-66.

Eggers, K., DeNil, L, F., & Van den Bergh, B. H. R. (2010). Temperament dimensions in stuttering and typically developing children. *Journal of Fluency Disorders, 35*, 335-372.

Evans, D., Kawai, N., Healey, E. C., & Rowland, S. (2008). Middle school student' perceptions of a peer who stutters. *Journal of Fluency Disorders. 33*(2), 203-219.

Franck, A. L., Jackson, R. A., Pimentel, J. T., & Greenwood, G. S. (2003). School-age children's perceptions of a person who stutters. *Journal of Fluency Disorders, 28*(1), 1-15.

Gregory, H. H. (2003). *Suttering therapy: Rationale and procedures.* Boston, MA: Allyn & Bacon.

Guitar, B. (1998). *Stuttering: An Integrated approach to its nature and treatment* (2nd ed.). Philadelphia: Lippincott Williams & Wilkins.

Guitar, B. (2014). *Stuttering: An Integrated approach to its nature and treatment* (4th ed.). Philadelphia: Lippincott Williams & Wilkins.

Guitar, B., & Grims, S. (1977, November). *Developing a scale to assess communication attitudes in children who stutter.* Paper presented at the Annual Convention of the American Speech-Language-Hearing Association, Atlanta, GA.

Hartford, E., & Leahy, M. M. (2007). The perceptions of primary school children of a person who stutters. *Proceedings of the 5th world congress on fluency disorders. 223-229.*

Hugh-Jones, S., & Smith, P. K. (1999). Self-reports of short- and long-term effects of bullying on children who stammer. British *Journal of Educational Psychology, 69,* 141-158.

Johnson, W. & Associates (1959). *The onset of stuttering.* Minneapolis, MN: University of Minnesota Press.

Kelman, E. & Nicholas, A. (2020). *Palin Parent-child interaction therapy for early childhood stammering* (2nd ed.). 신문자, 최다혜 공역(출간중). 어린 말더듬 아동을 위한 페일린 부모-아동 상호작용 치료. 서울: 학지사.

Klompas, M. & Ross, E. (2004). Life experiences of people who stutter, and the perceived impact of stuttering on quality of life: personal accounts of South African individuals. *Journal of Fluency Disorders, 29*(4), 275-305.

Langevin, M., Packman, A., & Onslow, M. (2015). Parent perceptions of the impact of stuttering on their preschoolers and themselves. *Journal of Fluency Disorders, 43,* 407-423.

Manning. W. H. (2010). *Clinical decision making in fluency disorders* (3rd ed.). Clifton Park, NY: Delmar Cengage Learning.

Manning, W. H., & DiLollo, A. (2018). *Clinical decision making in fluency disorders* (4th ed.). San Diego, CA: Plural Publishing, Inc.

Mansson, A. (2000). Childhood stuttering: Incidence and development, *Journal of Fluency Disorders, 25,* 47-57.

Millad, S. K., & Davis, S. (2016). The Palin parent rating scales: Parents perspectives of childhood stuttering and its impact, *Journal of Speech, Language and Hearing Research, 59,* 950-963.

Nippold, M. A., & Packman, A. (2012). Managing stuttering beyond the preschool years. *Language, Speech and Hearing Services in Schools, 43,* 338-343.

Onslow, M., Packman, A., & Harrison, E. (2003). *The Lidcombe Program of early stuttering intervention: A clinician's guide.* Austin, TX: Pro-ed.

Perkins, W. H. (1990). What is stuttering?. *Journal of Speech and Hearing Disorders, 55*(3), 370-382.

Plexico, L., & Burrus, E. (2012). Coping with a child who stutters: A phenomenological analysis. *Journal of Fluency and Fluency Disorders, 37,* 275-388.

Rather, N. B. (1997). Stuttering: A psycholinguistic perspective. In. R. Curlee & G. Siegel (Eds.), *Nature and Treatment of stuttering New directions* (2nd ed., pp. 99-127). Boston, MA: Allyn & Bacon.

Reardon-Reeves, N., & Yaruss, J. S. (2013). *School-age stuttering therapy: A practical guide.* Mokineey, Tx: Stuttering Therapy Resources.

Ribber, N. (2006). When a student stutters: Identifying the adverse educational impact. *Perspectives on Fluency Disorders, 16*(1), 15-17.

Riley, G. D. (1972). A stuttering severity instrument for children and adults. *Journal of Speech and Hearing Disorders, 37,* 314-321.

Riley, G. (1994). *The Stuttering Severity Instrument for Adults and Children* (SSI-3) (3rd ed.). Austin, TX: PRO-ED.

Riley, G. (2009). *SSI-4: Stuttering Severity Instrument* (4th ed.). Austin, TX: Pro Ed.

Riley, G., & Riley, J. (1979). A component model for diagnosing and treating children who stutter. *Journal of Fluency Disorders, 4,* 279-293.

Riley, G., & Riley, J. (1984). A component model for diagnosing and treating children who stutter, In Prins (Ed.), *Contemporary approaches in stuttering therapy.* Boston, MA: Little, Brown.

Riley, G., & Riley, J. (2000). A revised component model for diagnosing and treating children who stutter. *Contemporary Issues in Communication Sciences and Disorders, 27,* 188-199.

Rustin, L., & Cook, F. (1995). Parental involvement in the treatment of stuttering, *Language, Speech, and Hearing Services in Schools, 26,* 122-137.

Ryan, B. (2001). *Programmed therapy for stuttering in children and adults* (2nd ed.). Springfield, IL: Charles C Thomas.

Sheehan, J. (1970). *Stuttering: Research and Therapy.* NY: Harper and Row.

Sincoff, J. B., & Sternberg, R. J., (1988). Development of verbal fluency abilities and strategies in elementary-school-age children. *Developmental Psychology, 24*(5), 646-653.

Smith, A. McCauley, R. J., & Guitar, B. (2000). Development of the teacher assessment of atudent communicative competence (TASCC) in grades 1 through 5, *Communication Disorders Quarterly, 22,* 3-11.

Van Riper, C. (1973). *The treatment of stuttering.* Englewood Cliff, NJ: Prentice-Hall.

Van Riper, C. (1982). *The nature of stuttering* (2nd ed.). Englewood Cliffs, NJ: Prentice-Hall.

Vanryckeghem, M. Hylebos, C., Brutten, G. J., & Peleman, M. (2001). The relationship between communication attitude and emotion of children who stutter, *Journal of Fluency Disorders, 26,* 1-15.

Wagovich, S. A., & Hall, N. (2018). Stuttering frequency in relation to lexical diversity, syntactic complexity, and utterance length. *Communication Disorders quarterly, 39,* 335-345.

Yairi, E., & Ambrose, N. G. (1999). Early childhood stuttering I: Persistency and recovery rates. *Journal of Speech, Language, and Hearing Research, 42*(5), 1097-1112.

Yairi, E., & Ambrose, N. G. (2005). *Early childhood stuttering: For clinicians by clinicians.* Austin, TX: Pro-Ed.

Yairi, E., & Ambrose, N. G. (2013). Epidemiology of stuttering: 21st centry advances. *Journal of Fluency Disorders, 38,* 521-528.

Yairi, E., & Seery, C. H. (2011). *Stuttering: Foundations and clinical applications* (3rd ed.). Plural Publishing: San Diego, CA.

Yaruss, J. S. (1997). Clinical implications situational variability in preschool children who stutter. *Journal of Fluency Disorders, 22,* 187-203.

Yaruss, J. S., & Quesal, R. W. (2004). Stuttering and the International Classification of Functioning, Disability, and Health (ICF): An update. *Journal of communication Disorders,*

37, 35-42.

Yaruss, J. S., & Reardon-Reeves, N. (2017). *Early childhood stuttering therapy: A practical guide.* McKinney, TX: Stuttering Therapy Resources, Inc.

Zebrowski, P. M. (1997). Assisting young children who stutter and their families: Defining the role of the speech-language pathologist. *American Journal of Speech-Language Pathology,* *6*(2), 19-28.

Zebrowski, P. M., & Conture, E. (1998). Influence of nontreatment variables on treatment effectiveness for school-age children who stutter. In A. Cordes & R. Ingham (Eds.), *Treatment efficacy for stuttering: A search for empirical bases* (pp. 293-310). San Diego, CA: Singular.

제6장 청소년 및 성인의 평가

말더듬 청소년과 성인은 이미 오랜 말더듬 경험으로 인하여 말의 비유창성뿐 아니라 부수행동, 부정적 감정과 태도 등 여러 영역에서 어려움을 보일 가능성이 높다. 또한 이들은 이미 자신이 말을 더듬는다는 것을 알고 치료실을 찾아오는 경우가 많다. 이 장에서는 이러한 특성을 보이는 말더듬 청소년과 성인을 대상으로 실시하는 평가 과정과 평가도구 등을 소개하고자 한다.

1. 평가 목표 및 고려사항

일반적으로 의사소통장애의 기본적인 평가 목표는 대상자가 특정 의사소통장애가 있는지 판단하고 이를 통하여 진단명을 부여하는 것이다. 이는 말더듬 성인의 평가에서도 기본적인 평가 목표가 될 수 있는데, 특히 장애 판정, 다른 장애와의 감별진단 등과 같은 일부 경우에는 더 그러하다. 이처럼 진단명을 확인하는 것이 중요한 경우에는 대상자가 일반적인 말더듬 특성을 보이는지 확인하는 것이 필요하다. 예를 들어, 정상적 비유창성보다는 비정상적 비유창성이 더 많은지, 비유창성이 시간과 대상 등에 따라서 달리 나타나는지(가변성), 말을 더듬을 때 불안감과 통제불능과 같은 말더듬 관련 감정과 태도를 보이는지, 탈출행동이나 회피행동과 같은 부수행동과 말더듬과 관련된 적응행동을 보이는지 등과 같은 말더듬의 여러 다면적 특성을 살펴본다. 또한 말더듬 시작 시기, 병력, 가계력 등과 같은 사례력 정보 또한 유용한 판단 근거가 될 수 있다.

하지만 많은 경우, 치료사를 찾는 말더듬 성인은 자신의 문제가 말더듬이라는 것을 이미 알고 있기에 단순히 대상자에게 말더듬 성인이라는 '진단명'을 부여하는 것이 대상자에게 '새로운' 정보를 제공하지 않는다. 이에 말더듬 성인의 주요한 평가 목표는 대상자의 고유한 말더듬 특성과 영향을 살펴보고 그 관련 요인을 기술하는 것이다. 이를 위해 치료사는 대상자의 말과 말더듬의 특성을 분석하고 이에 영향을 주는 상황과 요인을 확인한다. 또한 말더듬이 대상자의 삶에 어떠한 영향을 끼치는지 살펴보기 위해 대상자의 가정, 사회, 직업 환경 등을 이해하여야 한다. 더불어 평가를 통하여 치료사는 대상자와 라포를 형성하고, 대상자의 배경정보와 사례정보를 파악한다. 또한 대상자에게 말더듬에 대한 정보를 제공하고 추후 계획을 추천한다.

2. 평가 절차

말더듬 성인의 일반적인 평가 절차는 다음과 같다([그림 6-1] 참조). 우선 대상자는 미리 준비된 사례면담지와 태도 등과 관련된 평가지를 작성하며, 치료사는 이를 바탕으로 대상자와 면담을 실시한다. 이후 다양한 상황에서의 말 평가를 실시하며 전반적인 대상자의 의사소통능력과 관련 영역을 평가한다. 마지막으로 평가 결과를 종합하고 이를 대상자와 상담한다.

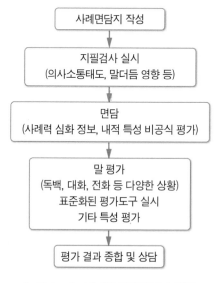

[그림 6-1] 말더듬 성인의 평가 절차

1) 사례정보 수집 및 면담

말더듬 성인의 배경정보와 사례력은 일반적으로 미리 준비된 사례면담지를 사용하여 살펴본다. 사례면담지에 포함될 내용으로는 연령, 성별 등과 같은 대상자 기본정보, 말더듬 시작 시기와 이후 변화 양상, 현재 말더듬의 상태 및 가변성, 말더듬 가계력, 과거 말더듬 관련 평가 및 치료 경험 등과 관련된 말더듬 정보, 신체 발달 및 의학 관련 정보 등이다. 대상자 혹은 보호자가 사례면담지를 작성한다. 사례면담지 작성과 함께 대상자는 의사소통태도 평가, 상황에 따른 말 특성, 자아효능감 등과 같은 말더듬의 다양한 영역을 살펴보는 지필검사를 작성한다.

치료사는 사례면담지를 바탕으로 대상자와 면담을 실시한다. Guitar(2014)는 대상자와의 인사, 면담과 비디오 녹화 안내 등을 포함하는 전반적인 평가 절차의 설명 이후 "무슨 문제로 오셨는지 말씀해 주시겠어요?" 혹은 "말더듬에 대해서 말씀해 주시겠어요?"라는 질문으로 면담을 시작하라고 권한다. 이러한 개방형 질문을 통하여 대상자는 스스로 자신의 문제를 설명할 기회를 얻는다.

다음은 여러 연구자가 제시한 말더듬 성인의 평가에서 주로 사용하는 질문 영역과 예시인데, 이러한 질문을 이용하여 치료사는 말더듬의 여러 영역을 비공식적으로 평가한다(Guitar, 2014; Yairi & Seery, 2015).

첫 번째 영역은 말더듬 진전 과정으로 말더듬이 언제 시작되었으며, 가장 오래된 말더듬 기억은 무엇인지, 말더듬 시작 시기에 특별한 요인 혹은 사건이 있었는지, 시작 이후에 말더듬이 변화하거나 전혀 더듬지 않았던 시기가 있었는지 등을 물어본다. 이러한 질문을 통하여 대상자가 자신의 말더듬에 대해 가지고 있는 생각을 살펴본다. 또한 말더듬과 말더듬 자연회복의 가계력에 대해 질문한다. 이러한 질문을 통하여 학령전기 아동의 경우에는 말더듬의 자연회복과 관련된 정보를 살펴볼 수 있으나, 말더듬 성인의 경우에는 말을 더듬는 다른 가족 구성원이 말더듬에 대하여 어떠한 인식을 가지고 있는지, 이러한 인식으로 인해 대상자가 영향을 받았는지를 살펴볼 수 있다.

두 번째 영역은 치료경험으로 과거 치료 경험 유무, 빈도 및 기간, 사용하였던 치료책략, 치료의 결과 및 도움 여부, 과거 및 현재의 치료 동기 등이다. 말더듬 성인은 과거에 치료를 받았을 가능성이 매우 높다. 이에 과거에 도움이 되지 않았던 치료기법 등은 이후 치료에서 사용을 자제할 수 있다. 또한 대상자가 치료 이후 재발로 인하여 치료를 원하는지 역시 알 수 있다. 이러한 질문을 통하여 이후 치료 목표, 방법 등과 관련된 정보를 얻을 수 있다.

세 번째 영역은 현재의 말 상태이다. 현재 말과 관련된 가장 큰 어려움은 무엇이며 자신의 말과 말더듬은 어떠한지 질문한다. 어떻게 더듬는지 설명 혹은 예시를 요구할 수도 있다. 말더듬 중증도, 말을 더듬기 전, 중, 후의 감정과 태도는 어떠한지, 말더듬을 예측하는지 등을 질문한다. 말을 더듬을 때 사용하는 대응전략 역시 질문한다. 이러한 질문을 통하여 치료사는 대상자의 현재 말더듬과 관련된 정보를 알 수 있다. 또한 사례 면담지와 함께 작성한 다양한 지필검사의 결과와 면담 내용을 비교할 수 있다.

네 번째 영역은 말과 관련된 환경요인이다. 말더듬 증가/감소 요인(장소, 상황, 사람, 말소리, 단어 등), 일상적인 대화 시간과 상대, 자신의 말더듬에 대한 다른 사람의 반응 등을 살펴본다. 또한 현재 및 과거의 학교/직업 상황을 살펴보고 그러한 상황이 말하기에 편안한지도 물어본다. 이러한 질문을 통하여 말더듬의 가변성에 영향을 주는 요인을 살펴보며, 이를 이용하여 이후 치료 시 전이와 관련된 활동을 계획할 수도 있다.

다섯 번째 영역은 말더듬이 삶의 질에 끼치는 영향이다. 직업 선택과 더불어 삶의 여러 선택이 말더듬에 영향을 받았을 수 있다(McAllister, Collier, & Shepstone, 2012). 이에 말더듬이 가족 관계, 사회생활, 학업, 직업 등에 영향을 끼치는지, 만약 그렇다면 어떠한 영향을 끼쳤는지를 살펴본다. 또한 말을 더듬지 않았다면 어떠한 점이 인생에서 달라졌을지도 질문한다. 또한 자신의 말더듬에 대해 다른 사람과 이야기하는지 질문한다. 이러한 질문을 통하여 치료 목표 선정과 관련된 정보를 얻는다.

여섯 번째 영역은 대상자가 자신의 말과 말더듬에 대해서 가지고 있는 생각을 살펴본다. 예를 들어, 자신의 감정 상태 등에 따라 말이 달라진다고 생각하는지, 성격은 어떻다고 생각하는지, 평상시와 비교하여 면담 시 말은 어떠했는지 등을 물어본다. 더불어 대상자가 말더듬에 대해서 어떠한 점들을 알고 있으며 자신이 생각하는 말더듬 원인, 치료 목표와 중요도, 말을 변화시키기 위해 해야 할 일과 그러한 변화를 할 준비가 되어 있는지를 물어본다. 말더듬 치료, 특히 말더듬 성인의 치료는 치료사가 대상자의 말더듬을 '고쳐 주는' 것이 아니라 대상자가 자신의 말더듬을 '성공적으로 관리'할 수 있도록 도움과 지지를 주는 것일 수 있다(Manning & DiLollo, 2018). 이에 이러한 질문 등을 통하여 대상자의 치료 동기 및 변화 과정에 대한 대상자의 헌신 정도 등을 살펴본다.

일곱 번째 영역은 기타 관련 요소로 다른 말 · 언어장애, 읽기 · 쓰기 문제, 청력, 복용

약물 등을 살펴본다.

특히 치료사와 대상자가 처음 만나는 자리인 면담은 이후 장기간의 치료에 필요한 신뢰를 형성하는 데 중요하다. 면담을 진행하면서 치료사는 대상자에게 인간으로서 관심을 표명하고 이후 장기간의 치료를 위한 라포(rapport)를 형성한다.

2) 유창성 평가

치료사는 다양한 상황에서의 대상자의 말 분석을 통하여 대상자의 비유창성과 말 특성을 분석한다. 말 분석을 위해서는 P-FA-II와 같은 공식도구를 사용하며, 필요에 따라 비공식적인 분석방법을 사용할 수 있다. 말더듬은 가변성을 보이기에 대상자의 읽기, 독백, 대화, 전화 등 여러 상황에서의 말 자료를 분석한다. 특히 말더듬은 발화의 길이와 복잡성, 대화 스트레스 등에도 영향을 받기에 복잡성과 길이가 다양한 발화, 이름 대기, 자동발화, 따라 말하기, 치료사와 함께 말하기 등 난이도, 친숙도 등을 다양하게 하여 말 자료를 구성한다. 이러한 다양한 상황에서의 말 자료 평가와 분석을 통하여 비유창성의 양적 · 질적 특성과 중증도, 말속도, 말의 자연스러움 등을 분석한다. 이와 더불어 치료실 내에서 관찰하지 못하는 일상생활에서의 말 특성을 살펴보기 위하여 녹음/녹화 자료 분석, 지필검사 등을 실시할 수 있다.

대상자가 보이는 부수행동 역시 평가한다. 치료사는 대상자가 보이는 신체적 부수행동의 종류와 심한 정도를 측정한다. 예를 들어, 『말더듬 중증도 평가 4판(Stuttering Severity Instrument-4: SSI-4, Riley, 2009)』은 거슬리는 소리(소리 내며 호흡, 휘파람 소리, 코 훌쩍이는 소리, 입으로 바람 부는 소리, 혀 차는 소리 등), 얼굴 찡그림(턱 움직임, 혀 내밀기, 입술 긴장, 턱 근육 긴장 등), 머리 움직임(앞, 뒤, 옆으로 움직임, 눈 마주치지 않음, 지속적으로 주위 둘러보기 등), 팔다리 움직임(손과 팔 움직임, 얼굴에 손대기, 상체 움직임, 다리 움직임, 발 떨거나 흔들기 등) 등 크게 네 가지 영역으로 신체적 부수행동을 구분하였다. 이러한 부수행동은 대상자의 말 혹은 말더듬과 관련이 있어야 한다(Yairi & Seery, 2015). 예를 들어, 대상자가 말을 하지 않는 동안에 보이는 불수의적인 얼굴 움직임 등은 틱 혹은 다른 원인으로 인한 것인지 살펴본다. 부수행동 중 탈출행동의 경우 이와 같이 평가할 수 있으나 회피, 대치, 지연 등은 관찰하기에 매우 어려울 수도 있다. 이에 치료사는 대상자의 말을 매우 주의 깊게 듣고 판단하여야 하며 때로는 대상자에게 직접 물어보거나 평가하게 할 수 있다.

말더듬의 중증도(severity)는 발화를 전달하는 데 나타나는 방해의 정도를 나타내며 객관적으로 측정한 발화의 말더듬 빈도와 청자가 측정한 발화의 말더듬 중증도 사이에는 높은 상관관계가 나타난다(Yairi & Seery, 2015). 말더듬 중증도는 약함, 중간, 심함의 3단계, 매우 약함, 약함, 중간, 심함, 매우 심함의 5단계, 8점 척도(0: 정상적 유창성, 7: 매우 심한 말더듬) 등 매우 다양하게 측정될 수 있다. 하지만 중증도는 말더듬 빈도뿐 아니라 다양한 요인에 영향을 받을 수 있기에 SSI-4는 비유창성의 빈도, 지속시간, 부수행동 등을 바탕으로 말더듬 중증도를 측정한다. 하지만 이러한 중증도 측정은 겉으로 드러나는 말더듬의 중증도만 제시한다는 한계가 있다. 이에 중증도를 측정할 때 객관적인 빈도뿐 아니라 대상자가 느끼는 고통과 통제불능성 등을 고려할 수도 있다(Manning & DiLollo, 2018; Mehrabian & Reed, 1969). 또한 비유창성 빈도가 낮은 사람일지라도 말더듬에 매우 부정적인 감정과 태도를 보일 수 있으며, 반대로 비유창성 빈도가 높은 사람일지라도 감정과 태도에서 큰 문제를 보이지 않을 수 있다.

이 외에도 말속도, 자연스러움, 기타 의사소통능력 등을 측정한다. 이전 장에서 설명하였듯이 말속도는 크게 조음속도와 전체 말속도로 구분된다. 조음속도는 운동의 협응을 나타내는 지표라면 전체 말속도는 휴지기 등을 포함하기에 정보 전달의 효율성을 나타내는 지표가 될 수 있다. 이러한 말속도는 말더듬과 말빠름증을 구별하는 지표가 될 수 있다. 말의 자연스러움은 일반적으로 리커트 척도로 측정한다. 또한 음성, 조음, 화용, 청력 등 다양한 의사소통의 영역 역시 선별검사한다. 이러한 영역에서 문제의 가능성이 확인되며 추후 심화검사를 실시하거나 다른 전문가에게 의뢰할 수 있다.

3) 내적 특성 및 기타 요인 평가

말더듬에 대한 감정, 인지, 행동적 반응과 말더듬으로 인한 다양한 영역에서의 참여와 활동의 제약과 제한, 말더듬에 대한 개별적, 환경적인 영향 등을 살펴본다(Yaruss, 2007). 이는 대상자 관찰, 다양한 공식 평가도구, 면담 등을 활용한 비공식 평가도구 등을 통하여 이루어진다. 특히 통제력 상실, 정서ㆍ인지적 반응, 불안 등은 대상자의 주저, 머뭇거림, 발화산출 노력, 몸 동작 등과 같은 것을 통하여 유추할 수도 있기에 대상자의 말 특성을 민감하게 관찰하여야 할 것이다(Manning & DiLollo, 2018).

평가하는 영역으로는 대상자가 학교, 가정, 회사 등과 같은 다양한 환경에서 효율적으로 의사소통할 수 있는지와 이러한 의사소통 상황에서의 편안함, 자발성, 자연스러움 정도, 말더듬이 학업 목표 등의 성취와 다른 사람들과 상호작용하는 능력에 끼치는 영향 정도, 의사소통 만족도와 말더듬이 전반적인 삶에 끼치는 영향 등과 같은 삶의 질 등이다.

이와 같은 학교/직업 적응 등과 더불어 심리 반응, 환경적인 요인 등을 추가적으로 살펴본다. 예를 들어, 말더듬과 전반적인 의사소통에 대한 감정, 의사소통 참여 정도 및 자신감, 말더듬에 대한 태도 및 자기 자신에 대한 생각, 말더듬에 대한 지식 정도, 가족, 친구 등과 같은 지원 체계 및 자기 치료 방법 등을 살펴볼 수 있다. 또한 인지, 조음, 언어 등 다양한 영역에서 문제가 있는지 선별검사를 실시할 수 있다.

4) 시도치료

치료사는 평가 중 시도치료를 통하여 감별진단과 이후 치료 책략의 선택 등과 관련된 정보를 얻을 수 있다(Guitar, 2014). 예를 들어, 말속도 조절, 말더듬 수정기법 등을 시도하여 대상자가 이러한 기법에 반응을 보이는지 확인해 볼 수 있다. 대상자는 또한 시도치료를 경험하면서 이후의 치료 과정과 관련된 대략적인 정보를 얻을 수 있다.

5) 진단 및 예후

평가를 받으러 온 청소년과 성인이 말더듬으로 진단될 가능성은 매우 높기에 평가의 주요 목표는 단순히 진단명을 도출하는 것뿐 아니라 다양한 영역에서의 문제점과 영향을 확인하는 것이다. 반면, 겉으로 드러나는 비유창성의 문제가 매우 경미할 수도 있다. 이러한 경우에는 대상자가 말더듬 혹은 말더듬 가능성에 대하여 어떠한 대응전략을 사용하였으며, 이러한 대응전략을 사용하지 않았을 때 대상자는 어떠할지가 중요한 판단요소가 된다.

이와 같은 과정을 통하여 종합적인 진단이 달성되면 대상자에게 치료가 필요한지, 필요하다면 어떠한 종류의 치료를 추천할지 결정한다. 청소년과 성인은 오랜 기간 동안 말을 더듬어 왔으며 자연회복을 보일 가능성이 매우 낮기에 언어치료가 일반적으로 추천되며, 대상자에 따라 다른 영역 전문가의 의뢰를 추천할 수도 있다. 또한 평가자의 평가 결과뿐 아니라 대상자가 치료를 통하여 달성하고자 하는 목표와 이러한 목표의 성취

가능성 등을 고려하여 추천하는 치료 책략 등을 선택할 수 있다.

6) 최종 면담과 보고서

모든 평가가 끝난 후 치료사는 대상자 혹은 대상자의 보호자와 평가 결과와 관련된 면담을 실시한다. 이러한 면담 과정에서 치료사는 대상자가 보이는 말더듬의 다면적 특성을 요약하며 이후 치료 과정 등을 안내하게 된다. 특히 이러한 치료 과정에서 대상자가 능동적인 역할을 하고 책임을 져야 한다는 점을 지적할 수 있으며, 대상자가 가지고 있는 질문 혹은 의문점에 대답해야 한다. 더불어 치료사는 평가보고서를 작성한다.

3. 평가도구

치료사는 다음과 같은 공식 평가도구를 사용하여 말더듬 성인과 청소년을 평가할 수 있다. 국내외에서 말더듬 성인과 청소년을 대상으로 사용하는 평가도구는 다음과 같다.

1) 파라다이스-유창성 검사-II

『파라다이스-유창성 검사-II(Paradise-Fluency Assessment-II: P-FA-II, 심현섭, 신문자, 이은주, 2010)』는 학령전기 아동부터 성인까지를 대상으로 사용할 수 있는 평가도구이다. 특히 중학생 이상부터 성인은 하나의 집단으로 판단되며 이들을 대상으로 구어 평가와 의사소통태도 평가가 실시된다.

구어 평가의 경우 필수과제(읽기, 말하기그림, 대화)와 선택과제(낱말그림, 따라 말하기)로 구성된다. 읽기의 경우, 두 가지의 읽기자료를 사용한다. 대화는 말더듬에 관련된 질문으로 시작하며 대상자가 편안하게 주제에 따라 자신의 이야기를 할 수 있도록 한다. 또한 사례면담지 혹은 의사소통태도 평가지에 있는 내용을 사용할 수도 있다. 필수과제와 선택과제의 발화를 대상으로 정상적 비유창성(Normal disfluency)과 비정상적 비유창성(Abnormal disfluency) 빈도와 점수를 산출하며 이를 바탕으로 백분위 점수와 말더듬 정도를 측정한다(자세한 분석 방법은 이전 장 참조). 백분위 점수가 40%ile 이하인 경우에는 약함, 41~80%ile인 경우에는 중간, 81%ile 이상인 경우에는 심함으로 판단한다. 이 외에도 10초간 사물 이름 대기, 경험 말하기(영화, 책 소개하기, 경험 말하기 등), 전화하기 등과 같은 다양한 상황에서의 발화를 분석할 수도 있으나 이와 관련된 결과 점수는 제공하지 않는다. 또한 이러한 구어 평가에서 관찰된 부수행동을 비정상적인 호흡, 부자연스러운 사지 움직임, 눈의 움직임, 얼굴의 움직임, 기타의 다섯 가지로 분석하며 전반적인 정도를 5점 척도(0: 나타나지 않음, 4: 심각하고 매우 괴로워 보임)로 측정한다.

의사소통태도 평가는 기초정보 기입과 두 개의 연습문항을 실시한 후 작성한다. 총 30개의 문항에 대하여 각 문항이 자신의 생각과 일치하는지 여부를 표시한다. 각 문항에 대하여 말을 더듬는 사람이 대답할 것으로 예측되는 답과 일치하게 대답하였을 때 1점, 그렇지 않았을 때 0점을 부여하여 총점을 산출한다. 이에 점수가 높을수록 의사소통태도가 부정적인 것으로 해석한다. 이와 관련하여 말을 더듬지 않는 20~50대 일반 성인의 경우, 성별과 연령에 따른 차이는 통계적으로 유의하지 않았다(신문자, 이경재, 2017). 더불어 청소년의 경우, 고등학생이 중학생보다 조금 높은 편이었으나 나이(중학생과 고등학생)와 성별에 따른 차이는 통계적으로 유의하지 않았다(이경재, 2017).

2) 말더듬 중증도 평가

『말더듬 중증도 평가(Stuttering Severity Instrument: SSI)』는 해외에서 많이 사용되는 평가도구로 현재 4판(SSI-4, Riley, 2009)이 출시되었다. SSI 역시 학령전기 아동부터 성인까지 사용이 가능한데 성인의 경우 읽기와 말하기, 두 가지 과제를 분석한다. 두 가지 과제에서 관찰된 말더듬 빈도, 지속시간, 부수행동 등을 바탕으로 말더듬 중증도를 산출한다.

3) 상황별 자기반응 검사

다양한 상황에서 나타나는 말더듬 정도를 대상자 스스로 측정할 수 있는 평가도구가 상황별 자기반응 검사(Stutterer's Self-Rating of Reactions to Speech Situations: SSRSS, Darley & Spriestersbach, 1978)이다. SSRSS는 총 40개 상황에서 나타나는 회피와 반응의 정도, 말더듬 정도, 상황의 발생빈도 등을 5점 척도로 작성한다. 점수가 높을수록 회피가 많고, 반응은 부정적이며, 말더듬이 심하게 나타나고, 그러한 상황이 나타날 가능성은 낮다. 특히 이 평가도구의 회피점수를 통하여 치료 책략 선택을 하는 데 유용한 정보를 얻을 수 있다고 한다(Guitar, 2014). 예를 들어, 회피점수가 높은 경우 점수가 낮은 사람보다 유창성 형성법으로 치료를 받고 난 후 재발을 보일 가능성이 높다고 한다(Guitar, 1976)

이와 유사한 국내 평가도구가 상황별 말더듬 자기평가검사(Self Scaling on Stuttering Situations: SOS, 신문자, 이수복, 2017)이다(〈예시 6-1〉 참조). SOS는 가족, 친구/동료, 주문 및 구매, 학교/직장, 이성, 전화, 낯선 사람 등의 영역으로 이루어진 총 23개의 의사소통 상황으로 구성되어 있으며 각 의사소통 상황의 발생빈도, 말더듬 정도, 회피 정도를 5점 척도(1점: 매우 적음, 5점: 매우 많음)로 평가한다. 이에 점수가 높을수록 그러한 의사소통 상황이 나타날 빈도가 높으며, 말더듬과 회피 역시 많아진다는 점을 나타낸다. 의사소통 상황의 발생빈도에서는 말더듬 성인과 일반 성인 사이에 유의한 차이가 없었으나 말더듬 정도의 경우 말더듬 성인의 총점이 일반 성인보다 유의하게 높았으며 이러한 패턴은 모든 상황에서 확인되었다. 또한 회피 정도의 경우 말더듬 성인의 총점이 일반 성인보다 높았으며 총 14개 상황에서 더 높았다.

〈예시 6-1〉 상황별 말더듬 자기평가검사

이름: _____

안녕하세요? 본 설문지는 의사소통 상황에 따른 성인의 말·언어 가변성을 평가하는 검사입니다. 각 문항의 질문 항목에 따라 해당 상황을, ① 얼마나 자주 접하며(발생빈도), ② 그 상황에서 말더듬이 어느 정도 나타나는지(말더듬 정도), 그리고 ③ 어느 정도 피하려 하는지(회피 정도)를 척도(1~5점) 점수로 기입해 주세요.

마지막으로 여기에 기록되어 있지 않지만 특별히 말이 어려운 상황이 있거나 상황에 따른 자신의 말에 대하여 기술할 사항이 있으면 기타 사항에 적어 주십시오.

척도	매우 적음	적음	보통	많음	매우 많음
	1점	2점	3점	4점	5점

하위 범주	문항 번호	의사소통 상황	발생 빈도	말더듬 정도	회피 정도
가족	1	아버지와 이야기를 나눈다.			
	2	어머니와 이야기를 나눈다.			
	3	가족에게 나의 의견을 설득한다.			

친구/ 동료	4	친구/동료와 둘이 이야기를 한다.			
	5	식사/회식에서 친구/동료들과 이야기를 나눈다.			
	6	시끄러운 공공장소(카페/식당/버스 등)에서 친구/동료들과 대화를 나눈다.			
주문 및 구매	7	식당에서 자리에 앉아 주문한다.			
	8	병원/약국/미용실에 가서 자신의 의견을 말한다.			
	9	카운터에 혼자 가서 여러 명의 음식을 대표로 주문한다.			
	10	바쁜 직원을 불러서 도움을 요청하거나 주문을 한다.			
학교/ 직장	11	학교/직장에서 선생님/상사와 대화를 한다.			
	12	출석체크 또는 누가 이름을 부를 때 대답한다.			
	13	학교/직장에서 선생님/상사가 갑자기 불러서 질문을 하거나 이야기를 시킨다.			
	14	학교 반 친구들/직장 동료들 앞에서 중요한 발표를 한다.			
	15	입학면접/구직인터뷰를 한다.			
이성	16	친하지 않은 이성과 대화를 한다.			
	17	마음에 드는 이성에게 말을 건다.			
전화	18	가족 중 한 명과 전화 통화를 한다(예:).			
	19	전화를 받는다(이름, 회사명 등 자신의 신분을 밝히며).			
	20	음식점/서점/호텔에 전화해서 주문/예약을 한다.			
	21	전화를 걸어 주문한 물건이나 상황에 대하여 항의한다.			
낯선 사람	22	낯선 사람에게 길을 묻거나 말을 건다.			
	23	버스나 비행기에서 옆 좌석 사람 또는 택시기사에게 말을 건다.			
기타 의견					

이와 유사하게 다양한 상황에서 나타나는 대상자 스스로 느끼는 말더듬 정도, 자기 통제, 회피 등을 측정할 수 있는 평가도구가 주관적 말더듬 중증도 선별검사(Subjective Screening of Stuttering Severity, Locus of Control and Avoidance-Research Edition: SSS-R, Riley, Riley, & Maguire, 2004)이며 이를 김재옥과 신문자(2007)가 한국어로 번역하여 타당도 등을 측정하였다(〈예시 6-2〉, 〈예시 6-3〉 참조). SSS-R은 여덟 문항으로 구성되어 있으며 대상자는 친한 친구, 권위적인 사람, 전화 통화 등의 상황에서의 자신의 말더듬 중증도(2 문항), 회피(3 문항), 통제소(3 문항) 등을 9점 척도(1점: 없음, 9점: 항상 등)로 평가한다. 이를 바탕으로 말더듬 중증도, 회피, 통제소 등 세 영역의 점수와 총점을 산출하는데, 특히 중증도의 경우 친한 친구의 경우 낮은 점수로 표현하는 경향이 있어서 이를 제외하고 두 가지 상황의 점수만 합산하여 계산한다.

특히 이 검사와 같은 주관적인 말더듬 중증도 평가 결과와 객관적으로 평가된 말더듬 중증도와 비교하여 임상적 결정을 할 수 있다. 예를 들어, 객관적으로 말더듬 중증도가 약함으로 평가된 참여자가 주관적 말더듬 중증도를 총 27점 중 26점으로 평가하기도 하였다(김재옥, 신문자, 2007). 이러한 양상을 보이는 대상자는 약한 말더듬일지라도 이를 심각하게 받아들이기에 둔감화와 같은 활동이 적절할 수 있을 것이다. 반대로 주관적 평가에서는 낮은 중증도를, 객관적 평가에서는 심한 중증도를 보이는 경우, 대상자는 말더듬에 대한 부인(denial)과 인식 결여(lack of awareness), 혹은 말빠름증 등을 보이는 것으로 해석할 수 있다(Manning & DiLollo, 2018).

〈예시 6-2〉 주관적 말더듬 중증도 선별검사(SSS-R) 검사지(김재옥, 신문자, 2007)

이름: _____ (남, 여)　　　　　　　　연령: _____ 세

생년월일: ____ 년 ____ 월 ____ 일　　　　　　검사일: ____ 년 ____ 월 ____ 일

1. 오늘(혹은 오늘 치료시간 동안) 당신의 말이 얼마나 유창하다고 생각합니까? (점수를 매기세요.)

　　　상대적으로 유창 1　2　3　4　5　6　7　8　9 매우 유창하지 못함

2. 지난 주 다음의 사람들과 이야기할 때 어느 정도 말을 더듬었다고 생각합니까?

　　　없음 1　2　3　4　5　6　7　8　9 항상

　　가. 친한 친구　　　　　　　　　　1　2　3　4　5　6　7　8　9

나. 권위적인 사람(예: 선생님, 직장상사)　　1　2　3　4　5　6　7　8　9

다. 전화 통화　　1　2　3　4　5　6　7　8　9

3. 지난 주 다음의 사람들과 이야기할 때 말더듬에 대해 얼마나 많이 생각했습니까?

전혀　1　2　3　4　5　6　7　8　9　항상

가. 친한 친구　　1　2　3　4　5　6　7　8　9

나. 권위적인 사람(예: 선생님, 직장상사)　　1　2　3　4　5　6　7　8　9

다. 전화 통화　　1　2　3　4　5　6　7　8　9

4. 지난 주 다음의 사람들과 이야기할 때 당신은 막히게 된다고 생각되는 낱말을 다른 낱말로 어느 정도 대치했습니까?

전혀　1　2　3　4　5　6　7　8　9　항상

가. 친한 친구　　1　2　3　4　5　6　7　8　9

나. 권위적인 사람(예: 선생님, 직장상사)　　1　2　3　4　5　6　7　8　9

다. 전화 통화　　1　2　3　4　5　6　7　8　9

5. 지난 주 다음의 사람들과 이야기를 하는 동안 당신은 마음속으로 얼마나 조급함을 느꼈습니까?

전혀　1　2　3　4　5　6　7　8　9　항상

가. 친한 친구　　1　2　3　4　5　6　7　8　9

나. 권위적인 사람(예: 선생님, 직장상사)　　1　2　3　4　5　6　7　8　9

다. 전화 통화　　1　2　3　4　5　6　7　8　9

6. 지난 주 다음의 사람들과 이야기할 때 당신은 무엇을 말할까에 대한 노력에 비해 어떻게 말할까에 대해 어느 정도 노력하셨습니까?

0%　1　2　3　4　5　6　7　8　9　100%

가. 친한 친구　　1　2　3　4　5　6　7　8　9

나. 권위적인 사람(예: 선생님, 직장상사)　　1　2　3　4　5　6　7　8　9

다. 전화 통화　　1　2　3　4　5　6　7　8　9

7. 지난 주 다음의 사람들과 이야기할 때 말더듬에 대한 공포 때문에 대화를 자제한 적이 얼마나 자주 있습니까?

거의 항상 1 2 3 4 5 6 7 8 9 상당히

가. 친한 친구　　　　　　　　　1 2 3 4 5 6 7 8 9

나. 권위적인 사람(예: 선생님, 직장상사) 1 2 3 4 5 6 7 8 9

다. 전화 통화　　　　　　　　　1 2 3 4 5 6 7 8 9

8. 지난 주 다음의 사람들과 이야기할 때 당신은 대화에 더 적극적으로 참여해야 한다는 생각을 얼마나 자주 했습니까?

상당히 1 2 3 4 5 6 7 8 9 아주 적게

가. 친한 친구　　　　　　　　　1 2 3 4 5 6 7 8 9

나. 권위적인 사람(예: 선생님, 직장상사) 1 2 3 4 5 6 7 8 9

다. 전화 통화　　　　　　　　　1 2 3 4 5 6 7 8 9

〈예시 6-3〉 주관적 말더듬 중증도 선별검사(SSS-R) 점수표(김재옥, 신문자, 2007)

이름: ＿＿＿＿＿＿＿＿(남, 여)　　　　연령: ＿＿＿＿세

생년월일: ＿＿년＿＿월＿＿일　　　검사일: ＿＿년＿＿월＿＿일

말더듬 중증도

1. (1~9) ＿＿＿＿＿＿ 중증도 총 점수(3~27) ＿＿＿＿＿ 기타 측정

2. 친한 친구(1~9)　[＿＿＿＿＿＿]*　　　　　　　　　＿＿＿＿＿

　권위적인 사람(1~9)　　　　　　　　　　　　　　　＿＿＿＿＿

　전화 통화(1~9)　　　　　　　　　　　　　　　　　＿＿＿＿＿

자기통제

3. 친한 친구(1~9)　[＿＿＿＿＿＿]*　자기통제 총 점수(6~54) ＿＿＿＿＿

　권위적인 사람(1~9)　＿＿＿＿＿

　전화 통화(1~9)　＿＿＿＿＿

5. 친한 친구(1~9) [＿＿＿＿＿＿]*

　　권위적인 사람(1~9) ＿＿＿＿＿

　　전화 통화(1~9) ＿＿＿＿＿

6. 친한 친구(1~9) [＿＿＿＿＿＿]*

　　권위적인 사람(1~9) ＿＿＿＿＿

　　전화 통화(1~9) ＿＿＿＿＿

회피

4. 친한 친구(1~9) [＿＿＿＿＿＿]* 회피 총 점수(6~54) ＿＿＿＿＿

　　권위적인 사람(1~9) ＿＿＿＿＿

　　전화 통화(1~9) ＿＿＿＿＿

7. 친한 친구(1~9) [＿＿＿＿＿＿]*

　　권위적인 사람(1~9) ＿＿＿＿＿

　　전화 통화(1~9) ＿＿＿＿＿

8. 친한 친구(1~9) [＿＿＿＿＿＿]*

　　권위적인 사람(1~9) ＿＿＿＿＿

　　전화 통화(1~9) ＿＿＿＿＿

　　　총 점수: 중중도 ＿＿＿＿ + 자기통제 ＿＿＿＿ + 회피 ＿＿＿＿ = 총점 ＿＿＿＿

　　　* 친한 친구 항목에서 얻어진 점수는 총점수에 포함시키지 않는다.

4) 자아효능감 척도

자아효능감(self-efficacy)이란, 어떤 일을 수행하고 조직화하는 자기 자신의 능력에 대한 개인적인 신념이다(Bandura, 1977). Manning과 동료들은 말더듬 청소년(Self-Efficacy for Adolescents Scale: The SEA-Scale, Manning, 1994)과 말더듬 성인(Self-Efficacy Scaling for Adult Stutterers: SESAS, Ornstein & Manning, 1985)을 대상으로 자아효능감을 측정할 수 있는 평가도구를 개발하였다. 이 척도에서는 다양한 상황을 실시할 수 있는 지(접근, approach)와 그러한 상황에서 대상자가 선택하는 유창성 정도를 유지할 수 있는지(수행, performance)에 대한 자신의 생각을 점수로 나타낸다. 점수가 높을수록 그러한 상황을 실시할 수 있고, 선택한 유창성을 유지할 수 있다는 생각을, 즉 높은 효능감을 나타낸다. Ornstein과 Manning(1985)은 말더듬 성인은 일반 성인과 비교하여 접근과 수행에서 모두 통계적으로 유의하게 낮은 점수를 보인다고 보고하였다. 또한 일반 성인은 접근점수보다 수행점수가 높은 반면, 말더듬 성인은 접근점수가 수행점수보다 높았다. 하지만 치료를 통하여 말더듬 성인의 자아효능감 점수는 전반적으로 상승하였으며 일반인과 유사하게 수행점수가 접근점수보다 조금 높게 나타났다(Manning. 1994).

이와 관련하여 김효정 등(2012)은 총 서른두 가지 상황으로 이루어진 말더듬 성인용 말하기 효능감 검사를 개발하였다(〈예시 6-4〉 참조). 이 검사에서는 각 상황에 대한 접근 확신 정도(접근효능감)와 각 상황에서 유창성을 확신하는 정도(유창성 효능감)를 0~100까지 10단위로 평정한다. 신명선 등(2013)에 따르면 국내 말더듬 성인도 일반 성인보다 낮은 효능감을 보였으며 접근과 수행의 패턴 역시 해외 연구와 유사하였다.

〈예시 6-4〉 말하기 효능감 검사(김효정 외, 2012)

말하기 효능감 검사

성 명		(남, 여)	생년월일(연령)	년 월 일(세)
연 락 처			검 사 일	년 월 일

1) 접근 확신: 다음의 상황에 처한다고 가정하고, 자신이 이 상황에 접근할 확신의 정도를 수치(0~100 중 10단위)로 기록합니다.

2) 유창성 확신: 다음의 상황에 접근한다면, 자신이 유창하게 말할 확신의 정도를 수치(0~100 중 10단위)로 기록합니다.

(주의: 접근 확신을 마지막 번호까지 모두 기록한 후, 유창성 확신을 1번부터 기록합니다.)

1) 말하기 상황에 접근할 것을……						2) 유창하게 말할 것을……				
0	10	20	30	40	50	60	70	80	90	100

약간
확신한다. ◀ ── 중간 정도로 확신한다. ── ▶ 매우
확신한다.

번호	내용	1) 접근 확신	2) 유창성 확신
1	식사하는 동안 가족 중 한 명과 말하기		
2	산책하면서 친구와 말하기		
3	영화를 보기 위해 기다리는 동안 친구와 말하기		
4	붐비지 않은 마트에서 가족과 말하기		
5	가족과 전화 통화하기		
6	전화로 친구와 약속 정하기		
7	전화로 음식 주문하기		
8	직장에서 동료와 말하기		
9	114 안내원에게 전화번호 문의하기		
10	시끄러운 술집이나 식당에서 여러 친구와 말하기		
11	약속시간에 늦는다는 전화하기		
12	붐비는 장소에서 두 명의 친구를 소개시켜 주기		
13	청구서 내용에 대해 전화로 문의하기		
14	식당에서 바쁜 종업원에게 주문하기		
15	사람이 많은 장소에서 전화 받기		
16	붐비는 마트에서 바쁜 직원에게 물어보기		
17	처음 보는 사람에게 길 묻기		
18	상사와 전화 통화하기		
19	회의를 할 때 질문에 답하기		
20	낯선 사람에게 자기 소개하기		
21	낯선 사람에게 전화로 모임 일정에 대해 말하기		
22	대중 앞에서 자신의 일이나 취미에 대하여 말하기		
23	직장에서 상사에게 먼저 말하기		
24	직장상사에게 업무적 실수에 대해 말하기		

25	직장에서 급여 인상에 대하여 말하기		
26	종업원에게 부적절한 서비스에 대해 말하기		
27	여러 사람 앞에서 자기를 소개하기		
28	모임에서 처음 만난 이성에게 먼저 말하기		
29	회의를 할 때 질문하기		
30	5~6명 앞에서 웃기는 말 하기		
31	학교나 직장에서 30분 동안 발표하기		
32	TV나 토크쇼에서 말하기		
합계			
평균			

5) 전반적 말더듬 경험 평가

말을 더듬는 사람이 경험하는 전반적인 경험을 ICF(International Classification of Functioning, Disability, and Health)를 기반으로 측정하는 평가도구가 전반적 말더듬 경험 평가(Overall Assessment of the Speaker's Experience of Stuttering: OASES, Yaruss & Quesal, 2010)이다(OASES 개발 과정 및 문항 내용은 Yaruss & Quesal, 2006 참조). OASES는 학령기 아동(OASES-S), 청소년(OASES-T), 성인(OASES-A) 등의 연령대를 대상으로 개발되었으며, 특히 18세 이상을 대상으로 하는 성인용 OASES(OASES-A)의 경우 네 개의 하위영역(섹션), 100문항으로 구성되었다. 하위영역 1은 말을 더듬는 사람 스스로의 말하는 능력, 말더듬에 대한 지각 정도, 말더듬에 대해 알고 있는 정도 등을 총 20개 문항으로 살펴보며 ICF의 신체 기능의 손상을 평가할 수 있다. 하위영역 2는 ICF의 개인적 요인을 평가하며 말더듬에 대한 말을 더듬는 사람 스스로의 행동적·정서적·인지적 반응을 30개 문항으로 검사한다. 하위영역 3은 ICF의 활동의 제한과 환경요인을 살펴보며 말더듬으로 인해 일상생활에서 겪는 의사소통의 어려움을 25개 문항으로 평가한다. 마지막으로 하위영역 4는 ICF의 참여의 제한과 환경요인을 함께 평가하며 말더듬으로 인한 삶의 질을 25개 문항으로 살펴본다. 반면, 13~17세를 대상으로 하는 OASES-T는 네 개의 하위영역, 총 80문항으로 구성되며, 7~12세를 대상으로 하는 OASES-S는 네 개의 하위영역, 총 60문항으로 구성된다.

참여자는 문항을 읽고 5점 리커트 척도(1~5점)로 자신에게 해당하는 점수를 표시한다. 검사 후, 말을 더듬는 사람에게 말더듬이 미치는 영향을 살펴보기 위하여 각 하위영역의 영향점수(Impact score)와 전체 문항의 영향점수를 산출한다. 영향점수는 최소 1.0점에서 최대 5.0이며 점수가 높을수록 말을 더듬는 사람의 삶에 말더듬이 미치는 부정적인 영향이 크다는 것을 나타낸다.

전희정과 Yaruss(2015)는 이러한 OASES가 국내 말더듬 성인에게도 적용될 수 있는지 타당도와 신뢰도를 살펴보았다. 국내 말더듬 성인을 대상으로 OASES-A를 실시한 결과, 하위영역 3의 영향점수는 2점 후반대였으며 다른 모든 하위영역의 영향점수와 총점은 3점 이상이었다. 또한 전반적으로 타당도와 신뢰도가 높은 편이었으나 일부 문항의 경우, 한국과 미국의 문화적인 차이로 한국 실정에 적절하지 않을 수도 있음을 지적하였다.

6) 말더듬 인식 검사

말을 더듬는 사람이 사용하는 회피(avoidance, 20문항), 투쟁(struggle, 20문항), 예기(expectancy, 20문항) 등을 평가하는 총 60문항의 도구가 말더듬 인식 검사(Perception of Stuttering Inventory: PSI, Woolf, 1967)이다. 말을 더듬는 사람은 각 문항을 읽고 그러한 문항이 자기 자신의 특성과 일치하는지 체크한다. 이렇게 체크된 문항의 개수를 측정하여 각 영역별 점수와 총점을 산출한다. 회피를 나타내는 문항의 예로는 '정보 물어보기(예: 길을 묻거나 기차 시간표 문의) 회피', 투쟁을 나타내는 문항의 예는 '부가적이고 불필요한 얼굴 움직임(예: 말을 시도하는 중 눈 깜박이기)', 예기를 나타내는 문항의 예로는 '말더듬이 예상될 때 목소리를 더 크게 하거나 부드럽게 하기' 등이 있다. 이에 높은 점수는 대상자가 회피, 투쟁, 예기 등과 관련된 행동을 더 많이 사용한다는 인식을 나타낸다. 이를 통하여 말을 더듬는 사람은 자신의 문제를 보다 더 객관적으로 살펴볼 수 있으며 치료사는 치료 목표를 설정하고 치료 중 진전을 평가할 수 있다.

이와 관련하여 김효정(2013)은 비유창성(7문항), 긴장(9문항), 도피(15문항), 회피(회피행동 13문항, 회피상황 11문항, 총 24문항) 등 네 영역, 55문항으로 이루어진 한국말더듬지각검사(Korean Stuttering Perception Inventory: K-SPI)를 개발하였다(〈예시 6-5〉 참조).

〈예시 6-5〉 한국말더듬지각검사(김효정, 2013)

성 명		(남, 여)	생년월일(연령)	년 월 일(세)
연 락 처			검 사 일	년 월 일

* 다음의 각 문항을 읽고, 현재 자신에게 해당되는 항목에 체크하시오.

I. 비유창성 지각

___ 1. 말을 하면서 머뭇거림을 자주 나타낸다.

___ 2. 말을 할 때 길게 연장한다.

___ 3. 말을 하면서 단어를 자주 수정한다.

___ 4. 말을 할 때 "어"나 "음"을 자주 사용한다.

___ 5. 말을 할 때 반복을 한다.

___ 6. 조음기관에 힘이 들어가서 어떤 말소리도 낼 수 없다.

___ 7. 다른 사람들보다 말을 급하게 한다.

I. 비유창성 지각 _____/7

II. 긴장 지각

___ 8. 말을 할 때 힘겹게 숨을 쉰다.

___ 9. 말을 할 때 가슴이나 배 근육이 긴장된다.

___ 10. 입술, 혀, 턱에 긴장된 움직임이 나타난다.

___ 11. 말을 할 때 신체가 경직된다.

___ 12. 말을 시작할 때 힘을 들여서 말한다.

___ 13. 단어를 반복할 때 힘이 들어간다.

___ 14. 말을 더듬을 때 평상시보다 땀이 많이 난다.

___ 15. 말을 더듬을 때 심장박동이 빨라진다.

___ 16. 말을 더듬을 때 얼굴이 뜨거워지거나 붉어진다.

II. 긴장 지각 _____/9

III. 도피 지각

___ 17. 말을 더듬을 때 입술을 벌리거나 오므리면서 말한다.

___ 18. 말을 더듬을 때 불필요하게 혀를 내민다.

___ 19. 말을 더듬을 때 불필요하게 머리를 움직인다.

___ 20. 말을 더듬을 때 손이나 발로 박자를 맞추면서 말한다.

___ 21. 말을 더듬을 때 고개를 돌리거나 시선을 피한다.

___ 22. 말을 더듬을 때 어깨를 움직이면서 말한다.

___ 23. 말을 더듬을 때 얼굴에 손을 댄다.

___ 24. 말을 더듬을 때 온몸을 비튼다.

___ 25. 말을 더듬을 때 팔다리를 불필요하게 움직인다.

___ 26. 말을 더듬을 때 눈을 깜빡이거나 힘을 준다.

___ 27. 말을 더듬을 때 얼굴을 불필요하게 움직인다.

___ 28. 말을 더듬을 때 콧구멍을 벌렁거리면서 말한다.

___ 29. 말을 더듬을 때 턱을 움직이며 말한다.

___ 30. 말을 더듬을 때 숨을 들이마시면서 말한다.

___ 31. 말을 더듬을 때 호흡하는 소리가 난다.

III. 도피 지각 _____/15

IV. 회피 지각

회피 1 〈회피 방법〉

___ 32. 의도했던 단어 대신 다른 단어로 말한다.

___ 33. 더듬을 것 같은 단어의 앞 단어나 구를 반복한다.

___ 34. 말하기 전에 혀의 위치나 호흡에 대해 신경을 쓴다.

___ 35. 말하기 전에 마음 속으로 말할 내용을 연습한다.

___ 36. 말을 쉽게 하기 위해 "어", "음", "뭐"를 넣어 시작한다.

___ 37. 말하기 어려운 단어를 빼고 말한다.

___ 38. 어려운 단어 앞에서 유창하게 말할 수 있을 때까지 쉰다.

___ 39. 어려운 단어를 회피하기 위해 말의 순서를 바꾼다.

___ 40. 말하기 전에 말하려는 단어를 신경 쓴다.

___ 41. 나는 의도적으로 대화를 하지 않으려는 태도를 취한다.

___ 42. 나는 말하기 어려울 때 제스처를 사용한다.

___ 43. 나는 어려운 상황에서 다른 사람이 대신 말하게 한다.

___ 44. 나는 말더듬이 예측될 때 말하는 것을 포기한다.

회피 2 〈회피 상황〉

___ 45. 나는 발표하는 것을 회피한다.

___ 46. 나는 주문하는 것을 회피한다.

___ 47. 나는 자신이나 다른 사람 소개하는 것을 피한다.

___ 48. 나는 말이 거의 필요하지 않는 직업이나 취미를 선택한다.

___ 49. 나는 연령이 비슷한 사람과 말하는 것을 회피한다.

___ 50. 나는 새로운 사람 만나는 것을 회피한다.

___ 51. 나는 선생님이나 상사와 대화하는 것을 회피한다.

___ 52. 나는 여러 사람 앞에서 말하는 것을 회피한다.

___ 53. 나는 문의하는 것을 회피한다.

___ 54. 나는 부모님과 말하는 것을 회피한다.

___ 55. 나는 전화 사용을 회피한다.

IV. 회피 지각: ____/13 + ____/11 = ____/24

하위검사	I 비유창성	II 긴장	III 도피	IV 회피	총점
점수	/7	/9	/15	/24	/55
백분율					

7) 의사소통태도 평가

국내의 말더듬 청소년과 성인을 대상으로는 P-FA-II의 의사소통태도 평가를 사용하여 의사소통태도를 평가할 수 있다. 이와 관련하여 말더듬 성인을 대상으로 하는 해외 의사소통태도 평가도구로는 S-Scale과 S-24가 있다. S-Scale(Erickson, 1969)은 총 39문항으로 이루어져 있으며 대상자는 각 문항에 동의하는지에 예/아니요로 응답한다. 반면, S-24는 S-Scale을 바탕으로 구성되었으며 총 24개 문항으로 이루어져 있다(Andrews & Cutler, 1974). 분석방식은 P-FA-II와 마찬가지로 말을 더듬는 사람이 응답하는 것으로 예상되는 방식으로 응답한 경우에 1점을 부여한다.

말더듬 청소년 혹은 학령기 아동을 대상으로 실시할 수 있는 해외 의사소통태도 평가도구로는 총 35개 항목으로 이루어진 Communication Attitude Test(Brutten & Dunham, 1989)와 이에 기반하여 32개 항목으로 이루어진 Communication Attitude Test-Revised(CAT-R, De Nil & Brutten, 1991)가 있다.

8) 행동통제소

통제소(locus of control)란 행동 강화물의 위치로 크게 내재적 통제소(internal locus of control)와 외재적 통제소(external locus of control)로 이루어진다(Rotter, 1966). 이와 관련하여 Craig 등(1984)은 말더듬 성인이 자신의 행동을 스스로 통제할 수 있는지(내재적 통제소), 아니면 외부 요인이 통제하는지(외재적 통제소)에 대한 믿음 정도를 측정하는 평가도구인 행동통제소(Locus of Control of Behavior: LCB)를 개발하였다. LCB는 총 17문항으로 이루어져 있으며 각 문항에 대하여 대상자는 리커트 척도(0: 매우 동의하지 않음, 5: 매우 동의함)로 응답한다. 총점은 각 문항에 표시한 점수를 더하여 산출하지만 예외 문항이 있다. 예를 들어, 외재적 통제소를 나타내는 문항(예: 나에게 일어난 일은 대부분 사고이거나 우연일 뿐이다.)의 경우에는 점수를 그대로 더하지만 내재적 통제소를 나타내는 문항(예: 나는 어려움을 예상할 수 있으며 예방 조치를 취할 수 있다.)의 경우에는 대상자가 표시한 점수를 역으로 산출하여 계산한다. 이에 총점이 높을수록 높은 외재적 통제소를 나타낸다.

말더듬 성인은 일반 성인과 비교하여 높은 LCB 점수, 즉 외재적 통제소를 보이는 것으로 알려져 있다(Craig, Franklin, & Andrews, 1984). 또한 일반적으로 말더듬 성인은 치료를 통하여 LCB 점수의 하락을 보이게 되는데, 이렇게 치료 중 LCB 점수의 하락을 보인 사람, 즉 내재적 통제소로의 변화를 보인 사람은 LCB 점수의 변화가 없거나 오히려 상승한 사람보다 말더듬 치료 후 재발이 덜 나타나는 것으로 보고되었다(Craig, Franklin, & Andrews, 1984). 이와 관련하여 LCB를 번역하여 한국 말더듬 성인과 일반 성인을 대상으로 실시한 결과, 말더듬 성인이 일반 성인보다 다소 높은 점수를 보였으나 이러한 차이가 통계적으로 유의하지는 않았다(신문자, 이경재, 성진아, 2015). 연구자들은 이러한 결과가 천장효과, 문화적 차이를 고려하지 않은 단순 번역된 도구의 사용 등으로 인한 것일 수 있다는 제한점을 제시하였다.

9) 인과소 평가도구

행동의 원인이 자기 자신인지(오리진) 혹은 외부의 요인, 운 등에 의한 것(폰)인지에 대한 믿음인 인과소(locus of causality)를 측정하는 평가도구가 오리진-폰 분석도구(The Origin and Pawn Scales)이다(Westbrook & Viney, 1980). 인과소는 통제소와 유사한 개념이지만 오리진-폰 분석도구는 대상자가 자유롭게 산출한 자료의 내용을 분석한다. 예를 들어, "나는 조절하려고 노력하였다." 등과 같이 발화가 대상자의 의도, 노력, 능력 등을 나타내면 오리진으로, "다행히도 나는 그 당시에 유창하였다."와 같이 의도되지 않은 결과, 노력과 능력의 결여 등을 나타내면 폰으로 분석한다(자세한 분석 방법은 이경재, 신문자, 2010; 신문자, 이경재, 성진아, 2015 참조). 여러 연구에 따르면 말더듬 성인은 일반인과 비교해서 높은 폰 점수를 보이며, 치료를 통하여 오리진 증가와 폰 감소를 보인다(신문자, 이경재, 성진아, 2015; Lee, Manning, & Herder, 2011, 2015). 이러한 내용분석도구가 대상자의 특성을 민감하고 타당하게 나타낸다는 장점이 있으나 대상자의 발화 내용을 분석하여야 하기에 신뢰할 수 있게 분석하기에는 연습이 필요하다는 단점이 있다.

이와 관련하여 말더듬 청소년이 보이는 인과소를 설문지 형태로 측정할 수 있는 평가도구인 의사소통 인과소 평가도구(이경재, 2017)가 제시되었다(〈예시 6-6〉 참조). 의사소통 인과소 평가도구는 오리진을 나타내는 7문항, 폰을 나타내는 7문항, 총 14문항으로 이루어져 있다. 대상자는 각 문항을 읽고 각 문항이 자신의 생각과 일치하는지 정도를 6점 리커트 척도(0: 매우 아니다, 5: 매우 그렇다)로 측정한다. 오리진 문항의 점수를 합산하여 오리진 점수, 폰 문항의 점수를 합산하여 폰 점수, 폰 점수와 오리진 점수를 역으로 계산한 점수를 합한 총 점수 등을 산출한다.

〈예시 6-6〉 의사소통 인과소 평가도구(이경재, 2017)

방법: 본 검사는 말에 대해서 어떠한 생각을 하고 있는지 살펴보는 것을 목표로 합니다. 각 문항에 정답이나 오답은 없으며 본인이 각 문항에 대해서 어떻게 생각하는지, 혹은 각 문항이 평상시의 자신의 행동과 얼마나 일치하는지 (   ) 안에 숫자로 표시해 주세요. 모든 질문에 답해 주세요.

0	1	2	3	4	5
매우 아니다	대부분 아니다	다소 아니다	다소 그렇다	대부분 그렇다	매우 그렇다

1. 말더듬 때문에 학교에서 발표하는 것이 어렵다. (   )
2. 말을 잘하려면 내가 노력해야 한다. (   )
3. 나는 원하는 만큼 유창하게 말할 수 있다. (   )
4. 말을 더듬을 때면 어떻게 해야 할지 잘 모르겠다. (   )
5. 다른 사람들이 내 말에 대해 어떻게 생각하는지 신경이 쓰인다. (   )
6. 말더듬 때문에 다른 사람을 원망해 본 적이 있다. (   )
7. 원하는 대로 말을 바꿔서 할 수 있다. (   )
8. 말더듬을 변화시키기 위해서는 주위의 도움이 필수적이다. (   )
9. 말더듬으로 인해 이성친구와 이야기하는 것이 어렵다. (   )
10. 말이 잘 나올 때와 잘 안 나올 때의 차이가 크다. (   )
11. 유창하게 말하기 위해서는 나의 노력이 가장 필요하다. (   )
12. 나는 누구와도 말을 편하게 잘 한다. (   )
13. 내가 하고 싶은 말은 하는 편이다. (   )
14. 말을 유창하게 하기 위해 연습을 한 적이 있다. (   )

4. 말더듬 청소년 고려 요소

일반적으로 말더듬 청소년의 평가는 말더듬 성인의 평가와 유사한 방식으로 진행한다. 말더듬 성인과 다른 점으로는 우선 초기 면담과 평가 결과 상담 시 부모 혹은 보호자를 포함할 수 있다는 것이다. 청소년 자신이 말더듬 시작 시기, 발달 등 사례면담을 통하여 일반적으로 치료사가 수집하는 정보를 제공할 수 있지만 보호자를 통하여 이와 관련된 정보를 보다 정확히 얻을 수도 있다. 이러한 발달정보 이외에도 보호자 면담을 통하여 말더듬에 대한 가족의 반응 등과 같은 환경적인 요인을 살펴볼 수 있을 것이다. 평가 중 초기 면담뿐 아니라 평가 종료 후 실시하는 면담의 경우, 평가 결과 종합과 이후 치료 계획 등을 포함하기에 보호자의 면담이 필요할 수 있다.

비록 말더듬 청소년의 평가에서 보호자 등을 통하여 정보를 얻을 수도 있지만 평가에서 제일 중요한 사람은 바로 말더듬 청소년 자신이라는 점을 명심하여야 한다. 이에 말더듬 청소년 자신의 생각과 견해를 필수적으로 살펴보아야 한다. 때로는 보호자와 청소년이 다른 인식을 보일 수도 있으며 이러한 경우에는 서로의 견해에 대한 생각을 물어볼 수도 있다.

또한 청소년의 평가에서 중요한 영역은 학교생활 및 또래 관계일 것이다. 말더듬이 또래 관계, 학업 등에 미치는 영향과 학교에서의 말더듬으로 인한 놀림과 괴롭힘 등을 살펴보아야 한다. 이와 관련된 내용은 대상 학생뿐 아니라 부모, 교사, 친구 등 다양한 사람에게서 얻을 수도 있다.

일부 공식 평가도구의 경우, 성인과 청소년을 대상으로 모두 사용할 수 있지만 일부의 경우에는 청소년 혹은 성인만을 대상으로 하기에 공식 평가도구를 사용할 때에는 항상 대상자의 연령 등을 확인하여야 한다.

5. 임상사례

1) 말더듬 성인 사례 예시

다음은 말더듬을 주소로 내원한 대학생인 이○○ 씨를 대상으로 실시한 말더듬 평가 사례 예시이다. 언어치료사는 이○○ 씨를 대상으로 말더듬 중증도와 의사소통태도 등을 살펴보기 위하여 국내 표준화 도구인 『파라다이스-유창성 검사-II(심현섭, 신문자, 이은주, 2010)』를 실시하였으며 말더듬에 대한 반응 등을 다각적으로 살펴보기 위하여 해외 도구인 행동통제소(Locus of Control of Behavior: LCB, Craig, Franklin, & Andrews, 1984), 말더듬 인식 검사(Perception of Stuttering Inventory: PSI, Woolf, 1967), 주관적 말더듬 중증도 선별검사(Subjective Screening of Stuttering Severity, Locus of Control and Avoidance: Research Edition: SSS-R, 김재옥, 신문자, 2007; Riley, Riley, & Maguire, 2004) 등과 면담을 실시하였다. 특히 해외 도구의 경우, 국내 참여자의 결과를 직접적으로 해석하기에는 어려움이 있지만 참고용으로 실시하였다.

2) 사례 말더듬 성인 평가보고서 예시

언어 평가보고서

■ 이름: 이○○　　　　　　　　■ 생년월일(CA): 19○○. ○○. ○○. (만 24세)

■ 주소:　　　　　　　　　　　■ 전화번호:

■ 평가일: 20○○년 ○○월 ○○일　　■ 평가자:

1. 배경정보

　이○○ 씨는 대학교 4학년 학생(만 24세)으로 말더듬을 주소로 내원하였다. 본인의 보고에 의하면 말을 언제부터 더듬었는지 자세한 기억은 나지 않으나 초등학교 저학년 때 친구들로부터 말더듬으로 인하여 놀림을 받은 기억이 있다고 하였다. 이후로도 지속적으로 말을 더듬었으며, 특히 군 생활을 하면서 어려움이 많았다고 하였다.

　말더듬 가계력은 없으며, 소심하고 민감한 성격으로 인하여 말을 더듬는 것으로 생각한다고 하였다. 과거 말더듬 평가 및 언어치료 경험은 없으며 취업이 걱정되어 말더듬 치료를 받고자 하였다.

---

2. 평가 시 태도

이○○ 씨는 차분하게 평가를 받았으나 지속적으로 치료사의 시선을 회피하였다. 특히 말을 더듬고 나서는 "죄송합니다."라는 말을 빈번히 하였으며 전화 상황 시 매우 불안한 모습이 관찰되었다.

3. 실시한 평가

- 파라다이스-유창성 검사-II(P-FA-II, 심현섭, 신문자, 이은주, 2010)
- 행동통제소(LCB, Craig, Franklin, & Andrews, 1984)
- 말더듬 인식 검사(PSI, Woolf, 1967)
- 주관적 말더듬 중증도 선별검사(SSS-R, 김재옥, 신문자, 2007)
- 면담을 통한 비공식적 평가

4. 평가 결과

1) P-FA-II 결과

P-FA-II 필수과제 평가 결과, 총점 21.1점으로 중증도는 중간(백분위 점수: 71~80%ile)으로 평가되었다. 대화(4.9점)보다는 말하기그림(7.7점)과 읽기 과제(8.5점)에서 상대적으로 높은 비유창성 점수를 보였다. 주로 관찰된 비유창성 유형은 막힘(발생빈도: 100음절당 3회)이었다. 막힘의 지속시간은 1초 이내로 짧은 편이었다. 그 밖에 간투사의 사용이 빈번히 관찰되었다. 필수과제 평가 중 말을 더듬으면서 손을 얼굴에 갖다 대거나 고개를 끄덕이는 모습, 시선 회피 등이 관찰되었으나 눈에 크게 거슬릴 정도는 아니었다(부수행동 정도 점수 2점). 일상생활보다는 평가 시 발화에서 비유창성이 적게 나타난 편이라고 하였다.

필수과제와 비교, 외부 전화하기 상황에서 특히 말더듬 빈도(23%SS)와 긴장도가 높았다. 주 관찰된 비유창성 유형은 막힘이었으며, 최대 5초 정도의 막힘의 지속시간을 보였다. 신체 전반적으로 긴장도가 높아졌으며 전화기를 잡은 손이 심하게 떨리는 모습도 관찰되었다.

의사소통태도 평가 결과 24점으로 중증도는 심함(백분위 점수: 81~90%ile)이었다.

2) 기타 평가 결과

LCB 결과 46점으로 매우 높은 수준의 외재적 통제소를 보였다. PSI 평가 결과, 회피 15점, 투쟁 13점, 예기 14점 등 총점 42으로 세 영역 모두 중도-심도의 중증도를 보였다. SSS-R의 경우, 말더듬 중증도 점수 24점, 자기통제 점수 52점, 회피 점수 45점, 총점 121을 기록하였다.

면담 결과, 대상자는 일상생활에서 말더듬을 회피하기 위하여 단어 및 상황 회피를 매우 빈번히 사용하는 것으로 확인되었다. 또한 말더듬으로 인하여 대인 관계에서 특히 어려움을 겪고 있으며 취업 면접과 이후 직장 생활에 대하여 매우 걱정하고 있었다. 하지만 치료에 대한 동기는 매우 높은 편이었다.

평가 시 조음, 음성, 언어 등의 영역에서는 크게 문제가 관찰되지 않았다.

5. 검사 결과의 요약 및 제언

이○○ 씨는 24세의 대학교 휴학생으로 말더듬을 주소로 언어 평가를 실시하였다. P-FA-II로 측정한 말더듬의 중증도는 중간(백분위 점수: 71~80%ile)이었다. 주 관찰된 비유창성 유형은 막힘과 단어 부분 반복이었다. 일상생활에서 회피 등을 빈번히 사용한다고 보고되었으며 상황에 따른 말더듬과 긴장의 가변성이 매우 높은 것으로 판단되었다. P-FA-II 의사소통 태도 평가, LCB, PSI, SSS-R, 면담 등의 결과, 이○○ 씨는 말더듬으로 인한 부담감 및 영향이 매우 부정적인 것으로 관찰되었다.

이에 이○○ 씨에게 유창성의 증진, 의사소통태도 개선, 말더듬의 부정적 영향 감소 등을 목표로 하는 통합적 접근법을 활용하는 말더듬 치료를 제언한다.

3) 임상사례 연습

다음 각 사례를 읽고 사례 관련 질문에 대답해 보도록 한다.

임상사례

1. '가' 군(남자, 22세)은 대학생으로 어렸을 때부터 말을 더듬었다. 초등학교 다닐 때 말더듬으로 인한 언어치료를 1년 정도 받았으며 유창성이 향상되어 치료를 종결하였다. 하지만 이후에 말더듬이 다시 나타났으며 취업 등이 걱정이 되어서 다시 치료를 받고자 한다는 전화 연락을 어머니로부터 받았다.

    치료사는 어떠한 점을 고려하여 '가' 군의 평가를 구성할 것인가?

2. '나' 군(남자, 25세)은 대학교 졸업반 학생이다. 정확히 언제부터 말을 더듬기 시작했는지 기억은 나지 않으나 항상 말하는 것이 어려웠다. 또한 다른 사람과 비교할 때 자신이 너무 말을 못하는 것 같다는 생각이 든다고 하였다. 면담 시 '나' 군은 주저, 수정, 짧은 막힘 등을 보였으며 말더듬 중증도는 약함 정도로 판단되었다.

    '나' 군의 평가 과정에서 주의 깊게 살펴보아야 할 점은 어떤 것인가?

3. '다' 양(여자, 27세)은 회사원으로 치료사와의 면담에서 비정상적 비유창성은 거의 나타나지 않았다. 일상 대화에서도 말을 많이 더듬는 것은 아니지만 회사에서 전화를 받는 것이 매우 어렵다고 하였다. 치료실 내 전화 상황에서도 3초 이상의 막힘, 눈 찡그림 등이 매우 빈번히 관찰되었다.

    '다' 양의 평가에서 살펴보아야 할 점은 무엇인가?

6. 맺음말

 말더듬 성인과 청소년의 평가는 진단명 결정과 더불어 대상자가 말더듬에 대하여 어떠한 반응을 보이는지, 그리고 대상자의 삶에 말더듬이 어떠한 영향을 끼치는지를 종합적으로 살펴보아야 한다. 이러한 종합적인 평가를 위해서 언어치료사는 공식적인 평가도구뿐 아니라 비공식 평가도구를 적절히 사용할 수 있어야 한다.

학습과제

1. 말더듬 성인의 외적 특성을 살펴보는 공식적·비공식적 평가도구를 설명하시오.

---

2. 말더듬 성인의 내적 특성을 살펴보는 공식적·비공식적 평가도구를 설명하시오.

---

3. 말더듬 성인의 평가 목표에 대해서 설명하시오.

주요 용어

지필검사	통제소
통제불능성(통제력 상실)	효능감
삶의 질	인과소

참고문헌

김재옥, 신문자(2007). 주관적 말더듬 선별검사의 국내적용 타당성 확보를 위한 기초연구. *Communication Sciences and Disorders, 12*, 465-486.

김효정(2013). 한국말더듬지각검사 개발 연구. 언어치료연구, 22, 191-205.

김효정, 장현진, 전희숙, 신명선(2012). 말하기 효능감 검사 개발을 위한 예비 연구. 언어치료연구, 21, 191-207.

심현섭, 신문자, 이은주(2010). 파라다이스-유창성 검사-II. 서울: 파라다이스 복지재단.

신명선, 전희숙, 김효정, 장현진(2013). 말더듬 성인용 말하기 효능감 검사의 표준화 연구. 언어치료연구, 22, 105-121.

신문자, 이경재(2017). 일반 성인의 연령과 성에 따른 비유창성 빈도, 말속도와 의사소통태도. *Communication Sciences and Disorders, 22*, 794-805.

신문자, 이경재, 성진아(2015). 말더듬 성인 남성과 일반 성인 남성의 인과소 비교. *Communication Sciences and Disorders, 20*, 596-606.

신문자, 이수복(2017). 상황별 말더듬 자기평가 도구의 타당도 및 신뢰도. *Audiology and Speech Research, 13*, 41-49.

이경재(2017). 의사소통 인과소 평가도구로 측정한 성과 연령에 따른 일반 청소년의 인과소 차이. *Communication Sciences and Disorders, 22*, 784-793.

이경재, 신문자(2010). 한국 말더듬 성인 쓰기 내용의 오리진과 폰 분석. *Communication Sciences and Disorders, 15*, 433-443.

전희정, Yaruss, J. S. (2015). 성인용 전반적 말더듬 경험 평가(OASES™)의 국내적용을 위한 기초 연구: 타당도와 신뢰도를 중심으로. 언어치료연구, 24, 145-155.

Andrews, G., & Cutler, J. (1974). Stuttering therapy: The relationship between changes in symptom level and attitudes. *Journal of Speech and Hearing Disorders, 39*, 312-319.

Bandura, A. (1977). Toward a unifying theroy of behavior change. *Psychological Review, 1*, 191-215.

Brutten, G., & Dunham, S. (1989). The communication attitude test: A normative study of grade school children. *Journal of Fluency Disorders, 14*, 371-377.

Carig, A., Franklin, J., & Andrews, G. (1984). A scale to measure locus of control of behavior. *British Journal of Medical Psychology*, 57, 173-180.

Darley, F., & Spriestersbach, D. (1978). *Diagnostic Methods in Speech Pathology* (2nd ed.). New York, NY: Harper & Row.

De Nil, L., & Brutten, G. (1991). Speech-associated attitudes of stuttering and normally fluent children. *Journal of speech and Hearing Research, 34,* 60-66.

Erickson, R. (1969). Assessing communication attitudes among stutterers. *Journal of Speech and Hearing Research, 12,* 711-724.

Guitar, B. (1976). Pretreatment factors associated with the outcome of stuttering therapy. *Journal of Speech and Hearing Research, 19,* 590-600.

Guitar, B. (2014). *Stuttering: An integrated approach to its nature and treatment* (4th ed.). Baltimore, MD: Lippincott Williams & Wilkins.

Lee, K., Manning, W. H., & Herder, C. (2011). Documenting changes in adult speakers' locus of causality during stuttering treatment using Origin and Pawn Scaling. *Journal of Fluency Disorders, 36,* 231-245.

Lee, K., Manning, W. H., & Herder, C. (2015). Origin and Pawn scaling for adults who do and do not stutter: A preliminary comparison. *Journal of Fluency Disorders, 45,* 73-81.

Manning, W. H. (1994). *The SEA-Scale: Self-efficacy scaling for adolescents who stutter.* Presentation at the annual meeting of the American Speech-Language-Hearing Association, New Orleans, LA.

Manning, W. H., & DiLollo, A. (2018). *Clinical decision making in fluency disorders* (4th ed.). San Diego, CA: Plural Publishing, Inc.

McAllister, J., Collier, J., & Shepstone, L. (2012). The impact of adolescent stuttering on educational and employment outcome: Evidence from a birth cohort study. *Journal of Fluency Disorders, 37,* 106-121.

Mehrabian, A., & Reed, H. (1969). Factors influencing judgments of psychopathology. *Psychological Reports, 24,* 323-330.

Ornstein, A., & Manning, W. H. (1985). Self-efficacy scaling by adult stutterers. *Journal of Communication Disorders, 18,* 313-320.

Riley, G. (2009). *SSI-4: Stuttering Severity Instrument* (4th ed.). Austin, TX: Pro Ed.

Riley, J., Riley, G., & Maguire, G. (2004). Subjective screening of stuttering severity, locus of control and avoidance: Research edition. *Journal of Fluency Disorders, 29,* 51-62.

Rotter, J. B. (1966). Generalized expectations for internal versus external control of reinforcement. *Psychological Monographs, 80*, 1-28.

Westbrook, M. T., & Viney, L. L. (1980). Scales measuring people's perception of themselves as origins and pawns. *Journal of Personality Assessment, 44*, 167-174.

Woolf, G. (1967). Tje assessment of stuttering as struggle, avoidance, and expectancy. British *Journal of Disorder of Communication, 2*, 158-171.

Yairi, E., & Seery, C. H. (2015). *Stuttering: Foundations and clinical applications* (2nd ed.). Boston: Pearson Education, Inc.

Yaruss, J. S. (2007). Application of the ICF in fluency disorders. *Seminars in Speech and Language, 28*, 312-322.

Yaruss, J. S., & Quesal, W. (2006). Overall assessment of the speaker's experience of stuttering (OASES): Documenting multiple outcomes in stuttering treatment. *Journal of Fluency Disorders, 31*, 90-115.

Yaruss, J. S., & Quesal, R. W. (2010). *Overall assessment of the speaker's experience of stuttering* (OASES™). Bloomington: Pearson Assessments.

제**3**부

유창성장애의 치료

제7장

학령 전 아동의 치료

1. 치료 목표 및 고려사항

이 장은 학령 전 말더듬 아동의 치료를 위해 어떤 목표와 절차로 치료 방법을 결정할 것인지를 다룰 것이다. 말더듬 아동의 치료는 말더듬에 대한 인식 여부, 감정적 사건에 대한 반응, 부모의 상호작용 방법 및 태도, 그리고 말더듬 정도와 동반장애 여부 등에 따라 치료 방법을 결정한다. 학령 전 말더듬 아동은 아직은 자기가 말을 더듬는다는 것을 부담스럽게 느끼거나 걱정하지 않기 때문에 말로 인한 부정적인 태도가 형성되지 않은 단계라는 것을 고려하여 덜 직접적인 치료 방법을 적용할 수 있다.

과거에는 어린 아동은 어떤 치료도 받아서는 안 된다는 시기가 있었으나, 그 후 직접 치료가 부활하면서 조기중재의 필요성이 대두되었다. 그러나 치료 방법의 변화를 겪으면서 모든 아동이 말더듬 치료가 필요한 것은 아니며, 치료는 말더듬이 지속될 아동에게 선택적으로 제공이 되어야 한다는 의견이 제기되기 시작하였다(Yairi & Ambrose, 2005; Yairi & Seery, 2015).

말더듬 아동의 치료 절차는 첫 평가 후 치료 시작 전에 부모를 위한 부모상담 및 교육, 그리고 간접치료, 직접치료를 실시한다. 따라서 이 장에서는 자연회복을 고려한 치료가 필요한 대상자와 치료시작 시점, 그리고 부모 참여 등의 고려사항을 살펴보고, 말더듬 아동을 위한 부모상담 및 교육, 간접치료와 직접치료 방법, 그 밖에 다양한 치료법과 도움자료를 제시할 것이다.

> **[임상이야기] 가족을 통한 환경 변화로 아동의 비유창성 회복**
>
> 누가 봐도 말을 심하게 더듬고 자신감도 없어지고 유치원 생활을 힘들어해서 귀국했어요. 그리고 치료실을 찾게 되었고요. 1년 정도 치료를 받고 이제는 치료가 잘 끝나고 우리 ○○ 말이 편해져서 하는 말인데요.
>
> 부모교육 받고, 부모, 누나가 변하고 지지를 해 주었고, 가족 모두가 말도 천천히 해 주고 잘 들어주고, 아이 친구가 '아줌마 ○○이 말이 왜 그래요?'라고 물으면 제가 이렇게 답해 주었어요. '너희가 감기에 걸리는 것처럼 ○○이 말도 그런 거야. 누구라도 걸릴 수 있고 이상한 것이 아니야.'라고 해서 대수롭지 않게 여기고 기다려 주라고 했어요.
>
> 이렇게 치료실과 학교에서 말이 편해지면서 말에 대한 태도 그리고 심리적으로 안정이 되었고 '자신감과 유창한 말 회복'이 되었어요.
>
> 지나고 나니 가족이 환경을 바꾸어 주고 아이에게 맞추어 준 것이 도움이 되었던 것 같아요.

1) 자연회복

말더듬은 발생 후 조기중재의 효과가 명확하다. 대다수의 아동은 말더듬에서 자발적으로 회복하게 되지만, 그렇지 않은 아동은 문제가 계속 지속될 수 있다. 따라서 말더듬 아동을 치료하고자 하는 치료사는 어떤 아동의 말더듬이 회복될 가능성이 높은지를 정확히 선별해야 하고, 말더듬이 지속될 위험성이 높은 아동에게는 말더듬의 조기중재를 실시하여야 한다. 말을 더듬기 시작한 모든 아동에게 말더듬 치료가 필요하지는 않고 자연회복이 어려운 치료 대상자와 치료 제공시기를 선별하여 치료를 제공하는 것이 필요하다(Yairi & Seery, 2015).

(1) 누가 치료를 받아야 하는가

자연회복과 관련된 요인은 성별, 가족력, 말더듬 시작 시기, 말더듬 지속기간, 말더듬 변화 양상, 동반된 문제의 유무 등이다(심현섭 외, 2012). 이 중에서 학습 또는 의사소통 문제의 동반은 말더듬을 지속시키는 요인에 해당한다(Yairi & Ambrose, 2005).

Yairi와 Ambrose(2005)가 제시한 말더듬 회복 예측 요인을 통해 누가 치료를 받아야 하는지 살펴보면 다음과 같다.

첫째, 가족력은 가장 신뢰할 수 있는 회복예측 요인 중 하나로, 가족 중 한 사람 이상이 더듬는 경우 회복 가능성이 낮으며, 가족의 회복력과 지속력도 동일한 양상을 띨 수 있다. 말더듬을 회복한 가족이 있으면 회복 가능성이 높고, 지속 중인 가족이 있으면 아동 역시 말더듬이 지속될 가능성이 높다.

둘째, 성별은 여자 아동이 회복될 가능성이 더 높고 남자 아동은 지속될 가능성이 더 높아서 강한 회복예측 요인 중 하나이다. 여자 아동은 1년 이내에 회복이 되었으나 남자 아동은 회복하는 데 더 오랜 시간이 소요되었다.

셋째, 말더듬 시작 후 1년 동안 안정되거나 상승되는 진성 비유창성(SLD) 패턴은 지속의 가능성을 보여 준다. 회복한 아동은 SLD와 말더듬 중증도가 발병 후 6개월 동안 감소하기 시작하며 1년 이내에 거의 사라졌다.

넷째, 말더듬이 다소 늦게 시작된 아동은 말더듬이 지속되는 경향이 있다. 더 늦은 나이에 말더듬이 시작되면 아동이 말더듬을 의식하고 주변의 부정적 반응에 반응하면서 말더듬이 지속될 수 있다.

다섯째, 말더듬이 1년 이상 지속되면서 말더듬이 만성적으로 될 수 있으며 남자 아동인 경우 지속의 가능성이 특히 높다. 그러나 발병 후 3년 이내에 자연회복이 일어날 수도 있고 일부는 4년 후에 회복이 되기도 하여, 평균적으로는 생후 33개월에 시작된 말더듬이 6~7세에 회복되기도 한다.

그 밖에 최근까지 보고된 바에 따르면, 말더듬과 언어능력이 관련은 있지만 그 관계의 특성이 명확하지 않아 말더듬의 발생 및 지속, 자연회복 등에 미치는 언어학적 요인의 영향에 대해 일치된 의견이 부족한 상태이다(이수복, 심현섭, 2015; Watkins, Yairi, & Ambrose, 1999; Yairi & Ambrose, 2005). 말속도와 말더듬 간의 관계도 말더듬 회복집단이 지속집단보다 느린 속도로 조음하는 경향이 있지만 통계적으로 유의하지 않아 임상적인 예후 인자라고 단정하는 데는 어려움이 있다. 아동의 기질은 말더듬의 발달과 지속에 중요한 역할을 하는 것으로 나타났다(Choi et al., 2016).

부모 관련 요인인 부모의 발화 길이, 말속도, 반응시간이 아동의 말더듬에 미치는 영향 역시 불명확하다(Kelly & Conture, 1992; Meyers & Freeman, 1985; Nippold & Rudzinski, 1995). 간접치료 후 3개월 치료시점에는 발화 길이, 조음속도, 반응시간, 지시/간섭 등의 요인이 영향을 주었으나, 6개월 시점에는 부모의 영향이 감소하여 시점별로 부모 요인의 영향이 다른 것으로 나타났다(이수복, 심현섭, 2016).

요약하면, 말더듬에서 회복될 가능성은 가족력이 있고, 남자이며, 말더듬 시작 후 비정상적 비유창성의 증가, 말더듬 중증도(severity), 말더듬 시작 연령이 늦고 말더듬 지속 기간이 길수록 낮아지는 것으로 나타났다(Yairi & Ambrose, 2005). 또한 말더듬 아동이 의사소통이나 학습문제를 동반할 경우 말더듬이 지속할 가능성이 높다. 그 외 아동의 언어능력, 말속도, 부모의 다양한 요인은 말더듬 지속에 영향을 줄 수도 있고 그렇지 않을 수도 있다. 따라서 치료사들은 아동이 가지고 있는 이러한 요인들을 종합적으로 판단하여 치료 대상자 결정에 반영한다.

(2) 언제부터 치료를 받아야 하는가

2~5세는 말더듬이 가장 높은 빈도로 발생하며 자연스럽게 사라지는 시기이다. 초기 말더듬은 대체로 발생 후 3년 이내에 최대 80%는 회복되며, 20%는 학령기까지 말더듬이 지속되기도 한다(Yairi & Ambrose, 2005). 따라서 말더듬으로 진단이 내려져도 자연 회복률이 높기 때문에 치료를 보류하기도 한다. 회복될 때까지 치료를 받지 않고 기다리게 하는 시간은 치료사마다 다르며 최소 6개월에서 1~2년, 길게는 3년까지도 기다리게 한다(Langevin, Packman, & Onslow, 2009). Yairi와 Ambrose(2005)는 말더듬 시작 후 9~12개월이 자연회복이 가능한 시기로 보았으며, 3~5년 사이의 회복률이 65~80%, 그리고 말더듬이 회복되려면 5세까지는 회복되어야 하며 그 이후에는 회복 가능성이 낮아지는 것으로 보았다.

말더듬이 지속될 것이 예상되는 아동인 경우 빠른 시점에 치료를 해 주어야 하며, 그렇지 않으면 이후 더 긴 시간의 치료가 필요할 수 있다. 따라서 치료사는 아동의 말더듬이 확인되면, 치료를 유보시키거나 종료시키기 위하여 그것이 일시적인 특성이 될 것인지, 지속적인 특성이 될 것인지를 정확하게 예측해야 한다.

그러나 중재 시기에 대한 결정은 각 아동의 복합적 위험요인, 진전이나 결핍의 징후 그리고 개별적 상황에 기초해야 하며 중재 시기에 관한 명확한 지침은 없다(Yairi & Seery, 2015). 단, Yairi와 Ambrose(2005)의 연구에서 초기 말더듬의 특성에 대해 잘 알고 말을 더듬자마자 치료를 받은 아동의 성공적인 치료로 말더듬 문제를 방지하고 치료 성공률이 높음을 보고한 것처럼, 아동의 조기중재는 효과적일 뿐만 아니라 치료효과가 장기적으로 유지될 수 있다.

2) 부모 참여의 필요성

말더듬은 아동의 선천적 요소와 발달·환경적 요소의 상호작용의 결과로 나타난다. 경계선 말더듬 아동은 모든 발달 영역에서 미성숙의 상태여서 환경적으로 부과되는 일반적인 스트레스 상황에서도 유창성이 깨질 수 있을 만큼 취약하다. 아동의 환경요인이 말더듬의 직접적 원인은 아니더라도 말더듬을 유지·회복시키는 데 큰 영향을 주는 것으로 나타났다. 따라서 말더듬 아동을 치료할 때는 아동뿐만 아니라 아동을 둘러싸고 있는 환경과 주변 사람들에게 초점을 맞추어야 한다(Langlois, Hanrahan, & Inouye, 1986). 그중에서 부모는 아동의 의사소통 환경에 있어 가장 중요한 청자이고, 아동의 태도와 구어행동에 지대한 영향을 미치기 때문에 부모의 역할이 강조되어 왔다.

말더듬 아동의 환경이 일반 아동의 환경에 비해 특이한 차이가 있는 것은 아니지만, 부모가 아동의 말더듬에 영향을 미칠 수 있으며, 특히 부모와 상호작용하는 동안 아동이 느끼는 의사소통 압박(communication pressure)은 아동 말더듬 발달에 중요한 역할을 한다(Starkweather & Gottwald, 1990).

Rustin 등(1995)은 "부모의 참여 없이 치료사는 치료실 이외의 장소에서 아동에게 도움을 주는 데 무력하다."라고 하여 어떤 치료접근을 하더라도 부모의 참여가 필수적이라고 하였다. 부모 참여는 아동의 행동과 인지 변화에 도움을 줄 뿐만 아니라 부모 자신을 위한 정신건강을 위해서도 도움이 된다. 상담과 부모 그룹 회기를 통해 부모는 자신의 아동을 돕는 데 더 강인해지고 확신을 갖게 하는 정보를 얻는다(Rustin & Cook, 1995). 따라서 부모가 문제를 잘 이해하고 스스로 좋은 결정을 내리도록 도와주기 위해 치료사는 행동적인 모델뿐만 아니라 정보 또한 제공해야 한다. 그리고 치료사는 부모가 수용할 수 있는 적절한 양과 속도로 정보를 제공해야 한다.

구체적으로는 학령 전 말더듬 아동의 부모는 다음과 같은 방식으로 치료에 참여하게 된다(Manning & DiLollo, 2018).

첫째, '교육적 상담'의 단계로 부모교육을 통해 말더듬 아동의 부모는 교육적인 상담을 제공받는다. 말더듬 아동의 부모는 말더듬에 대해서 잘 알지 못하며, 아동의 말더듬에 대해서 여러 가지 부정적인 감정을 느낄 수 있다. 그러므로 이들은 말더듬에 대한 좀 더 정확하고 올바른 지식과 부정적인 감정에 대한 상담을 받게 된다. 둘째, '의사소통 상호작용의 촉진' 단계로 간접치료 참여를 통해 부모는 아동의 유창성을 증진시킬 수 있는 방법을 습득하게 된다. 예를 들어, 상호작용 방식을 변화시키거나 아동의 비유창하거나 혹은 유창한 발화에 대하여 적절하게 피드백하는 방법을 배우게 된다. 셋째, '관찰자와 참여자 역할'을 하는 단계로 직접치료 참여를 통해 부모는 아동의 치료에 직접적으로 참여하거나 치료 과정에 따른 진전을 관찰할 수 있다. 좀 더 실제적인 말더듬 아동 부모와 치료사의 상담 영상은 Counseling DVD(Zebrowski et al., 2003)에서 볼 수 있다.

3) 치료 절차 및 치료방향

(1) 치료 절차

초기 아동 말더듬의 중재법은 시대의 지배적인 사고 변화에 따라 직접·간접치료가 수년 동안 번갈아 가며 적용되어 왔다. 1930년대 후반은 어린 아동이 어떤 치료도 받아서는 안 된다고 믿던 시기로, 간접치료(indirect therapy)가 지배적이었다. 1970년 중반 이후부터는 아동의 발화를 다루는 직접치료(direct therapy)가 주류의 치료법이 되었으며 시대를 불문하고 부모상담 및 부모의 치료 참여는 필수적인 부분으로 강조되어 왔다. 학령 전 말더듬 아동의 치료 방법은 치료 대상자와 치료 목표에 따라 간접치료와 직접치료로 구분할 수 있다(Yairi & Seery, 2015).

〈표 7-1〉 **치료 방법(Yairi & Seery, 2015)**

치료 방법의 구분	치료의 대상자
	치료의 목표
두 가지 치료 방법	간접치료
	직접치료

간접치료는 아동의 환경을 변화시키는 것을 일차적 목표로 하며, 이를 위해 치료사는 말더듬 아동의 부모에게 상호작용 방법의 변화를 훈련시키는 치료를 진행한다. 반면에 직접치료는 말더듬 아동의 말습관 등을 변화시킴으로써 유창성 증진을 목표로 하며, 치료사는 아동을 대상으로 직접치료를 진행한다.

말더듬 아동의 간접치료와 직접치료는 유사한 점이 있어 이를 병행하여 실시하기도 하지만, 간접치료는 말더듬이 시작된 지 얼마 되지 않은 경계선 말더듬 아동을 대상으로 상대적으로 편안한 비유창성을 보이거나 말하는 데 어떠한 어려움도 인식하지 않는 2~3.5세의 어린 아동에게 적절하다. 이 경우, 치료사의 도움을 받아서 아동과 대화하는 가족의 언어를 보다 느리고, 단순하며, 쉬운 낱말과 문장을 사용하고, 아동의 언어에 대해 허용적이고 느린 속도로 반응하는 상호작용을 변화시켜 아동의 유창성을 향상시키는 간접치료가 바람직하다(Guitar, 2014). 간접치료는 아동의 말을 직접 다루기보다 스트레스를 감소시키고 유창성을 증가시키기 위해 가족 환경을 다루기 때문에 간접적이다. 치료의 핵심은 가족의 걱정을 감소시키고 그들의 감정을 이해하려고 하면서 가족-아동 간 상호작용의 방법을 변화시킬 수 있도록 돕는 것이다. 만약 가족이 아동의 유창성을 촉진하는 방법을 찾는다면, 가족은 아동을 변화시킬 수 있다는 확신을 갖게 되고 아동의 유창성에 대한 장기적인 책임을 받아들일 수 있다.

주로 치료 초기에는 간접치료를 실시하고, 만약 간접치료 후에도 아동이 말더듬을 의식하거나 부담을 느끼고, 말을 더듬을 때 근육의 긴장을 보이면 가족과 함께 임상가가 아동의 말을 직접적으로 다루는 것이 적절하다.

대표적인 간접치료법은 통합치료법인 Palin 부모-아동 상호작용치료(Palin Parent-Child Interaction Therapy: Palin PCIT, Kelman & Nicholas, 2008)가 있고, 직접치료는 리드콤 프로그램(Lidcombe Program, Onslow, Packman, & Harrison, 2003)이 있다.

두 가지 치료법 모두 부모의 역할이 중요하여 유창성장애와 관련된 정보 제공과 환경 개선을 위한 부모교육을 먼저 실시하여 다음과 같은 절차로 치료를 실시한다.

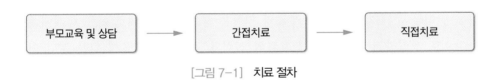

부모교육 및 상담 → 간접치료 → 직접치료

[그림 7-1] **치료 절차**

(2) 치료방향

말더듬 진단 평가가 끝난 후, 아동이 보이는 말더듬 정도와 동반장애 여부에 따라 [그림 4-3]과 같이 치료방향을 결정한다(Curlee, 1999). 첫째, 아동이 정상적 비유창성의 말더듬 정도를 보이는 경우에는 치료전략 1단계의 예방적 차원의 부모교육을 실시하여 말더듬에 대한 부모의 이해와 부정적 감정에 대한 '교육적 상담'을 받는다. 둘째, 말·언어·행동 문제가 없는 경계선 말더듬 정도의 아동은 치료전략 2단계의 부모교육과 제한적인 아동 참여를 유도하는 간접치료를 받는다. 이 단계의 부모교육은 치료사가 부모-아동의 상호작용 시 유창성을 증진시킬 수 있는 방법을 모델링해 주고 부모는 상호작용 방법을 습득하는 '의사소통 상호작용 촉진' 단계의 상담을 받고 아동의 간접치료에 간접적으로 참여를 한다. 셋째, 말 · 언어 · 행동문제가 동반된 경계선 말더듬 정도의 아동 또는 비정상적 비유창성 정도의 아동은 치료전략 3단계의 종합적인 부모교육과 간접치료, 직접치료를 실시한다. 이 단계의 부모교육은 부모가 관찰자로서 간접적 참여뿐만 아니라, 아동의 치료에 직접 참여하여 자녀의 유창성을 확대시키고 말더듬 순간을 변형시키는 참여자로서의 방법을 습득하는 '관찰자와 참여자 역할' 단계의 상담을 받는다. 이를 통해 아동의 간접치료, 직접치료에 점진적으로 참여를 하여 결국에는 부모 혼자서 아동과 적절하게 상호작용을 할 수 있다.

이 외에도 아동이 보이는 발달요소와 다양한 요인, 환경적인 요소들을 토대로 개별화된 치료방향에 대한 의사결정이 이루어져야 한다.

2. 부모상담 및 교육

말더듬 아동의 치료를 위해 첫 평가 후 치료 시작 전에 부모상담 및 교육을 실시한다. 말더듬 발생 요인 중 환경요인으로서의 부모의 중요성과 효과적인 치료를 위해서 부모상담 및 교육이 필요하다.

아동 말더듬 문제 개선을 위해 부모의 역할은 중요하며, 실제로 아동 중재에 부모가 적극적으로 개입하지 않으면 중재 효과의 전이와 유지에 어려움이 있을 뿐만 아니라, 중재 종료 후에도 급속도로 아동의 말더듬이 재발될 수 있기 때문에 말더듬 아동에 대한 부모의 중재는 필수적이다(신문자, 이경재, 이수복, 2019; Ramig, 1993).

부모상담 및 교육은 말더듬 아동의 부모에게 말더듬에 대한 정확하고 올바른 지식을 전해 주고, 부모들이 가지고 있는 걱정이나 부정적인 감정을 확인하며, 적절한 대처방법을 소개하여 가정에서 이를 지키도록 안내를 하는 과정이다(신문자, 2000; Zebrowski et al., 2003). 소그룹 단위로 주 양육자(엄마, 아빠)들이 모여 1회, 2시간 이내의 집단 교육으로 구성하거나 개별 교육으로 진행할 수도 있다.

부모상담 및 교육은 치료시기, 연령에 따라 구분할 수 있으며 초기 평가부터 치료 중,

치료 종결 후에도 지속적인 부모상담이 필요하다(성진아, 2017).

〈표 7-2〉 **부모상담 및 교육 분류**

치료 시기에 따른 분류	치료(간접치료) 전 부모교육
	치료(직접치료) 중 부모교육(매 회기/그룹 또는 캠프)
	치료 종결 후 부모교육
연령에 따른 부모교육	학령 전 – 초등학교 저학년 아동의 부모교육
	초등학교 고학년 아동의 부모교육
	중고등학생 아동의 부모교육

〈표 7-3〉 **부모교육 구성내용**

순서	내용	세부 내용
1	정보제공	1) 말더듬 정보 제공: 정의/원인/도움 방법/간접치료 2) '유창성 만들기' 시간 안내 • 1일 3~5회 • 아동이 익숙한 즐거운 놀이, 집안일 등 • 아동 중심의 놀이 • 지켜야 할 규칙 소개
2	성공적 치료사례 비디오 시청	• 평가-간접치료-직접치료 과정에서 부모와 아동의 변화에 대한 사례 비디오 보기
3	말 조절연습	• 치료사의 편안하게 말하기 시범 보이기 • 다른 부모와 말 조절 연습해 보기
4	부모면담	• 부모 질문 받기 • 2주간 과제 주기

1) 정보제공

치료사는 말더듬 아동 부모들에게 말더듬의 정의와 원인, 간접치료 등에 대한 정확한 정보를 제공해야 한다. 이를 위해 DVD 자료(예: '아동의 유창성 증진을 위한 부모교육', Ebright & Mckeehan, 1989)를 활용할 수 있다.

간접치료가 어린 아동에게 효과적인 치료 방법이라는 것과 부모의 말속도 늦추기, 짧고 간단한 문장 사용하기, 조용하고 부드러운 목소리로 말하기 등 부모의 말을 바꾸고 시범 보여 주기(modeling)가 필요하다는 것을 주지시킨다. 부모의 말을 바꾸기 위해 수행해야 하는 '유창성 만들기(special time)' 시간에 대해 소개한다. 말더듬 아동이 유창한 말을 경험할 수 있는 익숙하고 즐거운 놀잇감으로 하루 3~5차례, 5분간 규칙적으로 놀아 주며, 부모의 말 · 언어적 행동을 수정하고 편안한 말하기의 시범을 보여 주는 것이라는 안내를 한다. '유창성 만들기' 시간 동안은 아동 주도의 시간으로 아동이 유창한 말을 경험하면서 자신의 말을 조절할 수 있고 말더듬은 자연스럽게 줄어들게 된다.

〈표 7-4〉 '유창성 만들기' 시간 기록지 샘플

아동 이름: 이○○   작성기간: 20○○. ○○. ○○. ~○○. ○○.

부모의 목표: 천천히 말하고 기다려 주기

날 짜	활 동	아동 반응과 나의 느낌	치료사의 도움말
○월 ○일	일상생활: 반찬이름 말하기	○○이와 밥을 먹으면서 반찬 속에 있는 재료 이름을 하나씩 이야기했다. 천천히 이야기를 하자 익숙한 재료들은 잘 이야기했으나, 닭고기 같은 조금 어려운 단어는 첫음절을 2~3번 반복했다. 첫음절의 모음을 길게 이야기하는 게 익숙하지 않아서 자꾸 까먹곤 한다.	일상생활 속의 활동을 잘 찾으셨습니다. ○○이가 반복하는 것에 집중하시기보다 말의 내용에 더 집중해 주시고 편안하게 말할 수 있는 환경 조성에 더 신경 써 주시면 좋겠습니다.
	놀잇감: 의자로 눈썰매 태워 주기	밥을 먹으려 하지 않아 의자를 엎어 놓고 밀어 주기 놀이를 하면서 한 입씩 먹었다. '출발' 소리를 외치며 출발을 유도해서 10번 정도는 잘 했는데 그 뒤로는 흥분해서인지 첫음절을 5번까지 반복했다. 유창성 놀이를 할 때는 너무 흥분시키지 말아야겠다.	○○이가 좋아하는 놀이를 잘 찾으셨습니다. 그런데 어머님 느낌대로 흥분하기 쉬운 놀이여서 유창성만들기 시간은 차분히 집중할 수 있는 놀이로 구성해 주시면 좋습니다.
	일상생활: 오징어 다리 세기	○○이가 오징어나 물고기 보는 것을 좋아해서 오징어 요리를 하다가 다리를 세는 숫자놀이를 하였다. 하나 둘 셋 역시 익숙한 단어라서 그런지 잘 따라했다.	○○이의 눈높이에 맞는 놀이를 잘 찾으셨습니다. 그런데 너무 교육하듯이 어머님이 가르치시고 ○○이가 따라하는 방식보다는 익숙한 단어, 익숙한 놀이로 자발적으로 하고 싶은 이야기를 하게 해 주시면 더 좋습니다. 잘 하셨습니다.

2) 성공적 치료사례 시청

성공적인 치료사례 비디오 시청을 통해 초기 말더듬 아동의 평가, 간접치료, 직접치료 사례를 통해 부모들이 조급함보다는 넓고 장기적인 시각에서 아동의 말더듬에 대해 덜 걱정하고, 자유로워질 수 있게 유도하며, 부모의 적극적인 치료 참여가 아동의 말더듬에 어떤 영향을 주는지 인식하게 한다. 그러나 부모가 자녀의 말더듬에 대해 관심을 가질 필요가 없다는 것으로 해석되어서는 안 된다.

3) 말 조절 연습

말더듬 아동의 치료에서 부모의 말 · 언어적 변화가 중요하다는 것을 전달하고, 치료사의 말에 대해 부모들이 평가하게 하며, 편안하게 말하기 시범을 보여 준다. 예를 들면, 부드럽게 천천히 말하기, 편안하고 안정된 분위기에서 말하기, 아동의 언어환경 변화시켜 주기, 주변 환경을 여유롭고 편안하게 조성해 주기 등의 도움 방법을 제시한다. 편안하게 말하기에 대한 예시와 시범을 보여 준 후, 다른 부모들과 천천히 말해 보기(또는 부드럽게 말해 보기 등) 연습을 하고 변화될 말에 대한 경험을 해 보게 한다.

4) 부모면담

부모가 궁금해하는 것들에 대하여 자유롭게 질문하고, 치료사의 답을 들음으로써 궁금증을 해소한다. 그리고 3~4주간 아동과 '유창성 만들기' 시간 기록을 남겨서 치료사와 매주 전화 상담을 받게 되며 그 후에 간접치료를 시작한다는 향후 치료 일정을 상의한다.

3. 간접치료

간접치료(indirect therapy)는 말더듬의 원인을 생리적 · 언어적 · 심리적 · 환경적인 다요인 관점에서 부모와 아동 간의 상호작용 방식을 파악하고 주로 부모-아동 간의 상호작용방식의 변화로 아동의 유창성 증진을 목표로 하는 치료법이다. 간접치료 과정은, ① 치료의 첫 회기, ② 2~6회기 및 유지 단계로 이루어지며 이 과정에서 치료사는 상호작용의 시범을 보이고 가족 구성원의 일상관례(routine)의 변화를 이끌어 낸다.

1) 가족 구성원의 상호작용 방식 파악

'유창성장애 환경요약표'(〈표 7-8〉 참고)를 작성하여 부모가 아동의 환경요인에서의 강점과 약점을 인식하게 한다. 말더듬 아동에게 '의사소통 압박'이 될 수 있는 가족 간의 상호작용 방식의 파악이 중요하다. 유창성장애 평가 시 녹화한 부모-아동 상호작용 영상(또는 즉석에서 녹화한 영상)을 가지고 5분 정도 시청을 하면서 여덟 가지 상호작용 방식 항목의 영향을 확인한다. 부모와 함께 시청할 영상의 발화를 전사(transcription)하여 준비해 두고 확인하면 더 효과적이다.

- 빠른 말속도
- 쉼 없이 빠르게 진행되는 대화(화자와 청자의 말 사이에 쉼이 짧거나 없는 대화)
- 아이의 말에 끼어들거나 방해
- 개방형 질문이나 대답을 요하는 질문
- 비판적인 말, 잘못을 지적하거나 고쳐 주는 행동
- 아이의 말을 듣는 적절하지 않은 태도 또는 듣는 자세
- 아이의 수준을 넘는 낱말 사용
- 아이의 수준을 넘는 복잡한 문장 사용

부모가 자신의 상호작용 방식 항목을 평가하기 위한 기준은 〈표 7-5〉와 같다.

〈표 7-5〉 가족 간의 상호작용 방식 평가기준

상호작용 방식 항목	평가기준
1. 말속도	초시계를 사용하거나 녹음하여 아동과 대화하는 가족 말의 음절수와 말한 시간을 측정한다. 말을 멈추거나 2초 이상 쉼이 나타난 경우에는 말한 시간에서 제외한다. 말한 시간을 분과 백분위 초로 계산한다(예: 1분 13초는 1.22분으로 환산한다). 음절수를 시간으로 나누어 분당 음절수(number of Syllables Per Minutes: SPM)을 산출한다. 예를 들어, 엄마가 1.22분 동안 366음절을 말했다면 300SPM이 된다. 성인에게 권장하는 말속도는 180~220SPM이므로 300SPM은 빠른 말속도이다.
2. 쉼(Pause)	초시계를 사용하거나 녹음하여 아동의 문장이 끝난 시간부터 가족이 말을 시작한 시간까지를 측정한다. 이 시간 간격의 평균이 1초 미만이면 대화의 속도가 빠른 것이다.
3. 끼어들기, 방해하기	아동이 산출한 문장 및 문장 비슷한 표현의 수와 가족이 아동 말에 끼어든 횟수를 각각 센다. 끼어든 수를 아동이 사용한 문장의 수로 나누어 백분율을 계산한다. 백분율이 10% 이상이면 아동이 말을 빨리하라는 압박을 받는 의사소통 환경을 의미한다.
4. 개방형 질문	가족이 산출한 전체 문장의 수와 의문문의 수를 각각 센다. 의문문의 수를 전체 문장의 수로 나누어서 백분율을 계산한다. 이 백분율이 25% 이상이면 아동은 가족의 질문에 대답해야 하는 압력을 받는 것으로 해석한다. 질문 중에도 '개방형 질문'이 '예/아니요' 질문보다 아동에게 더 큰 압력을 준다.
5. 비판적인 말 또는 수정	가족이 산출한 문장을 '비판적' 또는 '수용적' 유형으로 분류한다. '비판적' 문장은, ① 가족이 아동의 태도, 행동 또는 말을 조건 없이 받아들이지 않는다는 것을 나타내는 문장, ② 아동에게 말을 하라고 압박하거나 행동을 지시하는 문장, ③ 엄한 어조 또는 믿지 못하겠다는 어조의 문장을 말한다. 비판적인 문장의 수를 전체 문장의 수로 나누고 백분율을 계산한다. 비판적 문장의 백분율이 50% 이상이면 아동은 가족들이 기대하는 높은 수준의 문장을 구사해야 하는 압박을 받는 것으로 해석한다.
6. 적절하지 않은 또는 일관되지 않은 태도 또는 듣는 자세	가족들이 사용한 문장 중에서 바로 앞에서 아동이 산출한 문장의 내용에 연관된 반응 문장의 수를 센다. 가족의 문장이 아동의 문장에 반응하지 않은 문장 수가 50% 이상이면 아동은 가족들이 자신의 말에 관심이 없다고 생각한다.
7. 아동 수준보다 높은 낱말 사용	아동과 대화에서 가족이 사용하는 낱말의 수준을 관찰한다. 가족들의 낱말이 아동의 수용언어능력을 벗어나는 낱말이 극소수에 머물지 않으면 아동은 가족의 말을 이해하는 데 부담을 느낀다.

8. 아동 수준보다 복잡한 문장 사용	아동과 대화에서 가족이 사용하는 문장의 복잡성 수준을 관찰한다. 가족들의 문장이 아동의 수용언어능력을 벗어나는 문장이 극소수에 머물지 않으면 아동은 가족의 말을 이해하는 데뿐만 아니라 복잡한 문장을 사용해야 한다는 강박관념으로 인하여 압박을 받는다.

2) 가족 구성원의 상호작용 방식 변화시키기

치료사는 부모가 작성한 사례면담지를 검토하고 이를 근거로 하여 가족과의 면담에서 아동의 '환경'에 대한 정보를 구한다. 이러한 정보에는 다음과 같은 내용이 포함된다. ① 가족들의 일상생활이 얼마나 바쁜가, ② 아동에게 보이는 가족들의 관심 정도, ③ 아동의 말더듬에 대한 가족들의 반응 및 태도 등의 정보를 토대로 치료사는 '환경 개선'의 필요성과 방법을 가족들과 논의한다.

가족들과의 논의에서 치료사는 가능한 한 가족들 스스로 환경 개선의 내용을 정하게 하는 것이 좋다. 치료사가 일방적으로 '지시'를 하면 가족들이 적극성을 잃을 수 있다. 또한 가족과의 대화에서 아동의 말더듬이 부모 또는 가족들의 잘못으로 생긴 것이 아니라는 것을 설명할 필요가 있다. 이따금 아동의 말더듬이 자신들의 잘못으로 생겼다고 생각하고 죄책감을 느끼는 부모 또는 가족들이 있다. 이들의 죄책감을 없애는 데 치료사의 도움이 필요하다. 죄책감을 해소하지 않으면 부모들이 아동의 '치료 과정'에 적극적으로 참여하기가 어려운 경우가 많다. 그래서 죄책감을 없애는 일에 도움을 줄 뿐만 아니라 치료사는 아동의 자발 유창성 회복에 부모 및 가족의 협조가 절대적으로 필요하고 아동이 말더듬을 극복하는 데 부모 및 가족이 도와줄 일이 많다는 것을 확신시켜야 한다. 부모 및 가족이 도울 수 있는 중요한 몇 가지 방법은 〈표 7-6〉과 같다.

〈표 7-6〉 가족이 도울 수 있는 방법

상호작용 방식 항목	도움 방법
1. 아동의 말을 들어주는 시간	아동들은 자신이 말하는 것이 중요하다는 느낌을 갖는 것이 매우 중요하다. 특히 말더듬기 시작하는 아동에게는 이런 느낌이 더욱 중요하다. 하루 중 일정한 시간을 정해 놓고 15~20분 정도 아동의 말을 가족이, 특히 아동의 부모 중 한 사람이나 또는 부모가 함께 듣는 시간을 갖는다. 이 시간을 아동과 약속하고 가족들은 이 시간을 꼭 지키도록 한다. 이 '듣는 시간'에는 아동에게 무엇이든 제안, 지시 또는 요구를 하지 않아야 한다. 아동이 자기가 하고 싶은 말을 아무 거리낌 없이 말하게 하고 가족들은 그 자리에서 주의 깊게 아동의 말을 듣는다. 아동이 말을 하지 않으면 아동이 좋아하는 게임을 하게 하거나 아동과 가족이 함께 말없이 게임을 할 수도 있다.
2. 느린 말속도	가족들은 대화의 말속도를 보다 느리게 한다. 아동과의 대화뿐만 아니라 가족들끼리의 대화에서도 말을 느리게 한다. 집안의 말속도를 전체적으로 '느린 말속도의 환경'으로 바꾼다. 즉, 말소리들이 긴장되지 않고 평온하게 들리도록 하고 말의 중간에 여유로운 쉼(pause)을 충분히 주도록 한다.
3. 충분한 쉼 (pause)	대화 상대자들이 자기 차례가 왔을 때 앞 사람의 말이 끝난 다음에 1~2초 뒤에 말을 시작하면 말속도를 느리게 유지할 수 있다. 또한 다른 사람이 끼어들거나 방해하는 것을 막을 수 있다.
4. 긍정적인 말	아동이 하는 말과 행동에 대하여 가능한 한 긍정적이고, 받아들이는(수용적인) 말을 많이 한다. 아주 중요한 일이 아니면 고치거나 비판하지 않는다. 다른 사람이 자기를 있는 그대로 받아들일 때 바람직한 방향으로 변화가 빨리 일어난다. 자기 자신에 대한 긍정적인 느낌을 가진 아동이 '듣는 시간', '느린 말속도', '충분한 쉼'을 더욱 잘 사용하고 그로 인하여 더 증진된 유창성을 성취할 수 있다.
5. 질문 줄이기	아이들에게 질문을 많이 하고, 새로운 것을 많이 배우라고 격려하고, 새로 얻은 지식을 자랑하라고 말하는 것은 너무나 자연스러운 일이다. 그러나 이러한 요구들이 일부 아동에게는 사람들이 자기를 시험하고 있다는 느낌을 준다. 그래서 질문과 지시하는 일을 줄이는 것이 현명할 때도 있다. 그냥 내버려 두었을 때 자녀가 충분히 배우지 못할까 봐 걱정이 되면, 배움이라는 것이 억지로 되는 것이 아니라는 사실을 되새길 필요가 있다. 아동들은 부모가 보이는 사물에 대한 관심을 함께 느낄 때, 특히 아동들이 하는 행동과 그들이 하는 말에 대한 부모의 관심이 깊다는 것을 느끼고 부모가 긍정적인 표현을 많이 할 때 가장 잘 배운다.

3) 치료 과정

(1) 첫 회기

치료 첫 회기에는 아동을 위한 생활환경 변화의 필요성을 가족들과 논의하고 이에 대한 가족의 협조를 얻는다. 앞에서도 언급했듯이 부모들 중에는 자신의 잘못으로 자녀에게 말더듬이 생겼다고 생각하고 죄책감을 느끼는 사례도 있다. 이들에게는 사실 그렇지 않다는 것을 설득해야 한다. 예를 들면, 같은 환경에서 자란 다른 자녀들은 말을 더듬지 않고 있다는 사실을 깨우쳐 줌으로써 말더듬이 부모의 잘못으로 인한 것이 아님을 확신시킨다. 부모의 죄의식이 사라지지 않으면 생활환경 및 언어환경을 바꾸는 일에 부모의 참여가 소극적이 될 가능성이 높다. 생활환경 또는 언어환경의 변화를 논의하는 데에서 강조해야 할 것이 두 가지가 있다. 하나는 가족과 아동 사이의 상호작용 형태이고 또 하나는 일상관례(routine)이다. 이 가운데서 가족과 아동 사이의 상호작용 형태를 변화시키는 일이 쉽지 않다. 그래서 이를 위해서는 치료사의 시범(modeling)이 필요할 때가 많다.

상호작용의 시범

가족들 자신의 말, 행동, 아동과의 상호작용 방식을 바꾸는 일이 쉽지 않다. 그리고 치료사의 말로 하는 설명이 충분하지 않을 때가 많아 치료사가 직접 시범을 보여야 할 때가 있다. 언어치료실에 '한 방향 유리창(one-way mirror)'이 있다면 가족들이 한쪽 방에서 관찰하고 다른쪽 방에서 치료사가 아동과 상호작용하면서 말의 속도, 말 가운데 쉼(pause) 넣는 방법 등을 시범 보이고 나중에 가족과 아동이 직접 시행하는 것이 좋다. 치료사가 가족들이 아동과 상호작용하는 것을 평가할 때는 될 수 있는 한 긍정적인 면을 많이 찾아내서 칭찬하는 기회가 많아지도록 노력해야 한다. 비판적인 지적을 할 경우에는 칭찬과 비판의 비율이 5∶1 정도가 되는 것이 바람직하다. 부모 이외의 가족도 변화되어야 한다. 말을 더듬는 동생을 놀리는 형이 있다면 앞으로는 놀리는 일이 없어야 하고, 말을 더듬는 누나가 말이 막힐 때 고개를 돌리는 동생이 있다면 앞으로는 누나의 말이 막히더라도 누나와 계속 눈맞춤을 유지하면서 차분하게 기다리는 동생이 되어야 한다.

가족 구성원의 일상관례(ROUTINE)의 변화

집 안에서 매일 일어나는 정해진 '일상관례'는 수없이 많다. 아침에 일어나서 밤에 잠자리에 들 때까지의 가족 개개인의 일과가 대부분 일상관례에 포함된다. 이 일상관례를 모두 바꾸라는 것이 아니다. 다만, 아동의 말더듬에 악영향을 미치는 관례를 찾아내고 이를 유창성을 촉진시키는 방향으로 바꾸어야 한다. 그 가운데 가장 중요한 것은 '바쁘게 돌아가는 생활분위기'를 '좀 더 느리고 여유롭게 흘러가는 생활분위기'로 바꾸는 것이다. 무엇을 어떻게 바꾸어야 '느리고 여유롭게 흘러가는 생활분위기'를 만들 수 있는가는 치료사가 알려 주는 것보다는 가족들 스스로가 찾아내게 하는 것이 매우 중요하다. 스스로 느끼고 판단해서 바꾸어야 하겠다고 마음먹었을 때 변화가 잘 이루어지기 때문이다. 예를 들면, 지금까지는 가족 중 약속시간에 임박해서 서두르는 사람이 있어서 그 바람에 항상 집안 분위기가 어수선했다면, 앞으로는 가족들이 약속이 있을 때는 시간의 여유를 가지고 약속에 대비함으로써 '일을 서두르는 사람'이 없는 것이 습관이 되도록 한다.

말을 더듬는 아동들은 자기가 하는 일과 자기의 말에 가족들이 진지한 관심을 많이 보일수록 심리적 안정을 찾고 유창성이 증진된다. 특히 정해진 시간에 아동과 대화를 할 때 가족들이 보이는 가식 없는 관심은 말을 더듬는 아동에게 대단한 용기를 일으키고, 아동의 자신감을 북돋아 주며, 이것이 말의 유창성으로 연결된다.

(2) 치료의 둘째 회기 이후

치료의 둘째 회기부터는 치료사가 가정의 변화된 내용을 점검해야 한다. 그런데 점검할 때의 치료사의 행동과 언어가 매우 중요하다. 변화된 내용을 따져 묻는 식의 태도와 언어는 금물이다. "요새 어떻게 지내세요?"라는 인사말조차도 가족들에게는 책임을 추궁하는 심문으로 받아들여질 수 있기 때문이다. 가족들이 이루지 못한 것 또는 잘못한 것을 캐내기보다는 사소한 것이라도 잘한 것을 찾아내서 칭찬하고 격려하는 것이 더 효과적이다. 때때로 첫 회기 후에 아동의 유창성이 놀랄 만큼 개선되는 경우가 있다. 첫 회기에서 치료사가 조언한 것에 따라 가족들이 아동의 말더듬에 대한 외현적인 걱정을 하지 않은 것이 유창성을 촉진했을 가능성이 있다. 그러나 이런 경우 그 유창성이 매우 유동적이고 다시 '심한' 말더듬으로 되돌아 갈 수 있다는 것을 가족들에게 이해시켜야 한다. 유창성은 경계선 말더듬이라고 하더라도 하루아침에 나아지는 것이 아니라, 안정화 단계를 꾸준히 거치고 충분히 일반화가 되어야 한다는 것을 가족들이 깨닫도록 도와야 한다. 오늘의 흥분된 기쁨이 당장 내일 더 깊은 실망으로 이어질 수 있다.

(3) 유지

경계선 말더듬의 치료는 일반적으로 5~6회기의 치료로 끝나는 것이 일반적이다. 5~6회의 치료가 지나면 비유창성이 현저히 감소되고 부분낱말 반복은 전체낱말 반복 또는 구 반복으로 바뀌며 가족들의 아동에 대한 걱정이 훨씬 감소한다. 이 단계가 되면 치료사와 가족들은 그간 일어난 변화를 되짚어 살피고 앞으로 계획을 세운다. 이 계획에는 말더듬이 재발했을 때의 대비책을 포함시킨다. 그러나 가족들이 아동의 자존감을 높여 주고 아동의 능력을 신뢰하는 분위기를 지켜 간다면 말더듬이 재발할 가능성은 낮다. 그러나 말더듬이 재발할 경우에는 생활환경과 가족들의 행동 등을 다시 점검할 수 있어야 하고 잘못된 것이 있으면 다시 새로운 변화를 시도해야 한다. 이를 위하여 치료를 종결하기 전에 치료사는 가족들이 상황을 객관적으로 판단할 수 있는 능력을 갖도록 도와주어야 하고, 동시에 가족들이 자신들의 능력을 스스로 신뢰하는 마음을 갖도록 도와주어야 한다. 그리고 어려움을 스스로 해결할 수 없을 때는 언제든지 치료사의 도움을 받을 수 있다는 치료사에 대한 신뢰감을 깊이 심어 주어야 한다.

4. 직접치료

직접치료(direct therapy)는 간접치료 후에도 비유창성이 남아있거나 아동이 말에 대한 부담을 보이거나 언어발달이나 조음 등의 동반문제를 보여 유창성에 영향을 주는 경우 직접치료를 실시한다. 또는 가족이 환경을 계획한 대로 변화시킬 수 없는 경우 직접치료가 필요하다.

직접치료는 말더듬 아동의 말·언어 습관의 변화를 통한 유창성 증진을 목표로 하여 치료사가 아동을 대상으로 직접 중재하게 된다. 또한 직접치료를 하는 동안 부모들은 간접치료에서 습득한 기법을 유지하도록 격려받으며 지속하고 있는지 확인 과정을 거치기도 한다.

직접치료의 목표는 종합적인 치료 관점에서 치료사의 개입으로 아동 말더듬의 빈도와 형태를 감소시키는 것과 더불어 말더듬에 대한 부정적인 감정과 생각을 줄이며 아동의 환경을 변화시키는 데 부모를 참여시키고, 의사소통과 관련된 아동의 능력과 재미를 향상시키는 것을 포함한다(Manning & DiLollo, 2018).

직접치료는 유창성 형성법과 말더듬 수정법에서 필요한 요소들을 결합한 통합적 접근법에 따라 치료를 실시한다. 그리고 아동의 말더듬 인식 수준과 반응에 따라서 덜 직접적인 방법으로 개별 아동의 특성에 맞게 수정·적용한다.

치료사는 부모 한 명 혹은 그 이상의 가족 도움을 받으면서 아동이 말과 언어의 부드러운 흐름을 증진해 나갈 수 있도록 여러 방면에서의 기술과 능력을 증진시키기 위해 다각적인 치료접근법을 이용할 수 있다. 아동의 말더듬 정도에 따라 다음과 같이 구분하여 치료하는 것이 바람직하다.

1) 가벼운 경계선 말더듬 아동 치료

대부분의 경계선 말더듬 아동은 자신이 말을 더듬고 있다는 사실을 인식하고 있더라도 심리적인 부담을 느끼지 않고 있으며 반복의 말더듬 형태도 긴장이 없고 말더듬에서 빠져나오려는 탈출행동을 보이지 않는다. 그리고 이 아동들은 말을 더듬는 시간보다 유창하게 말하는 시간이 상대적으로 더 많다. 따라서 이들에 대한 치료는 비유창성에 관심을 두지 않고 유창성을 촉진시키는 방향으로 치료를 진행한다.

아동이 이미 지닌 유창성을 촉진시키고 안정화시키는 방법의 하나는 아동과 대화를 하면서 유창한 말을 칭찬 등으로 강화시키는 것이다. 리드콤 프로그램의 칭찬하기 중재 전략과 유사하지만 다른 점은 아동이 말더듬으로 고통스러워하지 않으면 칭찬하되, 말더듬은 무시하도록 부모를 교육한다. 부모는 "정말 부드럽게 말했구나!", "참 듣기 좋구나!"라고 유창한 말에 대해 칭찬하도록 한다.

이때 조심해야 할 것은 강화계획(reinforcement schedule)이다. 강화의 횟수가 너무 지나치게 잦아서 강화의 효력이 사라지지 않도록 해야 하며, 반대로 강화의 빈도가 너무 적어도 안 된다. 시작 시 적절한 칭찬 정도는 유창한 발화 다섯 번마다 칭찬하는 것이 좋다. 그리고 칭찬의 표현도 전형적인 칭찬 이외에 아동이 좋아하는 말을 활용할 수도 있다. 예를 들어, 어떤 아동은 "뽀통령 말이야!"를 칭찬으로 듣고 싶어 하였다. 어떤 강화를 어느 정도 빈번히 해야 할 것인지는 대상 아동의 상태에 따라 치료사가 결정해야 한다.

치료사와 아동의 치료 과정에서 가족은 '한 방향 유리창(one-way mirror)'을 통해 또는 치료실에 함께 참관하여 관찰하도록 하는 것이 중요하다. 가족은 치료사가 시행하는 강화의 방법과 강화계획을 배워서 나중에 이를 집에서 시행할 수 있어야 한다.

2) 심한 경계선 말더듬 아동 치료

경계선 말더듬 아동이 근육의 긴장이나 탈출행동을 보이지 않더라도 부정적인 느낌을 보이거나 말더듬으로 인해 당황하는 기색을 보이면 치료 방법을 달리해야 한다. 이런 아동에게는 스트레스, 부정적 정서 등에 대한 치료 접근이 필요하다.

치료 형태는 치료실에서 일주일에 1~2번, 40~45분 정도의 치료를 하는 것이 바람직하다. 한편, 가족들과 협력해서 집안의 언어 분위기를 '여유롭게' 만들고 아동의 유창성을 촉진하는 행동을 해야 한다. 이 직접치료는 다음과 같은 단계를 밟는 것이 좋다. ① 가벼운 말더듬의 시범 보이기, ② 아동의 적극적인 참여: 나 잡아 봐라, ③ 아동의 적극적인 참여: 말더듬 놀이, ④ 의도적 말더듬, ⑤ 말더듬의 변형이다.

(1) 가벼운 말더듬의 시범 보이기

아동이 말을 더듬으면 아동의 말더듬보다 약화된 형태의 말더듬을 치료사가 시범을 보인다. 이 시범은 아동과 놀이를 하면서 자연스럽게 연출하여 아동의 말더듬을 치료사가 흉내 내는 것으로 인식하지 않도록 해야 한다. 그리고 아동에게는 치료사가 정말로 말을 더듬는 것으로 들리게 해야 한다.

아동이 말을 더듬을 때마다 시범을 보이는 것이 아니라 아동이 두세 번 더듬었을 때 한번 정도 치료사가 시범을 보이는 것이 좋다. 아동이 빠른 속도로 반복을 하고 말을 갑작스럽게 멈추면, 치료사는 천천히 반복하고 점진적으로 말을 끝낸다. 아동의 단위 반복 횟수가 여러 번 나타나고 긴 연장으로 말을 더듬으면, 치료사는 2~3번의 단위 반복 횟수의 반복과 짧은 연장으로 더듬는다. 또한 치료사는 시범을 보이면서 자신의 말더듬에 긍정적인 설명을 곁들인다. 예를 들면, 더듬고 난 뒤에 "음, 내가 말을 하면서 몇 번 울퉁불퉁 튀었지. 그렇지?", "아차, 이번에는 말이 막혔네. 그래도 아무 문제없어. 괜찮아!"라고 한다. 치료사가 이런 설명을 하면 대부분의 아동은 수줍어하면서도 치료사의 설명에 흥미를 느낀다. 그러나 때로는 치료사의 이런 시범과 설명에 거부감을 보이며 "그러지 마세요. 선생님이 더듬으면서 말하는 것이 싫어요."라고 항변하는 아동도 있을 수 있다. 그런 아동의 경우에는 직접치료의 속도를 줄여서 치료사의 긍정적인 태도를 더 적극적으로 아동에게 표현할 필요가 있다. 중요한 것은 치료사가 긍정적인 태도로 지속적으로 접근하여 아동의 부정적 반응이 점진적으로 사라지게 해야 한다.

(2) 아동의 적극적인 참여: 나 잡아 봐라 놀이

치료사의 '가벼운 말더듬 시범' 단계를 잘 마친 아동은 치료사가 말을 더듬으면 이를 지적하는 놀이를 한다. 예를 들면, 치료사가 아동에게 "선생님을 좀 도와줄래? 선생님은 말에 걸리면 계속해서 더듬어, 말을 천천히, 힘들이지 않고 해야 하는데 가끔 그것을 잊어버려. 그래서 네 도움이 필요해. 만일 선생님이 '이이이이 이것'이라고 하면, 네가 '이가 한 번이에요.'라고 말해 줄래? 그러면 내가 말을 천천히 힘들이지 않고 말할 수 있을 거야."라고 말을 한다.

아동이 치료사의 말더듬을 찾아서 지적하면 칭찬을 아끼지 말아야 한다. 이러한 경험을 통해 아동은 성취감을 느끼고 전에는 어찌할 바를 모르고 당황했던 상황을 스스로 다룰 수 있게 되었다는 자신감을 얻는다. 때로는 사회적 강화(칭찬) 대신 과자 등의 물질적 강화제를 사용하는 것이 효과적일 때도 있다.

(3) 아동의 적극적인 참여: 말더듬 놀이

'말더듬 놀이'를 반드시 '나 잡아 봐라 놀이' 다음에 해야 하는 것은 아니다. 어느 쪽이든 아동이 더 편하게 생각하는 놀이부터 시작한다. '말더듬 놀이'에서는 아동의 말더듬과 닮은 말더듬 형태(반복 또는 연장)를 치료사가 장난치듯 연출하면 이를 아동이 따라하게 한다. 이런 놀이를 통해서 아동은 말더듬에 둔감화될 수 있고 말더듬을 스스로 다룰 수 있다는 자신감을 얻는다. 예를 들어, 치료사가 "말소리를 여러 번 다시 말하는 놀이 해 볼래? 말소리를 몇 번이나 다시 말할 수 있는지 해 보자. 선생님은 다섯 번 말할 수 있는데, 볼래? '가 가 가 가 가' 너도 다섯 번 해 볼래?" 아동이 놀이에 재미를 느끼지 않을 때까지 계속한다.

치료사는 아동이 '말더듬 놀이'를 재미있어 하면 일상생활에서도 적극적으로 활용하도록 한다. 치료사는 말소리를 반복하거나 연장하는 놀이를 하는 것부터 대화에서도 말소리를 반복하거나 연장하는 놀이로 확대할 수 있도록 준비가 필요하다.

(4) 의도적 말더듬

아동이 '나 잡아 봐라 놀이'와 '말더듬 놀이'를 성공적으로 끝내면 의도적 말더듬을 실시한다. 치료사는 '느린 속도로 힘들이지 않은 말더듬'을 할 수 없다고 하면서 아동의 도움을 청한다. 즉, 치료사는 아동이 더듬는 정도의 강도로 말을 더듬고 난 뒤 "느린 속도로 힘들이지 않고 더듬을 수가 없네. 어떻게 하는 건지 네가 보여 줄래?"라고 요청한다. 의도적인 말더듬도 아동이 즐거워하는 다른 활동을 하는 동안에 하되, 자주 하지 말고 가끔씩 해야 한다. 여기에서도 다른 활동을 하는 경우와 마찬가지로 물질적 강화제를 포함해서 강화제를 적절히 사용해야 한다.

아동이 느리고 부드러운 말더듬을 산출할 수 있을 때 치료사는 부모에게 아동이 일부러 말더듬을 잘 가르쳐 줄 수 있다고 칭찬하여 아동이 부모 앞에서 의도적 말더듬을 보여 주게 한다. 이러한 활동은 아동의 말더듬에 아동뿐만 아니라 부모를 둔감하게 하고 수용하도록 만든다.

(5) 말더듬의 변형

말더듬 증상이 경계선 말더듬과 초기 말더듬을 오락가락 하는 아동들은 부모가 유창성을 촉진시킬 수 있도록 개선한 생활환경 속에서 지금까지 살펴본 직접치료의 방법들을 사용하여 치료하면, 치료를 시작한 뒤 수개월 안에 정상 비유창성을 달성하게 된다. 그러나 수개월이 지나도 유창성이 개선되지 않는 아동은 또 한 단계의 직접치료 과정을 거쳐야 한다. 즉, 아동이 스스로 자기의 말더듬을 변형시키려는 단계를 뜻한다.

놀이를 하는 도중 아동이 말을 더듬으면 치료사는 수용적인 표현으로 아동의 말더듬을 긍정적으로 받아들이면서 아동의 말더듬을 느린 속도와 편안한 방법으로 더듬어 보인다. 그리고 하던 놀이를 다시 계속한다. 그러다가 아동이 다시 말을 더듬으면 또 다시 느린 속도와 편안한 방법으로 아동의 말더듬을 재현하면서 아동에게 치료사가 보인 것과 같이 말을 더듬도록 요청한다. 다음부터는 아동이 느린 속도로 편안하게 그리고 쉽고 부담 없이 더듬으면 이를 강화한다. 이후 치료사는 경우에 따라 시범과 강화를 계속한다. 그러나 이 모든 과정은 '재미있는 놀이'를 하는 식으로 진행해야 한다. 이렇게 하면 아동은 스스로 말더듬을 다루는 능력이 생기고, 두려움 등의 심리적 부담을 덜며, 그 결과 근육의 긴장이 감소하고 힘들이지 않고 말을 더듬을 수 있다.

아동이 치료실에서 느리고 편안하게 말을 더듬을 수 있으면 치료실 밖으로 일반화가 이루어질 것이다. 만약 자동적으로 일반화가 이루어지지 않는 경우에는 치료실에서 부모와 형제에게 말더듬을 가르치는 것으로 시작하여 가정으로 일반화를 유도할 수 있다.

5. 치료 프로그램 동향

1) Palin 부모-아동 상호작용치료

Palin 부모-아동 상호작용치료(Palin Parent-Child Interaction Therapy: Palin PCIT, Kelman & Nicholas, 2008)는 간접치료와 직접치료가 결합된 프로그램이다. Palin PCIT는 [그림 7-3]의 다요인이 말더듬 원인으로 서로 상호작용하여 말더듬 발생과 지속에 영향을 주는 것으로 보았다. 치료의 목표는 아동의 환경에서 기인한 유창성에 대한 요구 또는 스트레스 요인을 감소시키기와 정상적으로 유창한 구어를 산출할 수 있는 아동의 여러 능력을 지원하기의 두 가지이다. Palin PCIT는 절차가 유연하며, 아동과 가정의 요구에 따라 개별화할 수 있고, 세 가지 전략으로 구성되어 있다.

구성요소 중 첫째는 가족전략으로, 말더듬에 대해서 공개적으로 이야기하고, 부모는 아동의 말더듬을 인정하도록 격려하며, 부모가 아동의 말더듬을 관리할 수 있도록 힘을 실어 주고, 부모의 자신감을 증가시켜 아동의 유창성을 증진시키는 것을 목적으로 한다.

둘째는 상호작용전략으로, 부모가 아동의 유창성 증진을 위해 할 수 있는 행동을 익히고 행하는 동안 자신의 기술에 대해 자신감을 갖고 유창성 증진을 위한 아동과의 의사소통 촉진을 목표로 한다. 말더듬 아동의 핵심행동을 치료의 대상으로 삼지 않고 가족 간의 상호작용 방식을 치료의 목표로 한다. 따라서 치료사가 변화시켜야 할 부모의 행동으로는 주로 발화 길이, 조음속도, 쉼의 사용, 차례 지키기, 지시 따르기 등이 포함되며, 이러한 요인들이 아동의 유창성에 어떠한 영향을 주는지를 살펴보고 부담을 주는 요인들을 수정한다.

셋째는 아동전략으로, 일부 아동에게 적용하며 직접적인 구어 수정, 유창성 향상 기법, 언어치료 또는 말소리치료 등이 포함된다.

넓은 의미에서 말더듬 아동의 유창성 향상을 위한 '환경 개선(environmental modifications)'
이 목표이고 치료를 통해 아동의 말은 '자발 유창성'을 달성할 수 있다.

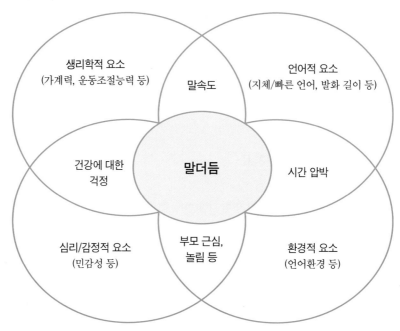

[그림 7-2]   Palin 다요인 모델(Botterill & Kelman, 2010)

Palin PCIT는 총 12주간 프로그램으로 전반 6주의 치료실 내 치료와 후반 6주의 통합
기간은 가정강화, 12주차에 공식적인 재평가로 구성된다. 모든 아동은 치료 후 적어도
1년간 모니터링 기간을 거친다. 회기는 주당 1회, 1회기는 1시간으로 구성되며 1주 간
격으로 진행되는 것은 새로운 방법을 가정에서 활용해 볼 시간을 주기 위한 것이다.

(1) 1주차 프로그램

간접치료 1주차 회기는, ① 유창성 평가 결과 및 치료 안내, ② 아동의 환경요소 및
가족 간의 상호작용 방식 분석, ③ 부모의 목표 세우기, ④ 상호작용놀이 수행 및 평가,
⑤ 일주일간의 과제 제시로 구성한다.

〈표 7-7〉 Palin PCIT 구성내용

주	치료 시간 및 내용	세부 내용
1	주 1회 1시간, 부모와 아동의 상호작용놀이를 통한 치료	① 유창성 평가 결과 및 치료 안내 ② 환경요소 및 상호작용 방식 분석 ③ 부모의 목표 세우기 ④ 상호작용놀이 수행 및 평가 ⑤ 일주일간의 과제, 가족전략 수행을 위한 안내문 제시
2~5		① 도입(유창성 만들기 기록 리뷰 및 근황 파악) ② 회기 목표 세우기 ③ 상호작용놀이 수행 및 평가(1~2회) ④ 일주일간의 과제 제시 및 가정만의 문제 논의
6		① 회기 목표 세우기 ② 상호작용놀이 수행 ③ 1회기와 6회기 수행도 비교 평가 ④ 남은 문제 확인 및 향후 계획 수립
7~12 (통합기간)	주 1회 전화 상담	① 가정에서 유창성 만들기 수행 및 기록지 전송 ② 치료사와 전화상담
	12주 재평가	① 유창성 재평가 ② 향후 치료 계획 수립

① 유창성 평가 결과 및 치료 안내

작성된 유창성 진단보고서를 토대로 말더듬 중증도, 비유창성 정도 및 특성 그리고 부모-아동 상호작용 특성 등에 대한 안내와 향후 치료에 대한 안내를 한다. 다요인 관점에서 아동의 문제를 살펴보고 아동의 취약점과 능력을 부모가 인식하고 아동의 말더듬에 대해 이해할 수 있도록 돕는다.

② 아동의 환경요소 및 가족 간의 상호작용 방식 분석

우선, 아동의 환경요소 분석에서는 말더듬 원인의 구성요소로 제시되었던 신체적 · 언어적 · 환경적 · 심리적 요인에 대한 검사지인 '유창성장애 환경요약표'(〈표 7-8〉 참고)를 부모가 작성하여 아동의 환경요인에서의 강점과 약점을 파악하게 한다. 부모가 작성하기 어려운 경우에는 치료사가 항목별로 질문하고 부모는 대답하게 하며 기록한다.

〈표 7-8〉 유창성장애 환경요약표

	좋음	문제없음	약간 문제됨	많이 문제됨	상당히 문제됨	비고
신체적 요인						
말더듬 가족력						
출생력						
발달지체						
운동조절						
건강						
말 · 언어 가족력						
언어적인 요인						
초기 말/언어발달						
이해 언어						
표현 언어						
음운						
비유창성						
인식(아동)						
부모의 관심						
환경적인 요인						
형제간의 경쟁 의식						
이중언어환경						
일상의 생활						
일관성						
부모-아동 상호작용						
비유창성에 대한 반응						
부부간의 불화						
심리적인 요인						
분리의 어려움						
불안, 걱정(부모)						
불안, 걱정(아동)						
완벽주의 경향(부모)						
완벽주의 경향(아동)						
민감성(아동)						

다음으로 가족 간의 상호작용 방식 분석에서는 말더듬 아동에게 '의사소통 압박'이 될 수 있는 가족 간의 상호작용 방식 파악이 중요하다. 유창성장애 평가 시 녹화한 부모-아동 상호작용 영상(또는 즉석에서 녹화한 영상)을 가지고 5분 정도 시청을 하면서 부모의 상호작용 방식을 확인한다. 부모와 함께 시청할 영상의 발화를 전사하여 준비해 두고 확인하면 더 효과적이다.

부모의 상호작용 방식을 파악하기 위해 '상호작용 요약 차트'와 7개의 질문에 답하며 부모가 자신의 상호작용 방식을 객관적으로 파악하도록 한다. 부모의 상호작용 방식은 아동의 주도 따르기, 스스로 문제해결하게 기다려 주기, 질문보다 언급하기, 아동 수준에 적합한 언어사용 및 질문 복잡성 고려하기, 관심 및 연관된 반응 보여 주기, 아동 발화의 반복/확장/바꾸어 말해 주기, 반응시간 주기, 부모와 아동의 말속도 일치시키기, 발화 전과 사이에 쉼 사용하기, 눈맞춤 하기, 칭찬과 강화 사용하기 등이다.

〈표 7-9〉 상호작용 요약 차트 및 7개 질문

아동이름:			날짜:	
말더듬 및 사회적 의사소통 기술				
%ss	부모 평가		▶ 아동의 인식/관심도	
말더듬 유형	□ 단어 반복 □ 단어부분 반복 □ 연장 □ 막힘		장황하게 말하기/교대로 말하기	
▶ 발병 후 기간	□ 6개월 미만 □ 12개월 미만 □ 12개월 이상		눈맞춤 부족	
▶ 변화 패턴	□ 좋아짐 □ 동일함 □ 더 나빠짐		집중력 부족	
▶ 부모의 관심 수준			**언어 요인**	
			▶ 말 · 언어발달지체	
생리학적 요인			▶ 수용언어 능력 저하	
▶ 말더듬 가족력			▶ 표현언어 능력 저하	
협응			단어찾기 어려움	
피곤함			▶ 조음/음운장애	
출생력			▶ 상위언어기술	
건강상태			말 · 언어능력 불일치	
빠르게 말하기/말속도			이중언어능력	
심리적 요인			**환경 요인**	
자신감 부족			가족 내 교대로 말하기	
높은 기준			행동 관리	
예민한 성향			반복적 일상	
불안/걱정			말더듬에 대한 개방성	
변화에 대한 부적응			유치원/학교 관련 문제	
말더듬에 대한 반응			생활의 속도	
아이에게 필요한 것은 무엇입니까?				

1.
2.
3.

상호작용 전략	A	B 어머니	B 아버지	C 어머니	C 아버지	가족 전략	아동 전략
아동 주도 따르기						특별 시간	속도 늦추기
아이가 문제를 해결하게 하기						이중언어 능력	쉼 주기
질문 대신 서술해 주기						말더듬에 대해 이야기 하기	편안하게 말하기
아동 수준에 맞는 질문의 복잡성						자신감 기르기	간결하게 말하기
아동 수준에 맞는 언어						교대로 말하기	눈맞춤/관심 집중하기
아동의 관심과 연관된 의미적 반응						감정다루기	기타
반복, 확장, 다시 말해 주기						피로감	조음/음운 치료
대화 시작, 반응, 종결하기						높은 기대 수준	유치원/학교 연계
아동의 말속도와 대비되는 말속도						훈육	타 기관 추천
쉼 두기						반복적인 일상	
눈맞춤, 자세, 접촉, 유머, 놀람 사용 하기						생활의 속도	
칭찬과 격려						기타	

A. 이 전략을 사용하는 것이 아동에게 유익한가요?
B. 어머니/아버지는 이 전략을 조금이라도 사용하고 있나요?
C. 어머니/아버지가 이 전략을 더 많이 사용하는 것이 도움이 될까요?

비디오를 보신 후 다음의 질문에 답을 해 주세요.

1. 누가 주도하는가?   2. 누가 말을 많이 하고 있는가?
3. 누가 더 많이 듣고 있는가?   4. 누가 더 많이 보는가?
5. 누가 복잡하게 말 하는가?   6. 누가 질문을 하고 있는가?
7. 얼마나 빨리 말을 하는가?

③ 부모의 목표 세우기

부모는 상호작용치료를 위한 목표를 세 가지 정도 설정한다. 치료사가 설정해 주는 것이 아닌 부모 스스로 설정하게 하는 것이 중요하다. 부모의 행동변화를 확인하려면 목표는 구체적으로 수립해야 한다. 예를 들어, 부모의 말속도를 1초 3글자 속도로 감소시키기, 반응시간을 2초 이상으로 늘리기, 아동의 수준에 적절한 정도로 부모의 발화 길이를 짧고 단순하게 하기, 질문을 5분간 3회 미만으로 줄이기 등이다.

④ 상호작용놀이 수행 및 평가

수립한 목표를 가지고 1차 상호작용놀이를 실시하고 녹화한 비디오를 치료사와 함께 보면서 즉석에서 부모가 목표를 얼마나 잘 지켰는지를 평가한다.

〈예시 7-1〉 1차 상호작용놀이: 녹화영상 보며 피드백

• 상호작용놀이 녹화영상을 보면서 피드백 주는 사례 1

치료사: 이 부분에서 ○○이 말과 어머니 말 사이에 쉼이 있나요?

부모: 아니요……. 우리 ○○이가 말하는데 제가 말하네요.

치료사: ○○이가 무슨 말을 하는지 잘 들리는지요?

부모: 아니요. 각자 말하느라 바쁜 것 같아요.

치료사: 그렇죠……. 이번에는 ○○이 말을 끝까지 듣고 마음속으로 하나 둘 세고 대답해 주기를 해 보시는 거예요.

부모: 네…….

〈예시 7-2〉 2차 상호작용놀이: 녹화영상 보며 피드백

• 상호작용놀이 녹화영상을 보면서 피드백 주는 사례 2

치료사: 이 부분에서 누가 말하고 있나요?

부모: 아니요……. 우리 ○○이도 저도 말을 안 하고 듣고 있어요.

치료사: 말을 하고 있지 않지만 분위기가 어떤가요?

부모: 차분하고 편안한 것 같아요.

치료사: 서로 쉼 없이 말할 때와 무엇이 달라요?

부모: ○○이가 자기 말을 더 많이 하네요.

치료사: 그렇죠……. 어머님의 침묵이 ○○이에게 서둘지 않고 편안하게 말할 시간을 준 거죠.

⑤ 일주일간의 과제 제시

한 주 동안의 과제로 '유창성 만들기' 시간을 일주일 동안 매일 5분씩 3~5번 수행하여 기록해 오며 아동의 유창성이 아니라 말의 내용에 귀 기울이는 시간을 갖도록 한다. '유창성 만들기' 시간의 지시사항은 〈표 7-10〉과 같다. '유창성 만들기' 놀이 회수는 가정 내에서 할 수 있는 현실적인 횟수를 정하는 것이 좋다.

〈표 7-10〉 '유창성 만들기' 시간 지시사항

- '유창성 만들기' 시간은 5분 동안, 하루에 3~5회 진행합니다.
- 시작하기 전에 자녀가 놀이나 장난감 혹은 게임을 선택하게 합니다. 책 읽기나 컴퓨터 또는 게임기, TV 보기 혹은 바깥놀이 등은 피해 주세요. 자녀가 원하는 것을 고르면 방해받지 않은 곳으로 가서 TV나 전화와 같은 방해물도 치워 두세요.
- 자녀와 5분간 놀이를 하면서 아동이 어떻게 말하는가(비유창성)보다는 아동이 말하려는 내용에 관심을 두고 경청해 주세요. 시간이 끝나면 '유창성 만들기' 시간 기록지에 당신이 한 행동과 느낌을 기록합니다. 그런 다음에 자녀와 함께 다시 활동을 이어 갈 수 있으며 그 이후로는 '유창성 만들기' 시간으로 진행하지 않습니다.
- 다른 자녀가 있다면 개별적으로 따로 그 자녀들과 규칙적으로 '유창성 만들기' 시간을 가지도록 하는 것이 좋습니다.

부모에게 가족전략으로 '말더듬에 대해 공개하기'가 필요한 경우 자료를 주고 다음 회기에 읽은 소감이나 느낀 점에 대해 치료사와 대화를 나눈다.

(2) 2~5주차 프로그램

2~5주차 프로그램은 크게 '유창성 만들기' 시간 점검으로 시작하여, 상호작용놀이를 1~2회 실시한다. 첫째, 한 주간의 유창성 만들기 기록의 활동내용을 살펴보며 부모가 잘한 점과 고쳐야 할 점 등에 대해 도움말을 준다. 둘째, 지난주의 목표를 가정 내에서 얼마나 지켰는지에 대한 수행 정도를 토대로 이번 회기에서의 목표를 확인한 후 2회의 상호작용놀이를 한다. 부모와 함께 녹화한 비디오를 보면서 치료사는 부모가 변화한점, 칭찬할 점에 대해 조언을 하고 변화해야 할 부분, 수정할 부분 등에 대해 조언을 한다. 이때, 긍정적인 조언과 수정해야 하는 것에 대한 조언을 5 : 1이 되도록 노력해야 하지만, 부모가 변화하려는 노력 그 자체에도 많은 칭찬을 해야 한다. 또한 부모의 이러한 변화가 아동의 비유창성에 끼치는 영향을 부모가 느끼도록 격려한다. 이는 칭찬과 격려가 도움이 되겠지만 아동의 비유창성 자체의 큰 변화가 진정한 동기가 될 수 있기 때문이다. 상호작용 시 아동의 행동 변화를 구체적으로 표현해 주는데, '아이가 어머니와 눈맞춤을 5분 동안 3회 이상 자주 하려고 하면서 조급함이 사라졌다'는 식으로 말해 주고,

가능하면 녹화영상을 보면서 변화를 확인하도록 제시한다. 셋째, 가정 내의 사소한 문제라도 상의를 할 수 있는 분위기를 만들고 가정 내에서 연습할 수 있는 과제를 제시해 준다. 또한 '말더듬에 대해 공개하기'와 관련한 가족전략 내용을 논의한다. 그 밖에 다룰 가족전략은 자신감 늘리기, 대화 차례 지키기, 느낌 다루기, 문제행동 다루기 등이다.

(3) 6주차 프로그램

6주차 프로그램은 한 주간의 전반적인 상담으로 시작하여, 상호작용놀이를 1회 실시한 후에 6주간의 치료를 마무리한다. 첫째, 한 주간의 유창성 만들기 기록을 살펴보며 부모가 잘한 점과 고쳐야 할 점 등에 대해 도움말을 준다. 둘째, 회기목표를 확인한 후 마지막 상호작용놀이를 수행한다. 셋째, 1회기와 6회기의 녹화한 비디오를 보면서 부모 스스로 6주간 아동 및 부모가 변화한 점, 남은 문제 등에 대해 치료사와 논의한다. 치료사는 어려웠던 행동변화를 중심으로 가정 내에서 적극적으로 실천해 보도록 조언하고 전반 6주의 간접치료를 종결한다.

(4) 7~11주차 프로그램(가정 내 통합기간)

7~11주차 프로그램은 한 주간 부모는 아동과 5분 동안 유창성 만들기 시간을 매일 3회 이상 수행한 후, 기록을 치료실로 보내면 기록을 토대로 치료사와 전화상담을 한다. 이 기간 동안은 치료실에 오지 않고 일상생활에서 부모가 주도적으로 실천을 해 보고, 부모 스스로 문제해결력을 증진시키면서 말더듬에 대한 관리능력을 증진시키도록 한다. 그러나 아동의 비유창성이 증가하면 즉시 치료사에게 보고하도록 한다.

(5) 12주차 프로그램

12주차 마지막 점검 회기는 그동안의 진전을 평가하고 부모와 함께 향후 방향을 정한다. PCIT 치료효과를 점검하기 위해 P-FA-II(심현섭, 신문자, 이은주, 2010)를 사용하여 유창성검사를 다시 수행한다. 유창성 재검사 결과, ① 아동의 유창성이 만족할 만한 수준이면 '유창성 만들기' 시간을 지속하며 3개월 후에 모니터링을 하도록 한다. 이후 6개월, 1년 후 다시 점검 회기를 가지고 1년 후 점검 회기에서 만족할 만한 수준일 때 종결한다. ② 만약 아동의 비유창성이 남아 있고, 그 밖에 아동 가족의 말더듬 가계력, 말더듬에 대한 아동의 인식이나 부정적 반응, 그리고 부모의 걱정이나 불안 등을 고려하여 직접치료 방법인 아동전략을 실시한다.

다음의 아동전략을 통해 아동의 말을 다루어 주는 치료를 실시한다. 아동의 직접적인 구어 수정, 유창성증진 전략, 언어치료, 말소리치료 등이 포함된다.

- 속도 늦추기
- 쉼 주기
- 쉬운 시작(easy onset)
- 간결하게 하기
- 눈맞춤하기/집중하기

2) 리드콤 프로그램

리드콤 프로그램(Lidcombe Program)은 6세 미만의 학령 전 말더듬 아동을 위한 직접치료 프로그램으로 1980년대 중반부터 호주 시드니 대학교를 중심으로 개발되었다 (Onslow et al., 2003). 본래 리드콤 프로그램은 학령 전 아동에 적합한 프로그램이지만 최근에는 학령기 아동에게도 효과가 있다는 연구 결과에 근거하여 학령기 아동에게도 실시되고 있다.

(1) 특징

첫째, 특정 말더듬 이론을 바탕으로 하지 않고 조작적 조건화를 이용한 행동주의에 기반한 부모 중심 프로그램으로, 아동의 문제행동에 초점을 맞추고 말더듬 행동조절을 치료의 핵심으로 하며 말더듬 순간을 다루는 것을 중요시한다.

둘째, 부모에 의해 실시되는 프로그램으로, 부모가 매일 자녀의 치료에 직접 참여한다.

셋째, 치료사가 부모를 훈련시켜 직접치료 방식을 통해 말더듬 감소를 목표로 한다. 치료사는 말더듬 아동의 부모가 아동에게 적절한 구어적 반응을 해 줄 수 있도록 안내하며 부모를 교육하고 진전을 확인하는 역할을 한다. 부모가 아동의 말더듬을 적절하게 다룰 수 있는 힘을 길러 주고 언제든지 말더듬 빈도가 증가할 때에도 부모가 즉시 이에 대처할 수 있도록 훈련한다.

넷째, 부모가 아동의 유창한 말, 더듬은 말에 대한 네 가지 구어적 반응(verbal contingency)으로 인정해 주기(acknowledgement), 칭찬해 주기(praise), 자기평가 요구하기(request self-evaluation), 자기수정 요구하기(request self-correction)를 하며, 이를 통해 아동은 더듬지 않고 말하는 법을 배우게 되고 아동과 부모 간 유창한 대화 상호작용을 할 수 있도록 한다. 치료의 목표는 말더듬이 없는(stutter-free) 말이다.

다섯째, 부모-아동 간 특별한 관계가 중요하고, 아동과 부모 모두에게 즐거운 시간이 되어야 하며, 즐거운 활동이 아니면 효과가 나타나지 않을 수 있다.

(2) 실시방법

부모는 가정에서 아동을 격려해 주고, 구조화된 활동에서 10~15분 아동의 발화에 적절한 강화를 준다. 단, 유창한 말과 더듬은 말에 5:1의 비율로 반응해 준다.

말더듬은 직후 부모가 구어적 반응(verbal contingency)을 주는 것으로 치료가 진행된다. 아동의 수준에 맞게 더듬은 말은 울퉁불퉁한(bumpy) 말, 꽁꽁 묶인(stuck) 말로, 유창한 말은 부드러운(smooth) 말, 울퉁불퉁하지 않은(no bumps) 말 등으로 구분한다.

부모의 구어적 반응 네 가지는 인정해 주기, 칭찬해 주기, 자기평가 요구하기, 자기수정 요구하기로 구분된다.

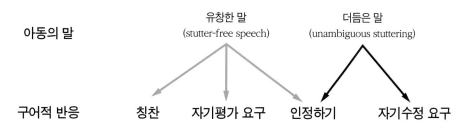

[그림 7-3] 아동의 말에 따른 구어적 반응

① 인정해 주기(acknowledgement)

아동의 유창한 말과 말더듬 모두에 사용한다. 아동의 말에 반응할 때 긍정적이거나 부정적인 평가를 보이면 안 되고 '객관적이고 중립적으로' 반응해 주어야 하며 아동의 발화 직후에 차분한 말투를 사용한다. 예를 들어, "부드러웠어.", "좀 울퉁불퉁한 말이 있었네." 등으로 반응을 해 준다.

② 칭찬해 주기(praise)

칭찬해 주기는 아동이 유창한 말을 했을 때 사용한다. 긍정적인 평가가 포함된다는 점에서 인정해 주기와는 다르다. 예를 들어, "울퉁불퉁한 말이 없었네, 듣기 좋다.", "최고야." 등으로 반응을 해 준다.

③ 자기평가 요구하기(request self-evaluation)

유창한 말을 할 때에만 사용하여 아동이 자기평가를 요청받을 때는 자신이 언제나 유창한 말을 사용한 후라는 인식을 갖게 해 준다. 예를 들어, "그 말 부드러웠니?" 등으로 반응을 해 준다.

④ 자기수정 요구하기(request self-correction)

아동이 말을 더듬었을 때 아동에게 자신의 말을 스스로 수정하도록 물어보는 것이다. 예를 들어, "울퉁불퉁한 말이었어, 다시 한번 말해 볼까?"와 같은 문장을 사용하여 아동에게 자기수정을 요청할 수 있다. 만약 아동이 자기수정을 거부한다면 그것 역시 자기수정 요구하기에 반응을 보인 것이므로 수정한 발화를 강요할 필요는 없고 아동이 자기수정을 통하여 유창하게 말했을 경우 칭찬하고 격려하여 아동이 자기수정에 대해 긍정적인 태도를 가질 수 있도록 한다.

(3) 말더듬 정도 측정방법

치료를 시작하면서 가장 먼저 해야 할 일은 말더듬 정도를 측정하는 것이며 부모에게 중증도 평가(severity rating)를 해야 하는 이유, 척도 및 측정방법 등에 대한 안내를 한다. 말더듬 정도를 측정하는 중증도 평가 차트가 있는데 이 자료는 치료의 1, 2단계에서 치료실을 방문할 때 항상 활용하는 자료이며 치료의 단계를 결정하는 데 중요한 준거가 된다. 또한 이 차트를 통해 말더듬 빈도 증가의 원인을 파악할 수도 있다.

〈표 7-11〉 측정 항목

항목	기준
중증도 평가 (severity rating, SR)	• 10점 척도를 이용한다(1은 '말더듬 없음'을, 2는 '매우 약한 말더듬', 10은 '매우 심한 말더듬'으로 정의). • 10분 동안 측정한다. • 가정에서 부모가 측정하고 하루 동안의 전반적 정도 또는 다양한 상황에서 말더듬 정도를 평가한다.
빈도, 분당 말더듬 수 (stutterers per minute of speaking time, SMST)	• 선택사항이며 부모의 SR평가의 보완책으로 사용한다. • 부모가 일정 시간 동안 아이의 대화를 듣고 그동안 나타난 말더듬 수를 아이의 발화 시간으로 나누어 계산한다.
음절당 말더듬 발생빈도 (percentage of syllables stuttered, %SS)	• 치료실 방문 시, 치료사가 측정하며 대화 말자료(최소 300음절 혹은 10분 길이)의 %SS를 계산한다. • %SS는 '말더듬 음절 / (말더듬 음절+더듬지 않은 음절) × 100'으로 계산한다.

(4) 단계별 실시방법

치료 전: 부모교육

1단계: 아동의 매우 낮은 단계까지 말더듬 감소 또는 소거하기

2단계: 장기간 동안 말더듬 감소 유지하기

① 치료 전 부모교육

아동과 함께하는 치료 1회기 전에 1~2회에 걸친 부모교육을 실시한다. 부모교육에서는 말더듬에 대한 전반적인 이해, 치료 프로그램에 대한 설명 및 중증도 평가(SR)에 대한 안내, 그리고 매일 10분씩 아동과 대화하는 상황을 동영상 녹화하여 방문할 수 있게 안내한다.

② 1단계

1단계의 목표는 중증도 평가 결과 1~2점 단계로 말더듬 정도를 경미한 정도로 낮추는 것이며 매주 치료실에 방문한다.

1단계 실시방법은 치료실에 첫 방문하여 말더듬 평가를 하고 심각도 평가를 부모에게 설명하고 구조화/비구조화된 대화상황에서 녹화를 하며 구어적 반응을 한다. 부모와 치

료사의 중증도 평가를 비교하고 1주일간의 말더듬 상태와 치료실에서의 상태를 비교한다.

부모는 첫 회기 후 가정에서 10~15분 정도 아동과 구조화된 상황에서 의사소통을 하면서 매일 아동의 말더듬 정도를 측정해 오게 한다.

1: 말더듬이 전혀 나타나지 않음
2: 말더듬이 거의 나타나지 않음
10: 말더듬이 매우 심함

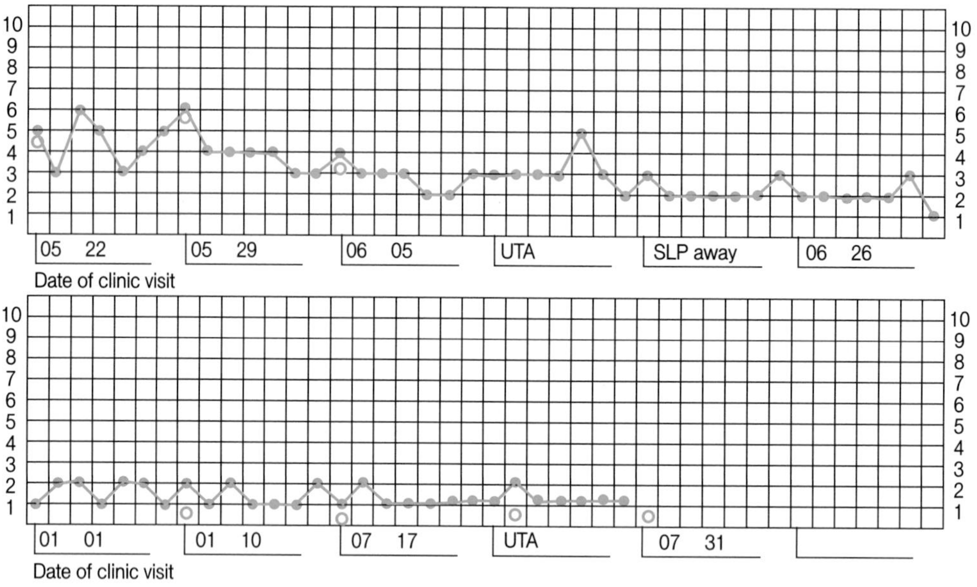

[그림 7-4] 중증도 평가(SR) 차트 기록 예시

③ 2단계

말더듬이 거의 없는 정도[중증도 평가 점수에서 매일 1점 혹은 2점(대부분 1점), 1주일 중 적어도 4일 이상 1점, 말더듬 음절 비율(%SS) 1.0 이하]가 연속 3주 동안 유지되면 2단계로 넘어간다.

3) 다차원적 접근법

학령 전 아동을 위한 치료법으로 통합적 방법과 특정 대안이나 복합 치료를 제공하는 방법도 있다(Yairi & Seery, 2015). Starkweather와 Gottwald(1990)가 주장한 요구-용량 모델(Demand and Capacity model)에 따르면 의사소통하는 과정에서 부모의 요구

(demand)가 아동의 인지, 언어, 운동 능력(capacity)을 초과하는 경우 말더듬이 발생한다고 보았다. Gottwald와 Starkweather(1999)는 요구-용량 모델에 기반하여 아동과 환경 모두를 치료하는 다차원적 접근법을 제시하였다. 이 개념은 말더듬이 말더듬 아동의 내적·외적 환경과 아동의 능력이 상호작용하고 아동에게 부과된 요구의 결합에서 기인하는 것으로 보았다. 아동의 말더듬을 지속시키는 다수의 요소가 존재하여 '다차원적'이라고 하였다. 차원들 중에 부모가 아동의 환경에서 스트레스를 감소시키는 데 초점을 두고 아동의 유창성을 강화하는 것에 중점을 둔다.

(1) 환경수정

부모상담을 통해 부모는 말더듬에 관한 정보를 제공받는다. 가족들은 말더듬의 원인을 알게 되고 병인모델은 가족들에게 말더듬 아동의 능력과 부과되는 요구 사이의 상호작용이라고 설명한다. 부모들은 아동이 말 산출이 어려울 때, 세심하게 말을 해 주어 아동을 지지하는 방법을 배운다. 말더듬에 대한 개방적인 태도는 아동과 가족의 말더듬에 대한 부정적인 느낌을 감소시키도록 한다. 또한 가족들은 아동이 유창성에 영향을 미칠 수 있는 구어 및 비구어 행동을 변경하는 것을 배운다. 예를 들어, 가족구성원들의 말 속도를 늦추고, 자주 쉬고, 언어를 간결하게 하는 것을 배운다. 아동에게 어떻게 말할지 제시해 주고 가족구성원들에게 촉진하고자 하는 행동을 제시해 준다.

가족들이 유창성을 촉진시킬 때 할 수 있는 일들을 〈표 7-12〉에 제시하였다.

〈표 7-12〉 **가족의 말·언어 수정하기**

① 아동의 수준에 맞는 말속도를 사용하라.
② 대화가 전환되는 사이에 잠시 쉬라.
③ 길고 복잡한 대답을 요구하는 질문을 삼가라.
④ 아동의 유창성이 아닌 아동이 전하는 메시지 내용에 반응하라.
⑤ 의미 있는 단어를 사용하여 말더듬 단어를 지적하라.

(2) 아동의 말 수정하기

통합적 치료의 또 다른 주요 구성요소는 부모나 양육자가 아동의 환경을 변화시키는 것과 더불어 아동의 말을 수정하는 것이다.

가벼운 탈출행동을 보이는 말더듬 아동의 경우, 치료사는 유창성이 강화된 환경에서 아동과 이야기하고 놀이를 한다. 치료사가 다수의 쉼과 침묵을 섞어서 편안한 방식으로 천천히 말하는 것을 포함한다. 그런 후에 치료사는 아동에게 천천히 편안한 방식으로 말하는 방법을 가르쳐 준다. 이때, 아동에게 언어적 요구를 주지 않는 방식으로 실시한다. 아동이 잘 수행하면 요구 수준을 높여 가며 실시한다. 예를 들어, 좀 더 길고 복잡한 발화와 관련된 놀이를 하거나 치료사가 말속도를 더 빠르게 한다. 압박이 낮은 상황에서 '바바지'처럼 시작하는 부분에서 '쉽게 더듬는' 것을 가르쳐 준다.

중간에서 심한 탈출행동을 보이는 말더듬 아동의 경우, 치료사는 아동에게 말더듬에 대해 말해 주며 치료를 시작하고, 말을 더듬을 때 어떻게 하는지 인식시켜 이를 수용하게 한다. 말더듬을 보상해 주는 놀이를 하면서 말더듬 아동은 말더듬에 대한 느낌을 바꾸고 일부러 더듬는 척을 하기도 한다. 이를 통해 말더듬을 바꾸고 점진적으로 줄어들게 된다. 말더듬 아동이 탈출행동을 보이며 말을 더듬을 때 '쉽게 더듬'거나 길게 연장해서 '바-아-지'라고 말하도록 격려한다.

(3) 종결

부모상담과 아동의 구어 수정은 가족 환경과 아동의 구어가 다음의 두 가지 기준을 충족할 때까지 지속한다. 첫째, 환경이 충분히 변하여 주요 스트레스가 줄어들고, 가족은 환경 스트레스와 아동 말더듬 사이의 역동성을 이해한다. 둘째, 아동의 말더듬이 정상 비유창성이나 경미한 말더듬으로 감소한다.

4) 세 가지 치료 프로그램 비교

앞에서 다룬 세 가지 치료 프로그램의 차이점과 유사점을 살펴보면 다음과 같다. 가장 큰 차이는 아동의 구어를 직접적으로 다루는 정도이다(Guitar & McCauley, 2010). Palin PCIT는 가장 간접적인 방법으로 부모의 행동을 변화시키는 치료법으로 부모들이 아동의 환경을 변화시켜 정상적인 수준으로 말더듬이 감소하는지 확인한다. 리드콤 프로그램은 부모가 아동의 구어에 대한 구어적 반응을 해 주는 직접적 치료법이다. 다차원적 접근법(Gottwald & Starkweather, 1999)은 간접적 접근법과 직접적 접근법을 모두 포함하며, 간접적 측면은 부모를 교육하고 부모가 아동에게 부과되는 요구를 감소시키고 바꾸도록 한다. 직접치료는 부모와의 간접치료와 동시에 시작한다.

　세 가지 프로그램 간에 차이가 있음에도 다음과 같은 유사점도 있다. 첫째, 부모가 아동과 1:1로 보내는 시간을 증가시켜서 유창한 말을 경험하는 시간을 늘려 준다. Palin PCIT는 주 3~5회 유창성 만들기 시간을 갖고, 다차원적 접근법과 리드콤 프로그램은 매일의 놀이시간을 갖는다. 이렇게 부모와 갖는 시간을 통해 아동은 부모와 말하는 시간에서 행복감을 증가시키고, 행복감은 유창성을 향상시킨다. 둘째, 아동이 부모로부터 칭찬과 지지를 받는 정도이다. 부모가 아동의 일반적인 행동이나 말에 대해 칭찬하고 지지하게 하여 아동의 유창성이 증가하고 부모는 자신감을 가진다. 셋째, 세 가지 치료법 모두 부모가 아동의 말더듬을 평가하고 치료사와 아동의 말더듬에 관해 진전사항이나 부족한 점을 토의한다. 이를 통해 부모가 아동의 구어를 더 유창하게 촉진하는 것으로 입증되었다. 넷째, 부모에게 요구되는 공식적인 회기 수와 시간이 12주로 유사하다.

〈표 7-13〉　세 가지 프로그램의 유사점 및 차이점

	Palin PCIT	리드콤 프로그램	다차원적 접근법
치료 목표	• 부모의 행동 변화 유도 • 부모의 말더듬 관리능력 향상 • 말더듬에 대한 가족의 걱정 감소 • 정상적인 수준으로 비유창성 감소	• 1년 이상 유지되는 완전히 유창하거나 거의 말더듬이 없는 말	• 정상적인 유창성
치료 대상자	• 7세까지 아동	• 6세까지 아동	• 중재 없이 자연회복이 될 것 같지 않은 2~6세 말더듬 아동
치료 수행자	• 부모(치료사 지도)	• 부모(치료사 지도)	• 환경 변화: 부모(치료사 지도) • 말 변화: 치료사(부모의 도움)
치료기법	• 상호작용 상황에서 아동의 스트레스를 감소시키도록 가족 교육 • 모델링과 코칭을 통해 가족을 교육시킨 후 가족 스스로 수행	• 구조/비구조화된 일상생활에서 부모가 칭찬/수정 • 치료사는 아동의 진전을 부모와 논의	• 아동에게 부과되는 요구를 감소시키고 지지를 증가시키도록 가족과 노력 • 필요시 치료사는 직접적으로 아동의 말 치료
치료기간	• 12주 치료, 1년간 모니터링	• 유창성 달성 회기의 중앙값은 11회기(주 1회)이지만 일부 아동은 더 많은 회기 치료 필요. 유창성 성취 후 1년간 모니터링	• 주 1회 평균 12회기, 어떤 경우 주 1회 30회기 필요

6. 교사 안내

말더듬은 주로 학령전기에 발생하기 때문에 유치원 교사가 말더듬의 조기발견과 치료에서 중요한 역할을 할 수 있다. 그러나 여러 연구에 따르면 국내 유치원 교사를 포함한 다양한 유아 교사의 말더듬에 대한 인식이 아직 부정적인 편이다(김자영 외, 2018; 안종복, 2013ab). 따라서 직접적인 말더듬 교육을 통해 유치원 교사의 인식 변화를 유도하고 가정 이외의 아동의 환경 변화 등에 유치원 교사들의 협력으로 아동의 유창성 증진에 도움을 줄 수 있어야 한다.

안종복(2013a)은 유치원 교사는 말더듬과 같은 특수한 영역에 대하여 부담감을 가지고 있다고 하였으며 김승미와 이은주(2013)는 유치원 교사들이 말더듬 아동을 도움이 필요한 아동으로 인식하고 있었다고 보고하였다. 이는 말더듬과 말더듬 중재에 대한 유치원 교사의 적절한 지식의 부족이 원인일 수 있다. 김자영 등(2018)의 연구에서 짧은 일회성의 말더듬 교육비디오 시청만으로도 말더듬 관련 교육이 참여자의 말더듬 관련 인식 향상과 적절한 반응에 도움이 되었다고 하였고, 나이, 경력, 말더듬 아동 경험 등과 같은 개인적인 경험 역시 제한적이기는 하지만 말더듬 인식에 영향을 주는 것으로 나타났다.

우리나라의 현실은 그렇지 않지만 학령 전 말더듬 아동의 효율적인 평가와 중재를 위해서는 유치원 교사의 도움이 필수적이다. 유치원 교사를 위한 지속적인 말더듬 교육을 통하여 유치원 교사들의 말더듬에 대한 경험이 늘어나고 적절한 지도의 필요성을 인식한다면 치료사의 효율적인 말더듬 평가와 중재를 계획할 수 있을 것이다.

유치원 교사를 위한 말더듬 교육내용은 부모를 위한 교육내용을 약간 수정하여 사용할 수 있다(Manning & DiLollo, 2018). 여기에는 말더듬 원인, 특성 등과 같은 일반적인 정보부터 말더듬 아동에게 도움이 되는 구체적인 행동에 대한 조언 그리고 유치원 교사가 느낄 수 있는 어려움과 관련된 상담적인 내용 등이 포함되어야 한다(김자영 외, 2018). 예를 들어, 유치원 교사의 도움방법으로는 말더듬 아동이 유치원에서 주어지는 과제에서 면제되어서는 안 된다는 것과 아이의 말에 대해 인정해 주고 긍정적인 반응을 보여주는 것 등이며, 더 자세한 내용은 〈부록 7-2〉 선생님을 위한 여덟 가지 도움말, 〈부록 7-3〉 선생님을 위한 안내편지를 참조할 수 있다.

7. 임상사례

1) 학령 전 말더듬 사례 예시

다음은 제4장 학령 전 아동 평가에서 제시되었던 말더듬 아동 사례의 요약이다.

이○○ 아동(남자, 5세)은 말더듬이 시작된 지 1년 이내이며, P-FA-II 검사 결과에 의하면, 필수과제에서 중간 정도의 말더듬(71~80%ile)을 보였고(단, 필수과제 중 그림책 과제를 수행하지 않은 결과이므로 정도는 높아질 수 있다), 선택과제 중, 낱말그림에서는 심함 정도(81~90%ile), 따라 말하기에서는 중간 정도(41~50%ile)의 말더듬을 보였다. 아동의 주된 핵심행동은 막힘이었으며, 간투사, 음절 반복 순으로 관찰되었다. 반복 단위는 주로 음절 반복이었으며, 평균 단위 반복수는 1회였다. 막힘은 주로 1초 정도의 막힘을 보였다. 부수행동은 눈깜빡임, 입술긴장이 눈에 띄게 나타났다. 또한 KiddyCAT 검사결과 말에 대한 부담감 및 인식률이 높은 것으로 나타났고, 검사 중에도 '부끄럽다.'라는 회피행동을 자주 보였다.

어머니와의 상호작용에서 어머니의 말속도는 빨랐고 아동의 발화가 끝나자마자 어머니의 발화가 이어지는 등 반응시간이 짧았으며, 질문을 많이 하였고 적절한 강화가 없었다.

이에 이○○ 아동의 장단기 치료 목표는 진단 결과를 토대로 다음과 같이 설정할 수 있다. 이○○ 아동의 치료는 부모교육 후 간접치료, 진전이 없을 경우 직접치료가 필요할 것으로 예상된다. 첫 번째 장기목표는 부모교육, 간접치료를 통한 환경 변화를 목표로 한다. 두 번째 장기목표는 아동 주도의 말놀이 상황에서 유창성 향상 기법을 사용한 유창성 증진을 목표로 한다. 이에 따라서 사용할 수 있는 6개월간의 장단기 목표는 다음과 같다.

장기목표 1. 부모교육을 통해 부모는 말더듬에 대한 이해를 증진시킨다.

단기목표

1. 부모는 치료에서 부모의 역할 및 말더듬에 대한 이해를 증진시킨다.

2. 부모는 아동의 비유창성이 증가, 감소하는 상황을 찾아내고 개선하여 도울 수 있다.

3. 부모는 가정 내에서 차분하고 서두르지 않는 생활 방식을 제공할 수 있다

4. 유치원 선생님 및 또래 친구들이 아동의 말더듬을 이해하고 아동의 유창성 증진을 위해 협력할 수 있도록 도울 수 있다.

장기목표 2. 간접치료를 통해 부모의 말·언어, 의사소통 특성을 변화시켜 아동의 환경을 개선한다.

단기목표

1. 부모는 아동의 말더듬에 영향을 미칠 수 있는 부모의 말·언어, 의사소통 특성을 90% 이상 확인할 수 있다.

2. 부모는 아동과 상호작용 상황에서 1초에 3글자 속도로 90% 이상 대화할 수 있다.

3. 부모는 아동과 상호작용 상황에서 2초 이상의 반응시간을 지켜서 90% 이상 대화할 수 있다.

4. 부모는 아동과 상호작용 상황에서 5분 동안 3번 이상 사회적 강화(예: 칭찬하기, 미소짓기, 쓰다듬기 등)를 제공하며 대화할 수 있다.

장기목표 3. 다양한 위계의 말하기 상황에서 ERA-SM으로 조절해서 85% 이상 유창하게 말할 수 있다.

단기목표

1. 치료실 내에서 낱말 수준(예: 무의미 음절, 1음절, 2음절, 3음절, 다음절 등)에서 ERA-SM으로 95% 이상 유창하게 말할 수 있다.

2. 치료실 내에서 구 수준에서 ERA-SM으로 90% 이상 유창하게 말할 수 있다.

3. 치료실 내에서 문장 수준에서 ERA-SM으로 85% 이상 유창하게 말할 수 있다.

4. 치료실 내에서 대화 수준에서 ERA-SM으로 85% 이상 유창하게 말할 수 있다.

2) 임상사례 연습

다음은 학령 전 말더듬 아동의 평가와 관련되어 제시되었던 임상사례이다. 각 사례에 대하여 어떠한 방향으로 중재를 제공할 것인지 생각해 본다.

임상사례

1. '가' 아동(남자, 36개월)은 초기 평가에서 100음절 당 18번의 SLD(P-FA-II: 중간 정도)를 보였고 주로 2~3회의 단위 반복 횟수와 음절 반복을 주로 보였다. 가계력이 없고 남자아동으로 말더듬에 대한 인식이 없었고 부모는 아동의 말에 걱정이 많았으나 내색하지 않고 들어주려고 하는 모습이 부모-아동 상호작용에서 나타났다.

   치료사는 어떠한 점을 고려하여 '가' 아동의 평가를 구성할 것인가?

2. '나' 아동(남자, 4세)은 말이 늦었고 말문이 트이면서 말더듬이 시작되어 1년 정도 말더듬이 지속되었다. 주로 /ㅁ, ㅅ, ㅇ/ 소리에서 막힘을 보이며 대답하기 어려운 상황에서 '몰라요.'라는 반응을 자주 보였다. 현재도 말을 더듬는 아버지와 할아버지가 있고 부모는 아동의 말을 수정해 주려고 하고 지적하는 모습이 부모-아동 상호작용에서 나타났다.

   치료사는 어떠한 점을 고려하여 '나' 아동의 평가를 구성할 것인가?

3. '다' 아동(여자, 5세)은 2년 반 정도 말더듬이 지속되었다. 다양한 상황에서 말더듬이 나타나며 동생과 말할 때 어려움을 보이며 부수행동이 눈에 띄게 나타났다. 동생은 아동보다 언어발달, 신체발달도 뛰어나며 오빠와 경쟁하며 이기려는 성향이 강하다고 한다.

   치료사는 어떠한 점을 고려하여 '다' 아동의 평가를 구성할 것인가?

---

8. 맺음말

학령 전 말더듬은 아동의 다양한 소인과 발달·환경적 요소의 상호작용의 결과로 발생하기 때문에 주위 사람들과의 상호작용과 같은 환경요인은 지속적으로 아동의 말더듬에 영향을 끼칠 수 있다(Guitar, 2014). 이에 말더듬을 개선시키기 위해서는 부모의 참여는 필수적이며(Ramig, 1993) 부모와의 상호작용은 매우 중요하다(김윤숙, 신문자, 2016; 이수복, 심현섭, 2016; Kelman & Nicholas, 2015).

학령 전 말더듬 아동 치료는 간접치료, 직접치료 등 크게 두 가지 치료 방법으로 나눌 수 있으며 부모교육, Palin PCIT, 리드콤 프로그램, 다차원적 접근법 등 다양한 치료 프로그램이 있다. 간접치료 프로그램인 Palin PCIT는 12주 프로그램으로 치료사와 말더듬 아동의 부모가 함께 아동의 유창성에 영향을 줄 수 있는 상호작용 방식을 분석하고 변화시키는 구체적인 모델을 제시해 주는 것으로 유용하게 활용할 수 있다(Millard, Zebrowski, & Kelman, 2018). 또 다른 치료법인 리드콤 프로그램 역시 부모의 참여가 요구되며 부모가 아동의 말에 대한 구어반응 방법을 배워 이를 실천하는 구조화된 형식으로 진행된다. 만약 간접치료 이후에도 아동의 말더듬이 초기 말더듬의 양상을 보이거나 간접치료로 효과가 나타나지 않으면 아동의 말이나 말더듬을 직접 다루는 직접적인 치료를 받게 한다. 따라서 치료사들은 아동이 가지고 있는 다양한 요인을 계속적인 평가를 통해 종합적으로 판단하여 치료방향 결정에 반영한다.

Palin PCIT 등 다양한 학령 전 말더듬 아동 치료 프로그램에 참여한 경험이 있는 말더듬 아동의 부모는 주체성의 향상 등을 경험하였지만, 더불어 치료 참여에 대한 부담감 등 또한 경험하였다고 보고하였다(이경재, 신문자, 전희정, 2011; Hayhow, 2009). 말더듬 아동의 부모가 말더듬 평가와 치료에서 중요한 역할을 담당하지만 치료 참여 시 전문가가 아님에도 아동의 치료에 도움을 줄 수 있을까 하는 부담감, 나로 인해 더 악화되지는 않을까 하는 걱정스러움 등이 치료 참여의 의지를 감소시킬 수 있다. 따라서 치료사들은 매 회기, 또는 주기적인 부모상담/부모교육을 통해 부모의 어려움을 헤아릴 수 있어야 하며 스마트 기기의 어플리케이션과 같은 형태의 부모교육, 치료 프로그램을 제공하여 부모의 치료 참여를 돕고자 하는 시도들도 필요하다(신문자, 이경재, 이수복, 2019; 장현진, 신명선, 2018; 표화영 외, 2019).

학습과제

1. 말더듬 아동에게 스트레스를 주는 가족의 상호작용 방식 요소를 수량화하여 설명하시오.

-----

2. 말더듬 아동을 위한 부모교육 자료를 제작한다면 어떤 내용으로 구성할지에 대해 설명하시오.

-----

3. 간접치료와 직접치료 선택 시 고려할 요소들에 대해 설명하시오.

-----

4. 가벼운 경계선 말더듬 아동과 심한 말더듬 아동의 직접치료에 대해 설명하시오.

-----

5. Palin PCIT와 리드콤 프로그램, 다차원적 접근법의 유사점과 차이점을 설명하시오.

주요 용어

가족의 상호작용 방식	리드콤 프로그램
부모교육	다차원 치료 프로그램
간접치료	자연회복
직접치료	선생님 안내
Palin 부모-아동 상호작용치료(Palin PCIT)	어플리케이션

〈부록 7-1〉 말더듬 아동을 도울 수 있는 일곱 가지 방법(Guitar & Conture, 2007)

1. 당신의 아이와 서두르지 말고, 자주 쉼(pause)을 두며 이야기하십시오. 아이의 말이 끝난 후 잠시 기다린 다음 말을 시작하십시오. 부모의 느리고 이완된 발화는 아이의 말에 대해 비판하거나 충고하는 것(예: "천천히 말해 봐." 혹은 "느리게 다시 해 봐.")보다 훨씬 더 효과적일 것입니다.

2. 당신의 아이에게 질문하는 횟수를 줄이십시오. 아이들은 어른의 질문에 대답할 때보다 자기 자신의 생각을 표현할 때 더욱 자유롭게 이야기합니다. 질문 대신 당신의 아이가 말한 것에 대해 간단히 의견을 이야기함으로써 아이에게 당신이 아이의 말을 들었다는 것을 알려 주십시오.

3. 얼굴 표정과 몸동작을 사용하여 당신이 아이가 어떻게 말하고 있는지가 아니라 아이가 말하는 내용을 듣고 있다는 것을 아이에게 알려 주십시오.

4. 매일 규칙적으로 일정하게 몇 분간 당신의 아이에게 온전히 주의를 기울일 수 있는 시간을 확보하십시오. 이 시간 동안 아이가 하고 싶어 하는 활동을 고를 수 있게 하십시오. 그 활동을 하는 동안 아이가 당신에게 지시할 수 있도록 하고, 말을 할 것인지 안 할 것인지를 스스로 결정하게 하십시오. 이 특별한 시간 동안 당신은 느리고 차분하며 이완된 발화를 사용하고, 충분한 쉼(pause)을 두고 말하십시오. 이 조용하고 차분한 시간은 부모가 아이들과 함께 있는 것을 즐기고 있다는 것을 알게 해 주며 어린 아이들에게 부모와의 신뢰를 구축할 수 있게 해 줍니다. 아이가 성장하면서 아이는 이 시간을 통하여 편안하게 자신의 감정과 경험을 부모에게 말할 수 있게 됩니다.

5. 모든 가족 구성원이 번갈아 말하고 듣는 것에 대해 배울 수 있도록 도와주십시오. 아이들, 특히 말더듬 아동들은 방해 받지 않고, 듣는 사람들이 집중을 할 때 훨씬 더 쉽게 말할 수 있습니다.

6. 당신의 아이와 상호작용하는 방법을 지키십시오. 아이에게 당신이 아이의 말을 듣고 있으며, 아이가 이야기할 수 있는 시간이 충분히 많다는 것을 알려 주는 횟수를 늘리도록 하십시오. 비판, 빠른 발화패턴, 발화에 끼어들기, 질문을 줄이기 위해 노력하십시오.

7. 무엇보다도 당신이 당신의 아이를 있는 그대로 받아들이고 있다는 것을 알려 주십시오. 아이가 말을 더듬는지에 상관없이 당신이 그 아이를 후원하고 지지해 주는 것이 가장 강력한 영향력을 가지고 있습니다.

〈부록 7-2〉 선생님을 위한 여덟 가지 조언

1. 아이에게 '천천히' 또는 '긴장을 풀라고' 말하지 마십시오.
2. 아이를 위해 단어를 완성해 주거나 아이를 위해 대신 말하지 마십시오.
3. 학급 친구들이 교대로 말하고 듣는 법을 배우도록 도와주십시오. 모든 아이, 특히 말을 더듬는 아이는 방해가 적고 듣는 사람이 주의를 기울일 때 말하기가 훨씬 더 쉽다는 것을 알게 됩니다.
4. 말을 더듬는 아이와 그렇지 않은 아이에게 동일한 질과 양의 결과물을 기대하십시오.
5. 자주 쉬어 주고 서두르지 않는 방식으로 아이와 이야기하십시오.
6. 말하는 방식이 아니라 메시지의 내용을 듣고 있음을 전달하십시오.
7. 교실에서 필요한 조정에 대해서는 말을 더듬는 아이와 일대일 대화를 해 주십시오. 아이의 필요를 존중하되, 가능하게 하지는 마십시오.
8. 말더듬을 부끄러운 것으로 만들지 마십시오. 다른 문제와 마찬가지로 말더듬에 대해 이야기하십시오.

출처: Lisa Scott, Ph.D., The Florida State University (Stuttering Foundation, https://www.stutteringhelp.org)

〈부록 7-3〉 선생님을 위한 안내편지

간혹 반에 말을 더듬는 아동이 있는 경우가 있습니다. 이 글은 선생님께서 그러한 아동들을 더 잘 이해할 수 있도록 돕기 위한 글입니다. 말을 더듬는 것은 아이가 일부러 그렇게 하거나 잘못된 습관과 같은 단순한 원인이 아닌 복합적 원인에 의한 것이며, 주위의 이해와 적절한 조치가 도움이 됩니다.

○○이는 말더듬을 고치기 위해 본 연구소에 다니고 있습니다. 아동의 선생님께서 이 점을 미리 이해하시고, ○○이가 계속하여 발전하도록 도울 수 있는 몇 가지를 제시해 드리겠습니다.

첫째, 말을 더듬는 아동들을 반의 다른 아동들과 같이 대해 주십시오.

모든 아동에게는 각각 특별히 필요한 것들이 있겠지만, '습관적으로' 말을 더듬는 아동들을 위해 특별한 활동을 생각할 필요는 없습니다. 또한 특정한 활동에서 이 아동들을 '습관적으로' 제외시키지 않아야 합니다.

둘째, 어떤 때의 '친절한 도움'은 아동들에게 필요치 않은 '도움'일 수 있습니다.

말을 더듬는 아동이 선생님이나 다른 아동들과 있는 동안, 아동의 발음, 언어 표현, 비유창성(말더듬) 등에 대한 직접적인 지적을 하지 않아야 합니다. 그러한 지적들이 정말 도움이 된다면, 말을 더듬는 사람들을 위한 '치료'가 필요치 않을 것입니다. 물론, 아동이 낱말을 잘 못 발음한다면 도와주셔도 좋겠습니다. 이런 지적은 선생님께서 반의 모든 아동에게 하실 수 있는 지적이니까요. 하지만 아동의 말과 언어 문제에 대한 부적절한 관심을 불러일으킬 수 있는 지적을 피해 주십시오. 때로는 이런 지적이 문제의 해결책이 되기보다는 문제의 또 다른 일부분이 될 수 있으니까요.

셋째, 긍정적인 면을 강조해 주시고, 부정적인 면은 줄여 주십시오.

아동이 특별히 말을 별로 더듬지 않는 날에는 아동이 말하고 읽도록 이끌어 주고 격려해 주십시오. 반대로 말을 특히 많이 더듬는 날이라면 아동이 말하거나 발표하고 소리 내서 읽는 횟수를 줄이도록 해 주십시오.

넷째, 아동이 일단 말을 시작하면 끝낼 수 있도록 해 주십시오.

아동이 말하고자 하는 낱말, 구, 문장을 끝맺을 수 있도록 해 주십시오. 아동의 말을 가로막거나, 대신 말을 맺어 주거나, 어휘나 문법 등을 지적하는 것은 아동을 돕고자 하는 의도와는 다른 결과를 부르게 됩니다. 어른들이 아동의 말을 가로막는 것을 계속하면서 친구들이 아동의 말을 들어 주고 가로막지 않기를 바랄 수는 없을 것입니다.

다섯째, 반에서 함께 말하기, 함께 노래 부르기, 다 같이 읽기 등은 잘할 것입니다.

이런 활동을 통하여 아동이 친구들처럼 말할 기회를 최대화시키고, 자신과 말하는 능력에 대해 긍정적인 느낌을 갖도록 도와주십시오.

여섯째, 아이들이 놀린다면, 이렇게 해 주십시오.

여러 가지 이유로 다른 친구들을 놀리고 괴롭히는 아동들이 있을 수 있습니다. 말을 더듬는 아동의 말이나 그와 관련된 문제로 인해서 반 친구들이 습관적으로 놀린다면 선생님께서 중재해 주시는 것이 좋습니다.

우선, 가능하다면 말을 더듬는 아동이 교실에 없을 때 아동들에게 다른 사람들이 다른 기술(예를 들면, 자전거 타기, 말하고 읽고 쓰기 등)을 익혀 갈 때 어떻게 다른 방식으로 배워 나가는지에 대해 짧게 말씀해 주시고 토론할 수 있도록 해 주십시오. 즉, 서로 다른 차이가 있어서 어떤 아이는 체육을 잘하지 못하지만 다른 것은 잘하듯이 언어가 잘 안 되는 아이가 있고, 모두 소중하다는 것을 알도록 해 주십시오. 그리고 아동을 놀리는 것에 어떤 영향을 끼치는지 관찰해 주십시오.

이러한 말씀 뒤에도 놀림이 계속된다면, 놀리는 아동을 따로 부르셔서 시간을 갖는 것이 좋겠습니다. 아동들이 서로 '다르게' 커 갈 수 있다는 사실, 놀리는 것이 '다른' 아동에게 도움이 되지 않고 비참하게 느끼게 만든다는 것 등을 말씀해 주십시오. 아동이 벌 받고 있다고 느끼지 않도록 배려해 주십시오. 이런 대화가 한 번 이상 필요할 수도 있을 것입니다. 놀리던 아동과 ○○이와의 관계에 좋은 변화가 있다면 살짝, 분명하게 칭찬해 주십시오.

언어치료사 ○○○ 드림

(전화번호: 000-0000-0000)

참고문헌

김승미, 이은주(2013). 취학전 말더듬 아동 교사의 인식과 반응과정에 관한 질적 연구. 언어청각장애연구, 18(2), 203-222.

김윤숙, 신문자(2016). 부모교육이 학령전기 말더듬 아동의 비유창성 감소에 미치는 효과. 특수교육연구, 15, 59-74.

김자영, 이경재, 최성희, 최철희(2018). 말더듬교육에 따른 유치원 교사의 말더듬 인식변화. 언어치료연구, 27(4), 91-99.

신문자(2000). 유창성장애 성인의 말속도와 유창성 측정에 관한 연구. 음성과학, 7, 273-284.

신문자, 이경재, 이수복(2019). 말더듬 아동-부모 상호작용 앱 개발에 대한 전문가 요구조사. 특수교육, 18(4), 31-52.

성진아(2017). 말더듬 아동의 치료 사례. 2017 말더듬 치료 워크샵: 제 20회 세계 말더듬의 날 기념. 서울: 늘품 플러스.

심현섭, 김영태, 이윤경, 박지연, 김수진, 이은주, 표화영, 한진순, 권미선, 윤미선(2012). 의사소통장애의 진단과 평가. 서울: 학지사.

안종복(2013a). 학령기 이전 말더듬 아동에 대한 유치원 교사의 인식 연구. 언어치료연구, 22(1), 235-252.

안종복(2013b). 말더듬 학생에 대한 특수교사의 인식에 관한 연구. 언어치료연구, 22(2), 3-42.

이경재, 신문자, 전희정(2011). 상호작용치료경험을 중심으로 한 학령전기 말더듬 아동 부모의 치료경험 분석. 언어청각장애연구, 16, 478-493.

이수복, 심현섭(2015). 초기 말더듬 아동의 치료후 말더듬회복 예측요인에 관한 종단연구: 발화길이를 중심으로. Communication Sciences & Disorders, 20(3), 289-201.

이수복, 심현섭(2016). 초기 말더듬 아동의 치료효과 예측변인 연구. Communication Science & Disorders, 21, 382-396.

장현진, 신명선(2018). 말더듬 아동의 유창성 증진 부모교육용 앱 콘텐츠 개발을 위한 기초 연구. 언어치료연구, 27(4), 101-110.

표화영, 신문자, 이수복, 이경재(2019). 모바일 기반의 상호작용치료 프로그램 개발을 위한 말더듬 아동 부모 요구조사. 발달지원학회, 8(3), 57-70.

Botterill, W., & Kelman, E. (2010). Palin parent-child interaction. In B. Guitar & R. McCauley (Eds.), Treatment of stuttering: Established and emerging interventions. Baltimore, MD:

Lippincott Williams & Wilkins.

Choi, D., Conture, E. G., Walden, T. A., Jones, R. M., & Kim, H. (2016). Emotional diathesis, emotional stress, and childhood stuttering. *Journal of Speech Language and Hearing Research, 59*, 616–630.

Curlee, R. (1999). Identification and case selection guidelines for early childhood stuttering. In R. Curlee (Ed.), *Stuttering and related disorders of fluency* (2nd ed.). New York: Thieme.

Gottwald, S. R., & Starkweather, C. W. (1999). Stuttering prevention and early intervention: A multi-process approach. In N. Onslow & A. Packman (Eds.), *The handbook of early stuttering intervention* (pp. 53–82). San Diego, CA: Singular Publishing Company.

Guitar, B. (2014). *Stuttering: An integrated approach to its nature and treatment* (4th ed.). Baltimore, MD: Lippincott Williams & Wilkins.

Guitar, B., & McCauley, R. J. (2010). An overview of treatments for preschool stuttering. In B. Guitar & R. McCauley (Eds.), *Treatment of stuttering: Established and emerging interventions*. Baltimore, MD: Lippincott Williams & Wilkins.

Hayhow, R. (2009). Parents experiences' of the Lidcombe program of early stuttering intervention. *International Journal of Speech-Language Pathology, 11*, 20–25.

Kelly, E. M., & Conture, E. G. (1992). Speaking rates, response time latencies, and interrupting behaviors of young stutterers, nonstutterers, and their mothers. *Journal of Speech and Hearing Research, 35*, 1256–1267.

Kelman, E., & Nicholas, A. (2008). *Practical intervention for early childhood stammering: Palin PCI approach*. London: Speechmark Publishing Ltd.

Langevin, M., Packman, A., & Onslow, M. (2009). Peer responses to stuttering in the preschool setting. *American Journal of Speech-Language Pathology, 18*, 264–278.

Langlois, A., Hanrahan, L. L., & Inouye, L. L. (1986). A comparison of interactions between stuttering children, nonstuttering children, and their mothers. *Journal of Fluency Disorders, 11*, 273–293.

Manning, W. H., & DiLollo, A. (2018). *Clinical decision making in fluency disorders* (4th ed.). San Diego, CA: Plural Publishing.

Meyers, S. C., & Freeman, F. J. (1985). Mother and child speech rates as a variable in stuttering and disfluency. *Journal of Speech and Hearing Research, 28*, 436–444.

Millard, S. K., Zebrowski, P., & Kelman, E. (2018). Palin parent-child interaction therapy: The bigger picture. *American Journal of Speech-Language Pathology, 27*, 1211-1223.

Nippold, M., & Rudzinski, M. (1995). Parent's speech and children's stuttering: A critique of the literature. *Journal of Speech, Language, and Hearing Research, 38*(5), 978-980.

Onslow, M., Packman, A., & Harris. E. (2003). *The Lidcombe program of early stuttering intervention: A clinician's guide.* Austin, TX: Pro-Ed.

Ramig, P. R. (1993). Parent-clinician-child partnership in the therapeutic process of the preschool and elementary-aged child who stutters. *Seminars in Speech and Language, 14*, 226-236.

Rustin, L., Botterill, W., & Kelman, E. (1996). *Assessment and therapy for young disfluent children: Famaily Interaction.* San Diego: Singular publishing Group.

Rustin, L., & Cook, F. (1995). Parental involvement in the treatment of stuttering. *Language, Speech, and Hearing Services in Schools, 26*, 127-137.

Starkweather, C. W., & Gottwald, S. R. (1990). The demands and capacities model II: Clinical application. *Journal of Fluency Disorders, 15*, 143-157.

Watkins, R., Yairi, E., & Ambrose, N. (1999). The course of early childhood stuttering III: Initial status of expressive language abilities. *Journal of Speech, Language, and Hearing Research, 42*, 1125-1135.

Yairi, E., & Ambrose, N. G. (2005). *Early childhood stuttering: For clinicians by clinicians.* Austin, TX: Pro-Ed.

Yairi, E., & Seery, C. H. (2015). *Stuttering: Foundations and clinical applications* (2nd ed.). Upper Saddle River, NJ: Pearson.

Ebright, E., & Mckeehan, A. (1989). *Preventing Stuttering in the Preschool Child: Training for Parents.* 신문자 역(1991). 아동의 유창성 증진을 위한 부모교육 DVD.

Guitar, B., & Conture, E. G. (2007). *7 Ways to Help the Child Who Stutters.* Stuttering Foundation of America. (https://www.stutteringhelp.org)

Zebrowski, P., Guitar, B., Guitar, C., Hill, D., Ramig, P., & Fraser, J. (2003). *Counseling: Listening to and talking with parents of children who stutter.* 심현섭, 신문자 공역(2008). 부모상담 DVD.

제8장 학령기 아동의 치료

1. 치료 목표 및 고려사항

학령기 말더듬 평가(제5장)에서는 아동의 연령에 따른 발달을 고려하여 말더듬을 평가하는 과정을 알아보았다. 학령기 아동은 말더듬뿐만 아니라 아동의 발달적 과업을 잘 달성하고 있는지, 사회적응을 잘 하고 있는지를 함께 알아보는 것이 중요하다. 학령기는 아동의 사회적 활동 범위가 학교로 확대되고 가정과 자신의 환경에 따라 매우 다양할 수 있다.

아동 말더듬의 특성과 중증도, 가족과 교사들이나 친구들로부터 받는 도움과 같은 다양한 요인에 따라 유창성에 대한 아동의 반응 또한 크게 달라진다. 일부 아동은 학업적인 능력과 사회적인 능력, 운동적인 재능과 능력이 발달하면서 말더듬으로 인한 어려움을 잘 이겨 나가며 적응하기도 한다. 그러나 다른 아이들은 말더듬 또는 말더듬으로 야기된 불이익에 대하여 저항을 하거나 이를 이겨 내기 위하여 공격적인 모습을 보이거나 정서적인 어려움을 경험하기도 한다.

학령기 평가 및 치료에서 부모의 참여는 학령전기보다는 덜하지만 지속적으로 부모 참여의 중요성이 강조되어야 한다. 아동의 부모가 말더듬에 대하여 잘못 이해하여 학령기에는 회복될 가능성이 없다고 여기거나, 반대로 그대로 두어도 회복된다고 생각하고 있다면 아동이 말더듬을 평가받고 치료 받을 기회가 줄어든다. 또한 치료를 하는 경우에도 적절한 유창성 회복에 어려움이 있을 수 있다. Manning과 DiLollo(2018)는 어떤 아동은 스스로 자신의 문제를 이해하고 기본적인 치료만으로도 도움을 얻지만, 장기적 변화에는 적어도 부모 중 한 명의 헌신적인 참여 없이는 효과를 보기 힘들다고 하였다.

차츰 다양한 가족 형태가 생겨나고 있으며 부모의 부재나 어려움으로 아동 보육 시설에서 자라는 아동의 경우는 가장 가깝게 영향을 주는 보호자의 참여를 고려하여야 할 것이다.

임상이야기

부모의 참여가 매우 어려웠던 경우가 있었는데, 어머니 쪽에서 치료사가 아이를 직접 치료하는 시간만 중요시하는 경우였다. 이 부모에게 상황을 설명하거나 협조를 구해도 부모는 좀처럼 반응하지 않고 자신이 해야 할 일을 부정했다. 어머니는 자신과 상담할 시간을 갖지 말고 그 시간에 치료사가 직접 아이를 치료할 것을 부탁했다. 이러한 경우 아동이 문제해결에 책임이 커졌다고는 해도 치료효과를 기대하는 데는 제한이 있다. 왜냐하면 아동은 아직 자신의 문제를 독립적으로 해결할 수 있는 연령이라 할 수 없기 때문이다. 부모는 말더듬을 반드시 고쳐야 한다는 절실한 감정이 매우 컸으며, 자신이 도움을 주기보다는 전문가들이 맡아서 하기를 원했다. 심리상담을 권했지만 부모는 강하게 정신건강의학과 방문을 거절하였다.

이 경우 많은 시간을 보내는 가정에서 부모가 아동을 적절히 돕는 데 한계를 예측할 수 있다. Rustin과 Cook(1995)이 말한 부모의 양육태도, 부모-아동 관계, 문제해결의 전략, 가족 내의 아동 말더듬 문제의 비중 등은 학령기까지도 이어질 수 있다는 것을 알아야 한다.

모든 아동은 아니지만 일부 아동에게 말더듬이 학업에 미치는 영향이나 학교 적응 문제는 간과할 수 없는 부분이다. 우리나라도 학교에서 학생들의 발표가 많은 비중을 차지하고 있다. Gregory(2003)는 말더듬 학생은 답을 모르는 것처럼 가장하거나 말이 필요한 일에 최소한으로 참여하기 위해 일부러 틀린 답을 말하는 등 대처 전략이 다양할 수 있다고 하였다. Manning과 DiLollo(2018)의 '임상이야기' 글상자 안에 소개된 여러 사례에서 그 예를 볼 수 있는데, 그중 하나는 자신의 발표 차례를 피하기 위하여 스스로 연필로 손에 상처를 내서 보건실에 가야 했던 아동의 보고도 있다.

학령기 말더듬 평가에서 아동의 외현적 특징을 측정하는 동시에 말더듬으로 인한 아동의 심리적 영향에 대하여 학령전기보다 좀 더 나아간 평가가 요구된다고 기술한 바 있다. 또한 가정을 비롯한 아동의 사회적 환경에 대한 평가는 학령전기보다 넓은 영역으로 확대되어야 할 것이다. 학령기 아동의 평가에서 의사소통태도 평가 또는 CAT-R, 학령기 학교적응척도 등을 실시하는 것은 이런 이유에서이다. 즉, 말더듬 아동의 외현적인 면과 내재적인 면, 환경적인 면을 모두 고려하고자 한다. 말더듬 발생률 연구에 따르면 초등학교 시기까지 말더듬은 일정하게 유지되는 경향이 있으며 고등학교 시기에 이를 때까지 외현적인 면은 점차적으로 줄어들 수 있다고 한다(Bloodstein & Bernstein Ratner, 2008). 학령전기 그리고 초등학교 저학년 아동의 경우 성공적인 중재 가능성이 높다고 볼 수 있으며, 학령기 역시 성인기보다는 중요한 치료 시기로 볼 수 있다.

2. 치료 및 중재방향 세우기

각 개별 아동의 중재방향을 정하는 것은 하나의 치료 프로그램을 정하여 실행하기에 앞서 이루어져야 한다. 중재방향은 우선 아동의 말더듬 평가 결과를 중심으로 전체적인 그림을 그리는 것에서 시작한다. 앞서 강조한 바와 같이 아동의 다양한 모습을 정확히 관찰하는 것이 중요하기 때문이며 모든 아동에게 공통적으로 적합한 유일한 말더듬 치료 프로그램은 존재하기 어렵다.

1) 학령기 아동 치료동향

성공적 말더듬 치료에 관한 보고는 아직도 진행 중에 있다. 한동안 치료를 위하여 지연청각피드백(Delayed Auditory Feedback: DAF)이나 주파수변조피드백(Frequency-Altered Feedback: FAF)과 같은 기기가 1960~1990년대까지 널리 사용되었고 SpeechEasy와 같이 세련된 기기가 알려져 있다(Armson & Kiefte, 2008; Kalinowski et al., 1994). 그러나 이러한 기기의 사용에 대해서는 비용뿐 아니라 전통적인 치료법에 비해 우수성이 검증되지 않았고, 아동을 대상으로는 권고되지 않는 편이다(Manning & DiLollo, 2018).

또한 전통적인 치료법의 효과 보고에서는 기기를 아동에게 사용하는 것은 의심스럽다고 보고하기도 하였다(Lincolin, Packman, & Onslow, 2006). 중요한 것은 이러한 기기는 잠시 말을 더듬지 않도록 느껴 보는 범위 이상으로 효과를 기대하기가 어렵다는 것이다. 요즘은 앱을 이용한 방법도 소개되고 있는데, 이는 쉽게 접근이 가능하고 비싼 기기에 불필요한 비용을 지불할 필요성을 감소시켰다.

말더듬 아동의 치료법을 리뷰한 논문이나 책자들을 보면 직접치료와 간접치료 그리고 가족을 중심으로 한 치료법 등 종류가 다양하다(Guitar, 2014; Manning & DiLollo, 2018; Sidavi & Fabus, 2010). 공통적인 것은 근거기반중재(evidence-based intervention)를 지향할 것, 치료사의 지식과 경험을 바탕으로 아동 개인의 성향에 맞는 것을 선택해야 한다는 것이다.

말더듬 치료의 목적은 유창하게 말하기만 획득하는 것이 아니다. 아동이 가장 효과적인 의사소통을 할 수 있도록 길을 찾아 주는 것이다. 또한 앞으로 언택트(untact) 치료와 교육이 좀 더 요구되는 시대에는 온라인 치료와 같은 말더듬 원격치료법(telepractice) 개발이라는 새로운 과제를 갖게 되었다. 말더듬 치료에서 원격치료에 대한 발표와 리뷰도 소개되고 있다(McGill, Noureal, & Siegel, 2019). 이러한 모델은 말더듬에 관한 검증된 이론과 새로 개발되고 있는 앱의 사용 등으로 새롭게 개척될 분야이다.

학령기 말더듬의 아동 평가보고서에는 아동의 외현적인 말과 언어 특성, 즉 말더듬 정도, 부수행동, 비유창성 유형 등에 대한 관찰과 함께 아동이 가지고 있는 심리적 부담감이나 내적 어려움이 기술되어야 한다고 지적한 바 있다. 그리고 덧붙여 부모 및 교사의 보고, 아동의 학교 적응에 대한 보고에 따라 말더듬에 영향을 줄 수 있는 환경을 함께 종합하여 기술되어야 한다.

평가보고서 자료는 아동 말더듬과 관련된 요인에 따라 아동의 외현적인 면에 더 비중을 두어야 할지, 내면적인 면이나 환경적인 면을 먼저 또는 동시에 도움을 주어야 할지 판단하는 데 도움을 준다. 외현적으로는 아동의 말에 변화를 시도하여 유창하게 말할 수 있도록 돕는 것이고, 내면적으로는 아동 자신이 말더듬을 이해하고 이를 심리적으로 다룰 수 있게 돕는 것이라 할 수 있다. 치료의 효과를 보기 위하여 Bennet(2006)가 언급한 ABC 요소, 즉 정서, 행동 그리고 인지 요소(Affective, Behavioral, & Cognitive component)를 모두 살필 필요가 있는 것이다. 마지막으로 환경적인 면으로는 가정이나 학교 그리고 아동의 중요한 의사소통 상황에서 주요한 인물을 통하여 도움을 줄 수 있다.

2) 학령기 말더듬 치료 구성 시 고려사항

Riley와 Riley(2000)의 수정된 구성모델은 아동에게 나타날 수 있는 중요한 구성요소들을 잘 보여 준다. 예를 들면, 신체적 특질(주의력장애, 말운동장애, 협응장애), 기질요인(높은 자기 기대치, 과도하게 예민함) 그리고 청자의 반응(혼란스러운 의사소통 환경, 이차적 이득, 놀림/괴롭힘) 등이 존재하는지를 살피고, 존재한다면 말더듬과 얼마나 관련되어 있는지 관찰하는 것이다. 이 항목들이 말더듬에 얼마나 영향을 주고 있고 유창성 회복을 위하여 어떤 면에 변화가 필요한지를 예측해 볼 수 있다.

이에 따르면, 말더듬 회복에 부정적 영향을 미칠 수 있다고 여겨지는 것이 있다면 상담과 학습을 통해 그러한 영향이 줄어들도록 중재에 반영할 수 있다. 예를 들면, 가정에서 혼란스러운 의사소통 상황이 계속된다고 평가되었다고 하자. 그렇다면 이 부분이 아동의 말더듬에 어떻게 부정적인 영향을 주고 있는지 부모와 의견을 주고받으면서 개선방향에 대해 의논하여야 한다. 수정된 구성모델은 요구-용량(demand and capacity) 모델과도 연결이 되는데, 말더듬 회복은 개인의 내적 능력(capacity)뿐 아니라 외적인 환경, 즉 요구(demand)와의 균형을 고려해야 한다는 것이다.

또한 아동에게 말더듬 유전적 소인이 있다면, 이는 환경요인과 상호작용할 수 있다고 보여지므로 회복에 부정적 요소가 하나 더해진다고 할 수 있다. 아동의 유창성 능력이 저하되는 것은 아동의 현행 능력과 아동에게 부과되는 요구 사이의 불균형이 작용한다. 그런데 이러한 요인들은 매우 역동적이어서 객관적으로 측정하는 데는 어려움이 있다. 일반 아동에게도 경쟁적이거나 빨리 대답해야 하는 상황이 계속되면 스트레스가 가중된다. 이러한 스트레스는 말더듬 아동에게는 비유창성 발생과 심화에 영향을 미칠 수 있다. 반대로 안정되고 편안한 환경은 아동이 말을 구사하는 데 도움을 줄 수 있다. 이를 역으로 해석하여 가정에서 스트레스가 있기 때문에 말더듬이 발생한다고 여기는 연구 결과는 근래에는 거의 없다. 다만, 스트레스가 되는 환경요인들은 아동의 말더듬 회복에 영향을 줄 수 있고, 아동의 의사소통에 어려움을 줄 수는 있다고 보고 있다(Yaruss & Reardon-Reeves, 2017).

수정된 구성모델과 비슷하게 감별진단-감별치료 역시 아동의 전체적인 평가에 따라 그에 맞는 차별화된 치료를 하도록 권장하고 있다(Gregory, 2003). 학령기에는 아동의 환경이 학교라는 사회로 확장되었음을 지적하면서 Gregory(2003)는 대부분의 언어치료사가 다양한 발달요인과 환경요인을 평가하고 이 자료들을 중재에 반영해야 한다고 지적하였다. 즉, 각 평가 결과에 따른 개별화된 중재로 의사결정이 이루어져야 한다고 보는 것이다. 이러한 다양한 환경요인이나 발달요인을 살피는 것은 성인이나 청소년보다는 나이가 어릴수록 그 비중이 높을 수 있다.

이와 같이 아동의 말더듬 문제를 둘러싼 여러 요인을 확인한 후 간접치료나 직접치료, 부모 및 교사와 환경 개선을 도모한다. 마지막으로 전이와 유지에 대한 중재방향을 정하여 중재의 마무리를 진행하게 된다. 앞으로 소개되는 유창성 및 말ㆍ언어 증진하기와 내면적인 면 다루기, 놀림과 괴롭힘의 대처 방안 그리고 부모, 교사 및 환경 개선은 각 분야별로 이루어지기도 하고 병행되기도 하며 서로 시간적 차이를 두고 이루어지기도 한다.

3. 유창성 및 말ㆍ언어 증진하기

제7장에서 간접치료와 직접치료로 나누어 아동 말더듬 중재를 설명하였으며, 아동이 어릴수록 간접치료, 즉 부모나 환경의 변화를 통하여 유창성 증진을 획득할 수 있는 방법이 도움이 될 수 있음을 설명하였다. 말더듬 아동의 중재에서는 간접치료와 직접치료로 나누어 누구에게 어느 방법이 적절할 것인가 하는 문제와 마주하게 된다. 그러나 이는 두 가지 중 한편을 선택하는 것이 아니라, 아동 말더듬 평가 결과에 따라 보다 간접적인 치료 또는 보다 직접적인 치료를 하는 정도의 차이를 두고 적용해 보는 것을 의미한다.

가장 간접적인 방법은 상담과 부모교육을 통하여 환경을 변화시키고 치료사가 아동에 대해 직접치료를 하지 않는 것이다. 다음 단계의 간접치료로 아동과 부모의 상호작용을 위주로 돕는 Palin 상호작용치료를 들 수 있다. 여기에는 유창성 증진에 도움이 된다고 알려진 환경 개선을 시도하는 것이 포함된다.

이에 반하여 직접치료는 아동이 나이가 많아짐에 따라 주위의 도움에서부터 스스로 자신의 문제를 알고 자신의 말을 조절하는 것이 도움이 될 때 보다 직접적인 방법으로 방향을 전환하는 것이라 할 수 있다. Conture(2001)는 일반적으로 아동이 말을 더듬은 기간이 아동의 연령보다 더 중요할 수 있다고 하였다. 사실 2~3세 정도의 어린 아동이라도 복잡한 유형의 비유창성 유형이나 매우 높은 수준의 불안을 보일 수도 있다. 다른 한편으로 아동은 차츰 자신이 원하는 대로 말을 조절할 수 없게 되는 것을 인식하고 불안을 느끼며, 더듬지 않으려고 여러 가지 투쟁행동을 보이게 된다. 그러므로 아동이 말을 더듬은 기간이 길어지거나 연령이 높아지면 직접치료를 더 고려하게 된다.

1) 직접치료

지난 20세기 후반 십여 년 동안 아동에게 직접치료를 하는 것에 대한 보고가 증가하고 있다(Yairi & Ambrose, 1992, 2005; Reardon-Reeves & Yaruss, 2013, Manning & DiLollo, 2018). 특히 Yairi와 동료들은 비교적 어린 연령의 말더듬 아동, 즉 말을 더듬은 지 얼마 지나지 않은 아동을 대상으로 여러 연구 결과를 제시하였다(Yairi & Ambrose, 2005). 이 자료들은 어린 아동도 기다리기보다는 말더듬 중재를 시작하는 것이 도움이 된다고 지적하고 있다. 즉, 아동이 말더듬으로 판단되면 어느 정도의 기간이 지날 때까지 기다리는 것보다는 조기중재를 고려하는 것이 중요하다(Kelman & Nicholas, 2008; Jones et al., 2005; Millard, Nicholas, & Cook, 2008).

Conture(2001)는 아동이 수개월 동안 말을 더듬었고 긴장과 투쟁행동을 보이거나 일음절 낱말에도 비유창성을 보이면 바로 치료를 시작하는 것이 필요하다고 하였다. 미국이나 캐나다의 체계와는 달리 우리나라는 아직 학령기 말더듬 아동을 학교에서 치료하는 프로그램이 거의 실시되고 있지 않으므로 개별적으로 부모가 아동을 데리고 언어치료를 받아야 한다.

앞서 학령 전 아동의 치료 프로그램에서 리드콤 프로그램(Harrison, Onslow, & Rousseau, 2007; Onslow, Packman, & Harrison, 2003)을 소개하였다. 이는 상호작용치료(Parent-Child Interaction Therapy: PCIT) 또는 부모교육으로 말더듬 회복을 이끄는 간접치료에 비하면 직접치료의 여건을 갖추었다고 할 수 있다. 리드콤 프로그램의 경우, 부모가 치료에 참여하여 아동의 유창하거나 비유창한 발화에 치료사가 알려 준 구어수반반응(예: 좋은 말하기였어, 아주 잘했어 등)을 가정에서 반복하는 조작적 조건화 방법을 사용한다. 이는 두 단계로 나뉘어져 있고 아동의 말에 직접 개입한다는 면에서 보다 더 직접적인 방법이라고 할 수 있다. 연구에 따르면, 리드콤 프로그램을 적용하기에 적절한 연령으로 7, 8세도 가능하지만 주로 6세 이전 아동에게 더 적절한 것으로 보고되고 있다(제7장 참조).

어떤 프로그램이나 중재방향을 선택할지는 아동의 필요에 따라 달라질 수 있으므로 언어치료사는 다양한 프로그램에 대하여 알고 편안하게 다룰 수 있어야 한다. Guitar(1998)의 13위계에 따른 말더듬 치료방법이나 Ryan(2001)이 소개한 GILCU(Gradual Increase in Length and Complexity)는 행동주의 접근이며, 각 단계마다 기준(criteria)이 있어 따르기가 쉽지만 실제 언어는 기계적인 단계로 이루어지지 않으므로 주의하여 참고할 필요가 있다.

이제 직접치료에서 아동에게 제시할 수 있는 여러 유창성 증진 방법을 설명할 것이다.

2) 말 · 언어 산출 체계와 말더듬 이해하기

우리가 효과적인 의사소통을 유도하기 위하여 첫 번째 중재 목표는 아동의 말더듬, 즉 비유창성을 감소하거나 없애는 것이다. 이를 위하여 아동 자신이 말이 어떻게 산출되고 말을 더듬을 때 어떠한 현상이 일어나는지 이해하는 것이 도움이 된다. 말 산출에 필요한 여러 기제들의 협응을 이해하면 자신의 말을 조절하는 데 많은 도움이 된다. 우리의 말 산출은 매우 복잡한 심리 과정과 신경전달에 이어 호흡-발성-조음 및 공명에 관여하는 기관들 간의 협응 과정을 거쳐 이루어진다. 학령기 아동의 경우 인지능력과 연령에 맞게 말 산출에 대한 그림을 제시하여 아동의 이해를 도울 수 있다. 아동은 이를 통하여 말더듬이 발생하는 이유를 이해하게 되고, 또한 어떻게 부드러운 말을 산출할 수 있는지를 쉽게 배울 수 있다.

말 산출에 대한 내용은 제1장의 유창성장애 특성 그리고 여러 문헌을 참고하는 것이 필요하다(이승환, 2005; 심현섭 외, 2010). 또한 Guitar, Fraser, O'Brien(2009)이 제작한 Stuttering: Clinical Basic Skills(DVD)에서는 치료사가 아동에게 이를 설명하고 이해를 나누는 장면을 잘 보여 주고 있다. 이러한 자료들을 참고하여 아동의 연령과 인지발달을 [그림 8-1] 말 산출 도우미 그림을 이용하여 말이 생성되는 과정을 설명할 수 있다. 아동이 이해한 것을 자신의 그림으로 그려 보게 할 수도 있다. 아동은 말 생성 과정의 설명을 통하여 유창한 말과 비유창한 말을 '매끈한 말-울퉁불퉁한 말' 또는 '편안한 말-힘이 들어간 말' 등으로 비교하여 차이점을 이해하는 데 도움을 받을 수 있다.

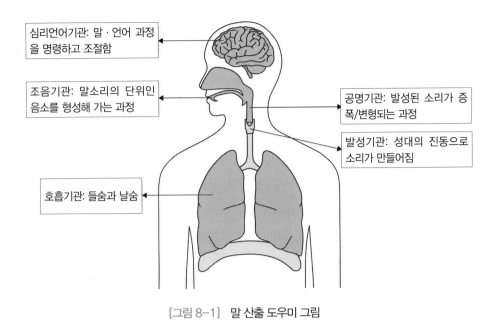

심리언어기관: 말·언어 과정을 명령하고 조절함

조음기관: 말소리의 단위인 음소를 형성해 가는 과정

공명기관: 발성된 소리가 증폭/변형되는 과정

발성기관: 성대의 진동으로 소리가 만들어짐

호흡기관: 들숨과 날숨

[그림 8-1] 말 산출 도우미 그림

3) 말·언어 변화를 통한 유창성 증진

유창성을 획득하기 위해서는 핵심행동을 감소시키거나 없애야 한다. 핵심행동이란 아동이 보이는 모든 비정상적인 비유창성(말더듬) 유형을 말한다. 일음절어 반복과 음소 및 음절 반복, 비운율적 발성(막힘과 연장) 등이 비정상적인 비유창성에 속한다. 말더듬 치료의 어려움 중 하나는 비유창성이 시간과 상황에 따라서 변이를 보인다는 것이다. 한번 유창해지면 지속적으로 계속 유창해지는 것이 아니라, 오늘은 유창했지만 어느 날 다시 비유창해져서 불안이 커진다. 그러므로 이러한 비유창성의 변이라는 속성을 이해하는 것이 필요하며 자신감을 가지고 의사소통하도록 돕는 것이 필요하다. 그렇다면 어떻게 말의 변화를 이끌어야 할까?

유창성 획득 목표에는 세 가지를 언급할 수 있다. 자발 유창성, 조절 유창성 그리고 수용 말더듬이 그것이다(제3장 참고). 학령전기 아동과 같이 어린 아동의 경우는 우선 자발 유창성 획득이 첫 번째 목표이다. 그리고 학령기 아동의 경우도 역시 자발 유창성을 치료 목표에 포함하지만 이것이 어려울 때는 조절 유창성도 목표로 하여야 하며 동시에 수용 말더듬도 치료 목표에 넣을 수 있다.

말과 언어의 변화는 유창하게 말하기 기술(techniques for easier speech)을 익히는 것과 쉽게 더듬는 기술(techniques for stuttering more easilyt)을 익히는 것으로 나눌 수 있다. 어떤 경우에는 두 가지 방법을 나누기보다 유창성 획득 목표 세 가지를 이루기 위하여 상호 보완적으로 사용할 수 있다. 그러므로 이를 나누지 않고 말과 언어를 변화시키는 방법을 소개하고자 한다.

(1) 말속도 줄이기

말의 변화 요인을 메타분석한 연구들은 가장 효과적인 요인으로 말의 연장(prolonged speech)을 들고 있다(Andrews, Craig, & Feter, 1983). 또한 자신의 말을 유창하게 유지할 수 있도록 말속도를 변화시켜 말을 안정시키는 방법을 시도할 수 있다. 말속도를 천천히 하는 방법으로는 모음을 천천히 조음하는 방법과 쉼을 적절히 두는 것을 이용할 수 있다.

말속도를 천천히 조절하는 것은 여러 가지 면에서 유창한 말을 하는 데 도움이 된다. 대화 상대자의 말속도가 늦어질 때 아동의 말속도에는 변화가 없지만 비유창성이 줄어드는 현상을 보고한 논문도 있다(이경재 외, 2003). 상대방이 말속도를 천천히 하거나 자신의 말속도를 천천히 하는 것은 말 산출 기제가 준비되는 시간을 늘려서 말을 조절하기 쉬워지고 더 유창하게 말하는 데 도움을 준다고 볼 수 있다. 우리나라 학령기 아동 말속도에 관한 자료는 많지 않지만(문지은, 권도하, 2015; 하인수, 2005) 일반 아동의 말속도를 기준으로 해야 할지 또는 아동의 말속도를 어느 정도로 조절하는 것이 필요한지 알아보기 위하여 아동의 말속도 변화에 따른 유창성의 차이를 살필 필요가 있다.

첫 번째 방법으로 모음을 약간 길게 하거나 연장하여 발음한다면 말속도는 자연히 느려진다. 아동들에게 빠른 '토끼 말'과 느린 '거북이 말'과 같이 이름을 붙여 개념을 쉽게 이해시킬 수 있다. 어떤 아동은 말속도를 조절하는 것을 어려워하거나 느린 말속도에 거부감을 가질 수도 있다. 이때는 일반 아동의 말속도와 비교해 들려주어 그 속도 차이가 크게 나지 않는다는 것을 알려 줄 수 있다. 또한 계속적으로 이런 속도로 말을 해야하는 것은 아니며 유창성을 회복시키면서 차츰 말속도를 높일 수 있다는 것을 알려 준다. 처음 자동차나 자전거 운전을 시작할 때 익숙해지기 전까지 천천히 운전하다가 차츰 마음대로 빨리 운전할 수 있다는 비유로 설명할 수 있다.

말속도를 조절하는 두 번째 방법은 쉼을 갖는 것(pausing)이며 필요한 낱말과 낱말 사이, 또는 문장 사이에 휴지를 적절하게 줌으로 말속도를 늦출 수 있다. 쉼을 두게 되면 단어를 떠올릴 때 좀 더 충분히 생각을 할 수 있으므로 서두르지 않고 말을 하게 되어 유창성 증진에 도움을 줄 수 있다.

Kelman과 Nicholas(2020)의 버스 말하기(Bus talking)를 아동에게 소개할 수 있는데, 이는 말하기 전에 생각할 시간을 갖도록 하는 것이다. 거북이 말을 조금 더 발전시킨 것이라 할 수 있는데, 버스가 정거장에 잠시 서는 것처럼 말하기 전에 생각하기 위한 시간을 갖는 것이다. 이는 자연스럽게 말속도를 늦춰 준다. 언어와 말더듬 사이에는 밀접한 관련이 있으며 말더듬의 회복에 필요한 음운능력, 느린 구어속도, 안정된 구어 운동체계가 관련이 있다는 주장에 설득력이 있는 것으로 보인다(Conture, 2001; Guitar, 2014).

(2) 가볍게 시작하기

비유창성이 일어나는 언어적 위치를 보면 주로 단어의 시작에서 자주 일어나며 문장이나 절, 구의 시작 단어에서 그리고 강세가 있는 음절에서 나타난다고 보고 있다 (Bernstein Ratner, 1997; Brown & Moren, 1942). 또한 언어적 발생 위치 이외에도 긴 단어, 한번 더듬었던 단어 그리고 외국어에서 자주 비유창성이 발생한다고 보고 있다. 이들을 살피면 언어적 계획과 준비 그리고 학습된 반응 등이 말더듬을 발생시키는 주요 요인이라는 것이다.

이것을 치료에 활용하면 아동이 구나 절 그리고 문장과 단어의 처음 시작 시 가볍게 말을 시작하여 말을 더듬을 확률을 줄일 수 있다. '가볍게 시작하기 또는 쉬운 시작(Easy onset)'은 말을 시작할 때 발성 및 조음에 들어가는 힘을 이완하여 최소한의 노력으로 말소리를 시작하는 것이다. 아동은 얼마나 자주 '가볍게 시작하기'를 사용하여야 유창함이 유지되는지를 시도해 볼 수 있다. 또한 자주 막히는 단어들을 선택하여 조절 연습을 한다.

만일 아동이 한 문장을 시작할 때마다 이 기법을 지키기로 한다면 처음에는 아동이 문장을 시작할 때마다 치료사는 잊지 않도록 칩이나 표식을 놓아 준다. 익숙해진 후에는 아동 자신이 칩을 가지고 스스로 내려놓으면서 '가볍게 시작하기'를 지키도록 한다. 차츰 이러한 상기시키는 물건(reminder), 칩이나 표식을 줄여 간다. 이때 아동의 유창성이 만족스럽다면 다음 단계인 '구(phrase)'를 시작할 때마다 가볍게 시작하기로 수준을 높여 본다. 이러한 작업에 복식호흡과 같은 적절히 숨쉬기를 함께하여 아동이 들숨의 정점에서 내쉬면서 말을 시작하도록 도움을 주는 것으로 유창성 증진 효과를 높인다.

(3) ERA-SM 사용하기

말속도 조절과 함께 시도할 수 있는 말조절 방법 중에 ERA-SM(Easy relaxed approach to smooth movement) 사용하기가 있다. ERA-SM은 가볍고 편안하게 조음기관을 이완하여 말소리를 시작하여 다음 말로 부드럽게 잇는다는 개념을 가진 종합적인 것이라 할 수 있다. 우선 말하는 데 필요한 기관들을 가볍게 이완시켜서 발화를 시작한다는 것이 첫 번째 개념이고, 그다음 음소나 단어로 이어질 때 부드럽게 접근을 이어 가는 것이 두 번째 개념이다. 이는 Gregory(2003)을 통해 우리나라에도 몇 차례 소개되었다(신문자, 2007).

'적절히, 가볍게 시작하여 부드럽게 다음 말로 이어보기' 정도의 개념으로 설명할 수 있다. 처음 이 방법을 배울 때는 쉬운 단어 그리고 짧은 단어부터 시작하여 차츰 어렵거나 긴 단어로 위계를 높여 갈 수 있다. 〈표 8-1〉은 우리가 참고로 할 수 있는 언어적 단위를 증가시키면서 연습할 수 있는 위계의 예이다. 맨 먼저 일음절 낱말을 ERA-SM 방식으로 말해 본다. 이때, 치료사는 직접 모델을 보여 주고 성공할 경우 간접 모델로 바꿔 나간다.

그다음은 다음절 단어, 구, 문장, 쉬운 낱말, 어려운 낱말로 언어적 위계를 줄 수 있다. 또한 일반적으로 자주 사용하는 낱말 그리고 개인적으로 자주 사용하는 낱말, 또는 자주 막히는 낱말까지 목록을 만들어 시도하는 것도 좋다. 먼저 치료사와 아동이 위계에 따른 연습을 성공적으로 진행하게 되면 7단계에서는 부모가 교육을 받아 부모 역시 이러한 말하기에 동참하게 된다. 부모와 함께할 때는 처음에는 천천히 몇 단계를 해 보고 성공하면 다음 단계로 넘어 간다.

〈표 8-1〉 언어적 위계에 따른 ERA-SM 연습: 각 단계에 따라 ERA-SM으로 시도하기

단계	선행자극	언어단계	반응 및 결과	다음단계 통과기준
1	ERA-SM 직접/간접 모델	일음절 낱말	편안하고 느린 접근으로 시작	90% 이상 정확히 수행
2	ERA-SM 직접모델	다음절 낱말 1 (쉬운 낱말)	편안하고 느린 접근으로 시작	90% 이상 정확히 수행
3	ERA-SM 직접모델	다음절 낱말 2 (어려운 낱말)	편안하고 느린 접근으로 시작	80~90% 정확히 수행

4	ERA-SM 직접모델	자주 사용하는 낱말 (일반/개인)	편안하고 느린 접근으로 시작	80~90% 정확히 수행
5	ERA-SM 직접모델	자주 사용하는 낱말 1 & 2단계 (게임)	편안하고 느린 접근으로 시작	80~90% 정확히 수행
6	ERA-SM 직접모델	1~3단계 부모와 함께	편안하고 느린 접근으로 시작	80% 정확히 수행
7	ERA-SM 직접모델	1~6단계 낱말 + 조사	편안하고 느린 접근으로 시작	80~90% 정확히 수행
8	ERA-SM 직접/간접 모델	1~6단계 운반구 + 낱말	편안하고 느린 접근으로 시작	80~90% 정확히 수행
9	ERA-SM 직접/간접 모델	자주 막히는 단어 목록 1 (쉬운 단어)	편안하고 느린 접근으로 시작	80~90% 정확히 수행
10	ERA-SM 직접/간접 모델	자주 막히는 단어 목록 2 (어려운 단어)	편안하고 느린 접근으로 시작	80~90% 정확히 수행
11	ERA-SM 직접/간접 모델	4~6단계 부모와 함께	편안하고 느린 접근으로 시작	80% 정확히 수행
12	ERA-SM 직접/간접 모델	자주 막히는 단어 1&2 단계 (게임)	편안하고 느린 접근으로 시작	80~90% 정확히 수행
13	ERA-SM 직접/간접 모델	7~10단계 부모와 함께	편안하고 느린 접근으로 시작	80% 정확히 수행
14	ERA-SM 간접모델	7~8단계 낱말 + 조사	편안하고 느린 접근으로 시작	80~90% 정확히 수행
15	ERA-SM 간접모델	7~8단계 운반구 + 낱말	편안하고 느린 접근으로 시작	80~90% 정확히 수행
16	ERA-SM 간접모델	부모와 함께 10~15단계	편안하고 느린 접근으로 시작	80% 정확히 수행
17	ERA-SM 간접모델	단계적 긴 대화	편안하고 느린 접근으로 시작	80~90% 정확히 수행
18	ERA-SM 간접모델	부모와 함께 15~17단계	편안하고 느린 접근으로 시작	80% 정확히 수행

(4) 쉽게 더듬기에 활용되는 기술: 취소하기, 예비책, 빠져나오기

Van Riper(1973)는 말더듬 수정법에서 수정(modification)을 제안하고 있다. 이는 주로 청소년이나 성인 치료에 더 많이 사용하므로 간단히 언급하면 이러한 수정 방법을 아동이 배우는 것도 도움이 될 수 있다. 자세한 내용은 제9장을 참고할 수 있다. 학령기 아동도 말이 막혔을 때 해결 방법을 안다면 도움이 될 것이다.

첫 번째 기법인 취소하기(cancellation)는 말이 막혔을 때 말더듬을 수정하는 방식으로 말더듬이 일어나면 더듬던 단어를 끝까지 말한 후 잠시 의도적으로 발화를 멈춘다. 이후 더듬었던 단어를 기류와 발성의 조절, 부드러운 조음기관 접촉으로 다시 편안한 방식으로 말하면서 말을 이어 나간다. 두 번째 기법인 빠져나오기(pull-out)는 말더듬이 발생하였을 때 이를 알아차리고 수정하는 것으로 자연스럽게 말을 더듬는 중에 편안한 말더듬으로 말을 이어 나가는 것이다. 취소하기처럼 멈추지 않고 보다 자연스럽고 편안한 말더듬으로 수정하는 것이라 할 수 있다. 세 번째 기법인 예비책(preparatory set)은 단순히 더듬었던 말을 다시 유창하게 하는 것이 아니라 더듬을 것 같은 단어, 혹은 두려워하는 단어를 편안한 시작으로 말을 시도하는 것이다. 이를 사용함으로써 말이 막히는 것을 방지하고 적극적으로 자신의 말을 조절하는 힘을 기르는 것이라고 할 수 있다.

이 외에 제9장에 소개되는 고유감각 활용하기 기법을 아동에게 설명하여 아동이 자기 말을 조절할 때 이러한 감각을 이용할 수 있게 해 주는 것이다. 이에 대한 참고자료로 Stuttering: Basic Clinical Skills(Guitar, Fraser, & O'Brien, 2009) DVD에서는 아동에게 실제 설명하고 실천하는 예를 볼 수 있어서 유용하다.

4. 내면적인 면 다루기

1) 심리 및 정서 다루기

말더듬을 다루는 사람들에게는 말더듬의 빙산 비유(Iceberg, Sheehan, 1970)가 익숙할 것이다. 말더듬 빙산을 떠올린다면 확실한 것은 학령기로 가면서 이전에 비하여 물 위의 보이는 부분보다 물 아래 보이지 않는 부분의 비율이 더 커진다고 할 수 있다. 말더듬 전체를 빙산에 비유하면 들리는 면(핵심행동)과 보이는 면(부수행동)을 모두 빙산의 윗부분이라고 할 수 있고 수면 아래 잠긴 부분, 즉 빙산의 보이지 않는 더 큰 부분은 주로 감정과 인지적 반응(affective & cognitive reaction)이라고 할 수 있다(Cooper & Cooper, 2003; Yaruss, 2007; Yaruss & Quesal, 2004).

Reardon-Reeves와 Yaruss(2013)는 말더듬 아동이 가질 수 있는 감정반응으로 불안(anxiety), 우울감(depression), 공포(fear), 창피함(shame), 좌절감(frustration), 화남(anger), 당황(embarrassment)을 지적하였고, 인지적 반응으로 낮은 자존감(low self-esteem), 낮은 자기 효능감(reduced self-efficacy), 자신감의 저하(lack of confidence), 자신이 말을 잘 못하는 사람이라는 생각(the sense that the child is not good at talking) 등을 지적하였다. 이러한 반응은 말을 더듬는 일이 여러 번 되풀이되는 동안 갖게 되는 감정적이거나 인지적 반응이라고 할 수 있다.

[그림 8-2]는 말더듬 아동이 가질 수 있는 빙산모형을 보여 주고 있다. 수면 위는 핵심행동과 말을 더듬지 않으려고 애쓸 때 보이는 부수행동들이 있다. 그리고 빙산의 수면 아래 더 큰 부분은 말을 더듬으면서 아동이 갖게 되는 부정적인 감정과 인지적인 반응으로 괴롭힘, 부정적인 경험의 반복, 말더듬의 학습 반응 등을 들 수 있다. 보이지 않는 수면 아래의 심리 및 정서적인 문제가 아동의 비유창성이나 부수행동보다 더 클 수 있다.

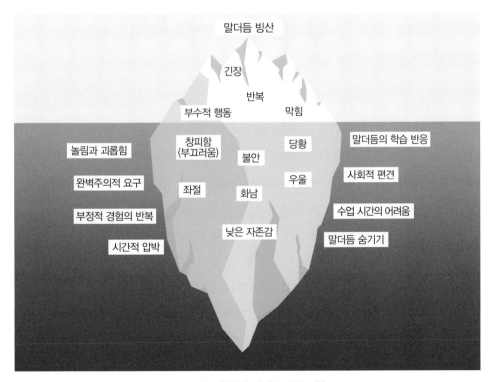

[그림 8-2] 학령기 말더듬 빙산모형

그러면 어떻게 아동의 이러한 부정적인 부분을 도울 수 있을까? 언어치료사로서 말더듬 아동이 보이는 부정적 감정이나 인지적 반응을 돕는 일은 쉽지 않을 수 있다. 이러한 내면적인 것을 다루는 것에 대해 잘 배우지 않았을 수도 있다. 다만 분명한 것은 말더듬 아동의 이러한 어려움을 돕지 않으면 말더듬 회복은 어렵거나 덜 효과적일 수 있다. 또한 말더듬 아동의 이러한 감정 문제를 가장 잘 다루어 줄 수 있는 전문가는 언어치료사이다. 왜냐하면 말더듬을 가장 잘 이해하고 있는 전문가이기 때문이다. 또한 아동의 이러한 부정적 감정이 해결되지 않으면 유창성을 증진시키거나 유지하게 하는 데 어려움을 주고 회복 이전으로 돌아가기 쉽다. 유창성이 좋아진다는 것과 아동이 자신의 말에 대하여 자신감과 신뢰감을 갖는 것은 별개의 일이 아니고 상호 영향을 줄 수 있다.

아동이 말더듬과 별개로 정서문제 또는 정신적인 어려움이 있어 전문적인 도움이 필요하다고 판단되면 심리상담이나 정신건강의학과에 의뢰할 수 있다.

앞에서 서술한 유창성 회복을 돕는 여러 활동에 이미 심리·정서적인 면을 돕는 내용이 많이 포함되어 있으므로 필요시 내면적인 치료 목표를 정하고 이에 집중하여 도움을 준다.

2) 말더듬에 대한 아동의 인식

아주 어린 아동도 조금은 자신의 말더듬을 아는 경우가 있다고 보고되고 있다(Ezrati-Vinacour, Platzky, & Yairi, 2001). 더욱이 학령기 말더듬 아동의 경우는 대부분 말더듬을 인식하고 있는 것은 분명해 보이기에 주로 직접치료 접근이 권고되고 있다(Reardon-Reeves & Yaruss, 2013). 이는 아동에게 말더듬에 대하여 언급하는 것을 피하거나 부모를 통한 모델이나 환경 개선에만 의존하지 않고 아동이 말더듬 문제에 대하여 직접 언급하게 하고, 아동 자신이 새로운 말하기 방법을 직접 배우는 것을 의미한다. 그러나 아동이 직접치료에 대하여 준비가 되었는지에 대한 고려는 필요하며, 이때 수행할 치료 목표를 아동으로서 받아들이기 힘들다면 치료사는 이를 조절할 필요가 있다.

다음의 몇 가지 행동은 언어치료사들이 이미 많이 사용하고 있으며 성공적으로 유창성 회복을 이끄는 데 도움을 준다.

• 아동의 말을 잘 들어 주는 것: 이는 아동이 편안히 자기 말에 집중하게 해 준다. 이

는 간접치료에서 시도되고 있고 직접치료로 이어질 때는 더 지켜져야 한다.

- 위계를 정하여 돕기: 의사소통의 쉬운 단위부터 위계를 잡아 주는 것이 필요하듯이 심리적인 부분도 단계를 정하여 자신의 부정적 감정을 벗어나게 해 준다.
- 성공을 인정해 주기: 아동의 의사소통의 성공에 관심을 가짐으로써 부정적 정서에서 벗어나게 돕는다. 작은 성공을 인정해 주고 격려하는 것은 다음 단계로 나아가는 발판이 된다.
- 말더듬 공개하기: 아동이 자신의 말더듬을 숨기거나 피하는 것은 아동의 의사소통을 위축시키므로 말을 더듬는다는 것을 부끄러워하거나 비밀이 되지 않도록 내보이도록 한다.

이 중 심리적인 면을 다루기 위한 몇 가지 방법을 설명하면 다음과 같다.

3) 심리적 위계 정하여 돕기

심리적인 면을 다룰 때 쉬운 것부터 어려운 것으로 위계를 정하여 도와주는 것이 필요하다. 낱말공포(word fear)와 상황공포(situation fear)가 있다면 낱말공포부터 도움을 주는 것이 좋다. 대체로 낱말공포를 다루는 것이 상황공포를 다루는 것보다 쉬운데 그 이유로 낱말은 치료실 내에서 낱말과 마주하도록 지지해 줄 수 있지만 상황은 생활 가운데 일어나므로 마주하기가 좀 더 어렵기 때문이다(Guitar, 2014). 먼저 구체적인 중재 방법으로 둔감화와 자신의 감정 다루기를 들 수 있다.

둔감화는 성인 치료에서 더 많이 소개되는 말더듬 수정법의 방법이다. 이는 자신을 힘들게 하거나 괴롭히는 특정한 사안에 관하여 차츰 덜 관심을 두게 하는 과정이라고 할 수 있다(Dell, 2000; Manning & DiLollo, 2018, Van Riper, 1973). 이러한 방법은 심리치료에서도 많이 사용하는 것으로 여러 가지 공포를 없애거나 감소하는 데 사용된다. 이때, 가장 쉬운 상황에서 어려운 상황까지 위계를 세우고 아동이 그 위계에 따라 상황에 도전을 하도록 한다. 예를 들면, 거미를 무서워하거나 고소공포증을 가졌거나 폐쇄공포증, 대인기피증 등 어떠한 상황이나 대상에 대한 두려움과 공포를 가지고 있을 때 여기에서 벗어나도록 단계적 도움을 주는 것과 같은 기본 원리를 따른다.

이는 갑자기 이루어진다기보다는 차츰 두려운 대상에 대하여 두려움을 없애면서 접근을 해 나가는 것이라 할 수 있다. 말을 할 때, 덜 공포스럽거나 전혀 공포스럽지 않은 단계에서 시작하여 위계를 바꿔 가며 차츰 어려운 상황으로 갈 수 있도록 시간을 주고 지지하며 돕는다.

임상이야기

치료센터는 1층과 2층으로 되어 있었는데, 아동은 말더듬과 고소공포증을 함께 가지고 있었다. 그러므로 2층 치료실에 가면 비유창성이 증가하였다. 이를 여러 단계를 나누어 도움을 주었다. 우선 1층 치료실에서 새로운 말하기 방법을 익혀서 유창성을 획득하였다. 다음은 전이와 유지가 필요하므로, 먼저 1층 방에서 2층이라고 쓴 종이를 붙이고 비유창성을 유지하고, 다음으로 2층으로 가는 계단에서 즐거운 대화를 하면서 유창성을 유지하도록 하였다. 이러한 방식으로 단계적인 도움을 주고, 실패하면 다시 이전 단계로 돌아갔다. 이를 되풀이하던 끝에 마침내 2층에서도 이미 습득한 유창성을 유지할 수 있도록 하였다.

---

4) 둔감화

긴장하거나 불안할 때 비유창성이 더 많아지기 마련이다. 그러므로 말더듬에 신경을 덜 쓰고 덜 민감하다면 비유창성이 감소할 가능성이 높아진다. 둔감화는 위계를 정하여 진행할 수 있는데, 어떤 아동은 쉽게 다음 단계로 진행되지만 어떤 아동은 시간이 오래 걸리기도 한다. 거짓으로 더듬기 또는 가짜 말더듬(pseudo stuttering)이나 일부러 더듬기 또는 의도적 말더듬(voluntary stuttering)은 말하기 상황에서 다른 방법으로 말을 더듬도록 하여 자신이 말을 조절할 수 있다는 자신감을 갖게 한다. 이러한 말하기는 편안한 상황이나 환경에서 아동이 말더듬을 받아들이게 해 준다(Reardon-Reeves & Yaruss, 2013).

장소에 대한 단계적 둔감화로 처음에는 치료실 안에서 치료사와 이야기하고, 이것이 가능해지면 다음 단계로 치료실 문을 열거나 또는 치료실 방 밖에서 치료사와 이야기한다. 다음 단계는 모르는 사람과 이야기하고, 다음은 건물 밖에서 이야기하기 등으로 필요에 따라 그 위계를 설정해 줄 수 있다. 이러한 둔감화는 아동의 태도를 발전시키고 차츰 유창성을 증진시킨다. 또한 신체적 긴장이나 투쟁행동을 줄이는 데 필수적이라고 할 수 있다(Reardon-Reeves & Yaruss, 2013). 어떤 상황이 공포스럽다면 몸은 긴장되고 말 산출 기관([그림 8-1] 참조)이 얼어붙어 말을 더듬을 확률이 높아지기 때문이다.

5) 말더듬 공개하기

다음 방법은 아동이 다른 사람 앞에 공포를 느끼지 않고 말더듬을 공개할 수 있도록 돕는 것이다. 먼저 말더듬 둔감화가 어느 정도 이루어진 다음에 공개하기를 시도한다. 치료사와 말을 할 때 편해지고 있다면 아동 자신이 말을 더듬을 때 어떤 느낌이고 어떤 현상이 일어나는지를 말해 본다.

다음은 다른 친구나 다른 사람에게 편하게 자신이 말을 더듬거나 말이 어렵다는 것을 밝히는 것이다. 즉, 말더듬은 감추어야 하거나 비밀로 해야 하는 것이 아니라는 것을 이야기해 준다. 필요할 때 친한 친구에게 자신이 말을 더듬는다는 것을 이야기하는 것이다. 처음에는 이렇게 하는 것이 두렵거나 창피할 수 있다. 그러나 자신이 말더듬을 공개할 때 상대방은 이에 대하여 대수롭지 않게 반응한다는 것을 관찰하도록 한다.

부모들이 아동과 말더듬에 대하여 공개적으로 말하기를 어려워하는 가장 큰 이유는 아이가 상처를 받을까 두렵기 때문이다. 대체로 그 가정에서는 아이가 말을 더듬는 것은 모두가 아는 비밀이다. 비밀은 아동에게 큰 부담을 준다. 아동이 공개적으로 말에 대한 어려움을 가정에서 편하게 말할 수 있을 때 이러한 부담에서 벗어날 수 있다.

미국 말더듬재단(The Stuttering Foundation)에서는 아동들이 자신의 말더듬을 소개하는 그림이나 편지, 시 등을 받고 있다. 아이들의 작품은 재단 홈페이지와 계간지로 발행되는 소식지에 실리는데, 이러한 것을 통하여 아동은 말더듬을 공개하는 한편으로 다른 아동의 작품을 통하여 많은 격려를 받고 있다.

5. 놀림과 괴롭힘

1) 말더듬 아동에 대한 놀림과 괴롭힘

아동은 유치원이나 학교를 가게 되면서 넓은 사회를 새로 경험하게 되는데, 이때 편안하고 긍정적인 사회적응이 필요하다. 말더듬 아동은 유창하지 않은 대화나 말소리로 인하여 다른 사람의 주목을 받을 수 있으며 친구로부터 놀림을 받을 수도 있다. 괴롭힘이나 놀림을 당하는 방법과 종류는 다양하지만 한 가지 공통점은 어떤 면에서 그들이 남과 다른 것이 두드러진다는 것이다(Murphy et al., 2013).

놀림을 당하는 아동은 그 차이점 때문에 창피함을 느끼게 된다. 이때, 아동 스스로 그 문제를 해결하기는 어렵다. 미국에서는 학령기 말더듬 아동의 60%가 괴롭힘을 당한 적이 있고 15%는 지속적으로 괴롭힘을 당했다고 보고되고 있다(Murphy et al., 2013). 학령기 말더듬 아동은 낮은 의사소통 능력으로 인하여 그 또래에서 놀림을 받거나 괴롭힘을 당할 가능성이 매우 높다(Blood & Blood, 2007; Byrd & Donaher, 2018). 이러한 것은 매우 높은 사회적 불안을 야기할 수 있기 때문에 학령기 또는 그 이전에 조기중재에 우리가 관심을 가져야 하는 이유가 된다(Andrews et al., 2016; Nippold & Packman, 2012).

Riley와 Riley(2000)의 수정된 구성모델(Revised Component Model: RCM)에서 청자의 반응 요소 중의 하나는 놀림과 괴롭힘이었다. 이전 연구에서는 말더듬 아동의 31%가 놀림을 경험하였다고 보고하였고, 이후 연구에서는 말더듬 아동의 59%가 괴롭힘을 당한 경험이 있다고 보고하였는데 56%의 말더듬 아동이 주 1회 이상 괴롭힘을 당했다고 보고하였다(Langevin et al., 1998; Langevin, 2000).

성인의 경우도 말더듬에 대한 기억으로 비웃음을 당하거나 놀림을 당했던 것을 보고하는 경우가 많다(Riley & Riley, 2000). 그렇다면 놀림과 괴롭힘을 나누어 보는 것이 중요해 보인다. 놀림은 아동을 다치게 할 목적 없이 어떤 평을 하거나 언급을 하는 것을 지칭할 수 있다. 반면 괴롭힘은 상대방에게 고통이나 어려움을 주기 위한 목적으로 행하는 행동이나 말이라 할 수 있다(Reardon-Reeves & Yaruss, 2013). 그렇기 때문에 괴롭힘은 이를 당한 아동이나 심지어 이를 행한 아동에게도 좋지 않은 경험을 가지게 한다. 괴롭힘은 상대방의 약점을 잡아 희생시키려는 의도가 있고 이를 시도했을 때 일어난다. 특히 가장 중요한 것은 괴롭힘의 경우는 주위 사람들이 방치하거나 모른 척해서는 안 된다는 것이다.

Coloroso(2008)는 괴롭히는 자(bully), 괴롭힘을 받는 자(bullied) 그리고 방관자 또는 구경꾼(bystanders)으로 나누었는데, 괴롭히는 아동들은 대개 이런 방관자나 구경꾼을 필요로 한다. 이들 역시 중요한 역할을 하는데 괴롭힘을 당하는 아동을 도울 수도 있지만 괴롭히는 사람들은 구경꾼에 의해 기분이 더 고양되기도 한다. 이러한 기제를 이해한다면 반대로 우리가 어떻게 괴롭힘을 당하는 아동을 도울 수 있는지 고려해 볼 수 있다.

아동은 무슨 이유에서건 괴롭힘과 같은 어려운 상황에 내몰려서는 안 된다. 또한 그러한 상황에 내몰렸을 때 이에 대한 적절한 중재가 필요하다. 예를 들면, 놀림은 적절한 것이 아니며 말더듬은 나의 잘못이 아니라는 것이다. 언어치료사는 말더듬 아동의 생활에 매우 중요한 역할을 한다. 말을 조절하는 것을 도울 뿐 아니라 놀림이나 괴롭힘을 당하는 것에 대하여 듣고 이를 최소화하기 위하여 도울 수 있어야 한다. 언어치료가 매우 개별적으로 구성되듯이 괴롭힘을 당하는 아동을 돕는 것 역시 개별적으로 구성될 수 있다.

말더듬 아동이 말더듬과 괴롭힘을 많이 이해할수록 그 상황을 바꿔 볼 수 있는 기회가 주어질 수 있다. 이때, 말더듬을 숨기는 상황은 별로 도움이 되지 않는다. 여기에 언어치료사, 부모, 교사들이 함께 각자의 역할을 할 수 있을 것이다. 이러한 중심 역할을 언어치료사가 할 수 있으며 Murphy 등(2013)은 언어치료사가 이에 대하여 준비를 해야 한다고 하고 있다.

2) 부정적 감정 분출하기

연극과 같은 역할극 활동도 아동의 좌절감이나 화를 분출할 수 있는 장을 제공할 수 있는데(Manning & DiLollo, 2018), 이러한 활동에서 개별치료 시간에 치료사와 아동이 서로 역할을 바꿔 부정적 상황에서 일어날 일에 대한 감정을 둔감화시킬 수 있다. 같은 또래 그리고 같은 경험을 한 아동 그룹에서 이러한 경험을 서로 공유하고 역할극을 한다면 힘들었던 감정을 분출할 수 있는 좋은 기회가 될 수 있다. 이를 통해 아동은 자신의 말더듬은 전혀 나쁜 것이 아니며 더욱이 다른 친구들의 공격의 대상이 될 수 없다는 것을 배울 수 있다.

Chmela 회장이 이끄는 Camp Shout Out은 학령기 말더듬 아동과 청소년 그리고 유창성 전문가와 캠프 전문가로 구성된 7박 8일 정도의 숙박형 캠프이다(카멜라, 2014: www.campshoutout.org). 캠프에서 아침 프로그램으로 자신들이 만든 연극을 공연하는 것으로 하루 일과를 시작하는 것을 관찰한 적이 있다. 말더듬으로 인하여 경험한 놀림이나 괴롭힘 등이 주제가 되었다. 이러한 시간을 통해 공연하는 아동은 불편했던 부정적 감정을 분출할 수 있고, 이를 보는 아동은 통쾌함을 느끼고 이러한 문제의 해결 방법을 배우는 기회가 되는 것을 볼 수 있었다.

3) 괴롭힘에 대처하기

Manning과 DiLollo(2018)는 말더듬으로 놀림이나 괴롭힘 등 부정적 감정을 경험한 아동이 그 감정을 글로 써서 자신의 생각을 조직화하는 데 도움을 받고 이를 이겨 낸 경험을 소개하였다. 우리나라에서도 세계 말더듬의 날(International Stuttering Awareness Day: ISAD) 워크숍을 통해 성인이나 아동이 말더듬 경험을 글이나 그림으로 표현한 치료 과정을 발표하였다(박지현, 이은경, 2006). 이러한 작업은 말더듬과 관련된 자신의 감정을 표출하고 동시에 자신과 같은 감정을 다른 사람의 작품을 통하여 공감을 공유하는 좋은 기회를 제공한다.

Reardon-Reeves와 Yaruss(2013)는 "나는 문제를 해결할 수 있어요."라는 형식을 제공하여 아동 스스로 길을 찾는 방법을 안내하고 있다. 먼저 자신의 문제를 적은 후 이 문제를 풀기 위한 자신의 방법을 하나씩 적어 본다. 그리고 자신이 제시한 여러 방법에 대하여 얼마나 좋고 실용성이 있는지를 쓴다. 그리고 이들을 실용적인 것과 그렇지 않은 것으로 그룹을 지어 본다. 그리고 그중에서 사용할 수 있는 것을 선택하라고 제안하고 있다. Reardon-Reeves와 Yaruss(2013, p. 158)가 괴롭히는 사람에게 대항할 수 있는 방법으로 제시한 학령기 아동에게 적절한 몇 가지 예를 나열하면 다음과 같다.

- 놀림이나 괴롭힘을 준 사람을 인정하기: "그래, 나 말 좀 더듬어."
- 질문하기: "너 혼자 그 일을 꾸몄니?"
- 그에 대한 의견 반영하기: "너는 왜 나한테 그렇게 말하고 싶은데?"
- '나'를 사용하여 말하기: "나는 네가 나에게 그렇게 말하는 게 싫어."
- 칭찬하기: "나에 대해 관심을 가져 주어 고맙다."
- 의도적으로 무시하기: "나는 이런 건 상관없지."
- 괴롭히는 아이를 무력하게 하기: "어, 그래? 그래서 뭐?"
- 유머 사용하기: "그래, 나 더듬어. 내가 말하는 건 중요한 말이라 여러 번 반복하는 것이 필요하거든!"

이러한 반응은 위계에 따라 시도하는 것이 필요하다. 이러한 대응에는 부모나 가족의 지지 그리고 학교 교사, 특히 언어치료사의 도움이 반드시 필요하다. 여기서 더 나아가 아동은 "나는 혼자가 아니다." 또는 나를 도울 수 있는 사람이 많이 있다는 것을 알게 된다. 아동이 말더듬으로 희생당하는 상황에서 벗어나서 언어치료사나 가족, 교사가 자신을 도울 수 있다는 것을 알게 한다.

6. 부모, 교사 및 환경 개선

1) 가정환경: 부모의 참여

지금까지 치료를 받아야 하는 말더듬 아동이나 성인의 불안이나 둔감화에 대한 자료들이 주로 제시되어 왔지만 말더듬 아동의 부모에 관한 것은 잘 다루어지지 않았다. 이에 Berquez와 Kelman(2018)은 부모의 감정도 중요하며, 이는 아동의 말더듬 회복에 영향을 미칠 수 있다고 지적하였다. Langevin과 Packman, Onslow(2010)는 학령 전 말더듬 아동 부모 연구에서 아동의 말더듬이 부모에게 주는 영향은 아주 클 수 있으며, 부모의 71%가 무력감, 고통, 슬픔, 부끄러움이나 죄의식 등의 정서적 부담을 느낀다고 보고하였다. 이러한 부모의 정서는 아동 말더듬이 심화되거나 완화되는 데 영향을 줄 수 있으므로, 치료자는 부모의 정서적인 면을 알고 대처해야 한다(Guitar, 2014).

그렇다면 어떠한 프로그램이 부모에게 도움이 될 수 있을까? 여기에서는 두 가지로 나누어 볼 수 있다. 하나는 부모가 말더듬에 대하여 이해하고 환경을 개선하는 방법이고, 다른 하나는 부모 자신의 감정과 스트레스를 둔감화하여 감정조절을 하는 것이다. 이러한 두 가지가 서로 영향을 주기 때문에 함께 실시하면 더 효과적일 것이다. 다만 부모상담 시 조급하게 너무나 많은 제안을 하면 부모가 쉽게 낙담하는 수가 있으므로 주의해야 한다(Conture, 2001; Manning & DiLollo, 2018).

먼저 부모가 아동의 말더듬을 이해하고 말더듬 회복 환경을 만드는 방법을 배우도록 한다. 말더듬을 이해하여 어떤 것이 정상적 비유창성이고 말더듬인지 구별하거나 말더듬 회복에 도움이 되는 행동을 이해하여 실천하는 것은 학령전기뿐 아니라 학령기 아동 부모에게도 필요하다. 어린 아동 시기에 비하면 이와 같은 간접치료의 효과는 훨씬 줄었다 하더라도 아직 아동은 부모의 영향을 많이 받는 나이이다.

학령기는 이미 말더듬이 어느 정도 진행되었을 가능성이 있기 때문에 말더듬이 지속될 것인지 아니면 저절로 회복될 것인지를 결정해야 할 필요성은 적다. 그러므로 이러한 부모교육과 아동 직접치료를 병행하는 것을 고려하여야 한다. 치료사는 부모가 유창성 회복을 위한 아동과의 상호작용에 어느 정도의 이해와 실천을 하고 있는지를 살피는 것이 필요하다. 부모가 아동 말더듬에 대한 지식이 많아지면 부모는 어떻게 아동을 대해야 할지 알게 되어 자신 있게 아이를 도울 수 있다.

부모교육은 개별적으로 할 수 있으며 그룹으로 병행할 수도 있다. 그룹의 장점은 같은 문제를 겪고 있는 사람들끼리 정보교환과 정서적 교감에 의한 불안감 해소에 도움이 될 수 있을 것이다. 부모교육 과정과 상호작용 프로그램에 관해서는 학령전기 치료를 참고한다. 기억할 것은 학령기 아동은 말을 더듬은 기간이 더 길 수 있으며 아동의 사회적인 환경도 넓어지고 혼자 독립적으로 다니는 기회도 많으므로 이러한 차이점들이 고려되어야 할 것이다. 특히 Palin 부모 평가척도 요약지(<표 5-4> 참고) 결과, 아동 지원에 대한 부모의 지식과 자신감에서 '낮음'의 점수를 보이는 경우 부모교육과 상담이 필요하다.

아동의 새로운 말하기 방법 연습에 부모가 함께하고, 아동의 새로운 말하기 도전에 지지해 줄 것을 강조한다. 부모의 중요성을 상기하는 다음 문장을 기억하자. "부모의 참여가 없다면 아이가 치료실 공간을 나서는 순간 언어치료사의 도움은 힘을 잃는다." (Rustin & Cook, 1995)

2) 부모의 감정 도와주기

그동안 둔감화 방법은 부모보다는 치료 대상자에게 맞추어 진행되어 왔고 부모의 둔감화는 잘 다루어지지 않았다. Van Riper(1973)는 둔감화를 말더듬으로 갖게 된 말에 대한 불안과 이와 관련된 편안하지 않은 감정 상태를 줄여 가는 것이라고 설명하였다. 말더듬 치료에서 둔감화와 말더듬을 받아들이는 것은 유창성 회복에 필요한 중요 요소로 여러 번 지적되어 왔다(Yaruss, Coleman, & Quesal, 2012).

그러나 아동이나 대상자뿐 아니라 말더듬 아동의 부모에게도 이러한 불안의 감소와 둔감화가 확대되어야 한다는 연구가 꾸준히 있어 왔다(Langevin, Packman, & Onslow, 2010; Plexico & Burres, 2012). 부모는 아동이 말더듬 시작을 보이고 진전이 되는 내내 불확실함과 속수무책인 감정을 경험한다고 한다(Berquez & Kelman, 2018). 이에 따라 치료사는 부모의 정서적인 면을 인지하고 이에 대처하도록 한다(Guitar, 2014). 이러한 부모의 정서적 안정은 아동의 말더듬에 영향을 줄 수 있기 때문이다.

어린 연령의 아동 치료는 좀 더 성공적인 치료 결과를 보여 왔으며, 그로 인해 초기 말더듬 치료의 중요성이 점차 명확해졌다고 할 수 있다. 어린 아동의 경우, 부모는 간접치료를 통해 아동을 어떻게 도와야 하는지 교육을 받고 이에 대해 확고한 의지를 갖게 된다. 반면 학령기 아동의 경우, 주로 직접치료를 하면서 부모는 학령 전과 비교해서 조금은 치료에 덜 관여하게 될 수 있다. 특히 미국이나 캐나다와 같이 학교에서 언어치료가 진행된다면 더욱더 부모가 치료에서 배제된다. 그러나 부모들은 말더듬 아동 치료 과정에 참여하지 못하는 것에 대하여 대체로 불만족을 보이고 있다.

상호작용치료를 정립하여 훌륭하게 운영하고 있는 영국의 Michael Palin Center는 "아동이 훌륭한 의사소통을 하기 위하여 반드시 유창하지 않아도 된다."라는 철학에 따라 말더듬 아동 부모를 위한 안내를 제시하고 있으며, 이는 아동의 나이나 여건에 따라 다를 수 있다고 하였다(Berquez & Kelman, 2018). 그중 하나는 말더듬에 대한 열린 마음(openness)을 가지고 아동의 말더듬을 받아들이고, 그에 대하여 비판적인 발언을 하지 않는 것을 포함한다. 가능한 한 부모는 아동의 입장을 느껴 보고 진심을 가지고 따뜻하게 대해 주면서, 말더듬에만 신경을 쓰던 것에서 벗어나 아동의 다른 면을 보는 기회를 만들어 주는 것이다. 부모는 말더듬에 대하여 열린 마음으로 어떻게 말더듬에 대해 도와주고 반응하는지를 배울 수 있다.

3) 학교 환경: 교사의 역할

학교에서는 아동에게 여러 가지 구두 발표나 의사소통을 요구한다. 이는 친구들하고 이루어지기도 하며 교사와 학급에서 요구되기도 한다. 만일 선생님이 아동의 말더듬을 알고 있다면 어떻게 도와줄 수 있을 것인가? 더구나 아동이 말을 더듬을 때 교사가 아동의 말을 다 듣고 있으려면 많은 시간이 필요하다. 말을 더듬는 성인들의 경우, 초등학교 때 말더듬 때문에 큰 어려움을 경험을 하거나 창피했던 것을 잊을 수 없는 에피소드로 보고하는 경우가 많다. 그러한 의사소통 실패 경험은 충격적이고 트라우마가 되어 성인까지 말에 대한 공포로 이어지는 것이다.

그렇다면 이를 어떻게 학교에서 도와줄 수 있을까? 앞서 말더듬의 놀림과 괴롭힘 문제에서 이를 도울 수 있는 주요한 인물로 교사를 제시하였다. 괴롭힘을 줄이는 데 가장 좋은 방법은 이를 사전에 막는 것이라 할 수 있다. 또한 이러한 일이 일어날 때 잘 해결하는 것 역시 중요하다. 그렇기 때문에 교사가 아동의 말더듬을 이해하고 있을 때와 그렇지 않을 때는 매우 다를 수 있다.

우선 아동의 말더듬에 대하여 교사가 알고 이해하는 것이 중요하다. 또한 어떻게 대처하는지를 알고 교사가 아동을 도와준다면 아동에게는 긍정적 감정과 용기를 가지는 계기를 줄 수 있다. 아동의 말더듬 치료에서 가장 중요할 수도 있는 것은 아동이 자신의 말에 대하여 이해하고, 그것이 자신의 잘못이 아니며, 이러한 현상이 일어날 수 있음을 아는 것이다. 또한 자신의 말을 조절할 수 있는 힘을 가진다면 극복할 기회가 더 많이 생길 것이다. 만일 학교에서 이러한 실패나 부정적인 경험을 하였다면 아동은 부모나 치료사에게 이를 말할 수 있어야 한다. 부모나 치료사가 이 어려움을 이해하고 해석하며, 다음에 이를 극복하거나 조절할 수 있는 방법을 알려 주는 것은 아동에게 큰 도움이 될 것이다. 교사에게 주는 팁은 여러 가지가 있다. 학령전기에 교사들이 사용하는 지침을 학령기에 맞게 적용할 수 있을 것이다(<부록 7-2> 참조).

4) 동반장애 아동의 중재

아동은 말더듬 이외에 말소리장애나 말ㆍ언어발달지연이나 단순언어장애와 같이 말ㆍ언어장애를 동반할 수도 있으며 ADHD, 지적장애, 틱장애와 같은 정신과적 문제를 가질 수가 있다. 언어치료사는 말ㆍ언어발달에 대하여 전문적인 지식을 가지고 있으므로 이에 대하여 올바른 판단을 하기 위하여 전체적인 문제를 파악하여 중재계획을 세우는 것이 필요하다. 이는 각 개인의 사례마다 다를 수 있으므로 한 가지로 설명하기는 어렵다. 다만 이 조음문제, 언어발달문제 등은 서로 밀접하게 영향을 줄 수 있으므로, 한 가지를 다루는 것이 다른 것에도 긍정적인 영향을 미칠 수 있다.

예를 들어, 조음문제(말소리장애)와 언어발달지연 그리고 말더듬을 함께 가지고 있는 아동이라면 먼저 언어발달을 촉진하며 아동의 언어발달을 또래 수준으로 향상시켜야 한다. 아동의 언어 수준에서 말더듬을 다루어 비유창성을 낮추고, 조음 문제를 도와줄 때 아동의 수준에 맞는 단어를 선정한다면 다른 사람들과 의사소통에 도움을 향상시킬 수 있다. 결국, 의사소통의 향상은 말더듬 향상에도 도움을 줄 수 있을 것이다. 이처럼 적절한 순서로 말더듬과 동반된 다른 문제들을 도와준다면 훨씬 효과적이다.

만일 아동이 언어 이외의 문제를 보인다면 그 분야 전문가의 조언을 구하거나 필요한 전문 분야 치료를 함께 병행하는 것이 도움이 된다. 아동이 경계선 지적 장애를 가지고 있다면 소아정신건강의학과 의사의 정확한 진단하에 아동 성장 가능성을 부모와 특수 교사가 함께 고민하며 아동에게 주어진 교육적 환경에서 말더듬 회복에 도움을 주는 것이 필요할 수 있다.

아동이 ADHD 또는 틱장애를 가지고 있다면 아동의 환경도 고려하여 이들의 문제가 더 어려워질 때 말더듬도 함께 영향을 받는지 등을 살피고, 환경 평가와 이에 따른 중재를 한다면 훨씬 더 효과적인 도움을 줄 수 있을 것이다. 이 외에도 자폐스펙트럼장애 또는 고기능자폐 아동의 말더듬도 많이 보고되고 있으므로 Riley의 수정된 모델이나 Gregory(2003)의 감별진단-감별치료 모델, Zebrowski와 Conture(1998) 등이 제안하였듯이 문제를 전체적으로 종합하여 도움을 주는 것이 효율적일 것이다.

7. 전이와 일반화

말더듬은 매우 다차원적인 원인과 각자의 환경요인에 의하여 영향을 받으므로 개별 아동에 맞춘 중재가 진행되어야 하며, 그룹 프로그램을 비롯한 다양한 활동을 통해 전이와 일반화가 필요하다. 성인기보다는 덜 하지만 학령기 말더듬 아동의 경우에도 재발이 자주 보고되고 있다. 중재 프로그램을 통하여 아동이 새로운 말하기 방법을 익히고 유창하게 말하는 것에 성공하였다면 왜 아동의 유창성 전이와 일반화를 새로이 조명해야 할까?

먼저 아동은 ERA-SM을 배움으로써 가볍게 말 시작하기(easy onset)를 사용하여 유창하게 말을 하게 되었을 것이다. 그러나 아동이 일상생활에서 이를 사용하는 것이 강화되어야 하는데 아동이 처하게 되는 상황은 그렇게 쉽지 않다. 아동은 매번 새로 배운 방법으로 말하지 않으며, 연습도 규칙적이지 않을 수 있다. 다만 치료실에서는 지켜질 것이다. 조금 더 나아가면 부모 또는 친숙한 선생님의 지지를 받는 가운데 이를 지킬 수 있을 것이다.

아동이 이를 생각만큼 열심히 지키지 못하는 이유에 대하여 Reardon-Reeves와

Yaruss(2017)는 아동이 새롭게 익힌 방법을 종일 사용하는 데는 한계가 있음을 지적하고, 아동이 점차 더 많은 상황에서 변화를 성공적으로 이루기 위해서는 그만큼 노력을 더 해야 한다는 것을 지적하였다. 그러므로 치료사는 아동의 이러한 노력에 응원을 보내고 이를 실천할 수 있도록 별도의 중재가 필요할 수 있다. 아동은 치료실에서의 사용하는 새로운 말하기 방법이 유창성에 도움을 주는 것을 알지만, 그것이 다른 아동들이 말하는 방법과 다르다면 일반 상황에서 사용할 때는 그렇게 말하기 주저할 것이다.

예를 들면, 의사소통을 전혀 할 수 없을 만큼 심한 말더듬을 보이는 아동이 새로운 방법을 이용하여 치료실에서 거의 모든 의사소통을 하게 되었을 때 너무나 기뻐했던 사례가 있었다. 그러나 아동은 일반 말하기 속도에 비하여 아주 천천히 말을 해야만 유창성을 유지할 수 있었다. 학교에서는 그러한 방법으로 말하는 것을 할 수 없다는 것을 느꼈을 때 아동은 또 다른 공포와 절망감을 느꼈다. 이때, 치료사는 아동이 이를 적절히 이해할 수 있게 하고 학교에서 가능한 말하기를 함께 논의하는 시간이 필요했다. 아동이 그룹치료 프로그램에 참여하여 또래 사이에서 이러한 방법으로 유창하게 말하는 것에 성공을 하면 일반 상황에서도 성공할 확률이 조금 높아질 수 있다. 즉, 학령기 말더듬 치료에 우리는 자발 유창성뿐 아니라 조절 유창성과 수용 말더듬 모두를 목표로 한다는 것을 상기하고 아동의 유창성 전이와 일반화에 별도의 노력을 기울이는 것이 필요하다.

Guitar(2014)는 어린 아동에게 있어서 진전이란, 아동이 배운 기술을 더 잘 사용하는 것, 치료사의 단서에 덜 의존하여 자기 스스로 조절하는 것, 유창성을 더 잘 통제하는 것, 말하는 것과 말해야 하는 상황을 덜 피하는 것, 말하기 상황에서 더 위험을 감수하는 것 모두라고 열거하였다. 이는 말더듬에서는 겉으로 나타나는 외현적인 말하기의 중재도 중요하지만 아동에게 의사소통의 기본적인 요소를 이해하고 정서 심리적으로 도전할 수 있는 내면의 힘을 이끌어 내는 것이 필요하다는 것을 알 수 있다.

성공적인 치료를 경험한 아동의 말더듬이 재발할 확률은 청소년이나 성인보다는 낮지만 진전의 유지는 필요하다. 이를 위하여 Manning과 DiLollo(2018)는 종합적인 치료 프로그램에 공식치료 종료 후 약 2년간의 정기적인 점검을 포함할 것을 제안하고 있다. 성인과 마찬가지로 두려움, 회피가 나타나거나 말더듬이 다시 심해진다면 후속 치료 점검 시간에 다시 재교육이 가능하다. 언제까지 치료를 지속해야 하는지를 고려할 때 섣부르게 종료를 서두르거나 종료 후 후속 만남을 주저하지 말아야 한다.

8. 학령기 말더듬 아동 그룹치료

1) 그룹치료

말더듬 아동 그룹치료의 중요성은 여러 번 강조되고 소개되어 왔다(Guitar, 2014; Howie & Andrews, 1984; Zebrowski & Kelly, 2002). 말더듬 문제가 원인이나 진전에 있어 매우 다차원적이고 역동적이라는 면을 고려한다면 사회적인 그룹에서 치료가 효과적이라는 것을 생각할 수 있다. 특히 학령기는 자기 또래의 모델이나 인정이 매우 중요시되는 시기이고, 언어치료에서 그룹치료가 이용되는 것은 매우 활발한 일이다. 그룹치료의 장점을 몇 가지 정리하면 다음과 같다.

첫째, 학령기 아동의 치료에 대한 참여 동기를 높일 수 있다. 또래와의 상호작용을 통하여 수용과 팀워크를 증진시키고 이는 치료에 참여하는 에너지가 될 것이다(Zebrowski & Kelly, 2002).

둘째, 그룹을 통해 또래에게 말더듬을 개방할 수 있다. 말더듬 치료 성공에 중요한 요소 중 하나는 말더듬에 대하여 공개하는 것을 들 수 있는데 그룹은 같은 문제를 가진 또래끼리 말더듬이라는 문제를 공유하며 터놓을 수 있는 좋은 기회를 제공한다.

셋째, 말을 더듬지 않는 또래를 치료에 초대하여 또래 교육(peer education)을 기대할 수 있다(Guitar, 2014). 학령기 아동에게는 자신의 또래 친구가 유창성을 돕는 방법을 안다는 것 자체가 고무적이고 도움이 될 수 있다.

넷째, 유창성을 편하게 시도할 수 있는 환경을 만들어 볼 기회를 제공한다.

다섯째, 참여자 간의 심리적 지지를 받을 수 있으며 일반화에 도움이 될 수 있다(신문자, 1991). 말더듬 치료에서 두 가지 면을 다 다루어야 함을 앞서 지적하였다. 즉, 학령전기보다는 말더듬의 이차적인 면, 즉 말더듬에 대한 두려움과 공포 등이 좀 더 진전된 경우가 많은데, 그룹을 통해 서로 지지받을 수 있고 연습을 할 때 아동의 저항을 줄일 수 있다. 예를 들면, 말속도 줄이기나 말을 조절하는 것은 아동에게 부담을 준다. 그러나 그룹에서는 한 아동이 모델이 되고 함께 격려받는 상황이 제공된다.

여섯째, Chmela는 학령기 아동치료에서 태도와 감정을 다루는 것이 치료의 핵심이라고 지적하고 있다(카멜라, 2014). 앞서 '부정적 감정 분출하기'에서 소개한 7박 8일 캠프인 Camp Shout Out에는 미국 각 지역의 말더듬 아동이 1년에 한 차례 모이는데, 이 캠프의 미션은 "안전하고 지지받는 환경에서 의사소통 기능을 회복하는 것"이다. 유창성 장애 전문가들은 아동의 비유창성 감소나 유창성 달성에만 집착하는 것이 아니라 좀 더 효과적인 의사소통을 하도록 이끄는 것을 치료의 목적으로 하는데, 이와 부합하는 것이다. 아동은 이러한 그룹 생활에서 또래와 구성원에게 자신의 의사소통이 받아들여지는 경험을 반복하면서 자신감과 자존감 회복에 도움을 받을 수 있다.

2) 그룹치료의 장단점

대체로 학령기 아동의 그룹치료에는 개별치료에서 하기 어려운 연극활동이나 토론 등 다양하고 더 어려운 수준의 환경을 제공할 수 있다. 이때, 부모 그룹도 자연히 형성되므로 부모 사이에서 서로를 심리적으로 지지하고 정보를 교환할 수도 있는 이점도 들 수 있다. 하지만 반대로 부모 그룹에 대한 적절하지 않은 사례로 서로 경쟁심을 갖는다거나 부적절한 정보교환이 되지 않도록 하여야 한다. 특히 아동 그룹의 진행에 부모가 함께 참여할 수 있는 활동을 계획하는 것은 성공적인 치료에 도움이 된다.

예를 들면, 아동 그룹에서 새로운 말하기 조절 방법이 잘 유지되면 부모들도 그룹에 부분적으로 참여하여 게임을 하거나 문제 맞추기 등 다양한 단계적 활동을 함께하도록 한다. 아동과 부모는 새로운 방법으로 말하고 서로 편한 의사소통을 유지하도록 한다. 더구나 그룹은 개별 상황보다는 좀 더 큰 사회적 상황을 연출하는 것이 가능하다. 아동은 자신의 의사소통 시도가 받아들여지고 친밀한 사람들의 지지를 받는 가운데 새로운 언어 경험을 할 수 있다.

그룹치료의 주의점은 너무 그룹이 크면 서로 말할 기회가 적고, 기다리는 시간이 늘어난다는 것이다. 이때는 보조 치료사가 개입을 하여 활동에 따라 소그룹으로 진행을 병행하는 것이 좋다.

9. 임상사례

1) 학령기 말더듬 아동 사례

김○○ 아동(남자, 9세, 초등학교 4학년)은 말더듬을 주소로 치료실을 방문하였다. 부모 보고에 의하면 아동의 발달은 전반적으로 특별한 이상이 없었다고 한다. 아동의 말더듬은 만 4세 경에 어머니에 의해서 발견되었다. 질문할 때, 질문에 대답할 때, 흥분할 때, 가족에게 말할 때 두드러지게 심해진다고 한다. 말더듬 유형으로는 막힘과 첫음절 반복이 두드러지며, 아동은 자신의 말더듬에 대해서 인식하고 있고 학교에 가서 발표를 하는 상황 등을 회피하고 힘들어한다. 의도한 대로 말이 잘 나오지 않을 때, 숨을 참고 소리가 나올 때까지 목에 힘을 주어 말하거나 고개를 돌리는 등의 부수행동이 나타난다고 한다. P-FA-Ⅱ 결과, 필수과제(읽기, 이야기그림, 말하기그림)에서 심함(91%ile 이상) 정도의 말더듬을 보였고, 선택과제(낱말그림, 따라 말하기)에서는 중간(71~80%ile) 정도의 말더듬을 보였다. 말더듬의 유형은 막힘, 막힘을 동반한 음절 반복, 음절 반복, 낱말깨짐, 주저 순으로 많이 나타났다. 아동이 주로 보이는 부수행동은 고개 돌리기, 눈 찡그리기, 흡기 발성이 관찰되어 부수행동의 정도는 중간(61~70%ile)으로 나타났다. 의사소통태도는 12점으로 말에 대한 부담감이 중간(41~50%ile)으로 나타났다.

아동의 부모는 Palin 부모 평가척도 요약지(〈표 5-4〉참고) 결과, 아동 지원에 대한 부모의 지식과 자신감에서 '중간'의 점수를 보였다. 이 평가 결과를 종합하면 아동은 비유창성은 심함 정도이며, 말에 대한 부담감이 중간이다. 부모는 여러 번 부모교육을 받은 적이 있고 말더듬에 대한 지식과 자신감이 낮지 않다. 이에 따라 말 산출에 대한 아동의 이해와 말을 조절하는 방법을 익히는 것이 먼저 필요한 것으로 보여 다음과 같은 6개월의 장단기 계획을 정하였다.

2) 사례 아동 장단기 계획

장기목표 1. 말 산출 기제에 대하여 호흡, 발성 및 구강구조기관의 협응을 이해하고 각 기관을 90% 이상 이완시켜 단어를 말할 수 있다.

단기목표:

1. 치료사가 말 산출 기제에 대한 설명을 한 뒤 아동은 각 명칭을 말할 수 있다(정확도는 90% 이상).

2. 치료사가 모델을 줄 때 아동은 입술과 혀의 근육을 이완시켜 내쉬는 호흡에 모음을 유창하게 말할 수 있다(정확도는 90%).

3. 치료사가 모델을 줄 때 아동은 구강구조기관을 이완시켜 단어 수준을 말할 수 있다(정확도는 90%).

4. 치료사의 모델 없이 아동은 구강구조기관을 이완시켜 단어 수준을 말할 수 있다(정확도는 90%).

장기목표 2. 읽기 상황에서 ERA-SM으로 조절하여 95% 이상 한 문단을 유창하게 말할 수 있다.

단기목표:

1. 직접 모델 읽기 상황에서 ERA-SM을 이용하여 낱말 수준에서 95% 이상 유창하게 말할 수 있다.

2. 간접 모델 읽기 상황에서 구문과 문장 수준에서 ERA-SM으로 95% 이상 유창하게 말할 수 있다.

3. 치료사의 도움 없이 읽기 상황에서 문단 수준에서 ERA-SM으로 95% 이상 유창하게 말할 수 있다.

장기목표 3. 말하기 상황에서 ERA-SM으로 조절하여 90% 이상 유창하게 말할 수 있다.

단기목표:

1. 치료실 내 말하기 상황에서 치료사의 도움 없이 낱말 수준에서 ERA-SM으로 90% 이상 유창하게 말할 수 있다.

2. 치료실 내 말하기 상황에서 치료사의 도움 없이 구문과 문장 수준에서 ERA-SM으로 90% 이상 유창하게 말할 수 있다.

3. 치료실 내에서 치료사의 도움 없이 대화 수준에서 ERA-SM으로 90% 이상 유창하게 말할 수 있다.

4. 대기실에서 치료사와의 1분 대화 수준에서 ERA-SM으로 90% 이상 유창하게 말할 수 있다.

3) 임상사례 연습

학령기 평가 사례에 제시된 아동들에 대한 평가 결과와 간략한 사례진행이다. 각 사례별로 전체적인 이해를 한 뒤 제시된 문제에 답하시오.

임상사례

1. '가' 아동(남자, 6세)은 초등학교 1학년이며 말더듬 가계력은 없으나 말더듬이 중간정도로 관찰되었고 주의 집중이 어려워서 치료에 집중하는 것이 매우 어려웠다. 부모-아동 상호작용(PCI) 치료로 시작하려 했으나 부모는 부모교육을 한 차례 받고 부모가 주체가 되어 활동을 해야 하는 상호작용치료에 대한 거부감을 표현하였다. 이에 따라 간접치료는 매우 제한적이어서 직접치료를 계획하였고 아동의 행동문제와 어머니의 협조가 부족한 상황이었다. 어머니는 아동의 말더듬이 꼭 회복되어야 하는 절박한 심정을 지속적으로 토로하였다. 심리와 정신과적 전문 상담을 권유하였으나 어머니는 강한 저항을 보였다.

   이 경우의 부모상담 방향을 제시하시오.

2. '나' 아동(여자, 10세, 초 4학년)의 어머니는 자신이 어릴 때 말을 더듬어서 힘든 시간을 보냈다고 한다. 지금 자신은 큰 문제없이 지내지만 아동 말더듬이 유전요인에 대한 걱정이 컸다. 아동은 유창성 검사 결과 주저, 수정, 짧은 막힘 등을 보였으며 말더듬 중증도는 약함 정도로 판단되었다. 아동의 의사소통태도 검사 결과는 중간 정도로 나타났으며 친구들과 대화를 꺼린다고 한다. 부모는 그룹활동을 통하여 또래와 관계를 도울 수 있는지 물었다. 크면서 말더듬이 나아질 것이라고 생각하여 적극적인 치료를 하지 않았다고 한다. 치료 첫 과정으로 아동 말더듬에 대한 이해를 돕기 위하여 부모 두 분에게 부모교육을 하였다.

   어머니가 걱정하는 유전요인과 아동 그룹 활동 등 치료전반에 대한 상담 내용을 요약하시오.

3. '다' 아동(남자, 7세, 초 2학년)은 부수행동은 많지 않으나 말수가 적고 언어발달이 느렸다고 한다. 아동의 P-FA-II 검사 결과 중간 정도의 말더듬이 보였으며, 의사소통태도 검사 결과도 중간 정도에 속하였다. 자신의 말에 대한 부담이 있는 것을 볼 수 있었다. 또한 5세 때 실시한 언어검사 결과 단순언어발달 지체가 동반되었다는 것이 보고되었으며 이번 언어 평가에서도 언어발달지체와 학습지체가 있는 것으로 평가되었다.
　이 아동의 장기목표 세 가지와 각 장기 목표에 따른 단기 목표를 두 가지 이상 나열하시오.

10. 맺음말

　학령기 아동 말더듬 치료에서 무엇보다 중요시해야 할 것은 아동은 아직 발달 과정에 있다는 것이다. 아동은 모든 신경체계나 신체적 협응 등이 완전히 발달하지 않았고, 부모와 가정뿐 아니라 또래와 어울리며 더 넓어진 사회적 적응을 하게 되는 연령이라는 것을 함께 고려해야 한다. 학교와 다양한 장소에서 말더듬 아동은 다른 또래들로부터 놀림이나 괴롭힘을 당할 수 있으므로 치료사는 아동의 내면적인 면을 다룰 수 있도록 준비해야 한다. 또한 부모에 한정하지 않고 학교 선생님이나 아동이 만나는 다른 중요한 인물들을 고려하는 것 역시 중요하다. 그러므로 말과 말더듬에 국한하지 말고 의사소통이라는 넓은 범위를 보고 아동이 다른 사람들과 의견을 자유로이 주고받을 수 있도록 의사소통 증진에 초점을 맞추는 것이 필요하다.

　학령기에는 말더듬 치료의 직접 수혜자가 아동 자신이 되는 직접치료의 효율성이 점차 증가된다. 학령 전 아동에 비하면 학령기 말더듬 중재는 다소 복잡하고 다양하게 이루어진다. 첫째는 우리가 중재하려는 목표행동은 의사소통의 증진으로 아동은 말을 피하지 않고 적극적으로 자신의 의견을 표현하는 것이다. 둘째는 비유창성의 감소, 즉 유창성 증진이며 이는 말 산출 기제를 이해하고 유창하게 말할 수 있는 방법을 획득하는 것이다. 셋째는 말더듬이 진행되면서 이루어진 말을 더듬기 전, 말을 더듬는 동안 그리고 후에 일어날 수 있는 부정적인 심리적 상태의 감소이다. 유창성 증진을 위해 수많은 프로그램이 있지만 어떤 프로그램을 선택하는가에만 관심을 가질 것이 아니라 그에 앞서 각 개인에 따라 어떠한 원리가 적용되어야 하는지를 살펴야 한다. 이 장에서는 중재 방향을 세 가지로 나누어 설명하였다.

첫 번째 중재방향으로 유창성 및 말·언어의 증진에서는 말·언어 산출 체계와 말더듬을 이해하기가 필요하다는 것을 먼저 다루었고 말·언어적 변화, 새로운 변화에 적응하기를 이어서 다루었다.

두 번째 중재방향으로 내면적인 치료를 다루었다. 아동이 자신의 심리 및 정서를 다루고 자기 자신과 자신의 말더듬을 편안하게 남에게도 보일 수 있는 것은 중요하다. 또한 학교 및 사회적 적응을 다루는 것에 대하여 설명하였다. 말더듬 빙산을 통해 표면에 나타난 부분보다 내면적인 어려움이 더 클 수 있음을 확인할 수 있었다.

세 번째 중재방향으로 아동을 둘러싼 환경적인 면을 다루어 주는 것을 시도할 수 있으며 가정과 학교가 가장 중심이 될 것이다. 부모상담을 통하여 아동을 효과적으로 도와주는 방법과 아동 말더듬에 대한 부모의 불안을 도와주는 것을 설명하였다. 그러나 아동기에 어려운 점은 또래에게 받아들여지고 일원이 되는 것이다. 이에 따라, 학교적응 및 놀림과 괴롭힘, 그에 대한 대처법을 알아보고 학교 선생님의 역할을 설명하였다.

끝으로 학령기 아동의 그룹치료와 전이 및 일반화에 대하여 다루어 보았다. 아동마다 개별적 특성이 다르고 처한 환경이 다르다. 치료사는 일률적인 치료 프로그램을 정하여 따르기보다는 말더듬에 대한 폭넓은 특성(the broad-based nature of stuttering disorder)을 이해하고 이에 근거하여 중재를 계획하고 실행함으로써 최상의 결과를 얻도록 해야 할 것이다. 학령기 아동을 위한 말더듬 종합 프로그램(Comprehensive Stuttering Program for School-Age Children: CSP-SC, Boberg & Kully, 1985)은 네 가지 주요 목표를 정하고 있는데, 말과 관련된 면, 정서-인지적인 면, 자기 관리적인 면 그리고 환경적인 면으로 나누고 있다. 이와 같이 다루어야 할 여러 가지 목표를 하나의 프로그램에 제시할 수도 있다. 치료사는 적절한 평가를 하여 그 결과에 따라 각 아동과 자신에 맞는 종합적인 프로그램을 고안하는 것이 필요하다. 부모와 아동 그리고 주위의 여러 관련 요인을 고려하여 중재를 계획하고 실천한다는 것은 물론 쉽지 않다. 그러나 대상자의 필요에 따라 하나씩 계획을 세우고 효과적으로 실행한다면 유창성 회복이라는 단계적 보람이 따를 것이다.

학습과제

1. 학령기 말더듬 중재에서 말·언어 산출 체계를 설명해야 하는 이유를 설명하시오.

2. 유창성 증진 방법에는 어떠한 것이 있는지 설명하시오.

3. 학령기 아동 중재에서 부모의 감정을 돕는 방법을 설명하시오.

4. 학령기 아동 중재에서 학교 교사의 역할을 설명하시오.

5. 놀림과 괴롭힘의 차이를 지적하고 이를 돕는 방법을 논하시오.

6. 학령기 말더듬 아동의 그룹치료의 장단점을 설명하시오.

주요 용어

말·언어 산출 체계	둔감화
말속도 변화	언어적 위계
ERA-SM	심리적 위계
말더듬 공개하기	부모의 둔감화
놀림과 괴롭힘	일반화

참고문헌

문지은, 권도하(2015). 학년기 아동의 학년별 말속도 및 비유창성 특성. 언어치료연구, 24(1). 113-121.

박지현, 이은경(2006). 말더듬 아동의 언어치료와 미술치료 병행사례. 유창성장애치료워크숍 자료,한국언어치료전문가협회.

박진원, 권도하(2009). 학령기 말더듬아동의 심리 정서적 의사소통 태도에 관한 연구. 정서-학습장애연구, 25(2), 39-56.

신문자(1991). 학령기 말더듬 아동 치료에 있어 그룹지도의 효과. 소아. 청소년정신의학. 2(1), 102-111.

신문자(2007). 성인 유창성장애 그룹치료. 제32회 전문교육. 말 · 언어장애 그룹치료. 34-50.

신문자, 전희정, 이수복(2009). 유창성장애 연구의 최근 동향: 치료를 중심으로. 언어청각장애연구, 14(4). 531-562.

신문자. 최소영(2012). 언어치료사의 말더듬아동 치료 경험에 관한 근거이론 분석. 언어청각장애연구, 17(2), 201-218.

심현섭, 신문자, 이은주(2010). 파라다이스-유창성 검사-II. 서울: 파라다이스 복지재단.

심현섭. 김영태, 김진숙, 김향희, 배소영, 신문자, 이승환, 이정학, 한재순, 윤혜련, 김정미, 권미선(2010). 의사소통장애의 이해(2판). 서울: 학지사.

안종복(2002). 정상 성인 및 아동의 구어 속도에 관한 연구. 음성과학, 9(4). 93-103.

이경재, 신지철, 김향희, 심현섭(2003). 대화 상대자의 말속도 변화에 따른 말더듬 아동의 변화. 언어청각장애연구, 8(3), 134-148.

이승환(2005). 유창성장애. 서울. 시그마프레스.

카멜라 크리스틴(Chmela, K.) (2014). 학령기 말더듬 아동의 정서 및 태도를 다루는 방법. 말더듬 치료 워크숍 자료. 서울: 늘품 플러스.

하인수(2005). 학령기 아동의 읽기 속도에 관한 연구. 대구대학교 대학원 석사학위논문.

Andrews, C., O'Brian S., Onslow, M., Packman, A., Menzies, R., & Lowe, R. (2016). *Phase ll trial of a syllable-timed speech treatment for school-age children who stutter. Journal of Fluency Disorders, 48*, 44-55.

Andrews, G., Craig, A., & Feter, A. M. (1983). Stuttering: A review of research findings and theories circa 1982. *Journal of Speech and Hearing Disorder, 48*, 226-246.

Armson, J., & Kiefte, M. (2008). The effect of SpeechEasy on stuttering frequency, speech rate, and speech naturalness. *Journal of Fluency Disorders, 33*(2), 120-134.

Bennet, E. M. (2006). *Working with people who stutter: A lifespan approach.* Upper Saddle River. NJ: Pearson Education.

Bernstein Ratner. N. (1997). Stuttering: A psycholingsuistic perspective. In R. Curlee & G. Siegel (Eds.), *Nature and treatment of stuttering: New directions* (2nd ed.). Needham, MA: Allyn & Bacon, 99-127.

Berquez, A., & Kelman, E. (2018). Methods in Stuttering Therapy for Desensitizing Parents of Children Who Stutter. *American Journal of Speech-Language Pathology 27*(3), 1124-1138.

Blood, G. W., & Blood, I. M. (2007). Preliminary study of self-reported experience of physical aggression and bullying of boys who stutter: relation to increased anxiety. *Perceptual & Motor Skills, 104*(4), 1060-1066.

Bloodstein, O., & Bernstein Ratner, N. (2008). *A handbook on stuttering* (6th ed.). Clifton Park, NY: Thomson Delmar Learning.

Boberg, E., & Kully, D. (1985). *Comprehensive stuttering program: Clinical manual.* San Diego, CA: College-Hill Press.

Brown, S. F., & Moren, A. (1942). The frequency of stuttering in relation to word length during oral reading. *Journal of Speech Disorders, 7,* 153-159.

Byrd, C. T., & Donaher, J. (2018). Best practice for developmental stuttering: Balancing Evidence and expertise. *Language, Speech, and Hearing Services in School, 49*(1), 1-3.

Coloroso, B. (2008). *The bully, the bullied and the bystander.* New York: Harper Collins Publishers.

Conture, E. G. (2001). *Stuttering: It's nature, diagnosis, and treatment.* Boston, MA: Allyn and Bacon.

Cooper, E, B., & Cooper, C. S. (2003). *Cooper personalized fluency control therapy for children: Clinician's manual* (3rd ed.). Austin, TX: Pro-Ed.

Dell, C. (2000). *Treating the school age child who stutters* (2nd ed.). Memphis, TN: Stuttering Foundation of America.

Ezrati-Vinacour, R., Platzky, R., & Yairi, E. (2001). The young child's awareness of stuttering-like disfluency. *Journal of Speech, Language, and Hearing Research, 44*(2), 368-380.

Gregory, H. H. (2003). *Stuttering therapy: Rationale and procedures.* Boston, MA: Allyn &

Bacon.

Guitar, B. (1998). *Stuttering: An integrated approach to its nature and treatment* (2nd ed.). Philadelphia: Lippincott Williams & Wilkins.

Guitar, B. (2014). *Stuttering: An integrated approach to its nature and treatment* (4th ed.). Baltimore, MD: Lippincott Williams & Wilkins.

Harrison, E., Onslow, M., & Rousseau, I. (2007). Lidcombe Program 2007: Clinical tales and clinical trials. In E. Conture & R. Curlee (Eds.), *Stuttering and related disorders of fluency* (3rd ed., pp. 55–75). Philadelphia, PA: Thieme.

Howie, P. M., & Andrews, G. (1984). Treatment of adults stutterers: Managing fluency. In R. Curlee & W. Perkins (Eds.), *Nature and treatment of stuttering: New directions* (pp. 425–445). San Diego, CA: College-Hill Press.

Jones, M., Onslow, M., Packman, A., Williams, S., Ormond, T., Schwarts, I., & Gebski, V. (2005). Randomized controlled trail of Lidcomb Programme of early stuttering intervention. *British Medical Journal, 331*, 659–661.

Kalinowski, J., Nobel, S., Armson, J., & Stuart, A. (1994). Pretreatment and posttreatment speech naturalness ratings of adults with mild and severe stuttering. *American Journal of Speech-Language Pathology, 3*(2), 61–66.

Kelman, E., & Nicholas, A. (2008). *Practical intervention for early childhood stammering: Palin PCI approach.* London: Speechmark Publishing Ltd.

Kelman, E., & Nicholas, A. (2020). *Palin parent-child interaction therapy for early childhood stammering* (2nd ed.). New York: Routledge.

Langevin, M. (2000). *Teasing and bullying: Unacceptable behavior: The TAB program.* Edmonton, Alberta: Institute for Stuttering Treatment and Research.

Langevin, M., Bortnick, K., Hammer, T., & Wiebe, E. (1998). Teasing/bullying experienced by children who stutter: Toward development of a questionnare. *Contemporary Issues in Communication Science and Disorders, 25*, 12–24.

Langevin, M., Packman, A., & Onslow, M. (2010). Parent perceptions of the impact of stuttering on their preschoolers and themselves. *Journal of Communication Disorders, 43*(5), 407–423.

Lincolin, Packman, A., & Onslow, M. (2006). Altered auditory feedback and the treatment of stuttering: A review. *Journal of Fluency Disorders, 31*, 71–89.

Manning, W. H., & DiLollo, A. (2018). *Clinical decision making in fluency disorders* (4th ed.). San Diego, CA: Plural Publishing, Inc.

McGill, M., Noureal, N., & Siegel, J. (2019). Telepractice treatment of stuttering: A systematic review. *Telemedicine and e-Health, 25*(5), 359-368.

Millard, S. K., Nicholas, A., & Cook, F. M. (2008). Is parent-child interaction therapy effective in reducing stuttering?. *Journal of Speech, Language and Hearing Research, 51*(3), 636-650.

Murphy, W. P., Quesal, R. W., Reardon-Reeves, N., & Yaruss, J. S. (2013). *Minimizing bully in children who stutter: A practical guide for SLPs.* McKinney, TX: Stuttering Therapy Resources, Inc.

Nippold, M. A,, & Packman, A. (2012). Managing Stuttering beyond the preschool years. *Language, Speech and Hearing Services in Schools. 43*(3), 338-343.

Onslow. M., Packman, A., & Hassion (2003). *The Lidcombe Program of early stuttering intervention: A clinician's guide.* Austin, TX: Pro-Ed.

Plexico, L., & Burres, E. (2012). Coping with a child who stutters: A phenomenological analysis. *Journal of Fluency Disorders, 37*(4), 275-288.

Reardon-Reeves, N., & Yaruss, J. S. (2013). *School-age stuttering therapy : A practical guide.* Mckineey, Tx: Stuttering Therapy Resources.

Riley, J., & Riley, G. (2000). A revised component model for diagnosing and treating children who stutter. *Contemporary Issues in Communication Sciences and Disorders, 27,* 188-199.

Riley, J., Riley, G., & Maguire, G. (2004). Subjective screening of stuttering severity, locus of control and avoidance: Research edition. *Journal of Fluency Disorders. 29*(1), 51-62.

Rustin, L., & Cook, F. M. (1995). Parental involvement in the treatment of stuttering. *Language, Speech and Hearing Services in Schools, 26*(2), 127-137.

Ryan, B. P. (2001). *Programmed therapy for stuttering in children and adults.* Springfield, IL: Charles C. Thomas.

Sheehan, J. (1970). *Stuttering: Research and therapy.* New York, NY: Harper and Row.

Sidavi, A., & Fabus, R. (2010). A review of stuttering intervention approaches for preschool-age and elementary school-age children. *Contemporary Issues in Communication Science and Disorders, 37,* 14-26.

Van Riper, C. (1973). *The treatment of stuttering.* Englewood Cliff, NJ: Prentice-Hall.

Yairi, E., & Ambrose, N. G. (1992). Onset of stuttering in preschool children: *Selected factors.* *Journal of Speech and Hearing Research, 35*(4), 782-788.

Yairi, E., & Ambrose, N. G. (2005). *Early childhood stuttering: For clinicians by clinicians.* Austin, TX: Pro-Ed.

Yaruss, J. S., Coleman, C. E., & Quesal, R. W. (2012). Stuttering in school-age children: a comprehensive approach to treatment. *Language, Speech, and Hearing Services in Schools, 43*(4), 536-548.

Yaruss, J. S. (2007). Application of the ICF in fluency disorders. *Seminars in Speech and Language, 28*(4), 312-322.

Yaruss, J. S., & Quesal, R. W. (2004). Stuttering and the International Classification of Functioning, Disability, and Health (ICF): An update. *Journal of Communication Disorders, 37*(1), 35-42.

Yaruss, J. S., & Quesal, R. W. (2006). Overall assessment of the speaker's experience of stuttering (OASES). *Journal of Fluency Disorders, 31,* 90-115.

Yaruss, J. S., & Reardon-Reeves, N. (2017). *Early childhood stuttering therapy: A practical guide.* McKinney, TX: Stuttering Therapy Resources, Inc.

Zebrowski, P. M., & Conture, E. (1998). Influence of nontreatment variables on treatment effectiveness for school-age children who stutter. In A. Cordes & R. Ingham (Eds.), *Treatment efficacy for stuttering: A search for empirical bases* (pp. 293-310). San Diego, CA: Singular.

Zebrowski, P. M., & Kelly, E. M. (2002). *Manual of stuttering intervention.* Clifton Park, NY: Thomson Learning.

Guitar, C., Fraser, J. H., & O'Brien, B. (2009). *Stuttering: Basic Clinical Skills.* (DVD). 이은주 역 (2012). 말더듬 치료의 실제. 서울: 신-언어임상연구소.

제9장 청소년 및 성인의 치료

이 장을 시작하기에 앞서 말더듬 성인을 대상으로 하는 '치료'란 무엇인지, 그리고 그러한 치료에서 말더듬 성인과 치료사의 역할은 무엇인지 생각해 볼 필요가 있다. Manning과 동료들(Manning & DiLollo, 2018; Plexico, Manning, & DiLollo, 2005)에 따르면, 말더듬 성인에게 있어서 치료란 언어치료사가 말더듬 성인을 고쳐 주는 것이 아니라 대상자 스스로가 자신의 말더듬을 성공적으로 '관리'할 수 있도록 치료사가 도와주는 과정이다. 이와 같은 관점은 말더듬 성인의 경우, 유창성의 증진만이 아닌 다양한 영역에서의 변화를 목표로 하며, 이러한 변화에서 가장 중요한 역할을 담당하는 사람은 바로 말더듬 성인 자신이라는 점을 강조한다.

또한 모든 말더듬 성인이 같은 특성을 보이는 것은 아니기에 특정한 한 가지 프로그램을 모든 말더듬 성인에게 제공하는 것은 적절하지 않을 수 있다는 점을 명심해야 한다. 이에 이 장에서는 말더듬 성인을 대상으로 적용할 수 있는 여러 치료 책략과 프로그램을 소개하고, 이를 각 대상자에게 적절히 제공할 수 있는 원칙을 소개하고자 한다.

1. 치료 목표 및 고려사항

말더듬 성인은 말더듬으로 인한 부정적인 경험을 매우 오랜 시간 동안 반복적으로, 그리고 지속적으로 경험하였을 가능성이 높기에 말더듬이 성인의 삶에 미치는 부정적인 영향의 폭과 깊이가 매우 심각할 수 있다. 전술한 바와 같이 말더듬 성인은 부정적인 감정과 태도를 보이고 말더듬 가능성에 근거하여 다양한 사회적 활동에 제한적으로 참여하거나 삶의 여러 중요한 결정을 회피하거나 소극적인 반응을 보였을 수 있다. 이에 말더듬 성인의 치료에서는 단순히 유창성의 증진뿐 아니라 이러한 말더듬의 다양한 부정적인 영향을 감소시키고 말더듬 성인이 주체적인 삶을 살아갈 수 있도록 도와주는 것을 목표로 하여야 한다. 이러한 목표에 따라서 '상담'과 같은 측면이 강조될 수 있다. 이러한 말더듬 성인 치료의 다면적인 특성에 따라서 말더듬 치료를 많은 언어치료사가 어려워할 수 있다. 하지만 '선의'를 가지고 있는 언어치료사가 대상자에게 해를 끼칠 가능성은 낮다는 점을 명심하고 대상자의 치료에 보다 적극적으로 임해야 할 것이다.

또 하나의 고려사항은 말더듬의 개별적인 특성이다. 비록 이와 같은 특성이 '일반적'인 말더듬 성인의 특성일지라도 치료실을 찾아오는 각각의 개인은 서로 다른 특성을 보일 수 있다. 이에 각 개인에게 적절한 치료 목표와 방법을 개별적으로 선택하는 것이 중요할 것이다.

2. 치료 절차와 방향

1) 유창성 형성법

말더듬 성인의 주요 치료 목표를 유창성 증진으로 설정하고 전체적으로 화자의 말 패턴을 수정하여 유창성을 증진하는 치료 책략이 유창성 형성법(fluency shaping)이다(〈표 9-1〉 참조). 유창성 형성법은 유창성 수정법, 유창성 증진법 등으로 불리기도 한다. 유창성 형성법에서는 말을 더듬는 사람이 부정적인 감정과 태도를 보이기는 하지만 이러한 부정적 감정과 태도는 말더듬의 결과이기에 유창성이 증진되면 자연스럽게 해결될 것으로 생각한다. 따라서 감정과 태도에 대한 중재는 유창성 형성법에서 강조되지 않는다.

유창성 형성법은 다음에 근거한다(Onslow, 2019; Yairi & Seery, 2015). 첫째는 유창성이 증진되는 공통적인 특성의 사용이다. 말을 더듬는 사람은 혼자 이야기하기, 다른 사람과 함께 말하기, 애완동물 혹은 아기에게 이야기하기, 리듬에 맞추어 말하기, 노래 부르기, 방언으로 말하기, 청각 마스킹 상황에서 말하기, 천천히 말하기 등과 같은 다양한 상황에서 유창성이 향상된다. 비록 어떠한 기저 과정을 거쳐서 유창성이 증진되는지에 대해서는 정확하게 알려져 있지는 않으나 유창성 형성법은 이러한 환경에 공통적으로 나타나는 특성을 기반으로 하여 호흡, 발성, 조음 운동 등을 재조직하여 유창성을 증진시키는 것을 목표로 한다. 둘째는 행동주의적 기법의 사용이다. 말 행동을 수정하기 위해 조작적 조건화를 사용한다. 매우 간단히 설명하자면 치료사가 목표로 하는 행동을 대상자가 보였을 때 대상자에게 강화물(강화제, reinforcement)을 제공하여 대상자가 그러한 행동을 지속적으로 산출하거나 학습하게 한다. 또한 이러한 연습을 위계에 따라서 진행한다.

  유창성 형성법에 기반한 다양한 프로그램이 있지만 유창성 형성법은 일반적으로 다음과 같은 절차를 따른다. 우선 대상자에게 새로운 말하기 방식을 사용하게 하여 말하기를 유창하게 한다. 새로운 말하기 방식으로 주로 사용되는 것으로는, 각각의 자음과 모음을 길게 말하거나 휴지기를 길게 하는 방법 등을 사용하여 말속도를 느리게 하기, 부드럽게 숨을 들이마시고 살살 호흡을 내쉬면서 발성을 부드럽고 편하게 시작하고 이를 이어 나가기, 말소리와 음절을 부드럽게 연결하기, 조음기를 부드럽고 느리게 접촉하여 발음하기 등이 있다. 이와 더불어 긴 발화를 짧은 구(phrase)로 나누고 하나의 구 안의 단어를 연결하기 등을 사용할 수 있는데, 각 프로그램에 따라 사용하는 방법과 명칭 등이 달라진다. 초기에는 이와 같은 새로운 말하기 방식을 매우 과장된 방식으로 사용한다. 이에 매우 어색한 발화로 들리지만 유창성은 향상된다. 이렇게 달성된 유창성을 위계에 따라 치료실에서 연습하며 유지한다. 예를 들어, 말속도 조절을 통하여 유창성을 성취하는 것을 목표로 한다면 초기에는 초당 1음절 정도의 매우 느린 속도를 이용하여 단어 수준으로 말하면서 목표로 하는 유창성 수준을 달성하는 것을 연습한다. 이와 같은 목표가 달성되면, 이후에는 초당 1.5음절, 2음절, 3음절 등의 속도로 말하면서 목표로 하는 유창성 수준을 유지하는 것을 연습한다. 또한 각 말속도 단계에서는 단어 수준, 구 수준, 언어적 위계에 따른 문장 수준과 읽기, 독백, 치료사와의 대화 등 다양한 난이도의 말 상황을 연습한다. 이와 같은 유창성 증진과 더불어 발화의 자연스러움 역시 향상시키는 것을 목표로 할 수 있다. 치료실 내에서 목표로 하는 유창성이 달성되면 이후 일상 생활에서 유창성을 향상시키는 것을 목적으로 하는 전이 과정을 실시한다. 이 경우에도 쉬운 상황에서 어려운 상황으로의 위계에 따라 연습한다.

〈표 9-1〉 유창성 형성법의 주요 특징

목표	유창한 발화의 습득
방법	새로운 말하기 방법(말소리 연장, 말소리와 음절의 부드러운 연결, 조음기의 부드러운 접촉, 느린 말속도, 편안하게 발성 시작하기, 향상된 기류의 사용, 긴 발화 나누기 등)을 위계에 따라 사용하여 유창성 유지
기타	감정과 태도는 유창한 발화 습득 이후에 좋아질 것이라 생각하기에 이에 대한 치료는 강조되지 않음

다음은 유창성 형성법에 근거한 치료 프로그램의 몇 가지 예이다.

첫 번째는 정밀 유창성 형성 프로그램(Precision Fluency Shaping Program: PFSP, Webster, 1980)이다. 이 프로그램의 기본 가정은 조음, 발성, 호흡의 비정상적인 운동기능이 말더듬의 원인이 되지만 말 산출 움직임의 체계적인 재조직화를 통하여 이를 극복할 수 있다는 것이다. 이에 이 프로그램의 목표는 단순히 유창성을 달성하는 것뿐 아니라 유창성을 나타내게 하는 말 동작을 습득하는 것이다. 이에 대상자는 느린 말속도, 부드러운 발성의 시작, 가벼운 조음기 접촉 등을 유창성 목표(fluency target)로 습득한다.

PFSP의 대략적인 과정은 다음과 같다. 우선 대상자에게 모음을 매우 길게, 한 음절을 산출하는 데 2초 정도의 시간이 걸리는 속도로 산출하게 하여 유창성을 달성한다. 예를 들어, 2음절 단어의 경우에는 그 단어를 말하는 데 4초가 걸리는 속도이다. 이후 이와 같은 속도를 유지하면서 부드러운 발성의 시작을 모음부터 연습한다. 다음에는 자음으로 시작하는 음절을 대상으로 부드러운 발성의 시작을 연습하는데, 그 순서는 유성자음(예: w, l, v, z 등), 무성마찰음(예: s, f 등), 파열음(예: b, t, k 등)이다. 특히 파열음의 경우에는 부드러운 발성 시작과 더불어 가벼운 조음기 접촉도 함께 연습한다. 개별 유창성 목표를 습득한 이후에는 일음절 단어에서 세 가지 목표를 한 번에 적용하여 산출하는 연습을 하며 이후 점차 긴 단어와 구 등으로 단계적으로 연습한다. 이 단계에서는 호흡 관련 연습도 추가한다. 다음으로는 다른 목표는 유지한 채 말속도만 점차적으로 향상시키는 연습을 한다. 최종 목표 속도는 분당 120단어 정도인데 이는 초기 속도와 비교하면 매우 빠른 속도이지만 일반적인 말속도보다는 느린 속도이다. 목표 속도가 달성되면 전화, 상점 방문 등과 같은 전이와 유지 활동을 실시한다.

이처럼 PFSP는 발화 자료, 연습 과정 및 단계, 치료실 내외의 상황 등이 단계적으로 매우 구조화된 프로그램이다. 또한 연습 과정에서는 치료사의 피드백뿐 아니라 바이오

피드백 장치 등을 사용하며 이에 대상자 자신의 활동 수행에 대한 자기 모니터링이 강조된다. PFSP는 단기 합숙 프로그램이기에 대상자는 프로그램 중 치료사와의 개별치료, 그룹치료, 개별연습 등을 통하여 집중적으로 연습한다. 하지만 이와 같은 원칙과 과정을 일반적인 개별 언어치료에서 사용할 수 있다.

　PFSP 관련 연구를 종합하면 다음과 같다(Franken et al., 1992; Franken et al., 1997; Mallard & Kelly, 1982). 말더듬 성인은 PFSP를 통하여 유창성이 증진되었으나 일반인의 발화와는 다른 점이 있었다. 예를 들어, 일반인의 말과 비교하여 치료 전 말더듬 성인의 발화는 비유창성이 많았으며 여러 측면에서 차이점이 관찰되었다. 또한 치료 직후의 말더듬 성인의 발화는 유창성은 증진되었으나 운율의 측면에서 차이가 있었다. 치료 종료 6개월 후에는 치료 전과 비교하여 그 차이는 줄어들었으나 일반인과의 말과는 다르게 평가되었다. 또한 치료 종료 2년 후에도 치료 전과 비교하여 비유창성의 감소가 나타났으나 1/3의 참여자가 자신의 유창성 수준에 만족을 하지 못하였다. 즉, 이러한 결과는 유창성 형성법을 활용한 치료 프로그램이 대상자의 말 유창성을 증진시키는 데 도움을 줄 수는 있으나 말의 자연스러움 역시 주요 고려 요인이 되어야 한다는 점을 시사한다.

　전술한 PFSP가 새로운 말하기 방법과 관련된 구체적인 내용을 제시해 주는 데 반하여 캠퍼다운 프로그램(Camperdown program, O'Brian, Packman, & Onslow, 2010)은 어떻게 말을 해야 하는지에 대한 지시를 제공하지 않는다. 캠퍼다운 프로그램은 네 단계로 이루어지는데, 첫 번째 단계는 교육 세션(teaching session)이다. 교육 세션에서 대상자는 말더듬 중증도 척도(SR)와 자연스러움 척도(NAT)를 이용하여 자신의 말을 자기평가하는 방법을 배운다. 또한 대상자는 과장된 방식으로 연장 발화(prolonged speech)를 사용하는 비디오 자료를 보고 이를 모방한다. 이때, 치료사는 대상자에게 정확한 모방이 되었는지에 대한 피드백을 제공하기는 하지만 부드러운 조음기 접촉과 발성 시작, 모음 연장, 지속적 발성 등과 같은 연장 발화의 구체적인 특성을 설명하지 않는다. 두 번째 단계는 치료실 내에서 유창한 발화를 확립하는 단계이다. 이 단계에서 대상자는 유창성은 유지시키지만 점차적으로 말의 자연스러움을 증가시키는 것을 연습한다. 세 번째 단계는 치료실 외 일상생활로 유창한 발화를 전이시키는 것을 목표로 하는 문제해결 단계이다. 대상자는 다양한 일상생활에서 유창성과 자연스러움을 유지하며 말하는 것을 연습하며 치료사와 함께 일상생활에서 나타날 수 있는 문제에 대한 해결책을 논의하고 연습한다. 네 번째 단계는 유지 단계이다. 이 단계에서 대상자는 매일 SR과 NAT를 기록하며 치료사의 도움 없이 스스로 문제해결을 해 나간다.

캠퍼다운 프로그램을 말더듬 성인과 청소년을 대상으로, 그리고 일반적인 치료형식과 더불어 전화, 웹캠 등을 활용한 원격치료 형식으로 치료를 제공한 연구가 있다(Carey et al., 2010; Carey et al., 2014; O'Brian et al., 2003, 2008). 이 연구에 따르면, 상대적으로 짧은 시간(평균 20시간 내외)의 치료로 말더듬 성인이 유창성 증진을 보였으며, 이러한 유창성 향상은 치료 후 1년까지 지속되었다. 또한 치료를 통하여 말속도에서 유의한 변화는 없었으며 다양한 자기보고 검사에서도 진전이 제한적이지만 관찰되었다. 또한 전화로 진행하는 치료와 대면 접촉을 기반으로 하는 치료 사이에 치료효과에서 큰 차이가 나타나지는 않았다. 청소년을 대상으로 하는 원격치료에서도 유창성의 증진이 보고되었으나 치료 종료 1년 후에는 절반 정도의 참여자만이 진전을 유지하였으며 여러 영역에서의 참여자의 변화 양상은 다양하게 나타났다. 이와 관련하여 치료 종료 후 유지기간 동안 지속적인 관리 회기가 있었기에 치료효과의 유지를 해석하는 데 어려움이 있다는 의견도 제시되었다(Ingham, 2012).

발화를 길게 연장하여 산출하는 연장 발화 이외에도 음절, 발화, 구 등을 메트로놈, 손가락 두드림(finger tapping) 등을 이용하여 일정한 간격에 맞추어 발화하는 리드믹 발화(rhythmic speech)가 사용되기도 한다. 한국어와 달리 영어는 음절의 길이가 강세 등에 따라 다르게 나타난다. 하지만 모든 음절의 길이를 일정하게 산출하는 것이 리드믹 발화이며, 이와 관련하여 Andrews와 Harris(1964)은 음절-시간 발화(syllable-timed speech)를 제시하였다.

여러 연구가 유창성 형성법이 말더듬 성인의 유창성을 증진시키는 데 효과적이라는 점을 보고하였다(Andrews, Guitar, & Howie, 1980; Bothe et al., 2006; Herder et al., 2006). 하지만 전술하였듯이 유창성 형성법의 경우 '자연스럽지 않은 말'을 치료 초기에 사용하여 유창성을 향상시키며 감정과 태도의 변화가 주요 치료 목표는 아니다. 그러나 이러한 특성들이 이후 논의할 재발과 관련이 있을 수 있기에 임상에서 유창성 형성법을 적용시킬 때에는 이와 같은 요소를 고려하여야 할 것이다.

2) 말더듬 수정법

말더듬 수정법(stuttering modification)은 전통적 기법, Van Riper 기법, 비회피 기법

등으로 불리기도 한다. 말을 더듬는 사람이 말더듬을 두려워하고, 이를 회피하고 탈출하려는 것이 말더듬의 주요 문제이기에, 이러한 두려움과 회피, 투쟁 등을 감소시킬 수 있도록 말더듬에 대하여 둔감화(desensitization)시키는 것이 말더듬 수정법의 주요 목표이다. 이에 자신의 말더듬을 확인하고 이에 대해 둔감화되며, 자신의 말더듬을 보다 편안하고 부드러우며 노력이 덜 들어가는 의도적인 말더듬, 즉 편안한 말더듬(easy stuttering)으로 수정하게 한다. 비록 유창성의 증진보다는 말더듬에 대한 태도 등의 변화가 주요 목표이기는 하지만 치료 결과, 말이 유창해진다. Van Riper(1973)가 제시한 말더듬 수정법의 치료 단계는 일반적으로 확인, 둔감화, 변형, 수정(접근), 안정화로 이루어진다(〈표 9-2〉 참조).

(1) 확인 단계

말더듬 수정법의 첫째 단계는 확인(identification) 단계이다. 이 단계에서는 대상자 자신이 나타내는 말더듬의 내적 · 외적 특징을 살펴보고 분석하며 자기가 어떻게 더듬는지, 왜 그러한 행동을 보이는지 이해하게 된다. 이러한 과정을 통해 대상자는 이후 수정해야 할 말더듬에 대해 보다 더 친숙해지며 말더듬에 대한 공개적 · 객관적 논의를 하기에 둔감화가 일부 나타날 수 있다. 또한 대상자가 자신의 말더듬을 살펴보는 것이기에 치료에 보다 더 적극적으로 참여하고 치료에 책임을 지게 된다. 일부 말더듬 성인의 경우, 단지 확인만으로도 말더듬 감소를 보일 수도 있지만 특히 말더듬이 약한 사람의 경우, 말더듬에 대한 인식 등이 증가하면서 일시적인 말더듬 증가를 보이기도 한다(Yairi & Seery, 2015).

확인 단계에서는 우선 대상자가 쉽게 확인할 수 있는 유창한 발화부터 시작하여 이후 회피, 연기(postponement) 등과 같이 발화를 시작하려고 할 때 대상자가 사용하는 특성, 말더듬이 나타나는 소리와 상황, 핵심행동 등의 순으로 난이도를 단계적으로 높여 나간다. 특히 말더듬의 음성적 특성보다는 말을 더듬을 때 대상자가 어떻게 하는지에 대한 고유감각(proprioception)을 중시하며 유창한 말과 말더듬을 비교하기도 한다. 이러한 분석 과정을 통하여 말더듬이 어쩌다 나타나는 것이 아니라 대상자 스스로가 하는 것이라는 생각을 갖게 되는데, 이는 향상된 통제력을 나타낸다. 다음으로는 긴장이 어디에서 나타나는지, 말을 더듬은 후에는 어떠한 느낌인지 등과 같은 논의를 통하여 좌절, 부끄러움 등과 같은 감정을 확인한다. 이러한 말더듬 확인과 분석 과정을 통하여 대상자는 말더듬과 자기 자신에 대해서 가지는 감정을 공개하게 된다.

(2) 둔감화 단계

말더듬 수정법의 둘째 단계인 둔감화(desensitization) 단계는 말에 대한 불안 등과 같은 부정적인 감정을 이후 새로운 대처 방법을 습득할 수 있을 정도로 감소시키는 것을 주요 목표로 한다. 이를 위해 대상자는 말더듬을 직면하고 자신의 말더듬과 청자의 말더듬에 대한 반응에 둔감화된다. 대상자는 치료실 내 편안한 분위기에서 치료사의 모델링을 관찰하는 것부터 시작하여 이후 점차 높은 난이도의 과제를 수행한다.

이와 관련하여 두려움과 같은 부정적 감정은 좌절에 대한 예상과 청자의 부정적 반응에 기인하므로 치료사 자신이 말더듬에 대하여 부정적인 반응을 보이지 않는지 주의하여야 한다. 즉, 치료사는 대상자의 말과 말더듬에 대해 긍정적·개방적 태도를 보여야 한다. 또한 대상자는 치료사의 이해와 지지하에서 이전의 불안 등을 야기시키는 말더듬을 직면하고 객관적으로 말더듬에 대해서 이야기를 하는 것을 통하여 말더듬에 대하여 둔감화된다. 이에 치료사 역시 말더듬을 자신감 있게 직면하고 받아들일 수 있어야 할 것이다.

둔감화에서 가장 대표적으로 사용하는 방법은 가짜 말더듬(pseudostuttering)이다. 말을 더듬는 사람은 말더듬을 줄이고 유창성을 증진시키려고 언어치료를 받는데 가짜 말더듬은 이와 같은 말을 더듬는 사람의 직관에 반하는 기법이다. 이에 가짜 말더듬은 대상자에게 매우 도전적인 과제일 수 있지만 두려움 감소, 둔감화, 자신감 증진 등의 효과도 있다(Byrd et al., 2016). 가짜 말더듬의 첫 단계에서 대상자는 자신이 두려워하지 않는 단어를 이용하여 편안한 가짜 말더듬을 연습하며 말더듬이 불안을 야기시키지 않음을 관찰한다. 이후 두려움의 위계에 따라 연습을 진행한다. 또한 이전에는 말더듬을 숨기려고 노력하였다면 이제는 가짜 말더듬을 사용하며 자신이 말을 더듬는다는 것을 스스로 공개한다. 이와 관련하여 다른 사람들에게 자신의 말더듬을 공개하는 말더듬 인정(stuttering acknowledgment)은 말을 더듬는 사람과 함께 대화하는 일반인의 말더듬에 대한 인식 혹은 반응을 향상시키거나, 말을 더듬는 사람 자신을 위한 더 긍정적인 대응 전략이 될 수 있다(Healey et al., 2007; Lee & Manning, 2010). 또한 회피행동 등을 습관적으로 사용하는 대상자들에게는 특정 상황에서 미리 정한 횟수의 말더듬을 사용하는 활동을 시도할 수 있다. 이를 통해 대상자는 더듬어도 되며 끊임없이 말더듬에서 회피하여야 한다는 생각에서 보다 자유로워질 수 있다.

(3) 변형 단계

　말더듬 수정법의 셋째 단계인 변형(variation) 단계의 주요 목표는 이전의 정형화된 말더듬에서 대상자가 자유로워지는 것이다. 말더듬을 직접 수정하는 것을 대상자가 거부한다면 우선 대상자의 일상적으로 사용하였던 습관 등을 수정하는 것부터 시도할 수 있다. 말더듬을 변형하는 과제에서도 치료사의 모델링을 사용한다. 말을 더듬기 전에 사용하였던 행동, 말을 더듬는 중에 사용하는 탈출행동, 말더듬 형태 등 다양한 말더듬 특성의 변형을 시도하며 이러한 변형을 통해 대상자는 이전에는 말더듬에 대하여 느꼈던 어찌할 바 모름과 통제 불가능함에서 벗어나 통제할 수 있다는 감정을 느낄 수 있다.

　변형 단계에 사용할 수 있는 방법으로 Manning과 DiLollo(2018)는 이전에 두려워하는 단어 앞에 "아"를 사용하였다면 "아"의 형태, 속도, 강도, 횟수 등을 변화시키거나, 말을 더듬는 중에 얼어붙기(freezing) 등을 시도하며 말더듬을 '가지고 놀 수 있도록' 도와주는 방법을 제시하였다.

(4) 수정 단계

　말더듬 수정법의 넷째 단계인 수정(modification) 단계, 혹은 접근(approximation) 단계에서는 이전의 통제 불가능하였던 말더듬을 대상자의 의사소통을 방해하지 않는 편안한 형태의 말더듬으로 수정하는 단계이다. 이러한 편안한 말더듬으로의 수정은 말을 더듬고 난 후에, 말을 더듬는 중에, 말을 실제로 더듬기 전에 사용된다. 또한 말더듬을 수정하기에 앞서 대상자는 우선 확인 단계에서도 하였던 것과 유사하게 말을 더듬을 때 자신의 귀가 아닌 근육 등의 움직임에 대한 고유감각을 향상시킨다. 이는 자기책임감의 증가와 관련이 있다.

　수정 단계의 방식 중 첫 번째 기법은 취소하기(cancellation)이다. 말을 더듬으면 더듬던 단어를 끝까지 말한 후 잠시 의도적으로 발화를 멈춘다. 이후 더듬었던 단어를 기류와 발성의 조절, 부드러운 조음기 접촉 등을 활용하여 다시 편안한 방식으로 말하면서 말을 이어 나간다. 이는 절대로 단순히 더듬었던 말을 다시 유창하게 하는 것이 아니다. 말을 더듬는 사람은 탈출행동 등과 같이 매우 비정상적인 행동을 사용해서라도 말을 지속적으로 이어 나가는 것을 원할 것이다. 하지만 취소하기의 휴지(pause)는 이러한 대상자의 어쩔 수 없는 행동을 저해하는 기능을 가진다. 초기에는 휴지기를 3초간 가지면서 안정을 취한 후 부드럽게 다시 말하는 것으로 연습하지만, 이후에는 휴지기 동안 두 가지 행동, 즉 이전의 더듬었던 방식과 새롭게 말할 방식을 연습한다. 마지막으로는 이러한 연습 없이 휴지기 이후 더듬었던 단어를 부드럽게 느린 속도로 다시 말한다. 취소하기는 치료실 외 일상생활에서 사용하기에는 어려울 수도 있으나 이전의 통제 불가능하였던 말더듬을 통제할 수 있는 근거와 기초를 제시하기에는 중요하다.

두 번째 기법은 말더듬 발생 중에 수정하는 빠져나오기 또는 이끌어 내기(pull-out)이다. 일부 대상자는 취소하기 습득 이후 자연스럽게 말을 더듬는 중에 편안한 말더듬으로 말을 이어 나가려 할 수 있다. 이처럼 말을 더듬는 중에 편안한 말더듬으로 수정하는 것이 빠져나오기이다. 이와 같은 빠져나오기가 취소하기에서 휴지기가 삭제된 것이기에 전체적으로 의사소통을 더 부드럽게 하고 이에 대상자는 취소하기보다 이를 더 선호할 수 있다. 일상생활에서 만약 빠져나오기에 실패한다면 대상자는 말더듬 발생 이후 수정기법인 취소하기를 시도할 수 있을 것이다. 또한 취소하기와 빠져나오기를 치료실 내에서 연습할 때에 일부러 더듬어 보면서 이를 연습할 수도 있을 것이다(Yairi & Seery, 2015).

세 번째 기법은 예비책(preparatory set)이다. 예비책은 더듬을 것 같거나 두려워하는 단어를 편안한 말더듬을 사용하여 말하는 것이다. 이러한 예비책 사용을 통하여 대상자는 말더듬에 대하여 반응을 하는 것이 아니라 이를 사전에 계획하게 되는 것이다. 이러한 기법을 사용하는 초기 목적은 향상된 유창성이기보다는 대상자가 말을 통제할 수 있다는 것이다. 이러한 말운동 체계의 향상된 통제를 통하여 이후 유창성은 향상될 수 있는 것이다.

(5) 안정화 단계

말더듬 수정법의 다섯째 단계는 안정화(stabilization) 단계이다. 이 단계에서는 다양한 일상생활의 의사소통 상황에 대하여 보다 잘 대응하며 이후 치료가 종료된 이후 재발을 방지하기 위한 것을 목표로 한다. 이에 대상자는 자신의 말을 분석하고 문제해결을 하는 자기 치료사의 역할을 담당하며 치료사는 조력자의 역할을 담당하게 된다. 더불어 두려움, 자기 자신에 대한 생각 등과 같은 내적 특성과 관련된 활동도 실시할 수 있다.

〈표 9-2〉 말더듬 수정법의 주요 단계

단계	주요 목표 및 활동
확인(Identification)	말더듬의 내적 · 외적 특성 분석
둔감화(Desensitization)	자신의 말더듬과 청자의 반응에 대한 두려움 등의 감소
변형(Variation)	이전의 정형화된 말더듬 변화
수정(Modification)	취소하기, 빠져나오기, 예비책 등을 활용하여 말더듬 순간의 수정
안정화(Stabilization)	다양한 일상생활에서의 유지 및 재발 대비

　　이와 같은 말더듬 수정법의 치료효과를 다면적으로 살펴본 최근 연구는 매우 부족한 편인데, 이는 말더듬 수정법의 치료 과정을 체계화시키기 어려우며 말더듬 수정법의 목표가 되는 인지적 특성의 측정이 어렵기 때문일 것이다(Blomgren, 2010). 이와 관련하여 말더듬 수정법을 활용한 치료 프로그램인 성공적 말더듬 관리 프로그램(Successful Stuttering Management Program: SSMP, Breitenfeldt & Lorenz, 1989)의 치료효과 연구가 있다. SSMP는 말더듬에 대한 둔감화, 회피 감소, Van Riper의 말더듬 수정기법 등을 활용한 단기 집중 프로그램이다. Blomgren 등(2005)은 말더듬 직면, 말더듬 수정, 유지 등의 세 단계로 이루어진 SSMP의 치료효과를 보고하였다. 말더듬 직면 단계는 말더듬에 대한 태도를 수정하는 것을 목표로 말하기 상황에서 자신의 말더듬 알리기, 말더듬 순간을 확인하고 분석하기, 단어와 상황 회피행동 감소 등을 실시한다. 두 번째 단계인 말더듬 수정 단계에서는 취소하기 등과 같은 말더듬 수정기법을 연습한다. 마지막 세 번째 단계인 유지 단계에서는 외부 말하기 상황에서 말더듬 수정기법과 가짜 말더듬 등과 같은 부정적 연습(negative practice)을 사용하며 각 대상자에게 유지계획을 수립한다. 연구자들은 말 특성과 인지적 특성을 살펴보는 다양한 열네 가지의 평가도구를 사용하여 치료효과를 측정하였다. 연구 결과, 치료 직후 치료 참여자는 비유창성과 여러 다양한 내적 특성에서 유의한 차이를 보였으나 치료 6개월 이후에는 일부 내적 특성에서만 차이를 보였다.

3) 두 치료 책략의 비교

　　지금까지는 말더듬 성인을 대상으로 일반적으로 가장 많이 사용되는 유창성 형성법과 말더듬 수정법, 두 치료 책략에 대해서 살펴보았다. 이 두 치료 책략의 유사점과 차이점을 Manning과 DiLollo(2018)는 다음과 같이 정리하였다.

유창성 형성법과 말더듬 수정법의 가장 큰 차이점으로는 유창성 형성법이 유창성 향상을 주요 목표로 체계적으로 치료를 제공하는 것에 반하여, 말더듬 수정법은 인지적 변화에 초점을 두고 상담을 사용하기에 덜 구조적으로 제공된다는 것이다. 즉, 유창성 형성법에서는 감정과 태도의 변화가 주요 목표가 아니지만, 말더듬 수정법에서는 주요한 목표가 된다. 이에 말더듬을 숨기거나 말을 회피하는 경우, 즉 감정과 태도에서 상대적으로 큰 문제를 보이는 경우에는 말더듬 수정법을, 말을 더듬는 데 거리낌이 없거나 말하기를 회피하지 않는 경우, 즉 상대적으로 감정과 태도에서 큰 문제를 보이지 않는 경우에는 유창성 형성법을 사용할 수 있다.

비록 이와 같은 차이점이 있으나 유창성 형성법와 말더듬 수정법의 유사점으로는 두 치료 책략 모두 치료사가 대상자에게 치료를 제공하기에 일종의 상담을 제공할 수 있으며 유사한 말 조절 기법을 사용한다는 것이다. 말더듬 수정법의 수정 단계에서 사용하는 편안한 말더듬은 유창성 형성법에서 목표로 하는 말 패턴과 유사하다. 더불어 두 치료 책략 모두 대상자의 자기 모니터링과 연습, 관리에 대한 자기 책임 인식을 강조한다. 또한 치료의 결과로 유창성 증진, 자기 주장성 증진, 위험 감수 행동 증진 등이 나타나며 말더듬의 영향력이 감소한다는 것이다. 전술한 바와 같이 말더듬 수정법의 직접적인 치료 목표는 유창성의 증진이 아니지만, 치료 결과 유창성이 증진된다.

4) 통합적 접근법

비록 유창성 형성법과 말더듬 수정법이 앞서 제시한 것과 같은 차이점과 유사점이 있으나 두 치료 책략을 서로 배타적으로 사용되는 것은 아니다. 말을 더듬는 사람 역시 유창성 증진 혹은 말더듬 중증도 감소 등과 같은 하나의 영역에서만 치료를 받기보다는 유창성 증진뿐 아니라 감정과 태도의 변화를 함께 목표로 하여 치료받기를 희망한다(Yaruss et al., 2002). 이에 언어치료사는 다양한 방식으로 유창성 형성법과 말더듬 수정법을 통합적으로 사용할 수 있는데 다음은 Guitar(2014)가 제시한 통합적 접근법 절차이다(〈표 9-3〉 참조).

치료의 첫 번째 단계에서는 대상자가 말더듬에 대해서 보다 더 객관적인 이해를 할 수 있도록 도와준다. 이를 위하여 치료사는 대상자에게 말더듬에 대한 정보를 제공하며 대상자는 치료실 내에서 자신이 어떻게 더듬는지 살펴보고 탐험한다. 이후에는 치료실 외 상황에서 어떻게 더듬는지, 그러한 상황에서 어떠한 감정을 느끼는지 논의한다. 이러한 말더듬 탐험 과정을 통하여 둔감화가 나타날 수 있다.

두 번째 단계에서는 조절 유창성(controlled fluency)을 습득하고 일반화시킨다. 이러한 과정을 실시하기에 앞서 대상자가 자신의 말을 관찰하고 평가하며, 대상자가 이를 적절히 하였을 때 보상하는 방법, 즉 자기 모니터링하는 방법을 습득한다. 감정과 태도 변화 이후에 유창성 향상 단계를 실시할 수도 있으나 유창성 향상 단계를 먼저 실시하면 이후 대상자의 동기부여 등에서 장점이 있을 수 있다. 대상자는 말속도 조절, 휴지, 부드러운 발성 시작, 가벼운 조음기관 접촉, 조음기관 움직임에 대한 고유감각 등을 활용하여 유창성을 증진시킨다. 훈련은 위계에 따라 실시하며 조절 유창성이 잘 습득되면 전체 발화에서 모두 사용하는 것이 아니라 발화나 문장의 시작 부분에서만 사용할 수 있다. 더불어 조절 유창성이 달성되지 않는 경우, 즉 말더듬이 나타난 경우에는 말더듬 수정법에서 사용하는 수정기법인 취소하기를 사용하게 한다. 상황의 위계는 일반적으로 치료실 내 치료사와의 대화, 치료사와 함께하는 치료실 내 전화 상황, 치료사와 함께하는 치료실 외 상황, 일상 대화로 구성하는데, 각 상황 역시 세부 위계에 따라 연습한다.

세 번째 단계에서는 두려움과 긴장을 감소시키기 위해 접근 행동(approach behavior)을 증가시킨다. 이를 위해 의도적 말더듬(voluntary stuttering)을 사용할 수 있다. 전술한 바와 같이 이러한 의도적 말더듬을 통해 대상자는 완벽하게 유창할 필요가 없다는 것을 깨닫게 된다. 또한 덜 긴장이 되기에 조절 유창성을 더 잘 사용할 수 있다. 우선 치료사가 의도적 말더듬 모델링을 보이기에 치료사 자신이 말더듬에 대해서 편안하고 둔감화되어야 할 것이다. 치료실 내에서 대상자가 편안하게 의도적 말더듬을 사용한다면 이후에는 치료실 외 상황에서 위계에 따라 연습을 한다. 또한 청자 반응에 대한 두려움을 감소시키기 위해 다른 사람들에게 자신의 말더듬을 공개하거나 이야기하게 하며 두려워하는 단어 사용과 상황 접근을 위계에 따라 연습한다.

네 번째 단계에서는 증진된 유창성과 감소된 부정적 감정과 태도, 회피를 모든 일상생활로 전이시키고 치료가 끝난 이후에도 유지하는 것을 목표로 한다. 이 단계에서는 크게 두 활동을 하는데, 먼저, 대상자 자신이 자기의 치료에 책임을 지는 자기 치료사 되기(becoming your own clinician)이다. 대상자 자신이 다양한 일상생활에서 목표를 세우고 수행하며, 자신의 행동을 모니터링하고 평가한다. 다음으로, 장기 유창성 목표 (long-term fluency goals) 설정이다. 자발 유창성, 조절 유창성, 수용 말더듬 등을 설명하고 현실적으로 가능한 목표에 대해서 논의한다.

〈표 9-3〉 Guitar의 말더듬 성인을 위한 통합적 프로그램 절차

단계	주요 목표 및 활동
말더듬 탐험 단계	말더듬 이해, 치료실 내/외 상황에서의 말더듬 탐험
조절 유창성 습득	말속도 조절, 휴지기, 부드러운 시작, 가벼운 접촉, 고유 감각 등을 활용한 말 패턴 수정을 통한 유창성 향상
접근 행동 증가	의도적 말더듬, 말더듬 공개, 두려워하는 단어/상황 연습 등을 활용한 회피와 청자 반응에 대한 두려움 감소
유지	자기 치료사 되기와 장기 유창성 목표 설정

이 외에도 종합적 말더듬 프로그램(Comprehensive Stuttering Program, Boberg & Kully, 1985), 미국 말더듬 연구소(American Institute for Stuttering)의 치료 프로그램 (Montgomery, 2006), 유창성 플러스 프로그램(Fluency Plus Program, Kroll & Scott-Sulsky, 2010) 등과 같은 다양한 종류의 통합적 접근법을 사용하는 집중 프로그램이 있다. 이와 같은 프로그램은 유창성 향상 기법의 사용을 통한 유창성 증진뿐 아니라 둔감화, 말더듬 자기 공개, 회피행동 감소, 인지적 재구성(cognitive restructuring) 등 다양한 활동과 목표를 갖는다(이 프로그램의 치료효과 관련 연구는 Boberg & Kully, 1994; Langevin et al., 2006; Lee et al., 2011 참조). 예를 들어, 미국 말더듬 연구소가 제공하는 통합적 프로그램의 구성 요소는 〈표 9-4〉에 정리되었다.

〈표 9-4〉 미국 말더듬 연구소의 통합적 말더듬 프로그램의 구성요소

구성요소	활동 및 내용
교육	치료사와 대상자의 관점 공유
말더듬 순간의 확인과 둔감화	비디오 관찰, 거울 보기, 얼어붙기 등을 통한 말더듬 분석과 둔감화, 이를 통한 회피의 감소
청자 반응에 둔감화	의도적 말더듬, 말더듬 공개하기 등
말더듬 순간의 관리	말더듬 수정법 사용

말운동 연습	유창성 형성법 사용
감정과 인지의 변화	혼잣말, 심상(mental image), 명상, 도전하기, 외부 도움 환경 조성 등
통합	자기 치료사 되기, 유창성 적용하기 등
추후 세션	집중 프로그램 이후 관리

이와 같은 프로그램이 집중 프로그램인데 반하여, 신문자와 이경재, 성진아(2018)는 통합적 접근법에 기반한 일반적인 개별 치료 프로그램의 효과를 보고하였다. 참여자들은 주 1회, 회기 당 60분 정도의 치료를 6개월 동안 받았으며 치료 구조는 여섯 단계로 구성된 RST(Restructuring Stuttering Therapy) 성인치료 프로그램을 따랐다. RST 성인치료 프로그램은 언어적 재구성과 심리적 재구성을 통합한 프로그램이며, 유창성장애에 대한 올바른 지식과 이해 습득, 언어와 관련된 생활 습관과 심리적 태도 분석, 언어적 재구성을 통한 유창성 습득, 심리와 인지의 재구성을 통한 심리적 부담감의 완화 등을 목표로 하고 있다(신문자, 2006). 또한 이러한 목표를 달성하기 위해 치료는 정보 주기, 자신의 언어 및 심리적 특성 알기, 유창성 기본기 익히기, 심리-인지 재구성하기, 언어 재구성하기, 자기 치료사 되기 등의 여섯 가지 단계로 이루어진다. 각 대상자 별로 치료 단계의 시간 배분은 진전 정도에 따라 달랐으나 비유창성 정도, 의사소통태도, 인과소 등이 전반적으로 치료를 통하여 개선되는 양상을 보였다. 하지만 통계적으로 유의한 차이를 보인 것은 의사소통태도뿐이었다. 또한 인과소로 측정한 각 개별 대상자의 변화 패턴은 매우 다양하게 나타났다. 이러한 연구 결과는 단기 집중 치료 프로그램과 비교할 때 일반적인 개별 치료 프로그램을 통한 말더듬 성인의 변화는 상대적으로 시간이 오래 걸릴 수 있으며, 이러한 변화의 양상은 각 개인별로 매우 다양할 수 있다는 점을 강조한다. 예를 들어, RST 성인치료 프로그램을 1년 정도 받은 성인은 유창성 정도와 의사소통태도에서 개선을 보였고(신문자, 2006), 미국 말더듬 성인 역시 인생의 다양한 시기에 여러 번 치료를 받은 경험이 있으며 전체 치료 경험이 5년이 넘는 경우도 빈번하였다(Yaruss et al., 2002).

5) 기타 치료법

전술한 일반적인 언어치료 이외에 말을 더듬는 사람의 유창성을 증진시키기 위하여 다양한 방법이 시도되었는데, 대표적인 것이 기기를 이용하는 것이다. 예를 들어, 유 창성을 증진시키기 위하여 자신의 말을 조절하는 것을 연습하는 데 메트로놈이나 지 연청각피드백(Delayed Auditory Feedback: DAF) 등과 같은 기기를 사용하기도 하였는 데, 최근에는 기술의 발달로 인하여 이와 같은 기기가 소형화되어 말더듬 치료기기로 발전하였다. 대표적인 기기가 지연청각피드백과 주파수변조피드백(Frequency Altered Feedback: FAF)과 같은 변조청각피드백(Altered Auditory Feedback: AAF)을 제공하는 SpeechEasy이다. 일반적으로 말을 더듬지 않는 일반인이 DAF를 이용하여 말을 하면 비유창성이 증가하는 데 반하여 말을 더듬는 사람은 비유창성이 감소한다고 한다. 말을 더듬는 사람이 AAF를 이용할 경우, 합독효과(choral effect)로 인하여 비유창성이 감소하 는 것으로 추측되고 있으나 아직 이에 대하여 명확히 밝혀지지는 않았다(Yairi & Seery, 2015). SpeechEasy와 관련된 여러 연구(Armson & Kiefte, 2008; Lincoln, Packman, & Onslow, 2006; Pollard et al., 2009; Stuart et al., 2004, 2006)를 정리하면, 우선 SpeechEasy 를 사용하는 말더듬 성인은 읽기와 자발화 등에서 말더듬의 감소를 보이는데 읽기에서 의 말더듬 감소가 더 큰 편이었다. 또한 말의 자연스러움도 증가하였다. 말속도의 경우, 기기를 사용하였을 때 감소를 보이기는 하였으나 감소폭은 작은 편이었다. 하지만 모든 말더듬 성인이 이와 같은 효과를 보이는 것은 아니며, 기기의 효과가 장기적으로 유지 되지도 않기에 임상적인 효용이 제한적일 수 있다.

말을 더듬는 사람은 일반인과 비교해서 신경생리학적으로 차이를 보일 수 있기 에 이러한 점에 근거하여 약물치료가 제시되기도 하였다. 도파민과 가바(Gamma-Aminobutyric Acid: GABA) 등과 같은 뇌 신경계의 신경전달물질(neurotransmitter) 을 조절하는 다양한 약물이 말더듬 치료에 시도되었는데, 대표적인 것이 리스페리돈 (risperidone), 올란자핀(olanzapine) 등이다(말더듬 약물치료에 대한 보다 자세한 논의는 Maguire et al., 2004 참조). 이러한 약물은 다른 장애를 치료하는 데 사용되기도 하는데 이를 복용한 말더듬 성인이 말더듬의 감소를 보인다고 보고한 연구도 있으나, 전체적으 로 그 효과는 아직 의문시되고 있으며 여러 부작용도 보고되었다(Bothe et al., 2006).

말을 더듬는 사람의 행동적 변화의 유지를 목표로 하는 경우, 보다 심리적인 접근법 혹은 인지적인 치료기법을 언어치료에 통합하여 사용할 수도 있을 것이다. 말더듬 성인 은 언어치료를 통하여 유창성의 증진을 보이지만 치료 종료 후, 말더듬이 다시 나타나 는 재발을 매우 빈번히 보인다. 이와 관련하여 심리적 특성의 변화는 행동의 변화보다 더 어려울 수 있으나 행동의 변화를 유지하기 위해서는 심리적 특성의 변화가 필요할 수 있다. 이에 이전 장에서 기술한 바와 같이 말더듬 치료, 특히 말더듬 성인의 치료에서는 심리적 특성의 변화와 관련된 상담이 중요할 수 있을 것이다. 이와 관련하여 전문적인 심리치료기법인 인지행동치료(Cognitive Behavior Therapy: CBT), 담화치료(narrative therapy) 등을 말더듬 치료에 적용하는 것이 소개되기도 하였다(이에 대한 자세한 설명은 이미영, 2017; 전희숙, 2017; DiLollo, Neimeyer, & Manning, 2002; Menzies et al., 2009 참조). 이러한 전문적인 심리치료만으로, 혹은 일반적인 언어치료에 인지적인 치료 요소를 추가하는 것으로 말을 더듬는 사람의 유창성을 향상시키기에는 어려움이 있을 수 있다 (Menzies et al., 2008). 하지만 언어치료사는 이러한 심리치료 접근법을 활용한 언어치료를 제공하여 말더듬 성인이 자신의 두려움을 보다 효율적으로 조절하며 자기 자신과 새롭게 습득된 유창성에 대한 시각을 변화시키도록 도움을 줄 수 있을 것이다(Pertijs et al., 2014)

6) 동반장애 성인의 중재방향

비록 말더듬이 '언어장애'가 아니라 '말장애'이기는 하지만 말더듬 성인은 오랜 말더듬 경험으로 인하여 자신의 생각을 적절히 의사소통하는 데 어려움을 보일 수도 있다. 이와 같은 경우에는 단순히 비유창성만을 평가하고 유창성 증진을 목표로 하는 것보다는 전체적인 언어사용을 확인하고 의사소통을 보다 효율적으로 할 수 있도록 중재 목표를 설정하는 것이 필요할 수 있다.

더불어 말을 더듬는 사람이 보이는 부정적인 감정과 태도는 언어치료사가 상담할 수 있는 영역이기는 하지만 심리적인 문제를 동반할 수도 있다. 비록 이견이 있기는 하나 말을 더듬는 사람이 일반인과 비교하여 기질적인 특성에서 차이가 있으며, 말을 더듬는 사람이 다양한 종류의 심리학적 문제를 보인다는 보고도 있다(Iverach et al., 2017). 많은 경우, 이러한 심리학적 문제가 말더듬에 기인하여 발생하였을 가능성이 높지만, 단순히 유창성의 증진만으로 이러한 심리학적 문제가 개선될 가능성은 낮다. 또한 반대로 심리학적 문제의 개선만으로 유창성의 증진이 나타나지 않을 수 있다(Scheurich, Beidel, & Vanryckeghem, 2019). 이러한 경우에는 인지행동치료(Cognitive Behavior Therapy: CBT) 요소를 말더듬 관련 언어치료에 포함하여 제공하거나 다른 심리 전문가와의 협업을 고려해 볼 수 있을 것이다(Lindsay & Langevin, 2017; Menzies et al., 2009)

한편, 일반인의 경우 지적장애 성인 등이 보이는 비유창한 말을 말더듬으로 판단하는 경우도 있다(이경재, 2019). 이와 관련하여 지적장애 성인이 보이는 비유창한 말은 일반적인 말더듬이라기보다는 말빠름증일 수 있기에 적절한 감별진단을 통하여 각 대상자에게 적절한 치료를 제공하여야 할 것이다(Coppens-Hofman et al., 2013).

3. 종료와 재발

말더듬 성인의 경우에 자주 관찰되는 것이 치료 후 말더듬의 재발(relapse)이다. 말더듬 성인 자신도 언어치료에 대해서 가장 불만족스러운 점 중 하나가 치료실 외, 그리고 치료 종료 후 유창성 유지의 어려움이다(Yaruss et al., 2002). 전술한 바와 같이 일반적으로 언어치료를 통하여 말더듬 성인은 유창성의 증진을 보인다. 하지만 치료 이후 일시적, 혹은 반복적으로 말더듬이 다시 나타날 수 있으며, 이러한 재발이 나타날 가능성은 40~90%로 높은 편이다(Craig & Calver, 1991; Silverman, 1981). 이에 언어치료사는 재발을 치료의 실패로 간주하기보다는 인간의 여러 문제에서 나타나는 일반적인 현상으로 간주하고 이에 대해 준비하여야 할 것이다(Craig, 1998; Manning & DiLollo, 2018).

말더듬 성인이 재발을 보이는 원인에 대해서는 아직 뚜렷이 밝혀진 바가 없으나 말더듬 특성이 관련 있을 수 있다. 예를 들어, 불안이 높은 사람과 말더듬 중증도가 심한 사람이 재발을 더 많이 보일 수 있다(Craig, 1998; Craig & Hancock, 1995). 또한 치료 중 나타나는 변화의 특성과 관련 있을 수 있는데 유창성 증진을 위하여 사용하는 새로운 말하기 방식이 일상생활에서 사용하기에는 자연스럽지 않으며, 치료 이후에도 지속적으로 꾸준히 관리하기가 어렵기에 재발이 나타날 수도 있다(Manning & DiLollo, 2018). 한편, 치료를 통한 치료기법의 적절한 습득, 의사소통태도의 정상화, 내적 통제소로의 변화를 보인 말더듬 성인은 재발을 보일 가능성이 낮다(Andrews & Craig, 1988). 또한 동반하는 심리적 문제 여부 역시 재발과 관련 있을 수 있다(Iverach et al., 2009). 이러한 결과는 유창성 증진 이외에도 다양한 인지적 특성의 변화가 재발을 방지하는 데 도움이 될 수 있다는 점을 강조한다. 이와 관련하여 전술하였듯이 인지행동치료, 담화치료 등을 통한 인지 변화가 시도되기도 한다.

이러한 재발에 적절히 대처하기 위하여 대상자는 치료 종료 이후에 자신의 말과 유창성을 모니터링하고 스스로 계획을 세우고 실시하는 자기 치료사(self-therapist)로 비공식 치료를 지속적으로 진행하여야 한다(Guitar, 2014). 또한 재발로 인하여 치료실을 다시 찾는 것이 치료의 실패가 아니라 말더듬의 효율적 관리를 위한 적절한 선택이라는 점을 대상자에게 강조할 수도 있다(Manning & DiLollo, 2018). 학령전기 말더듬 아동의 치료와 같이 유창성 증진 목표 달성 이후에도 치료사와의 지속적인 연락이나 자조그룹(self-help group) 참여 등이 도움이 될 것으로 기대된다.

4. 그룹치료와 자조그룹

일반적으로 국내의 말더듬 성인 치료는 개별치료로 진행되는 경우가 많으나 그룹치료만의 장점이 있기에 이를 사용할 필요가 있을 것이다. Manning과 DiLollo(2018)은 그룹치료의 장점, 구성, 활동 등과 관련된 내용을 논의하고 있으며 이를 정리하면 다음과 같다.

그룹치료가 갖는 장점으로는 우선 대상자는 그룹치료 참여를 통하여 자기 자신이 혼자가 아니라는 점을 알 수 있으며 말더듬에 대한 다양한 생각과 삶의 방식을 접할 수 있다는 것이다. 또한 자신의 문제를 공개적으로 이야기하는 기회를 갖게 되며 다른 말을 더듬는 사람들과의 상호작용을 통하여 말더듬에 대하여 둔감화될 수 있다. 또한 대상자는 개별치료에서 습득한 기술을 연습할 기회를 가지고, 임상가는 사회적 환경에서 대상자의 수행을 관찰할 기회를 가질 수 있다.

치료 초기에 그룹치료의 리더인 언어치료사는 지시적일 수 있으나 이후 치료가 원활히 진행되기 위해서는 치료 참여자 각자가 주도적인 역할을 하여야 할 것이다. 하지만 대상자 자신이 원하지 않는 경우에는 의무적으로 말을 할 필요는 없다. 그룹의 인원은 일반적으로 7명 내외가 많이 추천되나 원칙은 다양한 상호작용이 나타날 수 있고 각 대상자가 서로를 알고 믿을 수 있을 정도여야 한다는 것이다. 또한 다양한 경험을 공유할 수 있도록 그룹 구성원을 다양하게 할 수 있다.

그룹치료에 활용할 수 있는 활동을 Manning과 DiLollo(2018)는 크게 네 가지로 분류하고 있다. 첫째는 이완-심상훈련(relaxation-imagery exercise)이다. 대상자들은 신체 긴장을 이완하고 성공적인 의사소통 등과 관련된 긍정적 감정을 떠올려 볼 수 있다. 이러한 이완훈련의 목적은 단순히 유창성을 향상시키는 것이라기보다는 스트레스를 유발하는 상황에 대해 보다 더 적절히 대응할 수 있는 방식을 교육하는 것이다. 둘째는 역할극(role playing)이다. 이전에 말더듬과 불안이 자주 나타나던 음식 주문, 발표 등과 같은 활동을 실시할 수 있다. 이를 통해 이러한 상황에서 어떠한 방식으로 대인관계가 나타나며 이러한 상황에 대응하는 대안적인 방법을 고려해 볼 수 있다. 셋째는 대중 발표(public speaking)이다. 발표는 매우 어려운 과제인데 대상자들은 그룹치료에서 다양한 종류의 발표를 연습할 수 있다. 이를 통하여 유창성 향상 기법과 기본적인 의사소통 기법 등을 연습하고 향상시킬 수 있다. 넷째는 기술과 진전의 시범이다. 대상자들은 개별 치료 시 습득하였던 다양한 기법을 왜 사용하는지, 효과는 있었는지 등을 서로 논의할 수 있다. 또한 의도적 말더듬, 회피행동의 감소 등도 같이 논의할 수 있다.

이와 관련하여 성진아(2018)는 그룹치료와 개별치료를 함께 제공한 말더듬 성인의 치료사례를 보고하였다. 치료는 언어와 심리를 재구성하는 통합적 접근법을 사용하였으며 말더듬에 대한 이해 증진, 언어 관련 생활 습관과 심리적 태도의 분석, 언어의 재구성을 통한 유창성 증진, 심리와 인지의 재구성 등을 목표로 치료를 구성하였다. 또한 한 회기의 그룹치료 프로그램을 제시하고 있는데 그 내용으로는 일상적인 대화 나누기, 신체적·심리적 긴장 이완하기, 호흡·발성 등의 기본 연습, 난센스 퀴즈와 자유로운 질의응답을 포함하는 상황 연습, 그룹 참여 소감과 새로운 구성원에게 전하고 싶은 말 등을 포함하는 분석·정리하기 등이다. 특히 말하기 분석과 같은 자기 모니터링 활동도 포함하였다(〈표 9-5〉 참조). 대상자는 그룹치료를 통하여 다양한 상황에서 새로운 방법으로 말하는 것을 연습하고 성공할 수 있었으며 그룹 내 구성원에게 지지를 받아 자신감이 향상되었다고 연구자는 보고하였다.

〈표 9-5〉 말하기 분석표(성진아, 2018)

나의 말하기		
상황:		
말의 내용	내용이 잘 정리되었나?	
내용 전달	말하고자 하는 내용이 잘 전달되었나?	

말하기의 형식	전체적인 속도 연속성 쉼	
말하기의 태도	시선처리 청자에 대한 배려	
평가	전체적인 평가	
	말하기의 만족도	

자조그룹(self-help group)이란 말을 더듬는 사람들을 지지하기 위해 구성된 말을 더듬는 사람들의 모임으로, 대표적인 것으로는 미국의 전국 말더듬 협회(National Stuttering Association: NSA, www.westutter.org 참조)가 있다. NSA는 1977년에 설립되었으며 말더듬에 대한 정보 제공, 말더듬 연구 지원, 말더듬에 대한 인식 개선, 말더듬 관련 전문가 지원, 말을 더듬는 사람과 말더듬 커뮤니티 옹호, 말더듬 관련 언어치료 정보 제공 등을 목표로 하고 있으며 200개 이상의 각 지역별 자조그룹 모임을 제공하고 있다.

이와 같은 자조그룹의 참여는 말더듬 치료에서 얻은 성과를 촉진하고 유지하는 데 도움이 될 수 있다. 말을 더듬는 사람과 그 가족은 자조그룹 참여를 통하여 말더듬이라는 경험을 이해하는 다른 사람을 만나고, 말더듬을 이겨 내면서 겪는 두려움과 좌절, 성공 등을 나눌 수 있다. 이를 통해 말더듬을 인정하고 공개하며, 말더듬 공동체에 대한 소속감을 느낄 수 있으며, 자아인식과 자존감 등과 같은 심리적 특성에서 긍정적인 변화를 경험할 수 있다(Boyle, 2013). 또한 말을 더듬는 다른 사람을 도와주기 위해 자조그룹에 참여한 말더듬 성인은 높은 자존감과 자아효능감, 삶의 만족감을 느꼈다(Boyle, 2013). 더불어 안전하고 지지해 주는 환경에서 언어치료에서 습득하였던 기법을 연습할 수 있으며 전반적인 의사소통을 증진시킬 수 있다.

이와 같은 장점으로 인하여 자조그룹의 참여가 말더듬 성인의 언어치료에서는 강조되고 있으나 현재 국내에서의 이러한 자조그룹의 활동은 매우 제한적이다. 언어치료사는 자조그룹을 조직하고 구성하는 데 도움을 줄 수 있으며 전문가로서 조력자의 역할을 할 수 있다(Gregory, 1997). 이와 관련하여 국내에서는 언어치료사, 말을 더듬는 사람 등으로 구성된 말더듬과 함께하는 사회적 협동조합이 세계 말더듬의 날(International Stuttering Awareness Day)을 기념하는 행사를 지속적으로 개최하며 말더듬 인식 개선 등의 활동을 하고 있다.

5. 말더듬 청소년 고려 요소

일반적으로 말더듬 청소년은 성인과 유사한 치료접근법을 사용하지만 대상자가 아동에서 성인으로 변화하는 과정, 즉 아동도 아니고 성인도 아닌 '청소년'이라는 점을 고려하여야 한다. 치료에 고려하여야 할 청소년의 대표적인 특성으로는 독립성이 나타나며, 또래 집단을 중요시하고, 동기화가 낮다는 점이다(Onslow, 2019).

말더듬 청소년은 성인과 마찬가지로 말의 비유창성뿐 아니라 다양한 양상으로 어려움을 보일 수 있기에 다면적이고도 종합적인 중재를 제공하여야 한다. 이에 말더듬 수정법, 유창성 형성법, 통합적 접근법 등을 대상자 특성에 따라 사용한다. 또한 말더듬 청소년은 성인과 마찬가지로 재발의 문제를 보일 수 있기에 이와 관련된 인지적 변화를 강조하기도 한다(이와 관련된 보다 자세한 예는 Blood, 1995 참조).

하지만 전술한 청소년이라는 특성으로 인하여 말더듬 청소년은 치료에 대한 동기가 낮을 수 있다. 말더듬 청소년은 말더듬에 대한 인식이 낮은 편이며 자신의 말더듬을 공개하지 않고 숨기려 할 수 있다(Blood et al., 2003; Erickson & Block, 2013; Hearne et al., 2008). 또한 말더듬이 자신의 인생에서 높은 중요도를 차지하지 않기에 그 자체만으로 치료를 받으려 하지 않을 수 있다(Hearne et al., 2008). 이에 말더듬 청소년의 치료에서는 말더듬에 대한 이해 증진과 치료에 대한 동기를 높이는 것이 치료 초기의 주요 목표일 수 있다.

청소년과 성공적인 치료관계를 맺기 위해서는 청소년의 이해가 필수적이다. 이에 언어치료사는 청소년과 청소년 문화를 이해하여야 하며, 대화를 독점하기보다는 청소년의 말을 더 들어 주는 것이 필요하다(Zebrowski, 2002). 더불어 청소년은 정보를 제공하는 것을 꺼리거나 대답을 잘 몰라서, 혹은 대답을 준비하는 데 시간이 오래 걸리기에 질문에 대한 대답을 하지 않을 수도 있는데 Zebrowski(2002)는 이러한 경우 사용할 수 있는 전진-후퇴-전진(advance-retreat-advance) 기법을 제시하였다. 예를 들어, "말하는 방식 중에 어떤 것을 바꾸고 싶니?"라는 질문에 대해 청소년이 "잘 모르겠어요." 등으로 반응하면 "괜찮아."라고 후퇴하거나 "다른 아이들은 전화걸 때 좀 더 편하게 말하고 싶어 하는데."와 같이 가상 혹은 실제 케이스와 관련된 언급을 하면서 후퇴한 후 "너도 그래?"와 같이 다시 질문할 수 있다. 이러한 질문에도 반응이 적절하지 않다면 과거에 청소년이 말하였던 것과 관련지어 다시 질문할 수 있다(예: "전에 수업시간에 말할 때 부끄럽다고 했는데, 충분히 그럴 수 있어. 그런데 수업시간에 대답할 때 좀 더 편하게 말하는 방식을 배우고 싶지 않니?"). 즉, 청소년이 과거에 한 발언을 이용하여 언어치료사가 청소년의 반응을 유도할 수 있다.

비록 청소년 시기가 독립성이 증가하는 시기이지만 부모 혹은 가족 역시 치료에서 고려해야 할 요소이다. 다른 일상생활과 마찬가지로 말더듬 치료에서 가장 중요한 역할과 책임을 담당하는 것은 청소년 자신이다. 이와 관련하여 비록 부모가 자녀의 말더듬에 대해 잘 알 수도 있지만 말더듬과 치료에 대해서 자녀와 다른 견해를 가지고 있을 수도 있으며 자녀의 좌절감을 처리하는 데 어려움을 보일 수 있다(Hearne et al., 2008). 또한 말더듬 청소년 자신이 치료를 원할 수도 있지만 부모의 뜻에 의해 치료를 시작할 수도 있으며, 부모의 도움이 치료에 효과적일 수도 있다(Hughes, Gabel, & Daniels, 2015). 특히 전이와 유지 관련 활동에 부모의 도움이 필요할 수 있다(Schwartz, 1993). 이에 말더듬 청소년 부모에 대한 상담, 말더듬 청소년과 부모의 대화, 부모의 치료 참여가 필요할 수 있다.

또 하나 고려해야 할 요소는 또래와의 관계 및 학교생활이다(학교에서의 놀림과 괴롭힘에 대해서는 학령기 말더듬 아동의 치료 참조). 말더듬 청소년의 학업 수준이 일반 청소년보다 낮은 것은 아니지만 이들이 말더듬으로 인하여 또래에게 놀림이나 괴롭힘을 받을 가능성은 높은 편이며, 이로 인하여 학교생활에서 어려움을 겪을 수 있다(이현경 외, 2016; Blood & Blood, 2004; McAllister, Collier, & Shepstone, 2012). 특히 자존감과 의사소통 능력에 대한 믿음이 낮을수록 괴롭힘을 당할 가능성이 높기에 말더듬 청소년의 치료에서는 이와 같은 요소가 강조될 수 있다. 더불어 일반 청소년과 교사는 말더듬에 대한 관심과 이해도가 낮을 수 있기에(Hearne et al., 2008) 말더듬 청소년의 주위 사람들에 대한 교육도 필요할 수 있다.

비록 말더듬 청소년이 언어치료를 통하여 도움을 받을 수도 있지만 여러 가지 이유로 치료를 중도에 그만둘 수 있다. 미국의 연구이기는 하지만 언어치료사의 말더듬 치료에 대한 자신감은 과거와 비교해서 높아지기는 하였으나 중고등학생의 치료 성공률은 다른 연령대의 말더듬 치료보다 더 낮은 편이다(Brisk, Healey, & Hux, 1997). 이와 관련하여 Manning과 DiLollo(2018)는 치료를 그만두는 청소년에게 두 가지 메시지를 전달할 수 있다고 하였다. 첫 번째는 말을 더듬으면서도 행복하고 생산적인 삶을 살 수 있다는 것이다. 말을 더듬더라도 다양한 영역에서 능력을 발달시키고 성취를 할 수 있다. 두 번째는 청소년 자신이 준비되었을 때 이들을 도와줄 전문가가 항상 있다는 것이다. 즉, 이후의 시기에 원하는 때 다시 치료를 시작할 수 있다는 점을 알려 줄 수 있다.

6. 임상사례

1) 말더듬 성인 사례 예시

다음은 제6장 청소년 및 성인의 평가에서 제시되었던 대학생 사례의 요약이다.

> 이○○ 씨의 P-FA-II 결과, 중간 정도의 말더듬을 보였고 회피행동이 빈번하게 사용되었다. 일상생활에서는 평가 시보다 비유창성이 심하게 나타난다는 보고와 평가 시의 긴장 등을 고려할 때 실제 말더듬 정도는 상황에 따라 심함 정도로 나타날 것으로 예측되었다. 의사소통태도 평가 등 여러 내적 특성 평가 결과, 말더듬으로 인한 매우 부정적인 감정과 태도 등을 보였다. 이에 유창성 증진, 의사소통태도 개선, 그리고 전반적인 말더듬의 부정적 영향 감소 등을 목표로 하는 통합적 접근법을 활용하는 말더듬 치료가 추천되었다.

이에 이○○ 씨를 대상으로 하는 장기치료 목표를 다음과 같이 설정할 수 있다. 첫 번째 장기목표는 유창성의 증진이다. 이는 크게 유창성 형성법을 사용한 유창성 증진과 말더듬 수정법을 활용한 수용 말더듬 산출, 두 가지 치료 목표로 구성되었다. 두 번째 장기목표는 의사소통태도의 개선으로 의사소통과 말더듬에 대한 지식 습득, 자기 자신의 말더듬과 말더듬에 대한 상대방의 반응에 대한 둔감화 등의 세부 치료 목표로 구성되었다. 세 번째 장기목표는 의사소통의 개선으로 접근행동과 자기 모니터링의 증가 등의 세부 목표로 구성되었다. 이와 같은 주요 장기목표와 이에 따라서 사용할 수 있는 회기별 치료 목표의 예는 다음과 같다.

장기목표 1. 유창성의 증진(다양한 상황에서 조절해서 말하기와 말더듬 수정법을 이용한 말 통제 능력의 향상)

단기목표

1. 유창성 형성법을 활용하여 유창하게 조절하기

◎ 회기별 치료 목표 예: 대상자는 치료실 내 3어절 단어 수준에서 말 속도 조절을 10번의 기회 중 9번(90%) 이상 자발적으로 사용한다.

2. 말더듬 수정법을 활용하여 수용 말더듬 산출하기

◎ 회기별 치료 목표 예: 대상자는 치료실 내 대화 상황에서 빠져나오기를 90%(9/10번) 이상 자발적으로 사용한다.

장기목표 2. 의사소통태도의 개선(말더듬에 대한 이해 증진과 둔감화를 통한 심리적 특성의 개선)

1. 말더듬과 의사소통에 대한 지식 습득

◎ 회기별 치료 목표: 비유창성 유형에 대한 치료사의 설명을 들은 후 치료사가 산출하는 비유창성의 이름을 90% 이상(9/10) 정확하게 말한다.

2. 자신의 말더듬에 대한 둔감화

◎ 회기별 치료 목표: 대상자는 치료실 내에서 위장 말더듬을 30초 발화 동안 5회 이상 산출한다.

3. 청자 반응에 대한 둔감화

◎ 회기별 치료 목표: 대상자는 친구 3명에게 자신의 말더듬을 공개한 후 자신과 대상자의 반응의 차이를 적절히 설명한다.

장기목표 3. 의사소통 개선(접근행동 증가를 통한 전반적인 의사소통 증진)

단기목표

1. 접근행동의 증진

◎ 회기별 치료 목표: 대상자는 치료실 내에서 치료사의 질문에 두려워하는 단어를 이용하여 문장으로 대답하기를 10번의 기회 중 9번(90%)이상 자발적으로 할 수 있다.

2. 자기 모니터링 능력의 개선

◎ 회기별 치료 목표: 대상자는 치료실 내에서 자신의 말하기 비디오를 보고 비유창성을 90%(9/10) 이상 정확하게 판단한다.

2) 임상사례 연습

다음은 말더듬 성인의 평가와 관련되어 제시되었던 임상사례이다. 각 사례에 대하여 어떠한 방향으로 중재를 제공할 것인지 생각해 본다.

임상사례

1. '가' 군(남자, 22세)은 대학생으로 어렸을 때부터 말을 더듬었다. 초등학교 다닐 때 말더듬으로 인한 언어치료를 1년 정도 받았으며 유창성이 향상되어 치료를 종결하였다. 하지만 이후에 말더듬이 다시 나타났으며 취업 등이 걱정이 되어서 다시 치료를 받고자 한다는 전화 연락을 어머니로부터 받았다.

   치료사는 어떠한 점을 고려하여 '가' 군의 치료를 구성할 것인가?

2. '나' 군(남자, 25세)은 대학교 졸업반 학생이다. 정확히 언제부터 말을 더듬기 시작했는지 기억은 나지 않으나 항상 말하는 것이 어려웠다. 또한 다른 사람과 비교할 때 자신이 너무 말을 못하는 것 같다는 생각이 든다고 하였다. 면담 시 '나' 군은 주저, 수정, 짧은 막힘 등을 보였으며 말더듬 중증도는 약함 정도로 판단되었다.

   '나' 군의 치료 과정은 어떠한 점을 중요시하여야 하며 어떠한 치료 책략을 사용할 것인가?

3. '다' 양(여자, 27세)은 회사원으로 치료사와의 면담에서 비정상적 비유창성은 거의 나타나지 않았다. 일상 대화에서도 말을 많이 더듬는 것은 아니지만 회사에서 전화를 받는 것이 매우 어렵다고 하였다. 치료실 내 전화 상황에서도 3초 이상의 막힘, 눈 찡그림 등이 매우 빈번히 관찰되었다.

   '다' 양의 중재에서 강조해야 할 점은 무엇인가?

7. 맺음말

말더듬 성인은 매우 진전된 말더듬 양상을 보일 가능성이 높기에 이들을 대상으로 하는 중재는 유창성의 증진뿐 아니라 다양한 측면에서의 변화를 목표로 하여야 한다. 일반적으로 말더듬 성인을 대상으로 사용하는 치료 책략은 말더듬 수정법과 유창성 형성법, 두 가지가 있으나 대상자 특성 및 요구, 치료사 선호도 등에 따라 두 치료 책략을 통합하여 사용하기도 한다. 특히 말더듬 성인의 치료에서는 다양한 환경과 상황으로의 전이와 치료 종료 후 유지를 위해서 그룹치료, 자조모임 참여 등과 같은 다양한 방식을 고려하여야 한다.

학습과제

1. 말더듬 수정법과 유창성 형성법의 유사점과 차이점을 설명하시오.

---

2. 말더듬 수정법의 단계를 설명하시오.

---

3. 여러 유창성 형성법에서 공통적으로 사용하는 유창성 향상 기법에 대해서 설명하시오.

---

4. 전이와 유지 관련 활동에 대해서 설명하시오.

주요 용어

유창성 형성법	심리적 재구성
말더듬 수정법	자조 모임
의도적 말더듬	

참고문헌

성진아(2018). 말더듬 성인의 치료 사례. 2018 말더듬 치료 워크숍: 제21회 세계 말더듬의 날 기념. 서울: 늘품 플러스.

신문자(2006). 말더듬 성인의 개별치료 사례. 2006 말더듬 치료 워크숍: 제9회 세계 말더듬의 날 기념. 서울: 늘품 플러스.

신문자, 이경재, 성진아(2018). 오리진-폰 분석도구로 측정한 말더듬 성인의 개별적인 다면적 변화. *Communication Sciences and Disorders, 23,* 725-739.

이경재(2019). 대중매체 경험에 따른 대학생의 말더듬에 대한 인식. *Audiology and Speech Research, 15,* 302-310.

이미영(2017). 인지행동치료의 이론과 실제. 2017 말더듬 치료 워크숍: 제20회 세계 말더듬의 날 기념. 서울: 늘품 플러스.

이현경, 이수복, 심현섭, 오인수(2016). 말더듬 청소년의 괴롭힘(bullying)에 관한 질적연구. 중등교육연구, 64, 417-450.

전희숙(2017). 유창성장애 성인의 인지행동치료 사례. 2017 말더듬 치료 워크숍: 제20회 세계 말더듬의 날 기념. 서울: 늘품 플러스.

Andrews, G., & Craig, A. (1988). Prediction of outcome after treatment for stuttering. British *Journal of Psychiatry, 153,* 236-240.

Andrews, G., Guitar, B., & Howie, P. (1980). Meta-analysis of the effects of stuttering treatment. *Journal of Speech and Hearing Disorders, 45,* 287-307.

Andrews, G., & Harris, M. (1964). *The syndrome of stuttering.* London, England: Heinemann.

Armson, H. J., & Kiefte, M. (2008). The effect of SpeechEasy on stuttering frequency, speech rate, and speech naturalness. *Journal of Fluency Disorders, 33.* 120-134.

Boyle, M. P. (2013). Psychological characteristics and perceptions of stuttering of adults who stutter with and without support group experiences. *Journal of Fluency Disorders, 38,* 368-381.

Blomgren, M. B. (2010). Stuttering treatment for adults: An update on contemporary approaches. *Seminars in Speech and Language, 31,* 272-282.

Blomgren, M., Roy, N., Callister, T., & Merrill, R. M. (2005). Intensive stuttering modification therapy: A multidimensional assessment of treatment outcomes. *Journal of Speech,*

Language, and Hearing Research, 48, 509-523.

Blood, G. W. (1995). POWER2: Relapse management with adolescents who stutter. Language, Speech, and Hearing Sciences in Schools, 26, 169-179.

Blood, G. W., & Blood, I. M. (2004). Bullying in adolescents who stutter: Communicative competence and self-esteem. Contemporary Issues in Communication Sciences and Disorders, 31, 69-79.

Blood, G. W., Blood, I. M., Tellis, G. M., & Gabel, R. M. (2003). A preliminary study of self-esteem, stigma, and disclosure in adolescents who stutter. Journal of Fluency Disorders, 28, 143-159.

Boberg, E., & Kully, D. (1985). Comprehensive Stuttering Program: Client Manual. San Diego, CA: College-Hill Press.

Boberg, E., & Kully, D. (1994). Long-term results of an intensive treatment program for adults and adolescents who stutter. Journal of Speech, Language, and Hearing Research, 37, 1050-1059.

Bothe, A. K., Davidow, J. H., Bramlett, R. E., Franic, D. M., & Ingham, R. J. (2006). Stuttering treatment research 1970-2005: II. Systematic review incorporating trial quality assessment of pharmacological approaches. American Journal of Speech-Language Pathology, 15, 342-352

Bothe, A. K., Davidow, J. H., Bramlett, R. E., & Ingham, R. J. (2006). Stuttering treatment research 1970-2005: I. Systematic review incorporating trial quality assessment of behavioral, cognitive, and related approaches. American Journal of Speech-Language Pathology, 15, 321-341.

Breitenfeldt, D. H., & Lorenz, D. R. (1989). Successful Stuttering Management Program(SSMP) for adolescent and adult stutterers. Cheney: Eastern Washington University School of Health Sciences.

Brisk, D. J., Healey, E. C., & Hux, K. A. (1997). Clinicians' training and confidence associated with treating school-age children who stutter: A national survey. Language, Speech, and Hearing Services in Schools, 28, 164-176.

Byrd, C. T., Gkalitsiou, Z., Donaher, J., & Stegriou, E. (2016). The client's perspective on voluntary stuttering. American Journal of Speech-Language Pathology, 25, 290-305.

Carey, B., O'Brian, S., Lowe, R., & Onslow, M. (2014). Webcam delivery of the Camperdown program for adolescents who stutter: A phase II trial. *Language, Speech, and Hearing Services in Schools, 45*, 314-324.

Carey, B., O'Brian, S., Onslow, M., Block, S., Jones, M., & Packman, A. (2010). Randomized controlled non-inferiority trial of a telehealth treatment for chronic stuttering: The Camperdown Program. *International Journal of Language and Communication Disorders, 45*, 108-120.

Coppens-Hofman, M. C., Terband, H. R., Maassen, B., van Schrojenstein Lantman-De Valk, H., Van Zaalen-op't Hof., & Snik, A. (2014). Disfluencies in the speech of adults with intellectual disabilities and reported speech difficulites. *Journal of Communication Disorders, 46*, 484-494.

Craig, A. (1998). Relapse following treatment for stuttering: A critical review and correlative data. *Journal of Fluency Disorders, 23*, 1-30.

Craig, A., & Calver, P. (1991). Following up on treated stutterers: Studies of perceptions of fluency and job status. *Journal of Speech and Hearing Research, 34*, 279-284.

Craig, A. R., & Hancock, K. (1995). Self-reported factors related to relapse following treatment for stuttering. *Australian Journal of Human Communication Disorders, 23*, 48-60.

DiLollo, A., Neimeyer, R., & Manning, W. H. (2002). A personal construct psychology view of relapse: Indications for a narrative therapy component to stuttering treatment. *Journal of Fluency Disorders, 27*, 19-42.

Erickson, S., & Block, S. (2013). The social and communication impact of stuttering on adolescents and their families. *Journal of Fluency Disorders, 38*, 311-324.

Franken, M. C., Boves, L., & Peters, H. F. M. (1997). Evaluation of Dutch precision fluency-shaping program. *Journal of Fluency Disorders, 22*, 149.

Franken, M. C., Boves, L., Peters, H. F. M., & Webster, R. L. (1992). Perceptual evaluation of the speech before andafter fluency shaping stuttering therapy. *Journal of Fluency Disorders, 17*, 223-241.

Gregory, H. H. (1997). The Speech-Language Pathologist's role in stuttering self-help groups. *Seminars in Speech and Language, 18*, 401-410.

Guitar, B. (2014). Stuttering: *An integrated approach to its nature and treatment* (4th ed.). Baltimore, MD: Lippincott Williams & Wilkins.

Healey, E. C., Gabel, R. M., Daniels, D. E., & Kawai, N. (2007). The effects of self-disclosure and non self-disclosure of stuttering on listeners' perceptions of a person who stutters. *Journal of Fluency Disorders, 32,* 51-69.

Hearne, A., Packman, A., Onslow, M., & Quine, S. (2008). Stuttering and its treatment in adolescence: The perceptions of people who stutter. *Journal of Fluency Disorders, 33,* 81-98.

Herder, C., Howard, C., Nye, C., & Vanryckeghem, M. (2006). Effectiveness of behavioral stuttering treatment: A systematic review and meta-analysis. *Contemporary Issues in Communication Sciences and Disorders, 33,* 61-73.

Hughes, C. D., Gabel, R., & Daniels, D. E. (2015). Discussing stuttering with parents: A preliminary study of the experiences of adolescents who stutter. *Speech, Language, and Hearing, 18,* 44-54.

Ingham, R. J. (2012). Comments on recent developments in stuttering treatment maintenance researchusing the Camperdown Program. *Journal of Speech, Language, and Hearing Research, 55,* 306-309.

Iverach, L., Jones, M., O'Brian, S., Block, S., Lincoln, M., Harrison, E., Hewat, S., Cream, A., Menzies, R. G., Packman, A., & Onslow, M. (2009). The relationship between mental health disorders and treatment outcomes among adults who stutter. *Journal of Fluency Disorders, 34,* 29-43.

Iverach, L., Lowe, R., Jones, M., O'Brian, S., Menzies, R. G., Packman, A., & Onslow, M. (2017). A speech and psychological profile of treatment-seeking adolescents who stutter. *Journal of Fluency Disorders, 51,* 24-38.

Kroll, R., & Scott-Sulsky, L. (2010). The Fluency Plus Program: An integration of fluency shaping and cognitive restructuring procedures for adolescents and adults who stutter. In B. Guitar & R. McCauley (Eds.), *Treatment of stuttering: Established and emerging interventions.* Philadelphia, PA: Lippincott Williams & Wilkins.

Langevin, M., Huinck, W. J., Kully, D., Peters, H. F. M., Lomheim, H., & Tellers, M. (2006). A cross-cultural, long-term outcome evaluation of the ISTAR Comprehensive Stuttering Program across Dutch and Canadian adults who stutter. *Journal of Fluency Disorders, 31,* 229-256.

Lee, K., & Manning, W. H. (2010). Listener responses according to stuttering self-acknowledgment and modification. *Journal of Fluency Disorders, 35,* 110-122.

Lee, K., Manning, W. H., & Herder, C. (2011). Documenting changes in adult speakers' locus of causality during stuttering treatment using Origin and Pawn Scaling. *Journal of Fluency Disorders, 36*, 231-245.

Lincoln, M., Packman, A., & Onslow, M. (2006). Altered auditory feedback and the treatment of stuttering: A review. *Journal of Fluency Disorders, 31*, 71-89.

Lindsay, A., & Langevin, M. (2017). Psyhological counseling as an adjuct to stuttering treatment: Clients' experiences and perceptions. *Journal of Fluency Disorders, 52*. 1-12.

Maguire, G. A., Yu, B. P., Franklin, D. L., & Riley, G. D. (2004). Alleviating stuttering with pharmacological interventions. *Expert Opinion on Pharmacotherapy, 5*, 1565-1571.

Mallard, A. R., & Kelly, J. S. (1982). The precision fluency shaping program: Replication and evaluation. *Journal of Fluency Disorders, 7*, 287-294.

Manning, W. H., & DiLollo, A. (2018). *Clinical decision making in fluency disorders* (4th ed.). San Diego, CA: Plural Publishing, Inc.

McAllister, J., Collier, J., & Shepstone, L. (2012). The impact of adolescent stuttering on educational and employment outcome: Evidence from a birth cohort study. *Journal of Fluency Disorders, 37*, 106-121.

Menzies, R. B., O'Brian, S., Onslow, M., Packman, A., St. Clare, T., & Block, S. (2008). An experimental clinical trial of a cognitive-behavior therapy package for chronic stuttering. *Journal of Speech, Language, and Hearing Research, 51*, 1451-1464.

Menzies, R. G., Onslow, M., Packman, A., & O'Brian, S. (2009). Cognitive behavior therapy for adults who stutter: A tutorial for speech-language pathologists. *Journal of Fluency Disorders, 34*, 187-200.

Montgomery, C. S. (2006). The treatment of stuttering: From the hub to the spoke. In N. Bernstein Ratner, & J. J. Tetnowski(Eds.), *Current issues in stuttering research and practice*. Mahway, NJ: Lawrence Erlbaum

O'Brian, S., Onslow, M., Cream, A., & Packman, A. (2003). The Camperdown program: Outcomes of a new prolonged-speech treatment model. *Journal of Speech, Language, and Hearing Research, 46*, 933-946.

O'Brian, S., Packman, A., & Onslow, M. (2008). Telehealth delivery of the Camperdown program for adults who stutter: A phase I trial. *Journal of Speech, Language, and Hearing Research, 51*, 184-195.

O'Brian, S., Packman, A., & Onslow, M. (2010). The Camperdown program. In B. Guitar & R. McCauley (Eds.), *Treatment of stuttering: Established and emerging interventions*. Baltimore, MD: Lippincott Williams & Wilkins.

Onslow, M. (2019). Stuttering and its treatment: Eleven lectures. Retrieved from https://www. uts.edu.au/research-and-teaching/our-research/australian-stuttering-research-centre/ resources/resources

Pertijs, M. A. J., Oonk, L. C., Beer, de J. J. A., Bunschoten, E. M., Bast, E. J. E. G., Ormondt, van J., Rosenbrand, C. J. G. M., Bezemer, M., Wijngaarden, van L. J., Kalter, E. J., Veenendaal, van H. (2014). *Clinical Guideline Stuttering in Children, Adolescents and Adults*. NVLF, Woerden.

Plexico, L., Manning, W. H., & DiLollo, A. (2005). A phenomenological understanding of successful stuttering management. *Journal of Fluency Disorders, 30*, 1-22.

Pollard, R., Ellis, J. B., Finan, D., & Ramig, P. R. (2009). Effects of SpeechEasy on objective and perceived aspects of stuttering: A 6-month, Phase I clinical trial in naturalistic environment. *Journal of Speech, Language, and Hearing Research, 52*, 516-533.

Scheurich, J. A., Beidel, D. C., & Vanryckeghem, M. (2019). Exposure therapy for social anxiety disorder in people who stutter: An exploratory multiple baseline design. *Journal of Fluency Disorders, 59*, 21-32.

Schwartz, H. D. (1993). Adolescents who stutter. Journal of Fluency Disorders, 18, 289-302.

Silverman, F. H. (1981). Relapse following stuttering therapy. In N. J. Lass (Ed.), *Speech and language, advances in basic research and practice*. New York, NY: Academic Press.

Stuart, A., Kalinowski, J., Rastatter, M. P., Saltuklaroglu, T., & Dayalu, V. (2004). Investigations of the impact of altered auditory feedback in-theear devices on the speech of people who stutter: Initial fitting and 4-month follow up. *International Journal of Language & Communication Disorders, 39*, 93-113.

Stuart, A., Kalinowski, J., Saltuklaroglu, T., & Guntupalli, V. K. (2006). Investigations of the impact of altered auditory feedback in-the-ear devices on the speech of people who stutter: One-year follow-up. *Disability and Rehabilitation, 28*, 757-765.

Van Riper, C. (1973). *The treatment of stuttering*. Englewood Cliff, NJ: Prentice-Hall.

Webster, R. (1980). *The precision fluency shaping program: Speech reconstruction for stutterers*(Clinician's program guide). Roanoke, VA: Communication Development.

Yairi, E., & Seery, C. H. (2015). *Stuttering: Foundations and clinical applications* (2nd ed.). Boston: Pearson Education, Inc.

Yaruss, J. S., Quesal, R. W., & Murphy, B. (2002). National Stuttering Association members' opinions about stuttering treatment. *Journal of Fluency Disorders, 27*, 227–242.

Yaruss, J. S., Quesal, R. W., Reeves, L., Molt, L. F., Kluetz, B., Caruso, A. J., McClure, J. A., & Lewis, F. (2002). Speech treatment and support group experiences of people who participate in the National Stuttering Association. *Journal of Fluency Disorders, 27*, 115–134.

Zebrowski, P. M. (2002). Building clinical relationships with teenagers who stutter. *Contemporary Issues in Communication Sciences and Disorders, 29*, 91–100.

제4부

비전형적 유창성장애

제10장　비전형적 유창성장애의 평가 및 치료

　이 장에서는 DSM-5에서 아동기 발병 유창성장애(말더듬)으로 분류한 발달성 말더듬을 제외하고 나머지 유창성장애를 다루고자 한다. 유창성장애의 대부분이 발달성 말더듬이기 때문에 나머지 유창성장애는 비전형적 유창성장애라고 말하기도 한다. 앞에서 언급하였듯이 비전형적 유창성장애에는 말빠름증(cluttering), 후천성 말더듬에 포함되는 신경성 말더듬(neurogenic stuttering)과 심인성 말더듬(psychogenic stuttering)이 있다.

　현재까지 비전형적 유창성장애를 본격적으로 다룬 책이나 연구가 많지 않기 때문에 임상현장에서 근거기반중재를 하기 어려운 것이 현실이다. 학교 재학 중에 비전형적 유창성장애에 관한 과목이 따로 마련되는 경우가 없고 대부분의 유창성장애 전문서적에서도 한두 개 장으로 다룰 뿐이다. 결과적으로 임상현장에서 비전형적 유창성장애를 정확하게 진단하거나 근거에 기반한 중재를 하기 어려워진다. 미국의 경우 전체 인구 중 1%가량에 해당하는 3백만 명이 말을 더듬고(Bloodstein & Bernstein Ratner, 2008), 이 중 33~67%가 말빠름증을 함께 가지고 있을 것이라고 한다(Ward, 2006). 이렇게 실제로는 말빠름증 인구가 적지 않으나 현장에서 말더듬이나 다른 장애(조음장애, 말실행증, 학습장애 등)로 오인되어 중재하게 될 가능성이 높다(Ward, 2006). 그러나 분명 이러한 유형의 유창성장애를 경험하고 있는 당사자들이 있고, 정확하게 진단하고 적절하게 중재함으로써 이들의 유창성문제와 기타 어려움을 감소시킬 수 있다는 것 또한 사실이다. 충분한 근거가 아직 마련되어 있지 않더라도 치료사들은 주어진 정보 속에서 최선을 다할 필요가 있다.

　무엇보다 감별진단의 중요성을 강조하고자 한다. 초기 평가에서 다양한 가능성을 열어 놓고 평가하지 않으면 우리는 편견에 의해 진단을 내릴 가능성이 높다. 예를 들면,

9세 아동에게 비유창성이 많이 관찰된다는 사실만으로 발달성 말더듬으로 진단하고 말더듬 중재만을 하게 될 수도 있다. 그러나 감별진단의 필요성을 인식하고 평가를 하는 치료사라면 이 아동의 말의 논리정연함, 말 명료도, 읽기와 쓰기 능력, 틱 증상, 학업성적 등을 종합하여 말빠름증 가능성을 생각하고 다방면의 중재를 시도할 수 있다. 적절한 평가를 통해 적절한 중재가 이루어질 때 대상자와 가족들에게 일어나는 긍정적인 변화의 폭은 크게 달라질 것이다. 치료사는 유창성 문제가 나타나는 대상자를 평가할 때 우선 감별진단의 중요성을 인식하고 대상자의 말과 행동, 인지, 학습 등의 측면을 세밀하게 관찰하고 파악할 필요가 있다.

1. 말빠름증의 평가 및 치료

앞에서 언급하였듯이, 말빠름증(cluttering)에는 말더듬, 조음장애, ADHD 및 학습장애 등의 다른 어려움이 동반될 수 있다. 말 외에도 인지, 언어, 화용, 운동적 측면에서 다양한 증상을 보이기 때문에 Daly와 Burnett(1999)는 말빠름증을 다차원적 장애(muliti-dimensional disorder)로 인식할 것을 제안했다.

말빠름증은 표면적으로는 화자가 감당하기 어려울 만큼 빠른 말속도와 말이 갑자기 빨라지는 가속화 현상(accelation), 말속도가 빠른 나머지 음절이나 말소리가 생략되거나 뭉개지는 등의 특이한 조음 오류(예: 엘리베이터 → 에*베터)로 인해 말 명료도가 저하된다(St. Louis et al., 2007). 조음 오류가 나타나는 음소나 단어가 일관적이지 않기 때문에 전형적인 조음장애와 구별할 수 있다. 그리고 비유창성 중에서도 막힘이나 연장과 같은 유형보다는 간투사, 구 반복, 수정(revision), 미완성 단어 등과 같은 유형의 비유창성을 주로 산출한다. 말빠름증 화자(Person Who Clutter: PWC)는 발달성 말더듬을 갖고 있는 사람들과 달리 이러한 자신의 증상을 자각하지 못하는 것으로 보인다(Weiss, 1964).

이렇게 말에서 나타나는 특징적인 증상 때문에 말빠름증은 말장애, 말장애 중에서도 유창성장애의 한 유형으로 분류되고 있다. 하지만 PWC가 산출한 말을 언어적으로 분석해 보면 단어 인출에 어려움을 보이거나 문장에 구문적 오류가 많고, 담화는 논리적으로 잘 이어지지 않으며, 주제에 맞게 연결되지 않는 것이 특징이다. 그러므로 청자는 이러한 PWC의 말을 알아듣거나 이해하기가 어렵다. 또한 대화를 주고받을 때 화자나 청자로서 역할을 잘 수행하지 못하는 화용적 어려움도 보인다. 읽기와 쓰기를 포함한 문어에서도 구어와 마찬가지로 부주의하게 읽거나 나이에 비해 서투르고 조직화되지 않은 글쓰기 등의 증상이 나타나며 이러한 어려움은 학습장애로 이어질 수 있다.

이러한 언어와 인지 측면에서의 증상은 말빠름증을 말장애의 범주로 제한하는 것을 어렵게 한다. 말빠름증을 집중적으로 연구하고 있는 Daly(1992)는 말빠름증은 말과 언어의 처리 장애이며 말의 가속화 현상은 항상 나타나지 않더라도 언어의 구조화 결함은 거의 항상 나타난다고 하였다. Willner(2002)도 Daly와 마찬가지로 말빠름증의 빠른 말속도나 조음 오류와 같은 증상을 조직화되지 않은 사고와 언어 산출의 결함로 인한 결과로 보고 말빠름증은 복합적인 의사소통장애라고 하였다.

이와 같이 말빠름증은 진단명이 주는 예상과 달리 말속도 외에 다양한 영역에서 어려움을 나타내고 때로는 다른 증상이 더 두드러져 보이기 때문에 여러 가지 진단 오류를 낳을 수 있다. 말빠름증을 가장 먼저 본격적으로 다루기 시작한 Weiss(1964)가 말빠름증의 다양한 특성을 종합하여 전체적으로 접근하기를 권한 것도 이러한 이유에서이다. 말빠름증으로 의심되는 모든 화자가 앞서 열거한 모든 영역에서 어려움을 보이는 것도 아니고 증상의 정도도 다양하기 때문에, Ward(2006)는 말빠름증을 연속선상에서 보는 것이 더 적절하며 말빠름증 범주 장애(cluttering spectrum disorder)로 보는 것을 제안하였는데, 이는 매우 흥미롭고 임상적으로 유용한 의견이라 할 수 있다. 말빠름증의 평가와 치료 방향과 방법을 결정할 때 이러한 의견을 고려하는 것이 적절할 것이다. Daly와 Burnett(1999)은 말, 언어, 인지 등의 다섯 가지 영역에서 PWC가 보일 수 있는 다양한 어려움을 〈표 10-1〉과 같이 정리하였다.

1) 말빠름증의 평가

말빠름증은 발달성 말더듬에 비해 평가나 치료에 대한 연구가 부족한 상황이기 때문에 공식적인 평가도구나 치료 프로그램을 소개하기보다는 기본적으로 고려해야 할 원칙과 사용할 수 있는 방법들을 위주로 소개하고자 한다.

〈표 10-1〉 의사소통의 광범위한 영역에서 손상을 나타내는 말더듬증의 언어 비유창성 모델 (Daly & Burnett, 1999)

말더듬증				
인지	언어	화용	말	운동
인식 -청자 관점 (listener perspective) -자기 모니터링 주의집중 시간 사고의 구조화 -순서화 -범주화 기억력 중동성	수용 언어 -듣기/지시따르기 -읽기장애 표현 언어-말하기 -사고의 구조화 -빈약한 사고의 연계 -이야기 말하기의 어려움 -언어 형식화 -수정과 반복 -부적절한 언어구조 -음절 또는 구어의 전이 (transposition) -부적절한 대명사 사용 -명칭실어증/단어 찾기 -삽입어, 의미 없는 말 표현언어-쓰기 -구두점 없이 둘 이상의 복잡한 문장 연결 -철자, 음절, 단어의 생략과 전위(transposition) -단편(fragments)적인 문장	부적절한 주제의 개시, 유지, 종결 부적절한 말차례 운용 빈약한 듣기 기술과 충동적 반응 청자의 관점 고려 미흡 비구어적 신호의 부적절한 처리 상황하거나 관계없는 말 빈약한 눈맞춤	비유창성 -과도한 단어/구 반복 음절 또는 구어의 전위 말의 운율 -속도(빠르거나 불규칙적) -운율 부족 -크거나, 희미해짐 -단어 사이의 쉼 부족 -단조로운 목소리 불분명한 조음 -말소리(sound) 생략 -음절(syllable) 생략 -/r/과 /l/ 리듬이 깨진 호흡 목음 구간/주저	운동 조절력 저하 불분명한 조음 리듬이 깨진 호흡 (구어) 비유창성 -말소리나 단어의 과도한 반복 목음 구간(silent gaps)/주저 -속도(빠르거나 불규칙적) -운율 부족 서툴고(clumsy), 불협음 서툰 글씨 중동성

(1) 평가 원칙

① 자기 인식 여부와 자기 모니터링 능력을 살펴보기

말빠름증은 말더듬과 달리 자신의 문제를 제대로 자각하지 못하는 것으로 보고되고 있다. Ward(2006)에 따르면, PWC가 자신의 말이나 언어에 문제가 있다는 것을 알아차릴 수도 있지만 알아차리더라도 즉각적으로 문제를 해결할 수 없는데, 이는 청자의 관점에서 느껴지는 문제의 심각성을 알아차리지 못한다고 보는 것이 더 정확하다. 말빠름증 평가에서는 PWC가 자신의 문제를 인식하고 있는지, 어떤 문제를 인식하고 있는지, 즉각적으로 문제를 알아차리는지 등을 살펴볼 필요가 있다.

② 다양한 상황에서 평가하기

말빠름증의 경우, 공식적인 상황에서는 노력을 기울여서 명료도와 유창성이 향상될 수도 있다. 즉, 평가 상황에서 말에 문제가 없는 것처럼 들릴 수도 있기 때문에 주의하여야 한다(Daly & St. Louis, 1998). 공식적인 평가 과제를 수행할 때와 그렇지 않을 때 차이가 있는지 관찰하여야 한다. 보호자 및 교사와 긴밀하게 협력하며 이들이 일상과 학교 등의 장소에서 관찰한 내용을 경청하고 필요한 사항이 있다면 추가로 영상이나 기록과 같은 자료를 요청할 수 있다.

③ 구어와 문어 수행을 함께 살펴보기

PWC의 인지적 특성인 사고의 비구조화나 주의력 문제는 말하기뿐만 아니라 듣기, 읽기, 쓰기와 같은 언어의 모든 방식에 영향을 미친다. PWC의 연령, 학력, 직업, 선호도 등을 고려하여 적절한 화제나 난이도의 과제를 제시하고 수행을 살펴보아야 한다. 말빠름증의 증상은 말속도나 비유창성에서 나타나지 않고 언어적 측면에서 두드러질 수도 있다. 다양한 개인차가 나타날 수 있기 때문에 평가자는 각 개인의 프로파일을 파악하려고 노력해야 한다.

④ 말과 언어 외의 행동과 태도를 관찰하기

과제를 수행할 때 외에도 과제 사이에 대기할 때 보여 주는 모습을 세심하게 관찰함으로써 주의집중 능력, 책임감, 성취욕구, 자존감, 사회성이 어떻게 드러나는지 파악하고 혹시 틱 증상이 나타나진 않는지도 살펴보아야 한다. ADHD, 투렛 증후군, 학습장애 등의 문제가 의심되면 관련 전문가에게 의뢰함으로써 의견을 요청하고 협업할 필요가 있다. 앞에서 언급하였듯이 말빠름증은 단일한 문제가 아니며 복합적인 문제이기 때문에 여러 전문가의 협업이 절실하게 요구된다.

(2) 평가 방법

말빠름증의 경우, 처음부터 말빠름증을 주된 문제로 의심하고 의뢰하기보다는 비유창성이나 조음 문제, 혹은 학업 상의 어려움 등을 이유로 평가에 의뢰되는 경우가 대부분이다. 평가자는 부모와 교사가 아동을 평가에 의뢰하게 된 주 문제를 주의 깊게 다루되, 그 문제에 한정하여 평가하여서는 곤란하다. 아동을 평가할 때에는 연령과 학년 등을 고려하여 전반적인 말과 언어 영역에 대한 평가 계획을 수립하고, 문제가 있다고 판단되는 영역에 대해 심화 평가를 실시할 수 있도록 준비하는 것이 적절하다.

평가 의뢰를 받으면, 일차적으로 전화 면담을 통해 보호자의 구체적인 걱정이 무엇인지, 아동에게 실제로 어떤 증상으로 나타나는지, 현재 아동의 말과 언어, 학습이 어떤 수준인지 파악함으로써 초기 평가 준비를 하는 것이 좋다. 미리 메일이나 우편으로 사례면담지를 보내서 아동의 출생부터 현재에 이르기까지 여러 가지 영역에서 발달과 문제의 양상을 보호자가 차분하게 돌아보고 기록해 오도록 하는 것이 가장 적절하다. 미리 작성해 오는 것이 어렵다면 초기 평가 당일 일찍 도착하여 아동 평가 전에 미리 작성하도록 하고 작성된 면담지를 이용해서 평가자와 부모가 심층면담을 하는 것이 좋다. 심층면담을 통해 아동이 가정과 유치원 또는 학교에서 어떤 어려움을 겪고 있는지 이해할 수 있고, 이후 아동과의 평가에서 꼭 필요한 검사를 선택하여 실시할 수 있다. 검사하는 동안 아동의 언어와 말을 즉각적으로 정확하게 분석하기 어려우므로 보호자와 본인의 동의를 구해 녹화하는 것이 좋다. 이렇게 초기 평가를 녹화해 두면 중재 초기에 중재 자료로 사용할 수 있고 추후 치료효과를 분석하기 위해 비교 자료로 사용할 수도 있다.

① 구어 평가

평가 원칙에서 언급하였듯이 말빠름증을 평가할 때 말더듬과 마찬가지로 다양한 상황과 다양한 과제를 사용하여 말의 가변성을 확인하여야 한다. 연령과 선호도를 고려하여 적절한 난이도와 화제를 선택하여 말하기와 읽기 상황에서 말의 양상이 어떻게 변화하는지 분석하도록 한다. 특히 말속도와 명료도, 자연스러움, 비유창성 등을 살펴보아야 한다.

말속도는 구어속도와 조음속도, 두 가지 속도를 측정할 수 있다. 먼저 전체 발화 시간과 전체 발화 음절수를 산출한다. 전체 발화 시간은 발화 시작부터 끝까지 걸린 전체 시간에서 2초 이상의 쉼을 모두 뺀 시간이고, 전체 발화 음절수는 발화한 전체 음절수에서 음절 반복, 단어 전체 반복, 구 반복, 수정, 미완성구, 간투사 등의 비유창성에 해당하는 음절을 제외하고 의미를 전달하는 음절만을 센 숫자이다. 구어속도는 전체 발화 음절수를 전체 발화 시간(초)으로 나눈 '초당 말한 음절수(Syllable Per Second: SPS)'이고, 조음속도는 전체 발화 음절수를 전체 발화 시간 중 200ms 이상의 쉼이나 묵음 구간을 제외한 시간(초)으로 나누는 '초당 말한 음절수'이다. 말빠름증의 경우, 일반인의 말속도와 비교하는 것도 의미가 있지만 상황에 따라 말속도가 어떻게 변화하는지, 같은 상황 속에서도 속도가 변하지는 않는지 살펴보는 것도 매우 중요하다.

말빠름증 평가에서 명료도와 조음 오류를 살펴보는 것은 말소리장애 여부를 판단하는 것과도 관계가 있지만, 말속도와 명료도 및 조음 오류 간에 연관성이 있는지를 구체적으로 살펴보는 것이 중요하다. 명료도는 총 단어나 발화 수에서 청자가 이해한 단어나 발화 수의 비율로 측정할 수도 있고 전체적인 인상으로 평가할 수도 있다. 말속도의 변화에 따라 명료도가 어떻게 달라지는지 확인해 보도록 한다. 조음 오류는 일반적으로 말소리장애에서 나타나는 조음 오류와 달리 음운이나 음절을 생략하거나 전치시키거나 모음을 불분명하게 발음하는 등의 오류가 많이 나타나는지 살펴보도록 한다.

St. Louis 등(2004)의 연구에서 말빠름증 화자들의 말을 일반 청자들이 평가하였을 때 가장 두드러지는 특성이 말속도와 자연스러움이며 다음으로 조음이었다. 이들은 자연스러움의 평정척도로 9점 등간척도를 사용하였는데 이런 방식으로 평가자, 보호자, 본인, 교사 등이 말의 자연스러움을 평가할 수 있다. 이러한 척도는 주관적이지만 상황에 따라 평정 결과가 어떻게 다른지, 그리고 치료 진행 경과에 따라 같은 상황에서 평정 결과가 달라지는지를 살펴보는 것은 매우 의미가 있다.

말빠름증의 비유창성 분석을 위해 말더듬 평가에서 사용하는 P-FA-II(심현섭, 신문자, 이은주, 2010)와 같은 검사를 사용할 수 있다. 말빠름증을 평가하기 위해서는 '운동 비유창성'(비정상적 비유창성)과 '언어 비유창성'(정상적 비유창성)을 구분하여 살펴보는 것이 중요하다. 말빠름증은 말더듬과 달리 비유창성 중에서도 머뭇거림, 말을 잘못 시작해서 계속해서 수정하기, 간투사 등과 같은 언어 비유창성을 많이 보이는데, 이렇게 논리적으로 자신의 생각을 표현하기 어려워하는 것처럼 보이는 현상을 미로(mazing, maze behavior)에 비유하기도 한다(Guitar, 2013; Manning & DiLollo, 2018; Ward, 2006). 말더듬이 전체적으로 비유창성이 더 많이 출현하면서 운동 비유창성이 높은 비율을 차지하는 것에 비해, 말빠름증은 말더듬보다는 비유창성이 적게 출현하고 언어 비유창성이 높은 비율을 차지하는 것이 특징이다(박진원, 권도하, 김화수, 2011; St. Louis et al., 2007).

② 언어 평가

말빠름증 화자의 말은 매우 빠르고 비유창하기 때문에 언어 측면을 간과하기 쉽다. 하지만 앞서 언급하였듯이 언어처리를 말빠름증의 주된 원인, 혹은 특성으로 보는 학자들도 있을 만큼 언어 영역을 평가하고 중재하는 것이 중요하다. 말빠름증 화자의 말을 알아듣기 힘든 원인이 말속도와 비유창성, 조음 오류 때문일 수도 있지만 적절한 단어를 사용하지 않거나 순서나 논리가 잘 드러나지 않는 무계획적이고 단순한 문장 및 담화를 산출하기 때문일 수도 있다.

그러므로 공식적인 언어평가와 함께 발화를 전사해서 이름 대기나 품사별 어휘 사용과 같은 의미론적 영역, 발화의 길이나 구문구조와 같은 통사적 영역, 이야기나 설명담화의 양적이고 질적인 특성, 주제의 유지나 전환과 같은 화용적 영역을 각각 살펴볼 필요가 있다.

공식적인 언어 평가에서 어려움이 발견되지 않더라도, 연령과 학년, 직업 등에 적절한 듣기와 읽기 과제에서 이해에 어려움이 없는지 살펴보도록 한다. 그리고 다양한 말하기 상황을 제시하여 적절한 단어를 빠르게 잘 찾아내서 사용하는지, 문장 구조나 접속사 등을 사용하여 이야기나 설명을 응축하여 논리정연하게 할 수 있는지, 대화 상황에서 주제의 개시, 유지, 전환 등을 부드럽게 할 수 있는지 살펴보도록 한다. 특히 〈표 10-1〉이 보여 주듯이 화용적 측면에서 화자나 청자로서 상대방의 구어 및 비구어 행동에 주의를 기울여 적절하게 반응하여야 하는데, 이런 신호를 놓치거나 인식하지 못한다면 사회적 상호작용에도 어려움이 있을 수 있다(Daly & Burnett, 1999). 다른 과제에서도 주의집중하는 데 어려움이 있는지 잘 살펴보아야 한다.

언어 평가를 위해 사용할 수 있는 비공식적인 과제는 매우 다양하며 말빠름증 외에도 언어장애, 읽기장애, 유창성장애, 주의력결핍 과잉행동장애 등의 연구에서 사용되고 있는 과제들을 찾아 적극적으로 활용할 것을 권한다. 연령이나 학년이 높아질수록 단어나 문장, 문단을 듣거나 읽고 이해하는 것으로는 충분하지 않고 이야기나 설명을 듣고 기억하여 답하거나 요약하기, 듣거나 읽은 내용에 포함된 오류를 발견하고 질문하거나 수정하기 그리고 자신의 생각을 논리정연하게 표현하기, 자신의 경험이나 읽은 책의 내용을 목적에 맞는 구조를 선택하여 이해하기 쉽게 표현하기 등의 과제를 잘 수행할 수 있는지 살펴보아야 한다.

③ 문어 평가

말빠름증은 듣기와 말하기를 포함하는 구어뿐만 아니라 읽기와 쓰기를 포함하는 문어 영역의 수행에서도 다양한 정도의 어려움을 수반한다. 말빠름증 성인의 경우 난이도가 높은 텍스트를 읽을 때 생략, 반복, 대치, 첨가, 자기수정과 같은 읽기 오류가 감소하고 난이도가 낮을 때 읽기 오류가 증가하는 양상을 보이기도 한다(박진원, 신명선, 2012). 주의집중이 요구되는 고난이도 텍스트 읽기에서 정확성이 더 높은 것은 말더듬과는 다른 양상이므로 난이도를 달리하여 읽기 과제를 실시하는 것이 중요하다. 읽기 과제의 수행을 분석할 때 읽기 유창성, 읽기 오류, 읽기 이해 등의 영역을 나누어 분석하도록 한다.

말빠름증의 경우 말하기뿐만 아니라 쓰기에서도 서투르고 논리가 부족할 수 있다. 쓰기는 필기(handwriting), 철자(spelling), 글쓰기(composition)으로 나누어 살펴보도록 한다. 말빠름증의 경우 운동 영역에서 서투르고 부주의한 특징을 보일 수 있는데, 이러한 특징이 필기에서 나타나서 글자를 알아보기 힘들 수 있다. 글이 길어질수록 이러한 양상이 더 두드러진다. 철자가 틀리는 경우도 많으며 글은 연령이나 학년에 비해 짧고 단순한 문장으로 이루어지는 경우가 많고 문법적 오류, 구두점 오류 등의 오류를 많이 보인다(Williams & Wener, 1996).

④ 자각 여부 및 정도 평가

말빠름증의 경우 자신의 말 문제를 스스로 인식하거나 상대방의 반응이 어떤 의미인지 알아차리지 못하는 것이 특징이다. 때문에 초기 평가에서 당사자가 자신의 문제를 인식하고 있는지, 어떤 문제를 인식하고 있는지, 즉각적으로 알아차리는지, 알아차렸을 때 어떻게 해결하거나 반응하는지 등을 파악할 필요가 있다. SASI(Self-Awareness of Speech Index)처럼 다양한 말 특성에 대한 자기 인식을 확인하는 체크리스트를 사용할수도 있고(St. Louis & Atkins, 2006) 면담 과정에서 질문을 해 볼 수도 있다. 또는 평가과제를 실시하기 전에 본인의 수행을 어떻게 예상하는지 물어볼 수도 있고, 과제를 마친 후에 스스로 평가해 보도록 요청할 수도 있다. 이러한 예상을 하였을 때 수행이 어떻게 달라지는지를 살펴보는 것은 일종의 시도치료(trial therapy)가 될 수 있다.

⑤ 종합적인 평가

Daly와 Burnett(1999)이 정리하였듯이 말빠름증의 특징은 인지, 언어, 화용, 말, 운동 등의 다섯 가지 영역에서 주로 나타난다(〈표 10-1〉 참고). 이를 바탕으로 Daly와 Cantrell(2006)은 말빠름증 예측검사(predictive cluttering inventory: PCI)를 개발하였다(〈표 10-2〉). 화용, 말운동, 언어와 인지, 운동협응-쓰기 문제의 네 가지 영역, 33개 항목으로 이루어져 있고 '항상 그렇다(6점)'부터 '전혀 그렇지 않다(0점)'까지 출현 빈도를 7점 척도로 평정할 수 있다. 박진원, 권도하, 김화수(2011)는 이 체크리스트에서 중복되거나 불필요해 보이는 항목을 삭제하여 20개의 항목으로 재구성하고 100점 만점에서 60점 이상을 획득한 경우 말빠름증으로 판단하였다.

〈표 10-2〉 **말빠름증 예측검사(Predictive Cluttering Inventory: PCI, Daly & Cantrell, 2006)**

지시문: 다음의 각 문항에 체크하시오.
　　　대상자의 말빠름증을 가장 잘 나타내는 답에 동그라미하시오.

특징	항상 그렇다	거의 항상 그렇다	자주 그렇다	가끔 그렇다	어쩌다 그렇다	거의 그렇지 않다	전혀 그렇지 않다
화용(Pragmatics)							
1 효율적인 자기-모니터링 능력 결여	6	5	4	3	2	1	0
2 자신의 의사소통 오류나 문제에 대한 자각 결여	6	5	4	3	2	1	0
3 강박적으로 말함, 말이 많음, 장황하고 별로 관계가 없는 말, 단어-찾기 문제	6	5	4	3	2	1	0
4 부족한 계획 능력, 효과적 시간 사용의 판단 착오	6	5	4	3	2	1	0
5 부적절한 사회적 의사소통 능력, 부적절한 차례 지키기, 말 가로막기	6	5	4	3	2	1	0
6 청자의 시각적·구어적 피드백을 인지하거나 반응하지 않음	6	5	4	3	2	1	0
7 의사소통 실패를 고치거나 수정하지 않음	6	5	4	3	2	1	0

8	비유창성이 나타나는 동안 과도한 노력이 거의 또는 전혀 없음	6	5	4	3	2	1	0
9	말에 대한 불안이 거의 또는 전혀 없음, 무관심	6	5	4	3	2	1	0
10	압박하에 말을 더 잘함(집중하면 단기간에 개선)	6	5	4	3	2	1	0
	말운동(Speech–Motor)							
11	조음 오류	6	5	4	3	2	1	0
12	불규칙한 말속도 · 말이 쏟아져 나옴 혹은 폭발	6	5	4	3	2	1	0
13	단어 압축 혹은 축약(condense)	6	5	4	3	2	1	0
14	빠른 말속도(속어증)	6	5	4	3	2	1	0
15	말속도 가속화	6	5	4	3	2	1	0
16	가변적인 운율, 불규칙적 멜로디 혹은 강세 패턴	6	5	4	3	2	1	0
17	처음의 큰 목소리가 점점 작아지며 불명료하게 웅얼거림	6	5	4	3	2	1	0
18	단어와 구 사이 쉼의 부족	6	5	4	3	2	1	0
19	다음절 단어와 구의 반복	6	5	4	3	2	1	0
20	과도한 비유창성과 말더듬 공존	6	5	4	3	2	1	0
	언어와 인지(Language–Cognition)							
21	체계적이지 않은 언어, 분명치 않은 단어, 단어-찾기 문제	6	5	4	3	2	1	0
22	언어 형식화의 어려움, 이야기 말하기 능력의 저조함, 순서 문제(sequencing problem)	6	5	4	3	2	1	0
23	주제가 복잡해질수록 체계적이지 못한 언어가 증가됨	6	5	4	3	2	1	0
24	많은 수정, 간투사, 삽입어	6	5	4	3	2	1	0
25	사고를 적절하게 형식화하기 전에 말로 표현하는 경향	6	5	4	3	2	1	0
26	부적절한 주제 개시, 유지, 종결	6	5	4	3	2	1	0
27	부적절한 언어 구조, 서투른 문법, 통사 오류	6	5	4	3	2	1	0
28	주의산만함, 낮은 집중력, 주의집중 시간 문제	6	5	4	3	2	1	0
	운동 협응 – 쓰기 문제 (Motor Coordination–Writing)							
29	쓰기에서 운동 조절력 저하(엉망임)	6	5	4	3	2	1	0

30	문자, 음절 또는 단어의 생략이나 전위	6	5	4	3	2	1	0
31	규준보다 낮은 구어 교대운동 협응 능력	6	5	4	3	2	1	0
32	리듬이 깨진 호흡, 갑작스런 호흡 패턴	6	5	4	3	2	1	0
33	서툴고 불협응, 가속화되거나 충동적인 움직임	6	5	4	3	2	1	0

총점: _____

의견(comments):

(3) 말더듬과 감별진단하기

말빠름증은 말더듬과 함께 유창성장애에 속하는 장애이며, 말더듬을 동반하는 경우가 많기 때문에 말더듬과 감별진단하는 것이 어렵게 여겨지기도 한다. 치료사는 비유창성을 주 증상으로 보이는 사람을 평가하게 될 경우, 말더듬과 말빠름증 그리고 말더듬을 동반하는 말빠름증을 감별진단하고자 노력해야 한다.

가장 강조되는 특징은 말빠름증의 경우 자기 문제를 잘 인식하지 못한다는 것이다. 전형적인 말더듬의 경우 자기 말을 평가하도록 요구하면 긴장하고 비유창성이 증가하는 경향이 있는데 말빠름증의 경우에는 말속도가 줄어들면서 비유창성도 감소하고 오류도 감소하는 경향을 보인다(Manning & DiLollo, 2018). 이러한 자기 모니터링 능력의 결여가 의사소통 행동 외에도 전반적으로 나타나기 때문에 무심하거나 부주의하게 보이고 인지적인 과제의 처리에서도 수행이 낮아진다(Ward, 2006).

객관적으로 평가자가 확인할 수 있는 특징으로는 말빠름증의 경우 언어 비유창성(정상적 비유창성)이 운동 비유창성(비정상적 비유창성)에 비해 많이 나타나고, 말속도가 지나치게 빠르고 조음 오류가 많이 발생하고 말 명료도와 자연스러움이 저하된다는 것이다.

또한 말더듬과 달리 적절한 단어가 생각나지 않아서 '음, 어' 같은 간투사를 사용하는 경우가 많고 단어뿐만 아니라 문장을 구성하는 데에도 서툴러서 미완성 구나 수정, 단어나 구의 반복과 같은 미로 현상을 보이는 경우가 많다.

이러한 말빠름증의 특징 외에 말더듬의 양상을 함께 보인다면 말더듬을 동반하는 것으로 이해할 수 있다.

2) 말빠름증의 치료

말빠름증은 진단명이 주는 인상과 달리 말속도 외에 인지 및 언어 처리의 어려움을 보이는 복합적인 의사소통장애임을 강조하였다. 말빠름증의 양상이 개인마다 다르기 때문에 말빠름증 범주 장애(cluttering spectrum disorder)로 보는 것이 적절할 수도 있다 (Ward, 2006). Daly와 Burnett(1999)이 말, 언어, 인지, 화용, 운동의 다섯 가지 영역으로 말빠름증의 특징을 정리하였고 Daly와 Cantrell(2006)이 화용, 말운동, 언어와 인지, 운동협응-쓰기 문제의 네 가지 영역으로 구성된 PCI를 개발하였다. Daly와 Cantrell(2006)은 PCI를 바탕으로 말빠름증 치료 프로파일 분석표(Cluttering Treatment Profile Analysis)를 제안하였다(〈표 10-3〉). PCI에서 높은 점수를 받은 영역일수록 문제가 심각한 영역이므로 이렇게 도움이 필요한 영역을 찾아내어 개별화된 치료를 계획할 수 있다. 말빠름증을 치료할 때 말빠름증과 관련된 영역 각각에서 나타나는 특징을 파악함으로써 개인의 프로파일을 작성하고 이 영역들이 상호영향을 미칠 수 있음을 상기하며 치료 방향을 계획하도록 한다.

〈표 10-3〉 **말빠름증 치료 프로파일 분석표**(Cluttering Treatment Profile Analysis, Daly & Cantrell, 2006)

이름 _____

지시문: PCI 결과를 가져와서 이 표의 점수와 연결하세요. 높은 점수는 더 심각한 장애 영역을 나타냅니다. 최선의 결과를 위해 치료사는 '빠른 말속도' 이외의 최소 두 영역에 초점을 맞춰야 합니다.

	말빠름증 특성	매우 심각함	심각함	중간	약함	매우 약함	비일관적	문제 없음
	화용(Pragmatics)							
1	효율적인 자기-모니터링 능력 결여	6	5	4	3	2	1	0
2	자신의 의사소통 오류나 문제에 대한 자각 결여	6	5	4	3	2	1	0
3	강박적으로 말함, 말이 많음, 장황하고 별로 관계가 없는 말, 단어-찾기 문제	6	5	4	3	2	1	0
4	부족한 계획 능력, 효과적 시간 사용의 판단 착오	6	5	4	3	2	1	0

5	부적절한 사회적 의사소통 능력, 부적절한 차례 지키기, 말 가로막기	6	5	4	3	2	1	0
6	청자의 시각적 · 구어적 피드백을 인지하거나 반응하지 않음	6	5	4	3	2	1	0
7	의사소통 실패를 고치거나 수정하지 않음	6	5	4	3	2	1	0
8	비유창성이 나타나는 동안 과도한 노력이 거의 또는 전혀 없음	6	5	4	3	2	1	0
9	말에 대한 불안이 거의 또는 전혀 없음, 무관심	6	5	4	3	2	1	0
10	압박하에 말을 더 잘함(집중하면 단기간에 개선)	6	5	4	3	2	1	0
	말운동(Speech-Motor)							
11	조음 오류	6	5	4	3	2	1	0
12	불규칙한 말속도, 말이 쏟아져 나옴 혹은 폭발	6	5	4	3	2	1	0
13	단어 압축 혹은 축약(condense)	6	5	4	3	2	1	0
14	빠른 말속도(속어증)	6	5	4	3	2	1	0
15	말속도가 계속 증가(가속)	6	5	4	3	2	1	0
16	가변적인 운율, 불규칙적 멜로디 혹은 강세 패턴	6	5	4	3	2	1	0
17	처음의 큰 목소리가 점점 작아지며 불명료하게 웅얼거림	6	5	4	3	2	1	0
18	단어와 구 사이 쉼의 부족	6	5	4	3	2	1	0
19	다음절 단어와 구의 반복	6	5	4	3	2	1	0
20	과도한 비유창성과 말더듬 공존	6	5	4	3	2	1	0
	언어와 인지 (Language-Cognition)							
21	체계적이지 않은 언어, 분명치 않은 단어, 단어-찾기 문제	6	5	4	3	2	1	0
22	언어 형식화의 어려움, 이야기 말하기 능력의 저조함, 순서 문제(sequencing problem)	6	5	4	3	2	1	0
23	주제가 복잡해질수록 체계적이지 못한 언어가 증가	6	5	4	3	2	1	0
24	많은 수정, 간투사, 삽입어	6	5	4	3	2	1	0
25	사고를 적절하게 형식화하기 전에 말로 표현하는 경향	6	5	4	3	2	1	0

26	부적절한 주제 개시, 유지, 종결	6	5	4	3	2	1	0
27	부적절한 언어 구조, 서투른 문법, 통사 오류	6	5	4	3	2	1	0
28	주의산만함, 낮은 집중력, 주의집중 시간 문제	6	5	4	3	2	1	0
운동 협응 – 쓰기 문제 (Motor Coordination–Writing)								
29	쓰기에서 운동 조절력 저하(엉망임)	6	5	4	3	2	1	0
30	문자, 음절 또는 단어의 생략이나 전위	6	5	4	3	2	1	0
31	규준보다 낮은 구어 교대운동 협응 능력	6	5	4	3	2	1	0
32	리듬이 깨진 호흡, 갑작스런 호흡 패턴	6	5	4	3	2	1	0
33	서툴고 불협응, 가속화되거나 충동적인 움직임	6	5	4	3	2	1	0
	총							

총점: _____ 진단: _____

Daly와 Burnett(1999)은 말빠름증을 치료할 때 중요한 원칙으로, 말빠름증 화자 본인이 청자의 반응과 본인의 의사소통 행동을 인식하기 어려우므로 치료사는 치료 목표와 근거를 자주 반복 설명해 줄 것, 그리고 즉각적으로 직접적인 피드백을 줄 것, 부모와 배우자는 피드백이나 수정, 강화를 제공하는 역할을 할 수 있으며 가족, 친구, 지지그룹의 중요함, 그리고 매일 연습하는 것의 중요성을 제안하였다.

치료사는 PWC가 자기 인식과 자기 모니터링 능력을 기르고 즉각적으로 적용할 수 있도록 치료 목표와 치료 활동을 계획하고, PWC의 가족과 치료 목표를 공유하며 PWC의 수행에 대해 적절한 피드백을 제공할 수 있도록 교육하고 연습하도록 한다. 교사와 친구 등 PWC를 이해하고 지지할 수 있는 사람들에게도 말빠름증에 대해 정확한 지식을 안내하고 도울 수 있는 방법을 알려 주는 것이 PWC의 발전에 도움이 된다.

아쉽게도 아직 말빠름증 치료를 위해 개발된 프로그램이나 치료효과 연구가 부족하기 때문에 치료사들은 말빠름증 외에도 말더듬, 언어장애, 주의력결핍 과잉행동장애, 학습장애 등을 위한 치료 프로그램과 중재 연구를 참고하여 말빠름증 치료에 사용할 수 있는 치료 프로그램이나 치료 활동에 대한 아이디어를 찾고 체계적으로 계획하며 중재 과정을 기록함으로써 근거를 축적해 나갈 필요가 있다. 다음은 여러 연구자가 말빠름증 치료에서 사용할 수 있는 방법으로 제안한 예를 참고하여 정리한 것이다(Guitar, 2013;

Leiman, 2013; Manning & DiLollo, 2018; St. Louis et al., 2007).

(1) 인식과 자기 모니터링 능력

말빠름증인 사람들은 본인이 직접 필요를 느껴 치료실을 찾기보다는 다른 사람들의 권유에 의해 오는 경우가 많기 때문에 처음에는 치료의 필요성을 인정하지 않을 수도 있다. 이런 경우 치료실에 오게 된 과정과 현재 불편한 심정을 공감하며 경청하도록 한다. 치료사의 수용과 공감을 통해 본인의 말문제를 직접 확인하고 대면하고자 하는 동기와 용기가 생길 수 있도록 돕는 것이 우선이다. 마음의 준비가 되었다면, 먼저 초기 평가의 녹음 또는 녹화 자료를 사용하여 자신의 말과 언어 상태를 관찰하고 평가해 보도록 함으로써 자신의 말 문제를 대면할 수 있게 한다. 그리고 나서 말할 때 주의를 기울이며 천천히 말하면서 말속도나 명료도 등이 향상되는 것을 직접 비교하게 한다. 이러한 과정은 말빠름증을 인식하지 못하고 살아온 사람에게는 쉽지 않은 과정임을 유념하고 공감과 배려의 마음으로 안내한다. 변화가 나타날 때 즉각적으로 피드백을 제공함으로써 치료에 대한 동기를 가질 수 있게 한다. 자신의 의사소통 문제를 명확하게 인식하기 어려웠던 사람은 치료를 통해 자신의 문제를 인식하고 모니터링하는 능력을 향상시킴으로써 유창성과 말 명료도가 빠르게 개선될 수 있다(Daly, 1992; Manning & DiLollo, 2018).

녹음 또는 녹화 자료를 통한 모니터링에서 멈추지 않고 즉각적으로 자신의 말을 모니터링하고 조절하는 능력을 향상시킬 수 있도록 체계적으로 계획하여야 한다. 이러한 모니터링 연습은 치료실 안에서 시작하여 치료실 밖 일상생활에서도 계속되어야 한다. 치료사는 당사자와 함께 상의하여 실제 생활에서의 모니터링 연습 계획을 작성하고 치료실에서는 연습 계획대로 실행할 수 있었는지 어떤 어려움이 있었는지를 토의하고 다음 계획을 수정하도록 한다. 치료사는 당사자가 자신의 삶에서 자신의 의사소통 능력을 꾸준히 향상시켜 갈 수 있도록 돕는 안내자이자 코치의 역할을 충실하게 하여야 한다.

(2) 말: 유창성, 말속도, 조음, 말 명료도

말빠름증의 두드러지는 특성인 과도하게 빠른 말속도를 늦추면 조음정확도와 말 명료도 개선에 도움이 된다. 말빠름증 치료에 말더듬 치료에 사용하는 말속도 조절과 지연청각피드백(DAF) 등을 포함한 Smooth Speech Program이나 과다조음(overarticulation), 멈춤(pausing)을 활용하는 방법 등을 많이 사용한다.

과다조음 방법을 활용하는 경우, 말소리를 산출할 때 조음기관의 움직임을 스스로 느낄 수 있을 만큼 의식적으로 정확하게 함으로써 조음정확도를 높이고 말속도를 늦출 수 있다. 처음에는 모든 음절 하나하나를 의식하면서 조음하고 차츰 단어의 첫음절, 문장이나 절의 첫음절에서만 의식하는 것으로 연습을 조절한다.

멈춤과 프레이징(phrasing) 방법을 활용하는 경우, 말을 할 때 어절마다 잠시 멈춤을 연습하는 것으로 시작하여 차츰 끊어 말하여도 어색하지 않은 부분에서 적절하게 멈춤을 하도록 연습한다. 말속도와 조음정확도를 개선하는 과정에서 운율이 단조롭거나 어색한 문제가 악화되지 않도록 치료 과정에서 계속 관심을 가질 필요가 있다. 읽기가 가능한 경우에는 텍스트에 미리 멈춤과 프레이징을 할 위치에 본인이 직접 표시를 하는 것도 좋은 방법이다. 이렇게 멈춤과 프레이징을 적절하게 사용하면 말속도를 자연스럽게 늦출 수 있다. Healey와 Nelson, Scott(2015)의 사례연구에서는 10대 청소년 한 명의 조음 오류를 줄이기 위해 멈춤을 활용하는 방법이 말소리 강조(overemphasis) 방법에 비해 더 효과적임을 보여 주었다.

이 외에도 말더듬 치료에서 사용하는 다양한 방법이 도움이 될 수 있다. 단, 말빠름증의 경우 운동 비유창성보다 언어 비유창성이 문제가 되는 경우가 많으므로 언어 영역을 함께 다룸으로써 유창성이 개선될 수 있다.

(3) 언어와 인지, 화용

언어의 어려움과 청각적 기억력, 주의력 결핍, 집중력 부족, 사고의 비구조화 등의 인지적 특성이 밀접하게 관련되어 있음을 염두에 두고 치료 목표와 활동의 위계를 조정하여 계획을 세우는 것이 좋다. 언어의 이해(듣기와 읽기)와 표현(말하기와 쓰기) 두 영역 모두 포함하여 연결하여 다룬다. 말하기와 듣기, 읽기, 쓰기가 서로 긴밀하게 연결되어 있음을 인식하고 치료 계획에 반영한다.

단어, 문장, 대화, 이야기 및 설명 담화 등의 순으로 진행하고, 연령과 학년, 직업, 선호도 등과 같은 개인의 상황을 고려하여 어휘, 화제, 텍스트, 게임, 기타 활동을 선택하도록 한다. 치료 활동을 계획할 때에는 치료사와 당사자가 함께 상의하여 선택하는 것이 좋다. 당사자의 실제 생활과 밀접하게 관련이 있거나 도움이 될 수 있는 활동을 계획할수록 치료효과를 높일 수 있다.

말하기 전에 먼저 목적과 내용을 미리 계획하고 간략하게 써 보거나 마인드맵을 그려보는 등의 활동을 해 보는 것도 도움이 된다.

화용 영역을 다룰 때에는 화자와 청자 역할을 인식하여 상대의 구어 및 비구어 신호를 놓치지 않도록 하고 스스로 적절한 신호를 표현할 수 있도록 연습한다. 말차례를 부드럽게 주고받기, 말차례를 독점하지 않기, 화제를 부드럽게 전환하거나 개시 또는 종결하기, 경청하기, 상대방을 배려하며 질문하거나 의사를 표현하기 등의 다양한 목표를 설정하고 연습할 수 있다. 화용 영역의 치료에서도 처음에는 치료사가 즉각적으로 구체적인 피드백을 제공하는 것으로 시작하여 차츰 본인이 직접 즉각적으로 모니터링을 하여수정할 수 있도록 연습한다.

(4) 읽기와 쓰기

읽기와 관련하여, 말빠름증의 부주의한 특징을 고려하여 한 줄 한 줄 빠뜨리지 않고읽도록 가림판을 이용하거나 소리 내어 읽거나 중요한 단어에 줄을 그어 가며 읽도록할 수 있다. 읽기 전에 읽는 목적을 분명하게 해 보는 활동, 예를 들면 읽은 다음에 답할질문이나 해결할 과제를 먼저 살펴보도록 하는 것도 도움이 된다.

쓰기의 경우, 필기(handwriting), 철자(spelling), 작문(composition)을 나누어 중재하도록 한다. 쓰기에서 발견된 어려움의 종류와 정도에 따라 학습장애 중재에서 사용하는다양한 방법을 참고할 수 있다. 필기의 경우 인쇄된 도형이나 그림을 따라 그리기, 인쇄된 글자를 따라 쓰기, 모눈종이를 사용하여 칸의 크기에 맞게 글씨 크기를 조절하여 쓰기, 필기에 도움이 되는 교정기 사용하기 등의 다양한 방법을 사용할 수 있다.

철자는 쓰기의 핵심은 아니지만 철자 쓰기에 어려움이 있으면 글쓰기의 발달을 방해할 수 있다. 먼저 철자의 오류 유형을 분석한 후 필요한 중재 방법을 선택하도록 한다.철자 쓰기 오류의 요인에는 음운 인식 능력, 맞춤법의 이원성의 이해, 기억하기 능력 등이 있는데 오류 유형을 살펴봄으로써 주된 원인을 파악할 수 있다. 일반적으로 철자 지도를 위해 사용되는 방법에는 음운인식 훈련, 의미와 형태를 고려한 맞춤법의 체계적지도, 어휘 목록의 선택, 쓰기의 동기 부여 등이 있고, 명시적 교수, 교사 모델링, 과제난이도 조절, 자료의 비계 설정, 다양한 활동 제공, 양질의 피드백을 적용한 다양한 연습기회 제공 등이 주요한 원칙으로 여겨진다(최승숙, 2010). 말빠름증의 경우에도 철자에어려움이 있으면 이러한 기본적인 철자 중재 원칙과 방법을 준용하면서 자기교정방법을 활용하도록 해 보자. 자기교정은 학생 자신이 잘못 쓴 단어를 정확하게 쓰인 단어와 비교하여 다시 바르게 수정하는 방법이다(문향은, 최승숙, 2010). 학생이 적극적으로 참여하고 스스로 피드백을 받을 수 있는 방법이기 때문에 말빠름증의 주된 중재방향인 자기인식 및 자기 모니터링 능력의 향상에도 도움이 될 수 있다.

작문, 글쓰기는 연령과 학년을 고려하여 중재 목표를 설정하고 쓰기의 목적을 분명하게 하고 글에 들어갈 내용을 미리 계획하는 활동을 한 다음에 글을 쓰도록 한다. 글을 쓴 다음에는 반드시 다시 글을 다시 읽으며 수정하고 스스로 평가를 해 보도록 한다. 말빠름증일 경우 쓰기에 흥미나 자신감이 낮아지기 쉽다. 그러므로 쉽고 익숙한 주제나 목적의 짧은 글쓰기부터 시작하여 차츰 연령과 학년 등에 적절한 글쓰기로 진행해 나가는 것이 적절하다. 스스로 쓰기의 필요성을 인식하고 쓰기를 즐기게 되는 것이 우선 중요한 목표가 될 수 있다.

이와 같이 말빠름증의 치료 방법을 살펴보았다. 말빠름증의 치료에서 다루어야 할 영역과 목표가 다양한 만큼 치료사는 말빠름증 치료가 복잡하고 어렵게 느껴질 수 있다. 그러나 실제 생활에서 말하기, 듣기, 읽기, 쓰기가 서로 유기적으로 연결되어 있다는 것을 기억하면서, 치료사와 당사자가 역할을 주고받으며 능동적으로 참여할 수 있도록 치료 시간을 계획한다. 또한 치료 목표를 당사자와 상의하면서 결정하고 자기 인식과 자기 모니터링 능력을 향상시킴으로써 치료사의 역할을 줄여 나간다. 당사자의 실생활에 필요한 것, 관심을 갖고 있는 것을 반영하여 치료 활동으로 계획함으로써 치료실에서 배우고 연습한 방법을 당사자가 생활에서 스스로 적용하고 발전시킬 수 있도록 한다. 이런 과정 속에서 당사자의 자신감과 성취감이 커지는 것을 경험하면서 치료사의 역량도 키워질 것이다.

말빠름증의 경우 언어치료 외에도 ADHD, 투렛 증후군, 학습장애 등에 대한 도움이 필요할 수 있다. 당사자에게 도움이 될 수 있도록 타 영역의 전문가와 적극적으로 소통하고 협력하며, 낯선 진단명에 당황하고 좌절감과 죄책감을 경험하기 쉬운 보호자를 지지하고 함께하는 것 또한 치료사의 중요한 역할이다.

2. 후천성 말더듬의 평가 및 치료

후천성(비전형적) 말더듬은 발달성 말더듬과 유사한 증상을 많이 보이지만 발달성 말더듬과 달리 아동기가 지나서 발생하는 경우가 많다. 사고나 질병, 심리적 외상 등에 의해 일어나는 만큼 어느 연령대에서든 나타날 수 있다. 뇌손상이나 신경학적 문제로 인해 발생되는 말더듬을 신경성 말더듬(neurogenic stuttering), 심리적인 외상으로 인해 발생되는 말더듬은 심인성 말더듬(psychogenic stuttering)이라고 한다. 둘 다 발달성 말더듬보다 출현율이 낮으며, 이 세 가지 유형 중 심인성 말더듬이 가장 드물게 나타난다. 신경성 말더듬의 원인으로는 뇌졸중, 외상성 뇌손상, 간질, 대사장애, 종양 등이 있고, 심인성 말더듬의 원인으로는 심각한 정신적 충격과 정신과 질환 등이 있다.

갑자기 말더듬이 발생하였을 때는 우선 신경성인지 아니면 심인성인지 판단하여야 하는데, 원인이 분명하게 드러나지 않은 경우 신경성과 심인성 말더듬은 유사한 점이 있기 때문에 감별진단이 어려울 수 있다. 말과 언어의 양상은 개인의 전반적인 건강 상태를 반영할 수 있기 때문에 감별진단을 하는 과정에서 언어치료사가 중요한 역할을 할 수도 있다(Manning & DiLollo, 2018).

앞에서 언급하였듯이 후천성 말더듬은 아직까지 그 특성이나 평가, 치료 방법에 대한 연구가 매우 부족한 상황이며 사례 연구가 대부분이다. 때문에 임상현장에서는 후천성 말더듬에 대하여 알려져 있는 정보가 제한적이고 임시적임을 고려하여 신경과, 정신건강의학과, 재활의학과, 임상심리전문가, 상담심리전문가 등과의 긴밀한 협력 속에서 진단하고 시도치료를 통해 신중하게 치료를 진행하는 것이 적절하다.

1) 신경성 말더듬

(1) 신경성 말더듬의 특징

제1장에서 설명하였듯이, 신경성 말더듬은 신경학적 질병 또는 신경학적 손상으로 인해 발생하며 주로 40대 이후의 성인 대상자가 많다. 지금까지 보고된 바에 의하면 뇌졸중, 뇌손상, 파킨슨병, 종양, 치매 및 약물의 독성, 외상후 스트레스 장애 등 원인이 매우 다양하며 뇌의 어느 특정 위치가 아닌 거의 모든 부분과 관련이 있기 때문에 말더듬의 양상도 매우 다양하다.

보고된 바에 따르면, 신경성 말더듬은 뇌졸중처럼 원인이 분명하면서 갑자기 시작되기도 하고 치매처럼 천천히 나타나서 신경학적 손상과 유창성의 관계가 분명하지 않은 경우도 있다(Helm, Butler, & Canter, 1980; Helm-Estabrooks, 1986). 또는 서서히 진행되고 있어서 아직 분명하게 드러나지 않은 의학적 질환보다 유창성 문제가 먼저 나타나서 초기 진단징후가 되기도 한다(Helm-Estabrooks, 1999; Guitar, 2013; Manning & DiLollo, 2018).

임상현장에서 신경성 말더듬의 진단명이 익숙하지 않고 연구가 많이 이루어지기 어려운 이유는 신경성 말더듬이 실어증이나 실행증, 마비말장애와 동반되어 나타나기 때문일 것이다. Canter(1971)가 신경성 말더듬을 마비말장애 말더듬(dysarthric stuttering), 실행증 말더듬(apraxic stuttering), 건망성 말더듬(dysnomic stuttering)의 세 가지 유형으로 분류한 것은 일리가 있다. 이렇게 원인이 다양하고 관련된 손상 부위의 위치도 광범위하기 때문에 환자의 언어, 말, 인지, 운동 능력의 손상 양상도 매우 다르게 나타난다. 이러한 문제들에 덮여서 비유창성 문제는 잘 드러나지 않고 증상이 일시적인 경우도 있어서 신경성 말더듬의 출현율을 추정하기도 어렵다(Helm, Butler, & Canter, 1980; Helm-Estabrooks, 1993).

신경성 말더듬만의 독특한 특징을 몇 가지로 단정지을 수 있을까? Canter(1971), Helm-Estabrooks(1993)와 같은 연구자들이 신경성 말더듬을 진단할 수 있는 몇 가지 특징을 제시하였다. 첫째, 비유창성이 기능어나 내용어와 같은 단어의 유형을 가리지 않고 나타난다. 둘째, 말더듬이 거슬리는 듯한 모습을 보일 수는 있지만 불안해하지는 않는다. 셋째, 비유창성이 첫 음소나 첫음절에서만 출현하지 않고 단어의 중간이나 끝에서도 출현한다. 넷째, 부수행동이 비유창성과 함께 나타나지 않는다. 다섯째, 적응효과가 나타나지 않는다. 여섯째, 말하는 상황과 상관없이 더듬는다. 이러한 특징은 주로 발달성 말더듬의 일반적인 특징과 비교되는 것들이다.

그러나 Van Borsel(1997)이나 De Nil과 Jokel, Rochon(2007)과 같은 연구자들은 이러한 의견에 찬성하지 않는다. 앞서 언급한 것처럼 신경성 말더듬의 양상은 매우 다양하기 때문에 몇 가지 특징만으로 신경성 말더듬을 진단할 수 없고 발달성 말더듬과 구별하는 것이 어렵다는 것이다. Ringo와 Dietrich(1995)의 연구가 보여 주듯이 적응효과나 말더듬에 대한 걱정, 다양한 부수행동이 나타나는 사람들도 있다. 앞서 언급하였듯이 신경성 말더듬 연구는 연구자가 많지 않고, 집단 연구로 볼 수 있는 연구가 드물며,

사례 연구에 가까운 소규모 연구가 많기 때문에 이러한 연구 결과를 일반화하여 신경성 말더듬의 진단기준을 결정하는 것은 아직 성급할 수 있다. 안종복(2012)의 연구 결과에 따르면 단어 부분 반복, 연장, 막힘과 같은 비유창성의 발생은 뇌손상 위치와 발화과제에 따라 달라질 수 있으며, 말실행증이나 마비말장애와 같은 동반 말장애의 유형과도 관련지어 생각하여야 한다.

신경성 말더듬에 대한 국내외의 연구 결과를 종합하면 신경성 말더듬의 특징은 다음과 같다(신명선, 2006, 2008; 신명선, 권도하, 손성일, 2007; Helm et al., 1980; Helm-Estabrooks et al., 1999; Manning & DiLollo, 2018; Van Borsel, 1997).

- 단어부분 또는 단어전체 반복과 연장과 같은 비유창성이 많이 나타나고 단위 반복수가 3회 이상으로 많은 편이다.
- 간투사, 수정, 미완성 구나 문장과 같은 비유창성이 많이 나타난다.
- 비유창성이 단어나 문장의 처음뿐만 아니라 다양한 위치에서 출현한다.
- 말더듬으로 인한 불안이나 부수행동이 나타나지 않는 것으로 알려져 있지만 예외도 보고되고 있다.
- 노래 부르기나 자동발화과제 같은 유창성 증진 상황에서도 비유창성이 개선되지 않는 경향이 있다.

정리해 보면, 뇌의 손상 위치와 범위에 따라 인지, 언어, 말 등에 미치는 영향이 달리 나타나기 때문에 신경학적 의사소통장애인 실어증, 말실행증 그리고 마비말장애의 출현 여부나 유형이 다양하고 복합적이다. 마찬가지로 이러한 인지, 언어 및 말 장애의 양상에 따라 신경성 말더듬의 증상도 달라진다. 예를 들면, 단어인출과 기억에 어려움이 큰 치매 환자의 말에는 간투사, 수정, 미완성 문장이 많이 나타나고 실조형 마비말장애 환자의 말에는 심한 막힘이나 음소 반복이 주로 나타날 수 있다.

(2) 신경성 말더듬의 평가

신경성 말더듬 성인의 경우, 의학적인 치료를 받고 있으면서 신경성 말더듬을 유발한 원인(각종 질환, 외상 등)에서 기인한 언어와 말 장애로 인해 언어 평가에 의뢰될 가능성이 높다. 말더듬이 대상자의 주된 의사소통 문제이기보다 부수적인 문제여서 순수하게 말더듬 때문에 평가에 의뢰되는 경우가 드물 수 있다. 그러므로 언어치료사는 '신경성 말더듬'을 진단하려는 목적으로 평가를 시작하기보다는 대상자의 전반적인 말과 언어 상태를 평가하는 과정에서 유창성 영역도 세심하게 평가함으로써 신경성 말더듬을 진단할 수 있다.

대상자가 언어 평가에 의뢰되면 사례력을 확인하는 초기 면담을 하고 어휘 능력과 전반적인 말과 언어 능력을 살펴보는 각종 검사를 시행하게 된다. 이러한 과정에서 어떤 유형의 비유창성이 출현하는지, 비유창성의 빈도가 과제에 따라 달라지는지, 비유창성이 출현할 때 대상자가 어떻게 반응하는지를 관찰하도록 한다.

초기 면담 과정에서는 과거 유창성 수준이 어떠했는지, 유창성의 변화가 언제부터 어떤 식으로 감지되었는지 자세하게 묻고, 가족들에게도 따로 면담을 통해 구체적으로 듣도록 한다.

말더듬을 평가하기 위해 공식적인 유창성 평가를 따로 실시할 수도 있으며, 대상자의 피로가 염려된다면 말과 언어 평가 과정에서 산출된 말 샘플로 말더듬을 분석할 수도 있다. 짧게 낱말을 산출하는 과제부터 문장, 담화를 산출하는 과제, 읽기 과제, 치료사나 보호자와의 대화 등 다양한 상황에서 산출된 말 샘플을 자세하게 비교 분석하도록 한다. 추가적으로 동일한 읽기 자료를 5~6회 반복해서 읽게 함으로써 적응효과가 나타나는지 살펴볼 수 있다.

말 샘플을 분석할 때에는 발달성 말더듬과 마찬가지로 비유창성의 유형과 빈도, 지속시간, 단위 반복수 등을 자세하게 분석한다. 과제별로 비유창성이 출현하는 단어와 문장에서의 위치, 비유창성이 출현한 단어의 품사와 음소 등을 추가적으로 살펴본다. 이러한 분석을 통해 앞서 설명한 신경성 말더듬의 특징이 관찰되는지 확인한다.

대상자의 의학적 정보와 말, 언어 문제 및 말더듬의 양상이 어떻게 연관되는지도 확인한다. 의학적 정보가 언어치료사의 언어 평가 결과를 뒷받침할 수도 있고, 언어 평가 결과에 따라 추가적인 의학적 진단검사가 요구될 수도 있다.

(3) 신경성 말더듬의 치료

신경성 말더듬 성인의 경우 반드시 치료를 시작해야 하는 것은 아니다. 뇌질환이나 뇌외상의 치료 경과에 따라 신경학적 문제가 회복되면서 유창성 문제도 회복될 수 있기 때문이다. 경과를 지켜보면서 치료 시작 시기를 결정하고 치료 목표와 방법을 선택하게 될 것이다.

앞서 설명하였듯이 신경성 말더듬을 유발하는 원인이 다양하므로 예후나 치료 방법이 단순하지 않다. Helm-Estabrooks(1993)에 따르면 파킨슨병 환자는 다양한 치료 방법에 반응이 좋지만 뇌졸중 환자는 반응을 덜 보였다. 일반적으로 대상자의 말더듬 특성에 따라 발달성 말더듬에 사용하는 치료 방법 중에 선택하여 사용한다. 유창성 형성법, 말더듬 수정법, 인지적 재구성 등의 방법을 신경성 말더듬 성인에게도 적용할 수 있다. 다른 장애와 마찬가지로 시도치료를 통해 신중하게 치료 방법을 선택하고 조절해 나가는 것이 필요하다.

신경성 말더듬 성인의 경우 단어인출이나 문장 구성의 어려움, 음성 조절의 어려움 등 다양한 말과 언어의 어려움을 동반할 수 있다. 이러한 영역들을 함께 다루는 전반적인 언어 치료 계획을 구성하고 영역 간에 서로 영향을 미칠 수 있는 방법을 찾는 것이 중요하다. 예를 들면, 말더듬 치료 방법으로 사용되는 부드럽고 편안한 말의 시작(ERA-SM)과 같은 방법은 신경말장애의 완화에도 도움이 될 수 있고 느린 말속도는 단어인출의 어려움을 줄일 수 있다. 신경성 말더듬의 경우 말더듬만을 핀셋으로 집어내듯이 따로 치료하지 않고, 대상자의 말과 언어 능력을 향상시키기 위한 전반적인 중재계획을 수립하는 것이 중요할 것이다.

2) 심인성 말더듬

(1) 심인성 말더듬의 특징

제1장에서 설명하였듯이, 심인성 말더듬은 발달성 말더듬을 경험한 적이 없는 사람에게 장기간의 스트레스나 심리적인 충격이 될 만한 사건 이후에 비교적 갑자기 발생하는 말더듬으로 보기 드문 비전형적(atypical) 유창성장애이다(Roth, Aronson, & Davis, 1989). 심인성 말더듬과 자주 동반되는 정신질환으로 전환장애, 분노장애, 우울증, 성격장애, 외상후 증후군 등이 있다(Baumgartner, 1999; Mahr & Leith, 1992). 하지만 심인성 말더듬을 경험하는 사람이 모두 정신적 병리현상을 보이는 것은 아니기 때문에 주의가 필요하다(Baumgartner, 1999).

심인성 말더듬의 경우, 발달성 말더듬과 마찬가지로 반복, 연장 및 막힘과 같은 전형적인 핵심행동을 보이는데, 보고된 사례 중에는 부수행동이 비전형적이거나 말더듬과 상관없이 특이한 행동이 나타나기도 한다(Baumgartner, 1999). Manning(2010)에 따르면 심인성 말더듬을 보이는 사람의 경우 말더듬을 일부러 '붙들고 있는' 인상을 주며, 말더듬과 관계없이 기이한 투쟁행동과 불안의 징후를 보이며, 일반적이지 않고 특이한 문장 형태(예: 나를 아파)를 사용하기도 하고, 머리를 빠르게 움직이거나 안면을 찡그리거나 떨리는 움직임과 함께 거의 모든 음소를 반복하는 것과 같은 특이한 비유창성을 보이기도 한다. 신경성 말더듬과 마찬가지로 적응효과가 나타나지 않는 것으로 보고되고 있으며, 노래하기, 합창하기와 같은 유창성 증진 상황이나 숫자 세기와 같은 자동발화에서도 말더듬이 개선되지 않는 등 말하는 상황에 관계없이 말더듬 정도가 비슷한 것으로 알려져 있다(Deal, 1982). 하지만 신경성 말더듬에 비해 말하는 상황에 따라 변화하는 경향이 있고 말을 더듬는 특정 상황이나 사건이 분명한 사례도 보고된 바 있다(Mahr & Leith, 1992; Roth, Aronson, & Davis, 1989). Manning(2010)은 유창성 증진 상황이나 반복하여 읽을 때 발달성 말더듬과 정반대로 말더듬이 심해질 수도 있다고 하였다.

말더듬에 대한 부정적인 정서적 반응이나 부수행동을 보이지 않는 것으로 알려져 있지만(Deal, 1982), 자신의 말에 대해 걱정을 하고 부수행동이 나타난다는 보고도 있다 (Roth, Aronson, & Davis, 1989; Ward, 2010). 국내에서 이혜란(2009)이 보고한 심인성 말더듬 성인의 경우에는 빠른 반복이나 막힘과 같은 전형적인 비유창성을 산출하였고, 의사소통태도 검사 결과도 발달성 말더듬과 유사하였으며, 부수행동을 나타내고 회피행동을 사용하기도 하였다. 그는 말더듬을 의식하여 스스로 단음조로 박자를 맞춰 말하면서 유창하게 말하는 전략을 쓰고 있었다.

앞서 언급하였듯이 심인성 말더듬에 대한 연구는 신경성 말더듬에 비해서도 더욱 부족하기 때문에 지금까지 보고된 사례들로만 보더라도 개인차가 매우 심하며 매우 다양한 양상을 보이고 있다. 심인성 말더듬의 증상을 섣불리 일반화하여 판단하지 않도록 주의하여야 한다.

(2) 심인성 말더듬의 평가

심인성 말더듬을 위한 평가 절차나 평가도구가 따로 마련되어 있지는 않다. 발달성 말더듬 평가와 마찬가지로 당사자 및 가족들과의 면담, 공식적인 말더듬 평가, 다양한 상황에서의 말샘플 수집 등을 통해 말더듬을 평가한다. 말하는 상황에 따라 핵심행동과 부수행동, 회피행동의 출현과 변화를 자세하게 관찰하면서 비교함으로써 일반적인 발달성 말더듬과 다른 점이 발견되는지 살펴본다. 특히 일반적으로 유창성이 증진되는 상황과 반복 읽기 등의 과제에서 말더듬이 줄어들지 않고 오히려 늘어나는지 관찰한다. Guitar(2013)가 제안하였듯이, 말더듬 순간에 멈추고 유지하도록 하거나, 의도적으로 말을 더듬어 보게 하거나, 말더듬을 변형해 보거나, 말더듬에서 빠져나오기를 모델링해 주고 따라해 보게 하는 등의 다양한 시도치료를 해 본다. 이러한 시도치료에서 즉각적인 개선이 가능하다면 구체적인 피드백을 제공하고 격려해 주도록 한다.

특히 사례면담 과정에서 발달성 말더듬과 달리 말더듬의 시작 시기를 분명하게 특정할 수 있다면 말더듬 발생 무렵에 경험한 사건이나 현재까지 지속되고 있는 스트레스 상황 등을 자세히 청취하는 것이 중요하다. 말더듬뿐만 아니라 삶에서 경험한 크고 작은 상황이나 사건에 대한 반응이 어떠하였는지를 파악해 보는 것도 도움이 된다. Baumgartner(1999)는 말문제, 중추신경계 손상, 삶에서 경험하고 있는 정서적 스트레스 요소 사이의 시간적 관계를 파악하기 위하여 신중하고 체계적인 '심리적 인터뷰'가 필요하다고 하였다. 이러한 인터뷰를 위해 치료사는 당사자가 편안하게 자신의 경험과 감정을 말할 수 있는 수용적이고 지지적인 분위기를 만들어야 한다. 단순히 개인의 삶에서 일어난 일을 구체적으로 알기 위함이 아니라 그 일에 대해 어떻게 느꼈고 어떻게 반응했고 어떤 것을 진심으로 원했는지를 탐색할 수 있어야 한다고 하였다. 더불어 이러한 면담 과정에서 말더듬의 즉각적인 변화나 개선이 나타난다면 심인성 말더듬으로 판단할 수 있다고 하였다.

평가를 통해 심인성 말더듬과 함께 정신질환 혹은 기타 적응 문제가 의심될 경우에는 기저에 있는 정신질환이나 심리 특성을 정확하게 파악하는 것이 매우 중요하므로 정신건강의학과 의사, 임상심리전문가, 상담심리전문가와 같은 해당 영역의 전문가들의 평가와 소견을 요청하여야 한다.

앞서 언급하였듯이 심인성 말더듬으로 판단할 수 있는 말더듬 양상을 몇 가지로 단정 짓는 것을 주의해야 한다. Guitar(2013)는 심인성 말더듬을 진단할 수 있는 명백한 특징으로 성인기에 심리적 스트레스에 의해 발병하며, 말더듬과 관련된 신경학적 문제가 없고, 시도치료에서 극적인 진전을 보이고 특이하거나 심한 투쟁행동을 보이는 것 등의 네 가지를 제시하였다. 그러나 심인성 말더듬과 신경학적 문제가 동반될 수 있다는 보고(Baumgartner, 1999)도 있기 때문에 이 기준 또한 주의를 요한다.

(3) 심인성 말더듬의 치료

심인성 말더듬의 특성이나 중재 효과에 대한 연구가 아직 많지 않기 때문에 충분히 검증된 근거기반중재를 하기는 어렵다. 보고에 따르면 심인성 말더듬의 경우 심리상담과 함께 전통적인 말더듬 치료를 병행할 수도 있고, 몇 차례의 언어 치료 이후에도 변화가 별로 없다면 심리상담을 의뢰할 수도 있다(Roth, Aronson, & Davis, 1989; Baumgartner, 1999; Manning & DiLollo, 2018). 심리정서적인 문제가 해결되면 말더듬 증상도 사라진다는 보고도 있다(Baumgartner, 1999; Baumgartner & Duffy, 1997; Mahr & Leith, 1992). 그러므로 심인성 말더듬을 유발한 것으로 보이는 사건이나 상황, 당사자의 반응양식 등이 지속되어 말더듬에도 별다른 진전이 없다면 심리상담이나 심리치료가 필요할 것이다.

발달성 말더듬 치료에서 사용하는 대부분의 치료 방법이 심인성 말더듬 치료에도 효과적이라고 한다(Roth, Aronson, & Davis, 1989). 연장하기(Guitar, 2013), 편안한 시작, 가벼운 접촉 그리고 편안한 반복(Roth, Aronson, & Davis, 1989), 말을 할 때 신체적 긴장을 줄이기(Baumgartner, 1999), 적절한 호흡과 부드러운 시작, 최적의 음성 공명을 강조하는 음성조절방법과 둔감화(Weiner, 1981) 등이 효과적인 치료 방법으로 보고된 바 있다.

Baumgartner(1999)에 따르면 말과 관련된 연습보다 당사자의 신념체계(belief system)을 변화시키는 것이 더 중요하다. 당사자가 자신의 말 문제가 기질적인 문제가 아니라는 것을 받아들이고 '심인성 말더듬'이라는 자신의 문제를 분명하게 이해하고 받아들일 수 있을 때, 말더듬을 개선할 방법을 알려 주는 것이 도움이 된다는 것이다. 그리고 심인성 말더듬의 치료를 위해서는 무엇보다 치료사가 심인성 말더듬의 실체를 받아들임으로써 치료가 가능하다고 확신하는 것, 그리고 당사자가 유창성의 회복을 실제로 경험하는 것이 중요하다고 본다. 심인성 말더듬의 경우 치료사의 긍정적인 태도와 지지를 통해 치료 초기부터 유창성이 개선될 수 있으며 치료사의 지속적인 관심과 격려가 중요하다.

심인성 말더듬은 대체로 언어치료와 심리치료에 빠른 반응을 보이므로(Roth, Aronson, & Davis, 1989) 치료를 통해 효과가 급속도로 나타날 경우 심인성 말더듬으로 진단할 수도 있다(Tippett & Siebens, 1991). 다양한 개인차가 있기 때문에 동일한 치료에 모두 비슷한 효과를 보이지는 않는다. Roth와 Aronson, Davis(1989)의 연구에서 참여자 12명 중 3명은 일시적으로 좋아졌으나 정상으로 회복되지는 않았고, 1명은 오히려 악화되었다. 각 개인에게 적절한 치료 방향과 방법을 탐색해 나가는 것이 필요할 것이다. 이혜란(2009)은 심인성 말더듬 치료를 위해 박자에 맞춰서 말하도록 함으로써 부자연스러운 운율패턴을 개선하고 느린 말속도를 개선하기 위하여 말속도를 높이고 한숨에 말하는 발화 길이를 늘리는 것을 목표로 치료하였으며 언어치료와 심리치료를 병행하였다. 이와 같이 개인의 말더듬 양상을 파악하고 개별화된 치료 목표와 방법을 찾는 것이 효과적이다. 이혜란(2009)은 사례연구를 통해 무엇보다 중요한 것은 증상을 유발한 기저의 문제를 해결하는 것이라고 제안하였다.

요약하면 심인성 말더듬의 치료에서 인지적인 접근과 전통적인 말더듬 치료 방법을 함께 사용할 수 있으며 심리상담(혹은 심리치료)을 병행하는 것이 효과적이라 할 수 있다.

3) 후천성 말더듬의 감별진단

앞에서 살펴보았듯이 신경성 말더듬과 심인성 말더듬은 시기적으로 언어발달 이후에 갑자기 나타나는 경우가 많고 증상이 겹치는 부분이 많아 감별진단이 쉽지 않을 수 있다. 이혜란(2009)의 사례에서처럼 사고 후 발생한 말더듬의 경우에도 뇌손상으로 인한 신경성 말더듬인지 외상후 스트레스 장애로 인한 심인성 말더듬인지 구분하는 것은 쉽지 않다.

후천성 말더듬을 정확하게 감별진단하기 위해서는 말·언어 평가와 함께 의학적 평가와 심리 평가가 병행되어야 한다. 이혜란(2009)의 사례를 보면 신경학적 평가 결과는 정상이고 심리 평가 결과는 R/O(의심), 신체화장애와 우울증으로 진단되었기 때문에 사례 환자의 유창성 문제를 심인성 말더듬으로 진단할 수 있었다.

후천성 말더듬에 대한 연구가 충분하지 않기 때문에 잠정적일 수밖에 없지만, 언어치료사가 파악할 수 있는 감별진단 요소를 살펴보기로 한다. 첫째, 신경성 말더듬과 심인성 말더듬의 주된 차이는 말더듬 발생 원인으로 보이는 신경학적 문제와 심리정서적 문제의 유무이다. 대상자 및 보호자와의 면담을 통해 말더듬과 관련된 사례력을 파악하는 것이 매우 중요하다. 신경성 말더듬은 관련된 질환이나 사고를 경험하였는지 확인하여야 하고, 심인성 말더듬은 과거나 현재의 정신질환 사례력을 확인하고 말더듬이 시작될 무렵 심각한 스트레스를 경험하였는지를 확인하여야 한다. 심인성 말더듬의 경우 신경학적 문제를 동반하는 경우도 많고 두 가지 말더듬이 병인의 특성에서 겹치는 부분이 많기 때문에 신경학적 문제가 있다는 이유로 신경성 말더듬으로 진단하여서는 안 된다

(Baumgartner & Duffy, 1997). 앞에서 언급하였듯이 신중하고 체계적인 '심리적 면담'을 실시하여야 한다. 둘째, 비유창성 특성만으로는 구별하기 어렵지만, 유창성이 증진되는 상황이나 적응효과가 나타날 수 있는 반복 읽기에서 말더듬이 전혀 개선되지 않고 오히려 악화된다면 심인성 말더듬으로 볼 수 있다. 셋째, 시도치료에서 악화되거나 호전되는 등 즉각적인 반응을 보인다면 심인성 말더듬으로 볼 수 있다.

3. 맺음말

이 장에서는 비전형적 유창성장애에 속하는 말빠름증과 후천성 말더듬을 살펴보았다. 연구나 임상에서 다뤄지는 유창성장애가 대부분 발달성 말더듬이기 때문에 비전형적 유창성장애로 고통을 받고 있는 사람들을 이해하고 도울 수 있는 준비를 갖추는 데 어려움이 있는 것이 현실이다. 아직까지 근거 자료가 충분치 않지만 각각의 장애의 원인과 증상을 이해하고 정확하게 진단하기 위한 노력을 아끼지 않아야 한다. 또한 대상자 및 가족과 협력함으로써 치료 목표와 방향을 설정하고 시도치료를 통해 효과적인 치료 방법을 찾아 나갈 수 있다. 특히 비전형적 유창성장애는 언어치료사가 다양한 영역의 전문가들과 적극적으로 협력함으로써 대상자의 의사소통문제를 정확하게 진단하고 대상자의 변화에 기여할 수 있는 장애 영역임을 강조하고자 한다.

학습과제

1. 말빠름증의 증상을 언어, 말, 인지 등의 영역별로 설명하시오.

-----

2. 말빠름증의 영역별 평가 방법과 치료 방법을 제안해 보시오.

-----

3. 발달성 말더듬과 말빠름증의 차이를 설명하시오.

-----

4. 신경성 말더듬과 심인성 말더듬의 차이를 설명하시오.

주요 용어

비전형적 유창성장애	자기 모니터링
말빠름증	구어속도
신경성 말더듬	조음속도
심인성 말더듬	자연스러움
감별진단	문어 평가
자기 인식(자각)	심리적 면담

참고문헌

문향은, 최승숙(2010. 자기교정을 활용한 철자쓰기중재가 쓰기부진학생의 철자쓰기능력에 미치는 영향. 학습장애연구, 7(3), 123-152.

박진원, 권도하, 김화수(2011). 속화성인과 말더듬 성인의 비유창성 비교. 언어치료연구, 20(4), 177-196.

박진원, 신명선(2012). 속화성인과 일반성인의 읽기 난이도에 따른 읽기 유창성과 읽기 오류 비교. 특수교육저널: 이론과 실천, 13(1), 145-164.

신명선(2006). 신경인성과 발달성 말더듬의 비유창성 발생 자리에 대한 연구. 음성과학, 13(3), 185-195.

신명선, 권도하, 손성일(2007). 발화과업에 따른 신경성 말더듬과 발달성 말더듬의 비유창성 특성 비교. 언어치료연구, 16(2), 59-76.

신명선(2008). 신경인성 말더듬의 구어 반복 특성. 언어치료연구, 17(4), 19-31.

심현섭, 신문자, 이은주(2010). 파라다이스-유창성 검사-Ⅱ. 서울: 파라다이스 복지재단.

안종복(2012). 피질 뇌손상 집단과 피질하 뇌손상 집단 간 비유창성 발생에 관한 비교 연구. 언어치료연구, 21(3), 85-100.

이혜란(2009). 교통사고 이후 발증한 후천적 말더듬 치료 사례 보고. 재활심리연구, 16(2), 25-36,

최승숙(2010). 쓰기부진 학생의 철자쓰기 특성과 중재에 관한 이론적 접근. 특수아동교육연구, 12(1), 47-66.

Baumgartner, J. (1999). Acquired psychogenic stuttering. In R. F. Curlee (Ed.), *Stuttering and related disorders of fluency* (pp. 269-288). New York: Thieme.

Baumgartner, J., & Duffy, J. (1997). Psychogenic stuttering in adults with and without neurogenic disease. *Journal of Medical Speech-Language Pathology, 5*, 75-95.

Bloodstein, O., & Bernstein Ratner, N. (2008). *A handbook on stuttering* (6th ed.). Clifton Park, NY: Th omson Delmar Learning.

Canter, G. J. (1971). Observations on neurogenic stuttering: A contribution to differential diagnosis. *British Journal of Disorders of Communication, 6*(2), 139-143.

Daly, D. A. (1992). Helping the clutterer: Therapy considerations. In F. L. Myers & K. O. St. Louis (Eds.), *Cluttering: A clinical perspective*. Kibworth: Far Communications.

Daly, D. A., & Burnett, M. L. (1999). Cluttering: Traditional views and new perspectives. In

R. Curlee (Ed.), *Stuttering and Related Disorders of Fluency* (2nd ed., pp. 222-254). New York: Thieme Medical Publishers, Inc.

Daly, D. A., & Cantrell, R. P. (2006). *Cluttering: Characteristics labelled as diagnostically significant by 60 fluency experts*. Paper presented at the 6th IFA World Congress on disorders of fluency, Dublin, Ireland.

Daly, D. A., & St. Louis, K. O. (1998). Videotaping clutterers: How to do it-what to look for. In E. C. Healey & H. F. M. Peters (Eds.), *Proceedings of the 2nd World Congress on Fluency disorders*. Nijmegen: Nijmegen University Press.

De Nil, L. F., Jokel, R., & Rochon, E. (2007). Etiology symptomatology, andtreatment of neurogenic stuttering. In E. Conture & R. Curlee (Eds.), *Stuttering and Related Disorders of Fluency* (3rd ed., pp. 326-343). New York: Thieme Medical Publishers, Inc.

Deal, J. L. (1982). Sudden onset of stuttering: A case report. *Journal of Speech and Hearing Disorders, 47*, 301-304.

Guitar, B. (2013). *Stuttering: An integrated approach to its nature and treatment* (4th ed.). Lippincott.

Healey, K. T., Nelson, S., & Scott, K. S. (2015). A case study of cluttering treatment outcomes in a teen. *Procedia - Social and Behavioral Sciences, 193*, 141-146.

Helm, N. A., Butler, R. B., & Canter, G. J. (1980). Neurogenic acquired stuttering. *Journal of Fluency Disorders, 5*, 269-279.

Helm-Estabrooks, N. (1986). Diagnosis and management of neurogenic stuttering in adults. In K. O. St. Louis (Ed.), *The Atypical Stutterer* (pp. 193-217). Orlando, FL: Academic Press.

Helm-Estabrooks, N. (1993). Stuttering associated with acquired neurologicaldisorders. In R. Curlee (Ed.), *Stuttering and Related Disorders of Fluency*. New York: Th ieme Medical Publishers.

Helm-Estabrooks, N. (1999). Stuttering associated with acquired neurological disorders. In R. Curlee (Ed.), *Stuttering and related disorders of fluency* (2nd ed., pp. 255-268). New York: Thieme Medical Publishers, Inc.

Leiman, B. (2013). *Distinguishing cluttering from stuttering*. http://leader.pubs.asha.org/do/10.1044/distinguishing-cluttering-from-stuttering/full/

Manning, W. H. (2010). *Clinical decision making in fluency disorders*. NY: Cengage Learning.

Manning, W. H., & DiLollo, A. (2018). *Clinical decision making in fluency disorders* (4th ed.).

San Diego, CA: Plural Publishing, Inc.

Mahr, G., & Leith, W. (1992). Psychogenic stuttering of adult onset. *Journal of Speech Language and Hearing Research, 35*(2), 283-286.

Ringo, C. C., & Dietrich, S. (1995). Neurogenic stuttering: An analysis and critique. *Journal of Mediml Speech- Language Pathology, 3*(2), 111 - 122.

Roth, C. R., Aronson, A. E., & Davis, L. J. Jr. (1989). Clinical studies in psychogenic stuttering of adult onset. *Journal of Speech and Hearing Disorders, 54*, 634-646.

St. Louis, K. O., & Atkins, C. P. (2006). *Self-Awareness of Speech Index* (SASI). Morgantown, WV: Authors.

St. Louis, K. O., Myers, F. L., Faragasso, K., Townsend, P. S., & Gallaher, A. J. (2004). Perceptual aspects of cluttered speech, *Journal of Fluency Disorders, 29*, 213-235.

St. Louis, K. O., Myers, F. L., Bakker, K., & Raphael, L. J. (2007). Understanding and treating cluttering. In E. G. Conture & R. Curlee (Eds.), *Stuttering and Related Disorders of Fluency* (3rd ed.). New York, NY: Thieme.

Tippett, D. C., & Siebens, A. A. (1991). Distinguishing psychogenic from neurogenic disfluency when neurologic and psychologic factors coexist. *Journal of Fluency Disorders, 16*, 3-12.

Van Borsel, J. (1997). Neurogenic stuttering: A review. *Journal of Clinical Speech and Language Studies, 7*, 17-33.

Ward, D. (2006). *Stuttering and cluttering: Frameworks for understanding and treatment.* Sussex, UK: Psychology Press.

Ward, D. (2010). Sudden onset stuttering in an adult: Neurogenic and psychogenic perspectives. *Journal of Neurolinguistics, 23*(5), 511-517.

Weiner, A. E. (1981). A case of adult onset of stuttering. *Journal of Fluency Disorders, 6*(2), 181-186.

Weiss, D. A. (1964). *Cluttering.* Englewood cliffs, NJ: Prentice-Hall.

Willner, W. (2002). *Pädagogische Akademie des Bundes Wien 10.* Poltern. Stand 24.

Williams, D. E. & Wener, D. L. (1996). Cluttering and stuttering exhibited in a young professional: Post hoc case study (clinical impressions). *Journal of Fluency Disorders, 21*, 1-9.

찾아보기

저자 소개

심현섭(Sim Hyun Sub)

미국 아이오와 대학교 언어병리학 박사
전 한국언어청각임상학회 회장, 한국언어재활사협회 부이사장
현 이화여자대학교 사범대학 대학원 언어병리학과 교수

신문자(Shin Moon Ja)

미국 미시간 주립대학교 언어병리학 석사
단국대학교 교육학 박사
전 조선대학교 언어치료학과 교수
현 신 · 언어임상연구소 대표

이은주(Lee Eun Ju)

이화여자대학교 언어병리학 박사
현 단국대학교 사범대학 특수교육과 교수

이경재(Lee Kyung Jae)

미국 멤피스 대학교 언어병리학 박사
현 대구가톨릭대학교 언어청각치료학과 교수

이수복(Lee Soo Bok)

이화여자대학교 언어병리학 박사
현 우송대학교 언어치료청각재활학과 교수

유창성장애
평가와 치료

Fluency Disorders
Assessment & Treatment

2022년 9월 10일 1판 1쇄 인쇄
2022년 9월 20일 1판 1쇄 발행

지은이 • 심현섭 · 신문자 · 이은주 · 이경재 · 이수복
펴낸이 • 김진환
펴낸곳 • ㈜ 학지사

　　　　　04031 서울특별시 마포구 양화로 15길 20 마인드월드빌딩
대표전화 • 02)330-5114　　　팩스 • 02)324-2345
등록번호 • 제313-2006-000265호

홈페이지 • http://www.hakjisa.co.kr
페이스북 • https://www.facebook.com/hakjisabook

ISBN 978-89-997-2762-7 93370

정가 22,000원

출판미디어기업 학지사

간호보건의학출판 **학지사메디컬** www.hakjisamd.co.kr
심리검사연구소 **인싸이트** www.inpsyt.co.kr
학술논문서비스 **뉴논문** www.newnonmun.com
교육연수원 **카운피아** www.counpia.com